Copyright da edição brasileira © 2019 É Realizações
Copyright © by The Curators of the University of Missouri
University of Missouri Press, Columbia, MO 65201
Título original: *The Collected Works of Eric Voegelin, volume 12, Published Essays, 1966-1985*
Todos os direitos reservados.

Editor
Edson Manoel de Oliveira Filho
Produção editorial, capa e projeto gráfico
É Realizações Editora
Preparação e revisão de texto
William Campos da Cruz
Diagramação
Nine Design Gráfico | Mauricio Nisi Gonçalves

CIP-BRASIL. CATALOGAÇÃO NA PUBLICAÇÃO
SINDICATO NACIONAL DOS EDITORES DE LIVROS, RJ

V862e

Voegelin, Eric, 1901-1985
　Ensaios publicados : 1966-1985 / Eric Voegelin ; tradução Elpídio Mário Dantas Fonseca. - 1. ed. - São Paulo : É Realizações, 2019.
　504 p. ; 24 cm. (Filosofia atual)

Tradução de: The collected works of Eric Voegelin, volume 12, published essays, 1966-1985
　Inclui índice
　ISBN 978-85-8033-380-0

1. Filosofia. 2. Filosofia - História. 3. Ciência política - Filosofia. I. Fonseca, Elpídio Mário Dantas. II. Título. III. Série.

19-58299
CDD: 193
CDU: 1(430)

Leandra Felix da Cruz - Bibliotecária - CRB-7/6135
08/07/2019 11/07/2019

Reservados todos os direitos desta obra. Proibida toda e qualquer reprodução desta edição por qualquer meio ou forma, seja ela eletrônica ou mecânica, fotocópia, gravação ou qualquer outro meio de reprodução, sem permissão expressa do editor.

É Realizações Editora, Livraria e Distribuidora Ltda.
Rua França Pinto, 498 · São Paulo SP · 04016-002
Telefone: (5511) 5572 5363
atendimento@erealizacoes.com.br · www.erealizacoes.com.br

Este livro foi impresso pela Eskenazi Indústria Gráfica, em agosto de 2019.
Os tipos são da família Minion Condensed e Adobe Garamond Regular. O papel do miolo é Lux Cream 70 g, e o da capa, cordenons stardream lapislazuli 285 g.

Coleção
FILOSOFIA ATUAL

ENSAIOS PUBLICADOS
1966-1985

ERIC VOEGELIN

INTRODUÇÃO E EDIÇÃO DE TEXTO
ELLIS SANDOZ

TRADUÇÃO
ELPÍDIO MÁRIO DANTAS FONSECA

É Realizações
Editora

Sumário

Introdução do editor...................................... 9

1. A universidade alemã e a ordem da sociedade alemã: uma reconsideração da era nazista........................ 23

2. Do debate e da existência............................... 63

3. Imortalidade: experiência e símbolo 81

4. Configurações da história 129

5. Equivalências de experiência e simbolização na história 151

6. De *O Giro do Parafuso*, de Henry James................. 173

7. Evangelho e cultura.................................... 217

8. De Hegel: um estudo de feitiçaria...................... 263

9. Dos estudos clássicos 313

10. Razão: a experiência clássica......................... 325

11. Resposta ao artigo "Uma nova história e um Deus novo, mas antigo?", do Professor Altizer 355

12. Lembrança de coisas passadas 369

13. Sabedoria e a magia do extremo: uma meditação 383

14. Quod Deus Dicitur 451

Índice remissivo 473

In consideratione creaturarum non est vana et peritura curiositas exercenda; sed gradus ad immortalia et semper manentia faciendus.

No estudo da criatura, não se deve exercitar uma curiosidade vã e perecível, mas ascender-se em direção ao que é imortal e perpétuo.

S. Agostinho, *De vera religione*

O editor respeitosamente dedica seu trabalho neste livro a Lissy Voegelin, em reconhecimento pela contribuição silenciosa, mas fundamental, à obra e à vida de Eric Voegelin.

Introdução do editor

Os catorze ensaios reunidos neste livro são do maior interesse para estudiosos do pensamento de Eric Voegelin e, mais geralmente, da filosofia contemporânea. Foram publicados nas duas últimas décadas de vida de Voegelin e, portanto, durante o período em que sua obra encontrou não apenas sua expressão final, como também a mais profunda.

Mencionar o primeiro e o último ano de publicação desses ensaios – 1966 e 1985 – é recordar que juntamente com o fluxo corrente de artigos de periódicos e outras peças ocasionais da máquina de escrever do autor, ele publicou obras importantíssimas. Em 1966, apresentou a teoria da consciência subjacente a escritos anteriores e lhes explica as premissas não enunciadas ao publicar *Anamnesis: Zur Theorie des Geschichte und Politik*,[1] volume que culmina com o notável ensaio "O Que é Realidade Política?". Depois desse grande desenvolvimento de sua filosofia, veio a tradução inglesa de *Wissenschaft, Politik und Gnosis* [Ciência, Política e Gnose], em 1968, que continha sua preleção inaugural de 1958, em Munique, e outros materiais relacionados com a revolta moderna, desenvolvendo posteriormente seu caráter gnóstico e apresentando a crítica inflexível,

---

[1] Eric Voegelin, *Anamnese: Da Teoria da História e da Política*. Trad. Elpídio Mário Dantas Fonseca. São Paulo, É Realizações, 2009. (N. T.)

especialmente de Marx, que provocou, à época, um furor na universidade e na imprensa de Munique: "Ja, Marx *war* ein intellektueller Schwindler".[2]

Em 1974, o espaço de 17 anos na publicação de *Ordem e História* fechou-se com o lançamento do quarto volume da obra, *A Era Ecumênica*. A introdução a este rico estudo apresentou ainda uma exploração do gnosticismo em relação a desordens políticas e à deformação da consciência – prova, se alguma é necessária, de que Voegelin refinou, mas nunca abandou a teoria do papel do gnosticismo na filosofia e na história que ele tão poderosamente apresentou em *A Nova Ciência da Política* em 1952. Revisou a filosofia da história lançada nos três volumes anteriores de *Ordem e História* (em 1956 e 1957) através de uma crítica que exige o abandono de qualquer concepção unilinear da história e de qualquer ideia de apenas apresentar, de uma compactação, a diferenciação da verdade. Em vez disso, Voegelin defendeu o reconhecimento de uma pluralidade complexa de linhas de significado não suscetíveis de organização em qualquer padrão simples, mas movendo-se para trás, para a frente e para os lados, como se fossem – experiências diferenciadas cujas simbolizações podem ser deformadas, esquecidas, afastadas das experiências engendradoras e tratadas como tópicos autônomos, por exemplo – em vários tempos e horizontes culturais. No centro do livro, Voegelin defende a apresentação crítica do símbolo de Hegel do "eixo da história", o "eixo do tempo" de Jaspers e as interpretações cíclicas de Toynbee e de Spengler que ele simbolizou na estrutura-processo epocal da "era ecumênica". De acordo com Voegelin, a existência paradoxal do homem na realidade do Entremeio fundada no tempo e na materialidade do mundo já formado tensionalmente por uma ordem transcendente espiritual eterna, experienciada de vários modos, produz uma estruturação triádica da realidade histórica. Essa realidade multifacetada é concretamente manifestada nos irrompimentos espirituais interligados, constelações de poderes imperiais e historiografia emergente, que formaram uma configuração característica de experiência-simbolização que marca a época, começando com o Império Persa do século V a.C.

---

[2] Sim, Marx *foi* um trapaceiro intelectual. (N. T.)

e terminando com a queda de Roma no século V A.D. (*Order and History*, IV, 114-118; cf. p. 98-104 inclusive).³

A *Era Ecumênica* foi o último volume de *Ordem e História* a aparecer, encerrado pelas mãos de Voegelin, pois outro longo hiato se seguiu quando *Em Busca da Ordem* (pois o quinto volume, póstumo, publicado em 1987, já fora intitulado mesmo antes da publicação de *A Era Ecumênica*) foi meditado e escrito, um hiato que terminou apenas com a morte de Voegelin em 19 de janeiro de 1985. Seus anos finais viram a publicação, em 1975, de *Do Iluminismo à Revolução*, onze capítulos lidando com os séculos XVIII e XIX, que foram selecionados e editados, com as bênçãos de Voegelin, por John H. Hallowell, retirados do imenso material datilografado, não publicado, de *História das Ideias Políticas*. Vários dos livros publicados de Voegelin foram traduzidos do inglês ou alemão e publicados em outras línguas nessa época, especialmente na Itália, onde cresceram rapidamente os estudos voegelinianos. Um conjunto de quatro conferências transcritas que Voegelin proferiu em Montreal foi editado por Eric O'Connor e publicado em 1980 sob o título *Conversations with Eric Voegelin*.⁴ A publicação de *Em Busca de Ordem*, dois anos depois da morte do autor, concluiu *Ordem e História* e deu uma demonstração extraordinária do poder constitutivo da mente de Voegelin e de sua filosofia meditativa da consciência e das formas simbólicas.

Do lado pessoal, a mudança "permanente" para Munique, anunciada quando Voegelin partiu de Baton Rouge em 1958, a fim de poder aceitar sua nomeação para a cadeira de ciência política, deixada vaga na universidade depois da morte de Max Weber, em 1920, terminou com uma melhor reflexão, uma década depois, e com o fato de Voegelin aceitar sua nomeação como Catedrático Emérito da Henry Salvatori no Instituto Hoover de Guerra, Revolução e Paz, em Stanford, Califórnia, que se tornou

---

³ Eric Voegelin, *A Era Ecumênica*. Trad. Edson Bini, São Paulo, Loyola, 2010. (*Ordem e história*, v. 4)

⁴ Conversas com Eric Voegelin, publicadas também no volume 33 do *The Collected Works of Eric Voegelin*, da Universidade de Missouri, intitulado *The Drama of Humanity and Other Miscellaneous Papers, 1939-1985* [O Drama da Humanidade e Outros Escritos Vários, 1939-1985]. (N. T.)

o lar dos Voegelins depois de eles retornarem para a América no começo de 1969, e foi aí que ele escreveu a maior parte dos ensaios deste volume.

Seria necessária uma longa e enlouquecedora discussão para repetir o material diante de nós, se é que poderia ser feita, e tal exercício de nada adiantaria para o leitor. Preeminentemente um ensaísta e escritor vigoroso e de clareza essencial, a despeito da grande concisão, Voegelin apresenta nesses ensaios alguns de seus melhores e mais profundos escritos. Como sugerimos, a maior parte dos ensaios foram escritos durante a composição e entre a composição e publicação de outros estudos que apareceram como livros. Vários ensaios de grande importância, ainda não publicados, foram também escritos durante as décadas de 1960 e 1970, e esses também serão publicados como parte desta série.[5] Os últimos escritos de Voegelin são particularmente necessários para compreender a empresa ampla e complexa que ele conduziu ao longo da vida e que culmina nestas páginas. Será evidente para qualquer leitor que se volte para este material que o pensamento de Voegelin nunca esmoreceu, mesmo em idade avançada. Ao contrário, pode-se dizer que em suas obras finais ele se moveu, e com ele o leitor, em direção aos limites da compreensão humana mais remotos.

Os ensaios aqui reunidos tratam de quase todos os aspectos da filosofia de Voegelin. Variam em tom e matéria, partindo de uma crítica escaldante às instituições intelectuais alemãs dos anos de 1930, por apoiarem a ascensão de Hitler (Ensaio 1, "A universidade alemã e a ordem da sociedade alemã"), passando por uma sátira mordente da cultura vulgar contemporânea (Ensaio 9, "Dos estudos clássicos"), por uma análise magistral (Ensaio 3, "Imortalidade"; Ensaio 7, "Evangelho e cultura"; Ensaio 10, "Razão"; Ensaio 12, "Lembrança de coisas passadas"), por uma meditação magnífica (Ensaio 13, "Sabedoria e a magia do extremo") até uma reflexão notável no leito de morte (Ensaio 14, "Quod Deus Dicitur", escrito com a ajuda de Paul Caringella).

---

[5] Ver a nota imediatamente anterior. (N. T.)

Pode ser útil notar algumas das linhas principais de desenvolvimento no pensamento de Voegelin que se tornaram patentes nessas últimas obras quando as consideramos tematicamente e com atenção particular para o refinamento de uma linguagem anterior e às ênfases aguçadas. Vale repisar que não ocorreu nenhuma quebra deslocadora no pensamento de Voegelin depois da publicação de *A Nova Ciência da Política*, em 1952; essa obra assinalou o divisor de águas no pensamento do filósofo. O horizonte meditativo que aí se abriu é explorado, ampliado, refinado e produtor de novas iluminações importantes, certamente – tais como a reconceptualização de *Ordem e História*,[6] explicada na introdução ao quarto volume. Mas mesmo em 1974, Voegelin enfatizou que nada "estava errado com o princípio do estudo" tal como fora concebido quando apareceu o primeiro volume em 1956 (*OH*, IV, 2). Ao contrário, ao longo das últimas três décadas da vida de Voegelin, sua obra seguiu adiante em todas as frentes numa continuidade diferenciadora, como ele tornou claro em suas *Reflexões Autobiográficas*,[7] publicadas em 1989; pode-se detectar muito antes uma continuidade de intenção. Pode-se dizer que Voegelin era um caráter muito firme.

Um primeiro agrupamento temático, nos últimos escritos de Voegelin, na verdade, o dominante, é determinado por sua caracterização da peregrinação humana, conduzida filosoficamente, como uma *fides quaerens intellectum* anselmiana. Tal simbolização traz consigo uma série de considerações que tratam de antropologia filosófica, filosofia, existência, a realidade abrangente do Todo, experiência, mente, fé e razão. Mas tal lista de assuntos inclina-se à apresentação numa maneira objetivada que Voegelin procurou corrigir e evitar, e o emprego dela aqui é apenas um meio propedêutico de balizar a vasta matéria. A vitalidade da empresa de Voegelin quando ele se envolve alegremente nela é

---

[6] *Ordem e História*, v. 1: *Israel e a Revelação*. Trad. Cecília Camargo Bartalotti. São Paulo, Loyola, 2009; v. 2: *O Mundo da Pólis*. Trad. Luciana Pudenzi. São Paulo, Loyola, 2009; v. 3: *Platão e Aristóteles*. Trad. Cecília Camargo Bartalotti. São Paulo, Loyola, 2009; v. 4: *A Era Ecumênica*. Trad. Edson Bini. São Paulo, Loyola, 2010; v. 5: *Em Busca da Ordem*. Trad. Luciana Pudenzi. São Paulo, Loyola, 2010.

[7] *Reflexões autobiográficas*. Trad. Maria Inês de Carvalho, com notas de Martim Vasques da Cunha. São Paulo, É Realizações, 2008.

a procura das alturas e profundezas da realidade experienciada como tensionalmente ordenada pela participação no Fundamento divino transcendente. Tal busca, acha ele, tipifica a filosofia comum aos filósofos místicos helênicos, como Heráclito e Platão, e aos grandes filósofos místicos medievais, por exemplo, Anselmo de Cantuária. A perspectiva decisiva que Voegelin leva para sua obra é este paradigma de filosofar. Envolve a participação pneumática e noética autoconsciente na realidade do Entremeio de um homem imaginativo e sensível espiritualmente, que busca a tensão experienciada em direção ao Fundamento divino, por sua verdade. O processo na consciência reflexiva de Voegelin de buscar, encontrar e buscar ainda mais oferece tanto a definição autovalidante de filosofia como o amor à sabedoria quanto a autoautenticação da natureza e estrutura da realidade única em que ele e todos os outros seres humanos são participantes. Pois, embora a verdade encontrada por um homem em sua busca – um Aristóteles ou um Tomás ou um Voegelin – não possa reivindicar toda a verdade, ela reivindica ser verdade representativa não apenas para o filósofo, mas para qualquer pessoa.

Desta vitalidade ou centro da busca de realidade surgem, então, outras distinções e inferências tiradas da experiência direta ou vicária tal como é examinada e refinada pela consideração reiterada atentamente de fontes literárias e outros artefatos pertinentes. Assim, a inquirição de Voegelin obtém cogência evidente, alcance e precisão. Através da análise crítica das fontes, a restauração da ciência filosófica é obtida, e a própria filosofia é colocada de volta nos trilhos, dos quais, segundo estimativa do autor, ela descarrilou na geração depois de Aristóteles. Voegelin chama o processo "pensamento não original" (Ensaio 5, "Equivalências de experiência e simbolização na história"). Algumas das distinções e inferências de Voegelin merecem ser aqui mencionadas:

1. Se se der o devido valor às fontes como medidas criticamente pela consciência reflexiva de filósofos conscientes, a distinção rígida entre fé e razão, que dura milênios, tem de recuar, por ser insustentável experiencialmente. A busca noética dos filósofos pela compreensão do Todo é estruturada pela fé na divindade e

na inteligibilidade do Para Além atualizador que os atrai ao bem, à beleza e à verdade, através da inclinação. Então também a receptividade aberta dos profetas e dos apóstolos à revelação do EU SOU no Êxodo e da Palavra encarnada no Evangelho joanino articula em experiência pneumática a ordem racional do todo e o lugar do homem em seu processo e estrutura, em simbolismos equivalentes aos simbolismos dos filósofos. Em ambos os modos, os homens mostram uma avidez nascida da experiência de participar (no meio repartido a homens que imortalizam) em comunhão íntima com o Ser divino que os atrai e preenche. Fé e razão devem ser entendidas como dois modos intimamente relacionados de experiência-simbolismo presentes aos homens assim na Hélade como em Israel, como mostram os documentos analisados por Voegelin. A despeito dos horizontes étnico e histórico diferentes das duas culturas, visivelmente a mesma e única realidade é iluminada na filosofia e na Escritura, uma acentuando mais fortemente a razão que busca; a outra, a fé receptiva. No entanto, a própria razão é uma revelação do Terceiro Deus (Nous, depois de Cronos e Zeus) em Platão, é o modo de imortalizar pelo qual o homem maduro se torna ainda mais afim à Nous divina em Aristóteles. O *Logos* que, como Verbo falado, cria os céus e a terra e, como Razão articulada, ordena e sustém a realidade no Gênesis e no Evangelho de João não é menos Fundamento racional para os apóstolos que para os filósofos.

Os temas do lugar da razão na experiência pneumática bíblica e de fé como a condição e substância da inquirição filosófica figuram proeminentemente aqui em vários dos ensaios mais poderosos, especialmente no Ensaio 7, "Evangelho e Cultura", e no Ensaio 13, "Sabedoria e a magia do extremo", que analisa como revelação a visão de Platão nas *Leis*. Tem-se de supor que a estrutura-processo equivalente está presente em tais outras formas simbólicas como o mito cosmológico e a história. As formulações de despedida dos problemas que Voegelin deu no final da vida não representavam de maneira nenhuma um descobrimento ou convicção tardios. Entre as indicações primeiras mais notáveis de seus pontos de vista estavam sua correspondência com Leo Strauss, onde Strauss rejeitava na filosofia a centralidade da fé e Voegelin a afirmava. O conteúdo delas sobre esse ponto tornou-se tema de trocas e de discordância entre eles. Numa carta que Voegelin escreveu a Strauss pouco antes de proferir as Conferências Walgreen "Verdade e Representação" (publicadas como *A Nova Ciência da Política*) na Universidade de Chicago, respondeu: "Quanto à 'tese segunda' de tua carta, 'que a filosofia é radicalmente independente da fé', discutiremos isso em Chicago. No momento, não vejo como podes passar pelo fato histórico do começo da filosofia na atitude de fé de Xenófanes, Heráclito e Parmênides" (4 de dezembro de 1950, citada de The Voegelin-Strauss Correspondence, traduzida e editada por Barry Cooper e Peter Emberley, MS. p. 89).[8]

2. Voegelin enfatiza a integridade irrevogável da personalidade humana individual. É apenas na consciência participativa aberta de um *homem* que ocorrem, na verdade, as experiências-simbolizações aperceptivas diferenciadoras da realidade divina transcendente, e a realidade torna-se articuladamente conhecida. Somente o homem é a realidade reflexiva; e a psique humana (com seu aspecto *nous* hegemônico), o *sensorium* da transcendência. Contra as tendências sufocantes secularista e coletivista de nossa época e os autoritarismos brutais de direita e esquerda está *um homem* aqui, talvez outro lá, um terceiro acolá, cada um procurando a ordem em sua própria vida e a verdade da existência para sua comunidade. Tal homem, sempre e onde quer que o encontremos, diagnostica as doenças existenciais que deformam a realidade, e resiste o melhor que pode às desordens, invocando a verdade mais alta, talvez conhecida apenas vagamente. Mas quaisquer que sejam os meios de que dispõe, ele se opõe concretamente aos trapaceiros e manipuladores da verdade social defeituosa, sejam eles os sofistas da Atenas antiga, ou os ideólogos gnósticos da União Soviética de Solzhenitsyn ou os do *Drittes Reich* de Voegelin. Como vemos, talvez nas suas páginas mais sucintamente vigorosas da filosofia construtiva de toda a voegeliniana – o apêndice ao Ensaio 10, "Razão", que expõe as relações teóricas essenciais e até as diagrama –, todas as "filosofias" ou ideologias políticas e históricas "que hipostasiam a sociedade ou

---

[8] Em edição brasileira: Peter Emberly e Barry Cooper (Org.), *Fé e Filosofia Política: A correspondência entre Leo Strauss e Eric Voegelin*. Trad. Pedro Sette-Câmara. São Paulo, É Realizações, 2017. (N. E.)

a história como um absoluto, eclipsando a existência pessoal e sua significação", são *ipso facto* "falsas".

Isso não é, entretanto, celebrar o indivíduo autônomo cuja vida é governada não pela razão, mas por várias paixões autossatisfatórias. Em vez disso, é evocar como geralmente válida a experiência-simbolização de Aristóteles do verdadeiro homem como o homem bom ou maduro (*spoudaios*) cuja vida ordenada reflete a hierarquia do ser e os bens de que ele participa em razão de uma existência humana que epitomiza a realidade, da materialidade à divindade. Este é o paradigma ontológico sadio de que deve aproximar-se o homem que procura realizar as exigências de sua humanidade, vivendo uma vida bem-ordenada. Tal homem está harmonizado com a verdade e vive, o melhor que pode, em abertura receptiva a ela, cultivando, assim, o equilíbrio na existência. O indivíduo autônomo, em contraste, perdeu o equilíbrio, ao cair vítima de um reducionismo ou outro. Ele está na rebelião egofânica contra Deus e contra sua própria natureza, ao assumir ou proclamar sua autossuficiência não menos do que o tirano ou o ditador totalitário que se entrega a sua *libido dominandi*, afirmando ter autoridade plenária sobre quem quer que esteja ao alcance, talvez até, em exemplos extremos, sobre o mundo e a humanidade vivente. O homem que desempenha seu papel na existência em cooperação com Deus é o verdadeiro homem, e todos os seres humanos são chamados, pela inclinação natural assim como pelo puxão do Ser divino, a serem homens verdadeiros. Em suma, a existência humana verdadeira é vivida autoconscientemente em parceria colaboradora por cada homem em sua medida única para com Deus. Uma vida assim conduzida será feliz, abençoada e sem remorsos, tanto quanto o mundo o permita. Voegelin, embora afastando-se da análise etiológica e da confiança nas naturezas e essências característica de Aristóteles, valida substancialmente e diferencia ainda mais a ontologia e a antropologia de outros filósofos místicos, que vão de Platão e Tomás de Aquino até o Bergson de *As Duas Fontes de Moralidade e Religião*.

No cerne das últimas obras de Voegelin está a restauração da filosofia clássica e judaico-cristã das coisas humanas que ele anunciou em 1952 como o coração de *A Nova Ciência da Política*.

O que ele procura não é, entretanto, apenas a reconquista de uma tradição no espírito do antiquário ou do historiador desinteressado. Ao contrário, é uma renovação perspicaz e altamente original do espírito de filosofar que retoma de onde os pensadores antigos e medievais pararam e persegue os problemas mais importantes de verdade e realidade em colaboração com todas as melhores mentes da ciência moderna e contemporânea. Nem tradicionalista, nem sentimentalista nem historicista, Voegelin é um filósofo que respeita profundamente a prova produzida pelo rastro de símbolos que articulam a experiência humana pelos milênios e que se move nesse fundamento solidamente empírico, filosofando numa nova chave e estágio.

Um segundo agrupamento temático nos últimos escritos de Voegelin diz respeito ao modo como ele vê teorias de política e história centrar na filosofia da consciência. Por que isso é assim ele o diz vigorosamente no Ensaio 12, "Lembrança de coisas passadas", que escreveu em 1977 para aparecer como capítulo 1 da edição americana de *Anamnese*. Seu argumento não precisa ser sumariado pormenorizadamente nesta conjuntura, mas deve-se lembrar que os interesses teoréticos de Voegelin tinham um fundamento político e de senso comum. Não apenas ele era, como acadêmico, um cientista político, mas o principal ímpeto de seu filosofar surgiu da crise europeia que levou à Segunda Guerra Mundial. O ponto de partida de Voegelin foi a incapacidade das várias ciências sociais e filosofias em voga nos anos de 1930 de trazerem a um foco intelectual satisfatório o fenômeno Hitler e a ascensão do leninismo e do bolchevismo. A ciência social e a filosofia do período estavam dominadas por uma bajulação da ciência natural e dos métodos do positivismo prescritos a tal ciência. Na introdução de a *A Nova Ciência da Política*, Voegelin sumaria o que está errado com o positivismo.

Seu erro principal é a constrição do horizonte de realidade ao fenomênico como apreendido pela percepção sensória e sua constrição da razão às operações instrumentais e de cálculo características da lógica matemática. O positivismo desconta, despreza ou rejeita a realidade de reinos não fenomênicos do ser como o subjetivo, o imaginário e não suscetível de investigação científica. Diz que um estudo, livre de valores, de fenômenos que acarretam a observação factual do comportamento e que aplicam o método científico com suas fórmulas matemáticas e suas técnicas de quantificação precisa constitui o paradigma da ciência social não menos do que a ciência natural; e que qualquer outra coisa que não seja isso termina em conjectura e preferência pessoal, em julgamentos de valor e ilusões (*Scheinprobleme*) inadmissíveis. Mas Voegelin viu que, se a tarefa da ciência é oferecer um conhecimento confiável, a ciência social tal como a interpreta o positivista é virtualmente inútil. Não pode fornecer o conhecimento necessário diante do colapso das civilizações europeia e russa antes do ataque furioso do nacional-socialismo e do comunismo. Aí a necessidade é de um instrumento crítico capaz de produzir explanações para o triunfo do barbarismo e de mostrar os fundamentos racionais para favorecer a civilização e a justiça acima do estado de terror, assassínio em massa e o eclipse sistemático do homem e da verdade pela ideologia e propaganda. Tal instrumento simplesmente não existia no *milieu* positivista dos anos de 1930. Fora perdido na amnésia maciça que se tornou penetrante depois de 1600.

O motivo de Voegelin divisar uma nova ciência foi, então, o de resistir ao mal que é destruidor da própria humanidade individual. Era essencial redescobrir o aparato teorético da ciência na filosofia clássica e adaptá-lo criticamente, assim como o pensamento dos padres da igreja e dos grandes filósofos escolásticos, onde foi renovado. A ciência das coisas humanas que foi plenamente desenvolvida na Antiguidade e que a Idade Média aperfeiçoou crítica e empiricamente numa análise consistente e cogente de ordem e desordem na existência.

A chave está em distinguir os modos e o escopo da experiência e em ter em mente que a experiência é uma transação na consciência. No nível do senso comum, é evidente que os seres humanos têm experiências que não são percepções sensórias, e é igualmente evidente que filósofos como Platão e Aristóteles exploraram a realidade que está na base de experiências bem remotas da percepção. O "olha e vê se não é o caso" socrático não nos convida a examinar a opinião pública, mas pede que desçamos na psique, ou seja, que procuremos a consciência reflexiva. Ademais, é evidente que os modos não sensórios primeiros de experiência dirigem-se a dimensões da existência humana superiores em escala e valor àquelas que a percepção sensória tem: experiência do bem, do belo e do justo, do amor, da amizade, da verdade, e de toda virtude e vício humanos, e da realidade divina. A experiência aperceptiva é distinguível da percepção sensória; e uma ciência filosófica de substância, de uma ciência natural de fenômenos. A experiência de "coisas" é modelada na dicotomia sujeito-objeto de percepção em que a consciência pretende o objeto de cognição. Mas tal modelo de experiência e conhecimento é, afinal, insuficiente para explicar as operações de consciência com respeito à realidade não fenomênica de que os homens se aproximam nas experiências moral, estética e religiosa. À medida que tais experiências não sensórias são constitutivas do que é distinto quanto à própria existência humana – e do que é mais preciso para a humanidade – é notoriamente imperfeita uma intentada ciência do homem, incapaz de levá-las em consideração.

As experiências participativas (metalépticas) de seres humanos no Entremeio (*metaxy*), que são o cerne constitutivo da realidade humana, são transações conduzidas dentro da própria consciência e não externamente no tempo e no espaço; daí Voegelin algumas vezes chamar o reino em que elas ocorrem de realidade não existente (*e.g.*, no Ensaio 3, "Imortalidade"), ou o reino do espírito. Mais importantes entre essas experiências são as do Ser divino transcendente que são articuladas na *noesis* – como, por exemplo, a ascensão à visão da Beleza no *Banquete* de Platão, ou a *periagoge* do homem inteiro e a ascensão à visão do Agathon na Alegoria da Caverna, na *República*, ou as experiências reveladoras a que os simbolismos da fé, da graça, do *summum Bonum* e semelhantes se referem. É a exploração dessa classe de experiências – com o *caveat* de que as experiências pneumática e noética não podem ser inteiramente discriminadas – que Voegelin já no início veio a considerar como a tarefa principal da filosofia. Os quatro últimos ensaios deste volume, em particular, refletem profundamente sua convicção a esse respeito.

Merecem menção duas implicações das teorias de política e história:

1. Já que a condição humana é preeminentemente existência no Entremeio de imanência e transcendência, mortalidade e imortalidade, natureza e o divino, e já que participa em todos os níveis de realidade, qualquer exame do homem, da sociedade ou da história que não leve em consideração todos esses reinos do ser é imperfeita em razão de um reducionismo viciante. Então, se qualquer ordem social quiser ser satisfatória, tem de encontrar as exigências limiares de diferenciação e equilíbrio. De outro modo, será inadequada para habitação humana. *A Nova Ciência da Política* lida com esta variedade de questões à luz da representação existencial e transcendental, e o presente ensaio dá-lhe ampla atenção. Embora alhures Voegelin escreva com admiração sobre a democracia anglo-americana, aqui ele não define nenhuma ordem política nem constitucional ótimas, talvez na suposição de que seja possível instituir políticas saudáveis de maneiras diferentes nos vários tempos e lugares – se ao menos as exigências cruciais da realidade humana e divina forem encontradas e a ordem pessoal de indivíduos for refletida e servida pela ordem social.

2. Um clima contemporâneo de opinião em desacordo com a verdade da realidade e profundamente separado dela gera, entretanto, numerosas pneumopatologias, ou doenças da alma (o *nosos* de Ésquilo), para a humanidade moderna (ver especialmente o Ensaio 8, "De Hegel", e o Ensaio 13, "Sabedoria e a magia do extremo"). As pneumopatologias estão manifestas nos sistemas humanos de pensamento, na metafísica e no dogmatismo doutrinais, na síndrome de analfabetismo, em construções de segundas realidades ou mundos de sonho para substituírem ou eclipsarem a verdadeira realidade, em utopismo, revolta egofânica, e a deformação de simbolismos noéticos e pneumáticos para perverterem seu conteúdo experiencial em ignorância, insensatez, mágica, desrazão, desculturação, rejeição da razão, recusa de aperceber, em cultos da morte de Deus, transfiguracionismo, má fé e na "hipostatização da consciência reflexiva" característica da filosofia das Identidades de Hegel e do Romantismo, que Voegelin analisa incisivamente no Ensaio 14, "Quod Deus Dicitur". É incompleta a lista.

Voegelin sublinha fortemente o paradoxo da realidade histórica e humana aqui como alhures, como implica o simbolismo do entremeio. Pois, observa ele, o divino mestre das marionetes das *Leis* de Platão puxa não apenas os cordões de ouro da *nous*, mas também os cordões de aço das paixões. A realidade humana é física e passional assim como intelectual e espiritual. Se a história é, acima de tudo, o HOMEM escrito em letras maiúsculas e se é a luminosidade crescente da verdade que dá sentido *na* história, o significado *da* história permanece, no entanto, encoberto, obscuro e misterioso. Se é um processo de diferenciação, é, como nos dizem as patologias da existência, não menos um processo da deformação da consciência. E os seres humanos são livres para seguir a verdade ou entregar-se à insensatez. O divino, a "Realidade-mesma" do encontro humano-divino na consciência, é, entretanto, um acontecimento real e um processo ativo contínuo do movimento noético em tensão em direção aos símbolos de fé. A Realidade não é um sistema acabado, mas uma estrutura em processo de transformação. A análise noética conceptual tem seus limites, e seres humanos espiritualmente sensíveis compartilham com Agostinho e Anselmo o desejo vivo de iluminação, da exploração analógica da luz divina para além da razão humana. Como se deduz da estranha terminologia hifenizada de Voegelin (tais como experiência-símbolo e consciência-realidade-linguagem), não há isso que se chama meramente razão "natural"; ao contrário, há sempre o encontro divino-humano produtor de verdade iluminadora ou de inverdade deformadora, conforme o determine a prontidão e a resposta de um homem. Permanece um mistério o porquê de a verdade não prevalecer sempre.

Para o homem de fé em busca de entendimento, o simbolismo característico para a procura de ordem contra toda adversidade, na existência pessoal e social do homem dentro do campo tensional do entremeio, está na luta imorredoura (*mache athanatos*) entre o indestrutível e o eterno na realidade, o combate diário da existência. A grande obra de Voegelin é em si mesma um nobre artefato da luta imorredoura da imortalização, um artefato que fortifica a causa da verdade.

Ellis Sandoz

1. A UNIVERSIDADE ALEMÃ E A ORDEM DA SOCIEDADE ALEMÃ: UMA RECONSIDERAÇÃO DA ERA NAZISTA[1]

A comunicação que vou fazer-vos hoje não estava planejada originalmente como parte desta série de preleções sobre "A universidade alemã e o Terceiro Reich". Sua Magnificência[2] foi tão cortês em convidar-me pessoalmente para fazer esta comunicação que, por respeito ao cargo de reitor, eu não poderia declinar de tal convite. Tivesse eu, no entanto, sido convidado a participar da série de preleções quando esta foi primeiramente organizada, provavelmente eu teria recusado, já que, em primeiro lugar, durante o semestre de verão de 1964, dei um curso em preleções sobre "Hitler e os Alemães" no qual se disseram coisas acerca das universidades, e acredito, assim, ter cumprido minha obrigação de falar deste que é um dos assuntos mais desagradáveis. Mas, em segundo lugar, eu teria tido sérias dúvidas quanto à própria ideia da série. Essas dúvidas não dizem respeito às preleções que ouvistes até agora em sua especificidade, mas,

---

[1] Do *Intercollegiate Review*, XXIX (1985), 7-27. Publicado originalmente em *Die Deutschen Universität im Dritten Reich*. Munique, Piper, 1966, p. 241-82; reimpresso em *Wort und Wahrheit*, XXI (1966), p. 497-518. Reimpresso com permissão do Intercollegiate Studies Institute.

[2] Título do reitor de uma universidade alemã. [Nota da tradução em inglês – N. T. I.] (O tradutor deste ensaio [para língua inglesa] é o Dr. Russell Nieli, que foi auxiliado por Paul Caringella, Thomas Hollweck e Wolfgang Mann. [N. E.])

ao contrário, à ideia subjacente de tentar chegar a um acordo quanto ao assim chamado fracasso (*Versagen*) da universidade alemã, assim como quanto à crise de confiança na esteira desse fracasso, através de uma descrição histórica dos acontecimentos que se deram durante o período do Terceiro Reich. E, de novo, essas dúvidas não concernem ao caso específico da universidade alemã, mas, ao contrário, ao esforço mais geral de tentar chegar a um acordo quanto ao passado nacional-socialista através de uma descrição histórica dos acontecimentos. Essas dúvidas remetem a um complexo de questões maiores que conhecemos pelo título: *Of the Uses and Abuses of History for Life* [Dos Usos e Abusos da História para a Vida].[3]

E com isto chegamos a nosso tópico.

História descritiva *versus* História crítica

Certo mal-estar tomou conta do corpo discente. Está crescendo uma nova geração que conhece o nacional-socialismo apenas através dos procedimentos judiciais e reportagens de jornal, através das palavras de dramaturgos e de historiadores, e através de histórias contadas pela geração mais velha. O que se aprende é, para a juventude de hoje, de um pavor inimaginável, e já que ela própria cresceu num tempo mais feliz, os jovens são talvez mais sensíveis ao horror dos acontecimentos do que os seus antepassados, que sempre alardeiam que experienciaram os acontecimentos em primeira mão (*Miterleben*), e, dessa experiência de primeira mão, arrogam-se um privilégio especial de julgamento. Mas não deveis deixar-vos influenciar por tais pretensões, vós, os jovens. Ao contrário, deveis seguir vossos instintos que vos dizem que algo medonho aconteceu, pois do fato de alguém ser contemporâneo de um acontecimento não se segue que esse alguém o tenha realmente experienciado. Experienciar um acontecimento no sentido mais pleno (*Miterleben*) significa entender o que aconteceu, mas o entendimento exige qualidades

---

[3] O título de uma das primeiras obras de Friedrich Nietzsche. (N. T. I.)

de conhecimento e de desenvolvimento intelectual, de caráter e de inteligência, que não se adquire necessariamente pelo fato de ter vivido um acontecimento, seja ativa, seja passivamente. A afirmação "Só podes julgar algo se o experienciaste em primeira mão" é o grande álibi empregado pelos que são incapazes de experienciar o que quer que seja e são, por isso, corresponsáveis pelo que aconteceu. Este argumento é o grande escudo que a geração mais velha emprega quando o olhar protestador da juventude se dirige a ela.

Há uma boa razão para o mal-estar no corpo discente. Da distância de uma geração vós vos vedes enleados, em razão da continuidade histórica, nos resultados de acontecimentos pelos quais não fostes de modo algum responsáveis. Gostaríeis de saber como o que achais tão horrível pôde realmente ter acontecido. Gostaríeis também de saber o que se fez nesse meio tempo a fim de tornar impossível a repetição dos mesmos acontecimentos. Já que, no entanto, quase nada se fez, gostaríeis de saber se hoje, numa situação de crise, a mesma coisa não poderia acontecer de novo. E já que, com toda a probabilidade, a mesma coisa ocorreria, gostaríeis de saber o que podeis fazer para evitar o desastre iminente.

Diante de perguntas como essas, surgirão dúvidas graves quanto ao valor da história descritiva. Pois não quereis saber todas as minúcias sangrentas dos acontecimentos, mas por que, em primeiro lugar, eles ocorreram e como podem ser evitados no futuro. No entanto, como a história descritiva pode quebrar a continuidade em que viveis e tornar impossível a repetição dos acontecimentos?

Já citei Nietzsche. Vamos dar uma olhada em sua classificação dos três tipos de história:

> Se um homem que pretende criar algo grande precisa de algum modo do passado, ele o agarra através da história monumental; o que, em contraste, quer continuar no costume e na tradição veneranda, preserva o passado como um historiador antiquário; e apenas o que, numa emergência presente, está em perigo iminente de ser esmagado,

e que procura alívio a qualquer custo, tem necessidade da história crítica, ou seja, história julgadora e avaliadora.

Para os dois primeiros tipos de história, temos, em nossa situação presente, muito pouco uso, pois dificilmente quereis aprender acerca do período nacional-socialista a fim de serdes inspirados por seus feitos, nem desejareis continuar nele como um costume e tradição veneranda em que continuais a viver. Resta, portanto, a história crítico-avaliadora.

Aqui, entretanto, pode surgir confusão. Pois não se deve entender história crítica como a investigação dos acontecimentos do passado no sentido acadêmico moderno de pesquisa crítica. Nem se deve entender no sentido que o historiador pendura seus "julgamentos de valor" nos resultados de suas investigações: "Isso é terrível" – qualquer um pode dizer isso hoje, assim como no passado as pessoas então diziam "isso é maravilhoso". A história crítica, entretanto, não lida com a banalidade dos assim chamados julgamentos de valor – que ainda hoje são as mesmas expressões de provincianismo intelectual que eram então no passado – mas lida com o julgamento de uma época passada que surge de um espírito novo. Portanto, a fim de escrever história crítica, não é suficiente alterar o que se diz; deve-se alterar o próprio ser. No entanto, alterar o próprio ser não é algo que se consegue forrageando-se nos horrores do passado; ao contrário, de maneira reversa, é a revolução do espírito que é a pré-condição para se ser capaz de julgar o passado criticamente.

A história de uma época desamparada espiritualmente só pode ser escrita criticamente quando a pessoa coloca os acontecimentos da época diante do julgamento do espírito. Uma compreensão dos acontecimentos através do espírito e do intelecto, cuja ausência determinou os acontecimentos, em primeiro lugar, tem de ser reconquistada hoje por todos os que estão dentro da continuidade da desolação espiritual e que sofrem sob seu fardo. Sem a revolução do espírito não podemos superar nossa desgraça presente, que causou tanto mal-estar.

Bem, como está a relação entre o espírito e a história na Alemanha? Vamos dar uma olhada, primeiro de tudo, na situação do começo dos anos de 1920 no meio erudito e intelectual de Munique, como é descrito por um autor que a experimentou em primeira mão:

> Sentia-se fortemente e confirmava-se objetivamente: a tremenda perda de valor que o indivíduo sofria como resultado da guerra, a indiferença com que a vida hoje parece passar para o indivíduo (...). Esta indiferença (...) poderia parecer o resultado do precedente banho de sangue de quatro anos. Mas não se deve deixar enganar; como em muitas outras instâncias, a guerra aqui apenas completou (...) o que tinha começado muito antes.

O que era assustador nessas conversas deste meio não era o seu assunto, mas "o conhecimento sem paixão do real", pois na satisfação do conhecimento está "sempre algo de aprovação". O que estava faltando era apenas aquela compreensão através da qual o espírito, como força crítica, se torna um fator no quebrar da cadeia aparentemente inquebrável da causação histórica. Continua o escritor:

> Eles poderiam ter dito: "Infelizmente parece que as coisas tomarão tal ou qual curso. Segue-se, portanto, que a pessoa tem de agir e fazer sua parte para evitar que isso ocorra". Entretanto, o que as pessoas em verdade disseram foi "Está chegando, está chegando e, quando estiver aqui, estaremos prontos no minuto em que estiver acontecendo. É interessante, mesmo bom, simplesmente porque é o que está chegando, e reconhecer isso é suficiente como façanha e prazer. Não é de nossa conta e muito menos devemos fazer algo contra isso.

E finalmente:

> Foi uma fraude à satisfação de conhecer; eles simpatizavam com o que conheciam e, sem essa simpatia, sem dúvida não teriam conhecido de maneira nenhuma.

Prestai atenção a esta afirmação e imprimi-a em vossas mentes: a objetividade do conhecimento histórico é uma fraude quando o historiador limita seu objeto à corrente causal de paixões e interesses; pois à realidade da história pertence também o espírito, e quando o espírito, como fator crítico, é excluído da percepção dos acontecimentos, então a objetividade da descrição se torna uma simpatia, digna de culpa, para com a condição de desolação espiritual e para com uma cumplicidade em seus resultados.

Quase me esquecia dizer: o escritor que acabei de citar é Thomas Mann.[4]

E assim era no começo dos anos de 1920. E como é hoje? Algo mudou – as consequências da desolação espiritual se tornaram realidade. E

> Ai, ai do assassino, ai dele,
> Que plantou a semente mortal!
> Uma aprovação, antes de ter acontecido,
> Outra aprovação mostra o ato completo.[5]

A aprovação do ato completo nos fita. Nós a fitamos, com olhos esbugalhados de terror. Mas vemos com olhos abertos? Vemos com o espírito?

A história descritiva não é história crítica, e os "julgamentos de valor" desaprovativos podemos pô-los de lado, explícita ou implicitamente, por irrelevantes. O que é novo em contraste com o período de Weimar é a consciência de culpa, que se pensa possa ser aliviada por um reconhecimento, objetivamente escrupuloso, do que aconteceu. É justamente este sentimento de culpa, no entanto, que é suspeito, pois é contrário à condenação que provém de uma alteração verdadeira no ser. Dentro deste contexto de objetividade, a simpatia que precede os acontecimentos foi substituída pela consciência de culpa que se segue a eles. Como, entretanto, mesmo através da reconstrução mais exata do passado – que pode trazer à luz muito desta importância, por outras

---

[4] Thomas Mann, *Doktor Faustus*. Trad. H. T. Lowe-Porter. Estocolmo, 1956, p. 484-86, 482-84.

[5] A citação é de Driedrich Schiller, em *Die Braut von Messina* [A Noiva de Messina], ato III, linhas 2004-2007. (N. T. I.)

razões – pode ser eliminada uma culpa passada? Em nosso próprio caso particular, pode a confiança nas universidades alemãs ser restabelecida através de uma descrição do comportamento dos professores e alunos no Terceiro Reich? Obviamente não, já que a cada nova minúcia, nossa confiança nas universidades será abalada ainda mais. Se, entretanto, as universidades não podem ser reabilitadas pelos métodos da história descritiva, quem ou o que, então, deve ser reabilitado? Talvez o historiador que faz a descrição? Mas o historiador não é responsável pelo passado que descreve – ou ao menos ele não tem de ser, se a revolução do espírito aconteceu nele de tal forma que a condenação de seu ser alterado se torne possível.

A tentativa de lidar com o passado através da história descritiva é, então, uma empresa extremamente duvidosa. Na verdade, a consciência de culpa que se segue ao ato realizado não é a mesma coisa que simpatizar "antes de ele acontecer". Mas simpatia e culpa estão intimamente relacionadas uma à outra como expressões de cumplicidade na desolação do espírito. A culpa é verdadeira: o estranhamento do espírito, o não querer que o próprio ser seja alterado é a culpa que deprime.

Da culpa de estranhamento surge a irracionalidade peculiar no plano das relações de meios e fins que esclarecemos através de nossas perguntas. A tentativa de eliminar uma culpa do passado através da história descritiva não é um erro típico na escolha dos meios adequados para o propósito, mas uma expressão de verdadeira patologia. Não uma patologia no sentido de psicopatologia, mas no sentido da pneumopatologia, como Schelling descreveu esse reino de fenômenos. Estamos lidando com uma doença do espírito. A tentativa de reabilitar o presente limpando as manchas do passado nos faz lembrar Lady Macbeth no último ato da tragédia de Shakespeare. Um cavalheiro chamou o médico para observar o estanho comportamento noturno de Lady Macbeth:

Médico: Que faz ela agora? Vede como esfrega as mãos.
Camareira: É um gesto habitual nela, fazer como quem lava as mãos.

Médico: Circulam por aí terríveis boatos, feitos contra a natura sempre engendram consequências doentias. As consciências manchadas descarregam seus segredos nos surdos travesseiros. Mais de padre ela tem precisão que de médico. Deus, Deus que nos perdoe.[6]

A desorientação espiritual alemã: três casos

Falamos do espírito que é necessário para escrever a história crítica. Por espírito entendemos a abertura do homem para o fundamento divino de sua existência: por estranhamento do espírito, o fechamento e a revolta contra o fundamento. Através do espírito, o homem pode atualizar seu potencial de participar do divino. Ele se eleva, portanto, à *imago Dei* que está destinado a ser. Espírito, neste sentido clássico de *nous*, é o que todos os homens têm em comum, o *xynon*, como o chamou Heráclito. Através da vida do espírito, que é comum a todos, a existência do homem se torna existência em comunidade. Na abertura do espírito comum desenvolve-se a vida pública da sociedade. Aquele que, entretanto, se fecha ao que é comum, ou que se revolta contra isso, remove a si mesmo da vida pública da comunidade humana. Ele se torna, portanto, um homem privado, ou, na linguagem de Heráclito, um *idiotes*.

Agora isso é possível, no entanto, e ocorre a toda a hora, que o *idiotes* – ou seja, o homem estranhado ao espírito – se torne a figura socialmente dominante. A vida pública da sociedade é, então, caracterizada não pelo espírito, mas também pela possibilidade de estranhamento a ele. Entre os extremos da vida pública espiritualmente verdadeira e a desintegração de uma sociedade através da privatização radical de seus membros, estão as sociedades verdadeiramente concretas, com seu campo complexo de tensões entre o espírito e o estranhamento. Cada sociedade concreta, portanto, tem seu próprio caráter

---

[6] William Shakespeare, *Teatro Completo: Tragédias*. Trad. Carlos Alberto Nunes. Rio de Janeiro, Agir, 2008, p. 368.

particular de vida pública através da qual se pode reconhecer a verdade ou a doença de seu espírito.

Tentemos compreender o porquê da catástrofe alemã, refletindo sobre o caráter da vida pública alemã tanto quanto seja possível uma análise dentro dos limites de uma preleção. Para esse propósito, temos de dar uma olhada em três pessoas que são figuras públicas no sentido de predominância social – um filósofo, um pastor e um historiador.

O primeiro caso é o do famoso filósofo que tinha grandes ambições linguísticas e linguístico-filosóficas, mas, em matéria de linguagem, tinha tão pouca sensibilidade que foi conquistado pelo autor de *Mein Kampf*. Vamos, portanto, dar uma olhada em sua linguagem. Escolherei deliberadamente trechos não de seus pronunciamentos do período nacional-socialista, mas de uma seleção de *Ser e Tempo*. Trata da natureza de um signo:

> Como exemplo de um *Zeichen* (signo) escolheremos um que será empregado de outro modo numa análise posterior. Recentemente os automóveis foram equipados com setas vermelhas moventes cuja posição, como numa interseção (*Wegkreuzung*), mostra que caminho (*Weg*) o automóvel (*Wagen*) seguirá. A direção da seta é controlada pelo motorista do automóvel (...). Este *Zeichen* (signo) está à mão dentro do mundo, dentro do todo *Zeugzusammenhang* (contexto de implemento) do veículo e da regra de tráfego. Como *Zeug* (implemento) este *Zeigzeug* (implemento de indicação) é constituído por referência. Tem a característica do a-fim-de, ou seja, sua própria utilidade particular, que é *Zeigen* (indicar). Este *Zeigen des Zeichens* (indicação do signo) pode ser apanhado como "referente". Mas aqui deve-se notar o fato de que este "referente" como *Zeigen* (indicando) não é a estrutura ontológica do *Zeichen* (signo) como *Zeug* (implemento) (...). O *Zeigzeug* (implemento de indicação) tem em nossas atividades tratadas um uso preeminente.

Todos sentiremos, ao ler este texto, que algo não está em ordem quanto à expressão linguística, mesmo se não pudermos pôr imediatamente o dedo no que está errado. Pois certamente é possível expressar, de maneira factualmente precisa e linguisticamente simples, o significado de um aparato direcional que mostra a direção de uma conversão. O texto concernente ao signo (*Zeichen*), entretanto, transpõe as relações factuais de nosso mundo do dia a dia para um meio linguístico que começa a ter uma vida aliterativa própria e então perde contato com a coisa em si. A linguagem e o fato, de algum modo, se separaram um do outro, e o pensamento, igualmente, se tornou estranho à realidade.

Agora, este estranhamento, que é visível em nosso texto, caracteriza inteiramente a linguagem do filósofo. Poderíamos, de fato, construir algo como um dicionário filosófico, de *A* a *Z*; e proceder, através dele, da *Anwesen des Anwesenden*, a *Dingen des Dings* e da *Nichten des Nicht* e assim por diante e, finalmente, com o *zeigenden Zeichen des Zeigzeuge*, poderíamos açoitar-nos em direção a um estado de afastamento da realidade por meio de um delírio linguístico.[7]

Tais estados não nos são estranhos. Já os encontramos em outras ocasiões quando fomos expostos durante muitas horas à pressão de uma linguagem aliterativa. Mas onde está isso agora?

> Des Blinden Auge
> leuchtet ein Blitz:
> lustig lacht da der Blick.
>
> O olho do cego
> iluminou um relâmpago,
> alegremente ri ali o olhar.

Achamos – estamo-nos movendo na linguagem operística de Richard Wagner.

---

[7] Todas essas frases alemãs, cujo aspecto aliterativo não pode ser reproduzido em inglês [nem em português (N. T.)] vêm de escritos de Heidegger. O significado delas, mesmo para um leitor alemão informado, frequentemente é muito duvidoso. *Anwesen des Anwesenden* poderia ser traduzido como "a presença do que é presente"; *Dingen des Dings* como o "coisar da coisa"; o *Nichten des Nichts* como "o nulificar do nulo"; e o *zeigenden Zeichen des Zeigzeugs* como "o sinal apontante do dispositivo apontador". (N. T.) (A citação é de Martin Heidegger, *Sein und Zeit*. Ed. Friedrich-Wilhelm von Hermann. Frankfurt, 1977, p. 104-05. [N. E.]).

Num estado de êxtase aliterativo agora, muitos podem perder de vista a realidade do ser. Na intersecção da suástica,[8] o *Zeigzeug* dá um rodopio selvagem e o carro dirige o motorista (*Führer*) para atividades ímpias. Com uma pequena variação num texto de Wagner:

> Dort, wo die Brünste brennen,
> zum Bücherbrand muss ich jetzt hin!
>
> Ali, incendiado de desejos,
> à queima de livro tenho de ir agora!

Quando milhares de vozes se elevam num *Heil Hitler!* aliterativo, os que gritam podem acreditar, perdidos na linguagem operística, que as escamas caíram de seus olhos. Podem tomar o estranhamento do ser que estava escondido na estrutura da linguagem como a verdade agora revelada da existência humana (*Dasein*). O caráter da linguagem estampa, então, o caráter da cena pública.

As formas tanto da linguagem quanto da cena pública estão intimamente relacionadas uma à outra – na verdade, muitíssimo relacionadas. E elas conhecem uma à outra. Siegmund fala a Sieglinde: "És a imagem / que escondo em mim mesmo" – um tipo incestuoso de conhecimento.

Vivemos numa era de corrupção linguística. Os sintomas da desordem espiritual, portanto, não são geralmente reconhecidos e entendidos. Mesmo os que com grande dose de experiência em viajar pelas estradas erradas dificilmente estavam a par do caminho que leva de Wigala-Wagal-Weia[9] ao *Zeigzeug zeigendum Zeichen*, e dali se perdem no Reich de Mil Anos.

No entanto, Richard Wagner sabia profeticamente dessas coisas. Pois ele faz Siegfried dizer a Mime: "Para ti forjei um brinquedo / e uma trompa sonorosa" – texto que pode ser excelentemente

---

[8] *Haken-Kreuzweg*. Isso é um jogo de palavras em forma de alusão ao texto precedente de Heidegger. *Hakenkreuz* (literalmente cruz em gancho) é o termo alemão para *suástica*, o símbolo temível dos nazistas. *Kreuzweg* é o termo alemão para *cruzamentos* ou *intersecções* e foi empregado por Heidegger na passagem antes citada de *Ser e Tempo*. (N. T. I.)

[9] Das linhas de abertura de *Das Rheingold* [O Ouro do Reno], de Wagner. (N. T. I.)

aplicado a nosso caso presente. Pois, primeiro de tudo, de fato Wagner forjou uma trompa sonorosa, e ela continua a soar – na linguagem do filósofo e de seus imitadores. Em segundo lugar, entretanto, "e alegremente ri ali o olhar" – o brinquedo e a trompa sonorosa parecem dirigir a atenção para o automóvel cujo dispositivo direcional seduz o pensador a tomá-lo brincando.

O segundo caso é o do famoso pastor, que achou ofensivo Deus escolher, entre todos os povos, um judeu para encarnar-se.

No julgamento de Niemöller, no ano de 1938, um observador estava ali presente e tomou o encargo de relatar os procedimentos ao Chefe do Reich Rosenberg.[10] O relato foi preservado e publicado em 1956.[11] Dele citamos o seguinte: afirmações atestando seu caráter, feitas pelos almirantes Luezow e von Scholz, foram lidas em voz alta. O Pastor [Martin] Niemöller, foi dito, sempre foi um oficial notável, e traição à pátria é algo que não se poderia sequer imaginar acerca dele. "Além disso, foi dito que ele fora sempre um inimigo de qualquer forma de república. Niemöller então acrescentou a isso a informação de que desde 1924 sempre votara no partido nazista".

Continua o relato:

> Ele não está preocupado, diz ele, com minúcias, mas com o cristianismo de acordo com a Escritura e o credo. Como um nacional-socialista, ele tinha, portanto, uma boa consciência. Neste ponto, Niemöller leu em voz alta duas páginas de *Mein Kampf*, depois um capítulo do Novo

---

[10] O falecido Martin Niemöller foi um ministro luterano que liderou a oposição clerical à tentativa de Hitler de controlar a igreja protestante alemã. Mostrou muita coragem em sua oposição à política nazista a esse respeito e, por conta de seus esforços, passou oito anos nos campos de concentração de Hitler. Entretanto, Niemöller, como sugere Voegelin aqui, era um homem de grande confusão moral e intelectual. Apoiara o partido nazista de meados de 1920 em diante, e mesmo depois de ser preso e depois de Hitler ter levado a nação alemã à guerra, ele se ofereceu voluntariamente para ser comandante de submarino a serviço do Terceiro Reich. Embora criticasse publicamente as tentativas nazistas de impedir que judeus convertidos ao cristianismo ocupassem cargos públicos na igreja, ele nunca se opôs à política nazista de antissemitismo como tal. (N. T. I.)

[11] *Ein NS-Funktionär zum Niemöller Prozess* [Um Funcionário Nazista no Processo Niemöller], em *Vierteljahrshefte zur Zeitgeschichte*, IV (1956), p. 307-15.

Testamento e, finalmente, um sermão de 1932 acerca da questão do Führer. Disse que podia ser tudo, menos um pastor irrealista.

E finalmente:

> Nesse contexto, ele se expressava em pormenores acerca da questão ariana na Igreja. Os judeus lhe eram repugnantes e estranhos. Podia-se realmente pensar isso dele, o herdeiro de uma velha família westfaliana de fazendeiros e teólogos, e um antigo oficial naval imperial. Mas a Escritura não permitiria que substituíssemos o batismo pela árvore genealógica. Não nos é permitido, diz ele, moldar Deus de acordo com nossa imagem, a imagem ariana, mas temos de tomá-lo como ele é: revelado no judeu Jesus de Nazaré. Esse tormento tão doloroso e sério, ele crê, tem de ser aceito por causa do Evangelho.

De novo temos de dizer, como no caso do filósofo, que algo não está em ordem aqui, mesmo se não pudermos articular imediatamente o defeito. Acima de tudo, não deveríamos nem pensar que neste contexto estamos lidando aqui com um caso de sacrilégio ou blasfêmia. Tal coisa, de um antigo oficial naval imperial não se pode nem mesmo imaginar. Não, o pastor é um bom alemão e nunca quis dizer isso dessa maneira.

A chave para compreender o relato encontramo-la na sequência: duas páginas de *Mein Kampf* – um capítulo do Novo Testamento – um sermão acerca da questão do Führer. A palavra do líder (*Führer*) e a palavra de Deus estão par a par, como autoridades rivais, ao passo que a palavra do sermão tem de decidir a matéria. Em caso de contradição entre as fontes literárias, a Escritura e o credo têm de ter precedência. Agora, este argumento, por mais honrado que possa soar, é questionável, pois o cristianismo não está preocupado com a crença num texto literário, mas com a confrontação com Deus através da fé. Quando o cristianismo é transformado da realidade da fé numa crença na Escritura, emergirá o estranho conflito entre as imagens em que devemos ou não conceber Deus. Certamente, é reconfortante aprender que Deus ao menos não é ariano. Muito menos reconfortante, entretanto, é que temos de tomá-lo como ele é, *i.e.*, revelado no judeu Jesus de Nazaré. Pois Deus não se revelou como judeu, mas – não vos abaleis com a extravagância – em um ser humano.

Que o ser humano deva esconder-se por trás do judeu, que a questão ariana na igreja somente se torne uma questão porque agora o batismo tomou o lugar da árvore genealógica, e que as autoridades no sentido de Romanos 13 possam lidar com os judeus como quiserem, contanto que estes, pelo batismo, não sejam elevados ao mesmo nível dos arianos – estes são os sintomas do estranhamento do espírito através do qual o homem se torna inteiramente humano.

Este estranhamento do espírito e a desumanização do homem que daí resulta não é de maneira nenhuma privilégio especial dos protestantes. Ouvi, por exemplo, o protesto de um católico que, como membro do Círculo Kreisauer, se tornou vítima do 20 de julho.[12] O padre Alfred Delp, S.J., pergunta: "Terá a Igreja se esquecido do homem e de seus direitos fundamentais? Como a Igreja salvará o cristão se ela abandona a criatura que deveria tornar-se cristã?" Pois "com o homem morre o cristão". E mais tarde, na prisão, escreve ele: "A maior parte dos homens ordenados na Igreja oficial precisa dar-se conta de que, no momento, a Igreja não apenas é uma realidade equivocada – e incompreensível – mas, de muitas maneiras, um fato perturbador, ameaçador e perigoso".[13]

Por que isso? Porque as igrejas alemãs estão corrompidas pelo estranhamento do espírito segundo o qual só é homem quem é membro da igreja. Esquece-se de que Cristo não veio para os cristãos, mas para o homem, e que os membros da igreja não estão liberados da obrigação de serem homens.

O terceiro caso é o daquele famoso historiador, que é tão erudito que pode aplicar a Hitler uma citação de Goethe.

---

[12] Uma referência ao 20 de julho de 1944, a data do atentado contra a vida de Hitler. Depois do plano abortado, muitos alemães corajosos foram caçados e mortos pela Gestapo. (N. T. I.)

[13] Alfred Delp, *Zwischen Welt und Gott* [Entre o Mundo e Deus]. Frankfurt, 1957, p. 97, 101; Delp, *In Angesicht des Todesi* [Face a Face com a Morte]. Frankfurt, 1963, p. 143.

Em 1963 apareceu uma edição crítica das *Table Talks* de Hitler. No prefácio à obra, o historiador tentou caracterizar a pessoa de Hitler. A empresa parecia-lhe difícil, "já que esse evento único não pode ser compreendido sob a ótica de concepções tradicionais e categorias morais". Ele se alonga, portanto, na seção do demoníaco em *Dichtung und Wahrheit*, de Goethe. Goethe fala aí desses homens extraordinários que exercem "um poder inacreditável sobre todas as criaturas". "Dificilmente ou nunca os contemporâneos se igualarão a eles, e eles só podem ser superados pelo próprio universo, contra o qual ergueram os braços. E pode ser que à vista disso se tenha originado o estranho, mas formidável, provérbio: '*Nemo contra Deum nisi Deus ipse*' [Ninguém pode fazer nada contra Deus, senão o próprio Deus]".[14]

Contra as dúvidas do historiador deve-se dizer que não faltam de maneira alguma as categorias para descrever a pessoa de Hitler. Pois a combinação de uma personalidade forte e uma inteligência enérgica com uma deficiência na estatura moral e espiritual; de uma consciência messiânica com a façanha cultural de um cidadão de fora da era de Haeckel[15]; de uma estreiteza intelectual com a autoconsciência de um potentado provincial; assim como pelo fascínio que tal personalidade pode exercer numa juntura crítica sobre provincianos espirituais com mentalidade submissas, não nos faltam termos. O capítulo sobre o "Ditador" no livro de Alan Bullock a respeito de Hitler mostra que as categorias estão, de fato, disponíveis.[16] Quando o historiador, no entanto, contesta-lhes a existência, fica a suspeita, muito próxima, de que o emprego deles teria tornado muito claro o fenômeno de corrupção espiritual e moral, e a desordem alemã que ele produziu. Ao alongar-se no demoníaco, os acontecimentos teriam sido removidos da crítica do espírito. Esta suspeita, entretanto, parece-me apenas tão infundada como a similar no caso do famoso

---

[14] P. E. Schramm (ed.), *Hitlers Tischgespräche* [Conversas de Mesa de Hitler]. Sttuttgart, 1963, p. 118.

[15] Referência a Ernst Haeckel (1834-1919), zoólogo alemão e filósofo materialista que fez muito para popularizar o materialismo filosófico e a doutrina da evolução no final do século XIX e começo do século XX. (N. T. I.)

[16] Alan Bullock, *Hitler: A Study in Tyranny* [Hitler: um Estudo da Tirania]. Nova York, 1964.

pastor. Na verdade, não faltam as categorias – mas elas faltam, em verdade, na obra do famoso historiador. Estaríamos lidando de novo com um caso de estranhamento da realidade, e de novo de estranhamento da realidade do homem.

Que estamos lidando com um caso de estranhamento confirma-se pela interpretação que o historiador dá ao "*Nemo contra deum nisi deus ipse*" goethiano. O trecho sobre o demoníaco talvez não pertença às coisas mais claras que Goethe escreveu, mas não pode haver dúvida de que a afirmação procura reconhecer nas coisas do mundo, à maneira spinozista-panteísta, a dinâmica do divino em conflito consigo mesmo. O historiador, entretanto, traduz assim a afirmação: "Ninguém, que não seja ele próprio Deus, pode fazer nada contra Deus".[17] Além da gramática questionável, a tradução parece trair uma inabilidade de apanhar o conteúdo espiritual da afirmação.

Como, entretanto, parecem os resultados quando a história é escrita num estado de estranhamento? Temos o direito de fazer esta pergunta porque o historiador enfatiza especificamente o fato de que ele procurou fazer uma narrativa documentada "que manterá seu valor por muitos e muitos anos".[18] Demos, pois, uma olhada na afirmação que manterá seu valor por muitos e muitos anos. É tirada da descrição da aparência externa de Hitler: "Hitler tinha olhos tão sob controle que, de pilhéria, podia entortá-los".[19]

Sim, de fato, pessoas como nós não conseguem fazer isso. Hitler, entretanto, conseguia fazer muito mais. Pois ele tinha sob controle não apenas seus olhos, mas outras coisas também – por exemplo, seres humanos. E seres humanos cujos olhos ele não apenas podia entortar, mas a quem ele podia jogar em câmaras de gás. Apenas de pilhéria, é claro. Ele realmente não entortava os olhos. Deus o defenda! Afinal de contas, o homem era o próprio Deus.

O famoso historiador é chanceler da ordem *pour le mérite*.[20]

---

[17] Schramm (ed.), *Hitlers Tischgespräche* [Conversas de mesa de Hitler], p. 119.

[18] Ibidem, p. 118.

[19] Ibidem, p. 29.

[20] Ordem honorária de mérito antes mantida pelo governo alemão para reconhecer os que, em vários campos, tinham feito contribuições notáveis à sociedade alemã. (N. T. I.)

A desorientação espiritual alemã: a resposta literária

Analisamos os três casos a fim de aprender algo da natureza da consciência pública alemã. Para esse propósito tivemos de (1) escolher três figuras que são públicas no mesmo sentido de serem socialmente dominantes; e tivemos de (2) concentrar a análise nos problemas de um público substancial, *i.e.*, nos problemas do espírito.[21] Em todos os três casos, a análise chegou a sintomas característicos de estranhamento. Com relação aos reinos do divino, do humano e do intramundano, podemos detectar ao menos um enfraquecimento, se não uma perda completa, de contato com a realidade. Em particular, os distúrbios na tensão em direção ao fundamento divino do ser são tão severos, que se teria de falar de contribuições notáveis a uma *Theologia Germanica*. Intimamente relacionado a esses estão os distúrbios na claridade da consciência concernente ao homem como *imago Dei* e, como resultado, os distúrbios em relação a nossos semelhantes. De ambos os tipos de distúrbios, então, seguem-se distorções concernentes à relevância na área da realidade histórica – distorções que podem alcançar até o grotesco. Ao enfraquecimento do contato com a realidade correspondem no reino da linguagem os vários sintomas de doenças que tivestes a oportunidade de observar. Tomados em conjunto, formam uma síndrome de analfabetismo.

Tal diagnóstico, entretanto, não deve, de maneira alguma, ser tomado como a última palavra acerca do estado da consciência pública alemã. Pois, além desse aspecto da consciência pública que é caracterizada pelos casos que foram analisados, existe também um reino público de literatura alemã. A literatura alemã produzida nos últimos cinquenta anos é igual, em nível espiritual, à de quaisquer outras literaturas ocidentais, embora se distinga delas pelo fato de não ser socialmente dominante. A façanha espiritual da literatura alemã não teve nenhuma influência reconhecível. Para a educação e desenvolvimento do

---

[21] Voegelin emprega frequentemente os termos *substância* e *substancial* num sentido antigo para significar *realidade espiritual* (cf. Giordano Bruno). (N. T. I.)

caráter de homens, e particularmente de jovens na Alemanha, foi virtualmente desprezada. Tendo em vista que as obras de literatura tratam do mesmo fenômeno de estranhamento que nos ocupa aqui, o fato de não terem tido nenhuma influência constitui parte do caráter da cena pública alemã. O fenômeno de um público substancial que não consegue obter aceitação pública dentro do contexto do público social maior é outra característica do quadro de doença total.

Mencionarei alguns pontos altos de iluminação sobre os problemas de estranhamento. Em seu *O Homem Sem Qualidades*, Robert Musil toma o problema da separação entre substância e forma. Do centro do homem para fora – ou melhor, daquele lugar em que se supõe encontrar o centro substancial do homem, embora, na realidade, apenas se descubra um vácuo incompreensível – as qualidades humanas, que podem apenas ser expressões de substância espiritual, não podem ser desenvolvidas. Quando, no entanto, são desenvolvidas através de atividade externa, o que emerge é o fenômeno de qualidades sem homem. Com o desenvolvimento de qualidades sem homem, entretanto, tocamos no problema geral da "segunda realidade", que foi mais desenvolvida por Albert Paris Gütersloh e Heimito von Doderer. Quando a primeira realidade, que é a expressão da substância espiritual, não pode ser desenvolvida por causa da ausência de tal substância, em seu lugar se desenvolverá uma realidade artificial – ou seja, uma realidade que tem a forma externa de realidade, mas que não é substancialmente fundada pelo espírito. Entramos aqui num reino de não espírito semelhante a espírito ou antiespírito, que encontra sua representação no plano da política nos movimentos ideológicos de massa. Doderer, em particular, em seu livro *The Demons* [Os Demônios], preocupou-se com a segunda realidade como fenômeno de desordem política e social. Doderer localizou ainda a origem da segunda realidade na recusa de apercepção. A "visão de mundo" como caso característico de uma segunda realidade, ele a define como "uma recusa de apercepção elevada a um sistema".[22] Quando se torna radical a recusa de apercepção, ela leva ao fenômeno da total aniquilação de si mesmo e do

---

[22] Heimito von Doderer, *Die Daemonen* [Os Demônios]. Vienna, 1956, p. 581.

mundo, de que Doderer tratou como tema grotesco em seu *Merowinger* [Merovíngios]. E finalmente, o *Auto de Fé*, de Elias Canetti, deve ser mencionado neste contexto. Os títulos das três partes da novela resumem as fases de estranhamento: Uma cabeça sem um mundo – Mundo sem cabeça – O mundo na cabeça de alguém.

Entre essas obras brilhantes está, em alto nível, o *Doutor Fausto*, de Thomas Mann, a grande lamentação de um alemão sobre a Alemanha. A expressão *lamentação* que acabei de usar não deve ser entendida no sentido convencional, mas como termo técnico para um gênero literário específico. Thomas Mann escreveu conscientemente uma *lamentação*, uma trenodia, no sentido bíblico das Lamentações de Jeremias. As Lamentações de Jeremias, entretanto, não são apenas uma velha queixa acerca das atrocidades de males menores de um período, mas lamentações acerca do homem e de sua apostasia de Deus. A defecção do espírito é o objeto da lamentação, seu único objeto legítimo, se não der uma guinada para o banal e o antiespiritual. Thomas Mann capturou o cerne da lamentação por uma citação da obra bíblica:

> Por que murmurou sempre o homem vivendo (...) pelo castigo de seus pecados?
>
> Esquadrinhemos os nossos caminhos, (...) e voltemos ao Senhor.
>
> Nós obramos injustamente, e te provocamos a ira: por isso tu te mostras inexorável.
>
> Tu te encobriste no teu furor e nos feriste: mataste-nos, e não nos perdoaste.
>
> Como planta desarraigada e abjeta me puseste no meio dos povos.[23]

O lamento não é em si mesmo o retorno, mas a iluminação da defecção e, então, o começo do retorno. É, além disso, um ato em que a linguagem se restaura a si mesma, através de uma

---

[23] Mann, *Doktor Faustus*, p. 478. Citação das Lamentações de Jeremias 3,39. Todas as citações da bíblia são retiradas da tradução portuguesa feita pelo Padre Antônio Pereira de Figueiredo. (N. T.)

iluminação de seu próprio caráter como expressão de realidade. Thomas Mann formula a matéria explicitamente: "O lamento – e aqui lidamos com um lamento constante, acentuado inexaustivamente, da variedade mais dolorosa de Ecce-Homo[24]– o lamento é ele mesmo o ato expressivo". O lamento não é a linguagem de defecção, o lamento é a linguagem do sofrimento criado pelo estranhamento – a posição do Ecce-Homo. Este sofrimento, entretanto, pertence à essência do homem, pois, embora seja destino do homem ser *imago Dei*, também está presente a possibilidade de não estar à altura dela – de apostatá-la e de fechar-se em si mesmo. A dignidade da *imago Dei* compreende o sofrimento do Ecce-Homo. A linguagem, portanto, tem um significado duplo como expressão tanto de sofrimento como de alegria. Mesmo na exultação de alegria pode-se ouvir o lamento do humano que está distante do divino e, portanto, capaz de estranhamento dele. Mesmo no lamento vive a dignidade da esperança que será entregue, partindo do próprio estranhamento. Thomas Mann, assim, constrói em seu *Doutor Fausto* o "lamento que lamenta" de seu Leverkuehn como o reverso da "Ode à alegria" de Beethoven; e o "lamento que lamenta" ainda uma vez desaparece no tom da esperança. O acento do lamento, entretanto, permanece dominante – a afirmação de que o lamento é um ato expressivo ele a transforma na afirmação de que "Todo ato expressivo é realmente um lamento". Com a iluminação no lamento como a expressão também de alegria, o autor chegou, com uma mudança nos acentos da tensão, à altura da iluminação de Platão acerca da vida humana como "um jogo sério".[25]

Não há, portanto, na Alemanha, nenhuma falta de um caráter público para o espírito. Por que então o público substancial representado pela literatura alemã não pode tornar-se o público socialmente dominante? O que mantém o público do espírito e o público do estranhamento separados um do outro? Por que um representante do espírito se torna, quando muito, Resch Galutha – o rei do exílio – mas não o representante da sociedade alemã (situação de que Thomas Mann sofreu grandemente)? Por que não pode o público substancial, que claramente existe, ser mais

---

[24] A imagem aqui evocada é a da paixão de Cristo. (N. T. I.)
[25] Thomas Mann, *Doktor Faustus*, p. 644.

eficaz em moldar a sociedade e em estabelecer padrões pelos quais os alemães se comportem para com seus semelhantes? Por que se desenvolveu, ao lado da linguagem do espírito, a aflição caracteristicamente alemã de uma linguagem socialmente dominante de analfabetismo, e por que esta aflição persiste? Como surgiu o hiato entre a cultura privada e a falha pública? Onde a transmissão social perdeu o que é necessário para traduzir a vida do espírito em vida da sociedade?

Uma teoria narcisista de educação

A cortina de ferro que separa os dois públicos um do outro é a universidade alemã como concebida por Wilhelm von Humboldt, como a transmissora de educação.[26]

A concepção de desenvolvimento (*Bildung*) de Humboldt se funda numa filosofia histórica de acordo com a qual a organização da sociedade humana progrediu da república antiga para a monarquia moderna. Em seu *Ideas to Determine the Limits of Effectiveness of the State* [Ideias para Determinar os Limites da Efetividade do Estado], escrito em 1792, ele contrasta o antigo com o moderno: "Os antigos preocupavam-se com a força e desenvolvimento do homem como homem; os modernos com o seu bem-estar material, sua propriedade e sua capacidade de ganhar a vida. Os antigos procuraram virtude; os modernos, alegria". A educação antiga e a socialização, entretanto, envolvem intervenções perigosas no "que constitui a essência única do homem, seu ser interior (*inneres Dasein*)", e são contrárias à razão.[27]

---

[26] Wilhelm von Humboldt (1767-1835) foi um filólogo alemão proeminente, diplomata e homem de letras, que fez muito para marcar o caráter da educação superior alemã do século XIX. Foi ministro de educação na Prússia de 1809 a 1810, período em que ajudou a fundar a Universidade de Berlim. Foi também útil na reorganização do sistema de escolas secundárias patrocinadas publicamente, ou *Gymnasiums*. Sua filosofia educacional é aqui atacada por Voegelin como uma forma de autoabsorção narcisista que procura desviar do transcendente o homem. (N. T. I.)

[27] Wilhelm von Humboldt, *Ideen zu einem Versuch, die Grenzen der Wirksamkeit des Staates zu Bestimmmen* [Ideias para Determinar os Limites da Efetividade do Estado]. Darmstadt, 1960, (Werke I), p. 61.

Pois o verdadeiro objetivo do homem – não o que suas inclinações mutáveis determinam, mas o que a razão imutável e eterna lhe prescreve – é o mais alto e bem proporcionado desenvolvimento de seus poderes num todo unificado. Para esse tipo de desenvolvimento, a liberdade é a primeira condição indispensável".[28] A originalidade, e aquilo, portanto, em que se funda em última análise toda a grandeza do homem, e pela qual o homem tem de lutar eternamente (...) é o caráter único da força humana e do desenvolvimento (*Bildung*) educacional".[29] A ordem da sociedade pareceria levar a uma coexistência anárquica: "O mais alto ideal dos seres humanos que vivem juntos, creio eu, seria aquilo em que cada um desenvolve por si e para si mesmo".[30] Entretanto, a exuberância será temperada pela iluminação de que não se pode, afinal, prescindir do "estado". Humboldt ainda considera desejável que "as condições do homem e do cidadão coincidam umas com as outras tanto quanto possível". Mas o homem não tem de ser sacrificado pelo cidadão, e, por essa razão, "o desenvolvimento (*Bildung*) educacional mais livre do homem, algo que se preocupe com as relações de cidadania tão pouco quanto possível, tem de ter precedência em todos os lugares".[31] Tal educação, que não deve ser pública em caráter, só é possível quando a sociedade não tem uma forma pública como a das repúblicas antigas onde as exigências tinham de ser feitas aos cidadãos. "Apenas em nossas constituições monárquicas está inteiramente ausente tal forma [pública] – e, certamente, com um benefício não pequeno para o desenvolvimento educacional do homem." Entre suas vantagens está o fato "de que o estado é visto apenas como meio, [e que] não tem de haver tanto esforço da parte do indivíduo para manter esse meio, como nas repúblicas. Contanto que o súdito obedeça às leis e mantenha a si e a seus dependentes bem aprovisionados numa profissão que não seja danosa a terceiros, o estado não se preocupa com o modo como ele vive".[32]

---

[28] Ibidem, p. 64.
[29] Ibidem, p. 65.
[30] Ibidem, p. 67.
[31] Ibidem, p. 106.
[32] Ibidem, p. 107.

Não se deve deixar o texto de um Wilhelm von Humboldt falar por si mesmo, pois já fala a linguagem de estranhamento do espírito. Sugerirei, portanto, algumas linhas de interpretação.

Expressões como *ser interior, individualidade, originalidade, caráter único da força e desenvolvimento humanos*, desenvolvimento *para si mesmo*, etc. indicam um fechamento ao fundamento do ser.[33] O quadro de um homem que é formado desses símbolos constitui parte da linha de divinização que começa no ego solitário de Rousseau nas *Reveries du Promeneneur Solitaire* [Lembranças de um Andarilho Solitário] e chega ao *Super-homem* nos escritos iniciais de Karl Marx. Muito reveladora é a fórmula para grandeza "segundo a qual o homem individual tem de lutar eternamente"; pois uma pessoa não tem, é claro, de lutar "eternamente", mas, no máximo, durante uma vida humana. A fórmula só faz sentido quando o homem se inclina para estabelecer seu "desenvolvimento" no lugar da "eternidade". Que Humboldt está-se movendo na linha de divinização humana confirma-se por sua concepção de "religião" como um complexo de quadros que apela para as emoções e serve para fortalecer os de caráter mais fraco para a tarefa de perfeição que virá do "ser interno". "Nossa busca da verdade, nossa luta pela perfeição, alcança grande firmeza e segurança quando existe para nós um ser que é a fonte de toda a verdade, a corporificação de toda perfeição." Por tal segurança, entretanto, os homens de épocas passadas, e os de caráter mais fraco do presente, tiveram de pagar o preço de prescindir daquele sentimento elevado de "agradecer apenas a si mesmo por tudo". Por úteis que sejam as "ideias religiosas", não são indispensáveis para o desenvolvimento educacional. "A própria ideia de perfeição espiritual é grande, suficiente e elevada o bastante para não precisar de mais um manto ou forma." A "ideia religiosa" de um ser perfeito é "um ideal", um tipo de representação sensorial dentro da qual a "ideia" de perfeição humana é recapitulada. O homem da concepção de Humboldt, entretanto, sente-se "independente através da autossuficiência". "Quando ele olha para seu passado agora, procura cada passo do caminho

---

[33] Voegelin, deve-se explicar, não está necessariamente objetando a nenhum desses termos, em si mesmos, mas ao significado que eles assumem dentro do contexto dos escritos de Humboldt. (N. T. I.)

para descobrir como ele estava acostumado a cada acontecimento, algumas vezes dessa maneira, outras vezes, de outra; como ele gradualmente se tornou o que agora é; quando, portanto, ele vê causa e efeito, o fim e os meios, tudo unificado, e então, cheio de orgulho de que são capazes os seres finitos, exclama – 'Não fizeste tudo sozinho, ó coração sagrado resplandecente?' – como tem então todas suas ideias de solidão, de impotência, de falta de proteção, consolo e de ajuda que alguém consideraria normalmente presente quando está faltando uma causa racional, ordenadora e pessoas do elo de acontecimentos finitos, como tem de desaparecer tudo isso?"[34] – a *anamnese* de um narcisista.[35]

O espírito é a abertura do homem para o fundamento divino de sua existência; para Aristóteles, o questionar ansioso em busca do fundamento é o começo do filosofar. Com a rejeição da questão concernente ao fundamento para além da cadeia de causas e fins finitos e, mais ainda, com a anestesia contra a pergunta como critério de perfeição humana, Wilhelm von Humboldt encontrou a fórmula perfeita para o estranhamento do espírito. Em lugar do fundamento divino do ser emerge o homem como o fundamento de si mesmo. O fechamento narcisista tem muitas consequências para a linguagem e o pensamento, que hoje, no público socialmente dominante da Alemanha, são tão autoevidentes que quase já não há uma consciência do significado delas. Indicarei apenas que a tensão existencial em direção ao fundamento divino do ser não desaparece quando o homem se recusa a reconhecê-la como sua realidade. Os problemas dela continuam a existir e, a fim de se expressarem, a linguagem da filosofia tem de ser substituída por um novo idioma de estranhamento. Já se mencionaram os símbolos para a divinização do homem. Além desses, emerge, em lugar de questionamento, procura e anseio existenciais, o símbolo de "perfeição moral"; em lugar do fundamento (*aition, arche*), a "ideia de perfeição"; em lugar da realidade da fé, as "ideias religiosas"; em lugar de Deus, "um ideal"; e assim por diante. Já que o pensamento agora é baseado na *ratio*, e esta

---

[34] Humboldt, *Ideen zu einem Versuch*, p. 114.
[35] Recordações ou reflexões. (N. T. I.)

é ligada à questão do fundamento, na linguagem de Humboldt, é impossível pensar. Alguém que não esteja vivendo numa condição de estranhamento e obsessivamente tagarelando os simbolismos de sonho dela vai ter muita dificuldade ao tentar entender um texto de Humboldt, pois, para fazê-lo, a pessoa tem de primeiro caracterizar o fenômeno de estranhamento a fim de compilar algo como um dicionário com cuja ajuda poderá então ligar a linguagem da perda da realidade com a linguagem da realidade.

Com o desaparecimento da realidade da tensão em direção ao fundamento desaparece também da concepção de homem de Humboldt o problema da sua educação. Por educação entende-se a arte platônica da *periagoge* – ou seja, a arte que move o homem a afastar-se da desolação espiritual de sua existência no mundo e o guia de volta à direção do fundamento. Em lugar da educação (*Erziehung*) aparece em Humboldt o ominoso "desenvolvimento" (*Bildung*) em virtude do qual a individualidade deve desenrolar-se em sua unicidade plena. E, finalmente, com a abertura do homem para o fundamento desaparece a possibilidade de formação do público substancial da sociedade através da abertura da existência individual. Em lugar do público substancial aparece "a forma cidadã de sociedade". Esta, entretanto, é objetivamente supérflua, já que sob as condições do estado "moderno" os negócios públicos foram assumidos pela monarquia. Neste ponto, surgirá a questão de se na linguagem de estranhamento não apenas o leitor, mas também Humboldt, é incapaz de pensar, pois o homem perfeito, como o concebeu Humboldt, parece só atingir sua perfeição quando permanece um súdito. Com então é o estado de um súdito compatível com a perfeição do homem? E o que acontece aos homens do "estado" – *i.e.*, aos funcionários da monarquia prussiana e a sua instituição oficial? Eles permanecem homens imperfeitos que devem reinar sobre os perfeitos? Ou eles têm uma fórmula secreta para um tipo ainda mais alto de perfeição? Ou Humboldt apenas inventou o homem perfeito a fim de tornar a monarquia mais palatável para o súdito prussiano? Por que não deveria o desenvolvimento histórico de uma sociedade de homens perfeitos levar ao emurchecimento do "estado" ou, quando este não murche voluntariamente, à sua abolição revolucionária? A perguntas desse tipo não se encontram respostas em Humboldt.

Para o homem do antiespírito, antifilosofia e antipúblico, para o tipo de contrassociedade a todas as sociedades de seres humanos, Wilhelm von Humboldt redigiu um plano de uma universidade como se encontra em seu *memorandum* de 1810, *Concerning the Inner and Outer Organization of the Institutions of Higher Scientific Learning* [Da Organização Interna e Externa das Instituições de Aprendizado Superior Científico]. Podemos ser breves no tratamento desta obra, já que a linguagem de estranhamento se expande com apenas alguns poucos termos, embora não sejam desimportantes.

As instituições de aprendizado superior científico têm por primeira obrigação cuidar "da cultura moral da nação". Cumprem seu papel ao promoverem "a ciência no sentido mais profundo e amplo do termo", de tal forma que possa servir como material preparatório apropriado "para o desenvolvimento moral e espiritual". De novo, as instituições cumprem essa tarefa ao confrontarem "a ideia pura de ciência"; e isso elas podem fazer apenas quando "o isolamento e a liberdade" (uma frase frequentemente citada) prevalecem ao redor delas – embora este estado de coisas possa ser temperado pelos esforços não coagidos e não intencionais para a cooperação. A "ciência", além disso, não deve ser ensinada nas instituições de aprendizado superior como uma coleção de conhecimentos acabados, mas "sempre [tratada] como um problema ainda não completamente resolvido". Os professores, portanto, não estão lá para os alunos, mas ambos para a "ciência". Por que, então, pode alguém perguntar, este culto notável da "ciência" deve ser feito e até patrocinado materialmente pelo estado, já que tem de permanecer separada "de todas as formas do estado"? A resposta: as instituições de aprendizado superior científico "nada mais são do que a vida espiritual do homem que dirige o tempo de lazer externo e a aspiração interna para a tarefa da ciência".[36] É claro, o princípio

---

[36] Wilhelm von Humboldt, *Über Die Innere und Äussere Organisation der Wissenschaftlichen Anstalten in Berlin* [Da Organização Interna e Externa das Instituições Científicas em Berlim]. Darmstadt, 1964, (*Werke*, VI), p. 255.

da ciência tem de ser mantido vivo nas instituições como "algo ainda não inteiramente descoberto e nunca encontrado inteiramente"; pois apenas uma ciência "que se origina do ser interior e pode ser cultivada no ser interior" constrói o tipo de caráter necessário para o progresso do estado. Neste ponto do *memorandum*, onde a conversa é sobre "interioridade", começa a brilhar algo que se aproxima de um pensamento: as instituições científicas correm o risco de "não perseguirem realmente a ciência", ou "não [criá-la] da profundeza do espírito", mas de serem presas, ao contrário, à ilusão de que a ciência "possa ser extensivamente expandida por um processo de coleção e de ajuntamento". Portanto, Humboldt previu a possibilidade de uma *Stoffhuberei*[37] positivista. Se isso acontecer, diz ele, então, quanto à ciência e ao estado, "tudo seria irremediável e eternamente perdido" (por que sempre o mesmo *eternamente*?). Na verdade, Humboldt até mesmo antevê que quando a "coleção extensiva e o ajuntamento continuarem por um longo tempo", a ciência desaparecerá e "deixará até mesmo sua linguagem para trás como uma concha vazia". A fim de evitar que isso aconteça, Humboldt oferece uma fórmula – e parece por um momento que finalmente aprenderemos qual é o "espírito" cuja vida a ciência constitui. Ficamos, no entanto, desapontados, pois, para mantermos o espírito vivo, temos de, segundo Humboldt, (a) "obter tudo do princípio original", (b) "construir tudo dentro de um único ideal" e, finalmente, (c) "unir esse princípio e esse ideal em uma ideia". O pensamento – se realmente o era – é de novo enterrado sob a areia movediça de símbolos de estranhamento.[38]

Na época, o plano de Humboldt foi um ato de liberação, pois de um lado rompia o poder do estado e da ortodoxia sobre as instituições de pesquisa e de aprendizado; ao passo que, de outro, deixava livres as forças humanas de que somos devedores pelo grande florescimento das universidades alemãs no século XIX. Foi um capricho desafortunado do fado que a reforma tenha caído dentro do período de narcisismo romântico, pois este narcisismo

---

[37] Um empilhamento de quantidades enormes de dados indigestos, sem valor. (N. T. I.)

[38] Humboldt, *Über Die Innere und Äussete Organisation*, p. 257.

devia quadrar muito bem com o modelo político de uma existência de um sujeito dentro da monarquia nacional-autoritária. Do espírito dos tempos vem a demanda de Humboldt – que teria consequências momentosas – de que a universidade deveria unir a "ciência objetiva" com a "educação subjetiva".[39] A expressão *objetiva* neste símbolo complexo não deve ser entendida em nenhum sentido filosófico – seja escolástico, cartesiano ou kantiano – mas como um adjetivo que se refere a uma ciência que, em virtude de sua "objetividade", equilibra as forças "subjetivas" dentro da individualidade. "Ciência objetiva" e "educação subjetiva" são um complexo integrado de símbolos de estranhamento que obstruem a realidade do homem e sua abertura para o fundamento do ser. "Ciência objetiva", em particular, tomou o lugar do conhecimento ordenador noético no sentido clássico.

Esta substituição da realidade humana através dos símbolos de estranhamento "objetivo-subjetivo" é de duas maneiras destrutiva, já que (1) obscurece a realidade do homem e (2) destrói as ciências do homem, da sociedade e da história, cujas origens estão no conhecimento real do homem acerca de si mesmo e sua tensão existencial em direção ao fundamento do ser. No último terço do século XIX, com o enfraquecimento do ímpeto romântico-idealista, passaram a ser notados os fenômenos de declínio; há uma perda daquelas iluminações na natureza da realidade das quais a ramificação material de uma ciência do homem recebe seu significado e, correspondentemente, a enorme expansão em dados materiais sem controle através de critérios de relevância. Como resultado, então, há a degradação da filosofia para a epistemologia, da filologia no sentido wolfiano para a linguística, da historiografia para historicismo e relativismo histórico. É a fase de declínio contra a qual Nietzsche se revoltou. O *vacuum* resultante, entretanto, não motivou um retorno à realidade; ao contrário, a fim de salvar a "objetividade" da ciência, o idioma de estranhamento mais velho foi substituído por um novo. Em vez de uma "ciência no sentido mais profundo e no sentido mais amplo do termo", as "ideias" e os "ideais", apareceram os "valores", o "método relacionado ao valor", as "concepções de

---

[39] Ibidem, p. 255.

valor legitimantes" e "a ciência livre de valores". Este segundo idioma de estranhamento derivou do esforço de obter para as ciências do homem, que têm sua origem na tensão em direção ao fundamento divino do ser, uma "objetividade" análoga à das ciências da natureza que são periféricas à pessoa. O esforço empregou a tática de circunscrever o estoque filológico-histórico de conhecimento como objeto "livre de valor", enquanto mudava a questão da relevância científica para os "valores", sendo, entretanto, os próprios "valores" deixados sem questionamento quanto ao seu conteúdo de realidade. No período de estabilidade nação-estado – e, de modo correspondente, de "valores" aceitos sem questionamento – o efeito poderia atingir um domínio social considerável. No período desde o fim da Primeira Guerra Mundial, por contraste, surgiu a iluminação de que os movimentos ideológicos ocidentais, assim como as ordens políticas não ocidentais, exigem uma análise específica que não pode ser empregada simplesmente com a declaração de que as várias experiências de ordem são "posições de valor" e, então, não nos devemos preocupar com a estrutura delas. O segundo idioma de estranhamento, de "objetividade", portanto, aproxima-se do fim de sua fase de obsolescência.

A "educação" (*Bildung*) humboldtiana não é educação para a abertura do espírito; é, ao contrário, uma obra de fechamento ao espírito. O resultado de tal educação através da "ciência objetiva" é uma condição de estranhamento e, quando a pessoa atingida é sensível espiritualmente, de grande sofrimento por este estranhamento. A obra de estranhamento que é empregada pelas universidades pode não perturbar muito a ordem pública contanto que as tradições do público substancial e da monarquia do estado autoritário resistam; mas um século de esforço destrutivo não fica sem consequências, e estamos familiarizados com elas: quando os membros de uma sociedade e, em particular, seu estrato acadêmico mais alto são "educados" para a existência não pública, surge então a matriz social da qual movimentos de estranhamento do tipo do nacional-socialismo podem subir ao poder. Não apenas os movimentos se espalham, mas, numa sociedade de seres humanos não públicos, eles não encontram nenhuma oposição séria – na verdade, os que as experimentam "em primeira mão" [*Miterlebenden*] não compreendem de maneira alguma o que está acontecendo a seu redor. Mesmo uma geração posterior ainda não é capaz de compreender os acontecimentos, pois, se existisse tal compreensão, hoje as universidades não continuariam sua "educação" para uma existência narcisista como se nada tivesse acontecido.

Os problemas de estranhamento não desapareceram da sociedade alemã simplesmente porque o regime nacional-socialista foi destruído de fora por uma guerra mundial. Gostaria de chamar a atenção, a esse respeito, para uma estrutura da política alemã que foi mal compreendida muitas vezes. Mesmo quando um homem foi deformado até a existência não pública – ou seja, não um sujeito através do *status* político, mas um *idiotes* através do estranhamento – ele não deixa de ser um membro da sociedade e uma pessoa com vontade política. Quando, entretanto, o "sujeito" existencialmente não político funciona como um cidadão numa sociedade industrial com uma constituição democrática, há para ele *vis-à-vis* a autoridade governante apenas as duas alternativas: subordinação à tradição-consciência ou a oposição antitradicional. A alternativa de subordinação leva à atitude que hoje chamamos conservadorismo nacional; a de oposição, à atitude peculiar dos intelectuais que protestam contra o regime sem serem eles mesmos capazes de desenvolver alternativas políticas viáveis. Os tipos políticos de conservador nacional e de intelectual de esquerda, que datam do século XIX, são ainda hoje de relevância social considerável – por ocasião do caso *Der Spiegel* ocorreu um embate memorável entre eles.[40]

---

[40] Em outubro de 1962, *Der Spiegel*, a maior revista de notícias da Alemanha, publicou uma edição de capa acerca da preparação de defesa da Alemanha, sendo muito crítica das políticas de Franz Josef Strauss, o ministro de defesa conservador. O artigo refletia um conhecimento de dentro dos assuntos militares da Alemanha e dos Aliados, e tratou de assuntos de defesa com pormenores consideráveis. Como resultado deste artigo, os escritórios de *Der Spiegel* em Bonn e Hamburgo receberam batidas de funcionários do governo da Alemanha, sendo o seu dono e os principais editores da revista presos, recolhendo-se provas de supostas ações de traição quanto à publicação de segredos militares oficiais. As batidas causaram uma onda de protestos na Alemanha, com a maioria dos intelectuais pondo-se em defesa de *Der Spiegel*. Numa ação judicial subsequente, as acusações contra os funcionários da *Der Spiegel* não foram recebidas. Como resultado do *Spiegel-Affäre*, houve um estremeço no gabinete de Konrad Adenauer, sendo Franz Josef Strauss obrigado a renunciar ao cargo de ministro de defesa. (N. T. I.)

Uma compreensão clara dessas duas variedades básicas de políticas não políticas parece-me indispensável para uma compreensão do nacional-socialismo e de sua ascensão ao poder. Ouvireis frequentemente o ponto de vista de que o nacional-socialismo era um movimento nacional – ou ao menos tentava passar-se por um movimento nacional – e podia, portanto, engajar o sentimento nacional de grandes massas de povo. Esta visão penso que é falsa, já que, para existir uma nação política, tem de haver um público substancial de domínio social suficiente, e era exatamente isso que estava faltando no caso alemão. O que Hitler levou consigo ao poder não foi a nação política (pois tivesse ela existido, o fenômeno de Hitler não teria sido possível), mas as massas de sujeitos existenciais com mentalidades nacional-conservadoras, que podiam voltar-se com entusiasmo para uma autoridade nova, humanamente tão grotesca, quando um regime, que num sentido político tenta ser nacional, parece falhar num momento de crise.

O espírito sopra onde quer, e também nas universidades alemãs ele causou muito dano. Em geral, entretanto, o plano de Humboldt era – e ainda é – eficaz; pois uma educação universitária encerra suas vítimas em números socialmente relevantes contra a vida do espírito; mantém com sucesso seu estranhamento numa posição de domínio social; e impede o público de espírito de estabelecer-se na sociedade com um todo. Além disso, atinge o caráter do próprio público substancial à medida que a ânsia pelo espírito inevitavelmente assume a forma de um movimento de oposição contra o estranhamento socialmente dominante. As grandes obras da literatura são confrontos diretos com o estranhamento – elas o descobrem como um fenômeno, são expressões de sofrimento disso, enfrentam o problema meditativamente a fim de penetrar a liberdade de espírito. Mas elas não são ainda criadas por causa da liberdade. A sombra do estranhamento socialmente dominante está nas obras de homens cuja vida foi vivida num esforço de fazer o próprio caminho livre dele. Portanto, quanto à natureza da consciência pública alemã, há uma ambivalência nas expressões *emigração* e *revolução* que se tornou visível a todos com a crise do nacional-socialismo. Pois uma pessoa de nível espiritual que nasce alemã tem, de qualquer modo, de entrar na emigração interna a fim de viver, e a emigração interna pode, sob a pressão dos acontecimentos, levar, finalmente, à emigração externa.[41] Aqui, entretanto, surge a pergunta de quem é realmente o emigrante – o alemão que emigra do espírito, ou o alemão que emigra do domínio social de estranhamento? E assim ambivalente também se torna a expressão *revolução*, quando os revolucionários emigram – como fizeram, partindo da Alemanha, desde 1848 – enquanto o *ancien régime* permanece em casa. Deveria dar causa à reflexão quando, à vista do comportamento dos que permaneceram em casa, que naturalmente experienciaram tudo "em primeira mão" – a frase nos é imposta muito frequentemente hoje, a qual, no começo dos acontecimentos revolucionários nas nações ocidentais, primeiro atingiu os emigrantes: nada aprendido e nada esquecido!

A Universidade alemã e a perda da comunidade espiritual

No salão de conferência da Universidade de Heidelberg, no alto, está o *motto* de seu propósito tal como foi imaginado por Friedrich Gundolf: "Ao espírito vivente". Tentamos caracterizar a natureza da consciência pública alemã e falamos da universidade como de uma cortina de ferro que mantém o público de estranhamento, socialmente dominante, afastado do público substancial do espírito. Este julgamento é áspero, mas não é inapropriado, já que baseado na pretensão da universidade de traduzir a ordem do espírito na ordem vivente da sociedade através da educação da geração mais jovem. Só podemos afastar-nos desse julgamento se quisermos renunciar à própria pretensão. Então, no entanto, entraria em vigor outro dito de Friedrich Gundolf: "Quem, em matéria de espírito, não leva as coisas a sério [*ernst*] não precisa entrar na discussão".

---

[41] A expressão *emigração interna* foi empregada para descrever as ações dos alemães anti-Hitler que foram forçados a viver na Alemanha durante o período do Terceiro Reich e que tentaram, o melhor que puderam, desembaraçar-se psiquicamente da insanidade coletiva que estava acontecendo a seu redor. (N. T. I.)

O *dictum* gundolfiano foi pensado como um imperativo, mas também pode ser entendido num sentido assercional. Poderia ser, então, parafraseado: Quem, em matéria de espírito, não leva as coisas a sério será empurrado para o lado quando quiser entrar na discussão; ou vacilará e entrará em colapso quando outro alguém tomar as coisas a sério, e o antiespírito prevalecerá. A correção da paráfrase é empiricamente confirmada pela situação da universidade no Terceiro Reich. Esta experiência, entretanto, deveria ter deixado claro que a falta de seriedade em matérias espirituais não é, de maneira alguma, inofensiva. Pois uma sociedade não pode renunciar à ordem do espírito sem destruir-se a si mesma, e quando as instituições que devem servir a vida do espírito, através de seus esforços, deixam de ser sérias, então sua função será arrebatada por homens e instituições que levam o próprio trabalho a sério. De quem são esses homens e instituições em nosso tempo estamos todos a par: a *abdicatio* da universidade é a *translatio imperii* do espírito para os movimentos ideológicos de massa. Contra essa afirmação muitos talvez dirão que isso é simplesmente o curso da história, que as universidades já exerceram seu papel histórico, que a autoridade do espírito foi transferida para os movimentos gnósticos e apocalípticos de nosso tempo, e que as universidades do futuro terão de contentar-se com a pesquisa e instrução para o emprego pragmático da sociedade em áreas de conhecimento que são periféricos à pessoa. *In spiritualibus* as universidades têm de submeter-se à linha do partido deste ou daquele regime de sectários ideológicos. Agora talvez possa chegar a isso, mas prognosticar como inevitável tal desenvolvimento possível e usar o prognóstico como argumento para recusar-se a fazer algo seria um sintoma daquele comportamento perante a história, analisado por Thomas Mann: "Está chegando, está chegando, e quando estiver aqui, estaremos prontos para o que estiver acontecendo". Já aprendemos, entretanto, o que está acontecendo, se não o sabíamos antes. Renunciemos, pois, a tal comportamento.

Mas como, perguntareis, chegamos a essas reflexões notáveis? O discurso no começo era sobre a universidade alemã, que, de acordo com a concepção de Wilhelm von Humboldt, deveria restringir-se ao culto da individualidade e não ter nada que ver com a "forma-cidadã" de sociedade. Mas agora parece que há uma universidade alemã que tem a pretensão de representar publicamente o espírito vivente e a quem não se permite renunciar a suas pretensões. Não há uma contradição aqui?

A contradição está para além de qualquer disputa. A universidade alemã tem, na verdade – e mais de uma vez –, contradito o conceito de Humboldt, especialmente no período após a Primeira Guerra Mundial. De qualquer modo, a Heidelberg dos anos de 1920, na qual homens como Gothein, Gundolf, Jaspers, Salin, Alfred Weber e Zimmer estavam ativos, era tudo, menos uma universidade concebida por Humboldt. Uma instituição não é uma estrutura que se estabelece de uma vez por todas, mas um processo no tempo cujo curso de desenvolvimento sob certas circunstâncias pode desviar-se consideravelmente da intenção de seus fundadores. O exemplo de Heidelberg deveria mostrar que o narcisismo do sujeito existencial não é um fado alemão a que estamos condenados. O fechamento pneumopatológico pode ser quebrado. Quando o meio estatal monárquico autoritário é desacreditado e sacudido, o espírito pode não apenas abrir-se e de novo restabelecer o contato com a realidade; ele pode também afirmar-se no domínio da consciência pública. O exemplo dado, entretanto, deveria também trazer à mente quão seriamente quaisquer começos promissores são ameaçados pela consciência pública dominante na sociedade alemã. Pois, das possibilidades que existiam nos anos de 1920, quase nada permanece. Os assassínios e expulsões do Terceiro Reich atingiram acima de tudo o estrato intelectual e espiritual da universidade de cuja qualidade dependem a manutenção dos padrões e o nível cultural de toda a instituição. A continuidade interior alemã de desenvolvimento científico, que depende da transmissão exitosa de experiências, de ensino e trabalho ético de uma geração para a seguinte, foi tão seriamente danificada pela dizimação do estrato acadêmico mais alto, que até hoje o dano ainda não foi reparado. O estrato acadêmico mais baixo, que sob a sombra protetiva de sua discrição e adaptabilidade sobrevive inevitavelmente aos tempos em que os melhores são abatidos, determina numa extensão desproporcional a compleição da universidade e mostrou que não está à altura da tarefa de reinterpretação. Durante as décadas de isolamento e de autodestruição alemães, a ciência fora da Alemanha progrediu por seus próprios caminhos, de tal forma que se desenvolveu um hiato cultural considerável entre a Alemanha e o Ocidente que, mesmo sob circunstâncias favoráveis, seria difícil de fechar. Entretanto, não são favoráveis as circunstâncias, pois, seguindo a mudança em proporções entre os estratos acadêmicos alto e baixo, desenvolveu-se, juntamente com os esforços para o restabelecimento do contato com a ciência ocidental, um provincianismo agressivo, que se sente excepcionalmente à vontade com o nível de cultura depreciado na Alemanha e transformaria alegremente o *status* da Alemanha de província intelectual numa condição permanente. A destruição da substância pelos nacional-socialistas foi tão ampla que mesmo hoje seus resultados não podem ser totalmente avaliados, e talvez o pior ainda esteja por vir. Os problemas da universidade alemã, portanto, são hoje muito mais difíceis de suplantar do que na década de 1920. A década seguinte à Primeira Guerra Mundial foi uma Idade de Ouro do espírito, em comparação com o marasmo do presente.

Mas os problemas têm de ser suplantados se a Alemanha não quiser permanecer uma província intelectual. Os pormenores exatos do que se deve fazer não podem ser estabelecidos numa conferência. Deixai-me apenas dizer que as soluções para os problemas não são desconhecidas. Se não forem procuradas, o que estará faltando não será o conhecimento, mas a vontade. A vontade, entretanto, realmente está faltando, pois no coração do mal está uma condição pneumopatológica que deu origem à concepção humboldtiana do homem, da ciência e da universidade. Em conclusão, portanto, gostaria de enfatizar mais precisamente, recapitulando em parte, a essência do problema pneumopatológico.

Os anos formativos de Wilhelm von Humboldt se dão no período do narcisismo romântico. O *status* político do sujeito e o *status* existencial da individualidade narcisista pareciam harmonizar-se muito bem um com o outro, e a universidade seria a instituição que contribuiria para a perfeição do tipo harmonizado. Deixarei explícitas em linguagem racional as principais características da concepção de Humboldt assim como suas implicações e resultados.

1. O sujeito narcisicamente harmonizado não precisa ocupar-se das questões públicas. A universidade, portanto, não tem de transmitir o estoque de conhecimento necessário à discussão racional e à transação dos negócios públicos.

2. A exigência de Humboldt não seria tão dúbia se não pretendesse mais do que retirar do sujeito político este estoque de conhecimento, já que o *curriculum* da universidade poderia facilmente ser expandido uma vez que caísse o estado monárquico. A exigência torna-se perigosa, no entanto, porque faz da renúncia política não apenas uma obrigação do sujeito, mas uma virtude do homem, que só pode desenvolver sua individualidade e sua essência ao preço de tal renúncia.

3. Humboldt poderia apresentar tal exigência com a boa consciência de lógica imanente, porque ele reduzira o homem à sua "originalidade" e "individualidade". A tensão existencial em direção ao fundamento foi rejeitada, e as expressões simbólicas do fundamento foram degradadas a "ideias", que eram vistas como necessárias para o conforto psicológico de espíritos mais fracos em tempos anteriores, embora não para os espíritos autossuficientes do tipo que agora frequenta as universidades.

4. Com a rejeição da tensão existencial em direção ao fundamento, o centro ordenador do homem é destruído. Sem o centro ordenador, entretanto, não há nenhuma ciência de ordem do homem na sociedade e na história. E, como resultado, nenhum apelo racional contra o fenômeno da desordem.

5. Ao declarar o fundamento, assim como a tensão existencial em direção a ele, como não realidades, nega-se a realidade do espírito, através da qual a vida pública de uma sociedade é constituída. Já que, no entanto, o homem não pode deixar de ser homem, e tem de viver de uma maneira que tenha ao menos a forma externa de realidade, aparecem no lugar da realidade negada as realidades *ersatz* das ideologias até e mesmo incluindo o nacional-socialismo.

6. Com a destruição da realidade, destrói-se a linguagem pública. Em lugar de símbolos de linguagem que se relacionam com a realidade da tensão em direção ao fundamento, aparecem os vários idiomas de estranhamento. O idioma de "ideais" e de "ideias", que era do próprio Humboldt, assim como o de "valores", já foi mencionado. Mas há muitos outros – marxista e hegeliano, positivista e cientificista, psicanalítico e historicista, até o mais recente que Adorno analisou em sua brilhante invectiva contra *The Jargon of Authenticity* [O Jargão de Autenticidade]. Já fiz referência à síndrome de analfabetismo que é o resultado da destruição da linguagem.

A fim de obter um quadro mais nítido do problema pneumopatológico, suponhamos que os seis pontos mencionados são como um "programa": a universidade alemã tem por tarefa encerrar os homens narcisisticamente, roubá-los da orientação espiritual deles, fazê-los inaptos para a vida pública, destruir a linguagem e ensinar idiomas de estranhamento. Com essa suposição, levantemos agora uma série de perguntas que, juntamente com as respostas a elas, devem esclarecer a estrutura do problema:

1. É o "programa" há pouco esboçado de fato o programa de Humboldt? Obviamente não – temos de responder à pergunta negativamente. E, igualmente óbvio, o programa não é o dos oradores de hoje aqui, que apenas muito frequentemente citam, quando surge a ocasião, o *Memorandum* de Humboldt.

2. Se a pergunta, entretanto, tem de ser respondida negativamente, o que então Humboldt "realmente" pretendia e o que quis dizer? A esta pergunta não é possível nenhuma resposta, pois Humboldt fala um idioma de estranhamento, e as expressões que são empregadas em tal idioma não têm apego à realidade. Elas criam, ao contrário, em oposição à realidade, as suas próprias formas de Segunda Realidade. Num idioma de estranhamento nada pode "realmente" ser pretendido ou desejado.

3. É a concepção de Humboldt, então – já que não tem apego à realidade –, uma ilusão inofensiva? A esta pergunta

tem-se de responder lamentavelmente na negativa. Na verdade não se pode perceber uma Segunda Realidade, mas o fechamento espiritual dentro dela é um fenômeno real e tem um efeito real na realidade. A esse respeito, a estrutura do caso pneumopatológico não difere da do psicopatológico: as ilusões de uma pessoa paranoide também não correspondem a nenhuma realidade, mas as ilusões são reais e as ações do paranoide entram na realidade.

4. Se, no entanto, o "programa" não reproduz adequadamente a concepção de Humboldt, o que é então? É algo mais do que uma interpretação falsa? A isso teríamos de responder: uma interpretação é uma tentativa de reproduzir corretamente o significado de uma expressão linguística. A interpretação, neste sentido como uma relação entre expressões linguísticas, só é possível quando ambas as expressões têm apego à realidade. Neste sentido estrito, portanto, as expressões de um idioma de estranhamento não podem ser interpretadas de maneira nenhuma. O "programa" não deve, então, ser compreendido como uma interpretação; ao contrário, é a descrição do fenômeno que emerge quando a Segunda Realidade de um Humboldt começa a ter efeito no mundo real.

As perguntas e respostas tornaram clara a destruição do *xynon*, a comunidade no espírito, como raiz do problema. Se aceitamos sem crítica um idioma de estranhamento como linguagem, então não podemos conferir nenhuma realidade a um projeto expresso em tal idioma. Quando compreendemos criticamente o idioma de estranhamento como tal, então o projeto será visto como sintoma de uma condição pneumopatológica. Quando explicitamos os resultados do projeto através de uma linguagem racional, construímos um "programa" que o falante do idioma de estranhamento não reconhecerá como o que pretendia. Portanto, resumindo, devemos dizer: não é possível uma discussão racional relacionada à realidade com o falante de um idioma de estranhamento; e quando o público socialmente dominante tem o caráter de estranhamento, são extremamente difíceis o plano racional e a reforma em matéria do espírito. Pois o plano racional, nesta situação, torna-se a tarefa de mudar a consciência do público através da atividade de persuasão (*peitho* no sentido platônico) de tal maneira que o domínio social mude do estranhamento para o espírito. Com tal mudança, a opinião pública criaria as pressões que compeliriam à reforma. A natureza do problema não será talvez imediatamente aparente, pois a vida no asilo de loucos de nosso tempo se tornou um tal hábito para muitos que eles já não reagem de uma maneira sensata aos acontecimentos grotescos da cena pública. Recordarei, portanto, alguns dos casos analisados anteriormente: uma pessoa apela para o evangelho, e, antes de poderdes piscar, os judeus, os arianos e o próprio Deus misturam-se uns com os outros. Outra pessoa então cita Goethe, e já a gramática se emaranha, os demônios se acercam, e até Hitler começa a envesgar os olhos. Deixemos que estes sumários surrealistas façam efeito em vós, e começareis a entender a imensidade da tarefa.

Sem dúvida estão em marcha processos sociais que poderiam causar uma mudança na natureza da consciência do público alemão, mas seus passos assemelham-se ao colear de uma serpente. A metáfora aqui deveria chamar a atenção para o fator tempo, que para a sociedade alemã é de uma urgência que não pode ser superestimada. Pois o estranhamento alemão da realidade já sacudiu o mundo duas vezes neste século, e não parece que o mundo esteja inclinado a permitir ser sacudido pela Alemanha ainda uma terceira vez. Queremos, portanto, deixar as coisas alcançar o ponto em que a sociedade alemã se torne a matriz de uma terceira catástrofe, que, com toda probabilidade, seria a última? Acredito que todos nós nas universidades, assim professores como alunos, deveríamos preocupar-nos mais intensamente com esta questão.

Já que o coração do mal é uma condição pneumopatológica de consciência, o primeiro passo para a recuperação envolveria o deixar as pessoas a par do mal e colocar a situação em debate público. Deixar as pessoas a par do mal através de seu diagnóstico é o propósito que esta preleção pretendeu cumprir. O indivíduo não pode fazer mais do que isso. Em Ezequiel 33, 7-9, lemos do atalaia:

Ora tu, filho do homem, tu és aquele a quem eu constituí por atalaia à casa de Israel. Tu pois, ouvindo as palavras da minha boca, lhas anunciará a eles da minha parte. Se dizendo eu ao ímpio: Ímpio, tu infalivelmente morrerás: não falares tu ao ímpio, para ele se guardar do seu caminho: morrerá esse ímpio na sua iniquidade, mas eu requererei da tua mão o seu sangue. Se advertindo tu porém o ímpio que se converta dos seus caminhos, ele se não converter do seu caminho: morrerá ele na sua iniquidade: porém tu livraste a tua alma.

2. Do debate e da existência[1]

Em nossa qualidade de cientistas políticos, historiadores ou filósofos, todos tivemos ocasião vez por outra de entrar em debates com ideólogos – sejam comunistas ou intelectuais de pensamento mais próximo ao nosso. E todos descobrimos em tais ocasiões que nenhuma concordância, nem mesmo uma discordância honesta, poderia ser alcançada, porque a troca de argumentos era perturbada por uma profunda diferença de comportamento com relação às questões fundamentais da existência humana – relacionada à natureza do homem, a seu lugar no mundo, a seu lugar na sociedade e na história, a sua relação com Deus. O argumento racional não podia prevalecer porque o parceiro na discussão não aceitava como obrigatório para ele a matriz de realidade em que todas as questões específicas concernentes a nossa existência como seres humanos estão, em última análise, enraizadas; ele tinha revestido a realidade da existência com outro modo de existência que Robert Musil chamara de Segunda Realidade. O argumento não poderia atingir resultados, tinha de gaguejar e sumir-se aos poucos, quando se tornou cada vez mais claro que nenhum argumento estava assentado contra argumento, mas que por trás da aparência de um debate racional estava emboscada a diferença de dois modos de existência, da existência na verdade

---

[1] Do *Intercollegiate Review*, III (1967), p. 143-52. Reimpresso com a permissão do Intercollegiate Studies Institute.

e da existência na mentira. O universo do discurso racional entra em colapso, podemos dizer, quando desaparece o fundo comum de existência na realidade.

Corolário: As dificuldades do debate dizem respeito aos fundamentos da existência. O debate com ideólogos é muito possível nas áreas das ciências naturais e da lógica. A possibilidade de debate nessas áreas, que são periféricas à esfera da pessoa, entretanto, não podem ser tomadas como presságio da possibilidade de, no futuro, áreas centrais da pessoa (a distinção de Max Scheler de áreas *periféricas à pessoa* e áreas *centrais à pessoa*) também moverem-se para a zona de debate. Entre estudantes da União Soviética há uma tendência de supor que o universo do discurso, restrito hoje a matérias periféricas ao sujeito, expandirá, pelo poder irresistível da razão, a ponto de incluir os fundamentos da existência. Embora tal possibilidade não deva ser categoricamente negada, também deve-se saber que não há nenhuma prova empírica em que poderia basear-se tal expectativa. A matéria é de algum interesse, porque filósofos do nível de Jaspers entregam-se à suposição de que há uma comunidade de humanidade existindo no nível das ciências naturais, e que os cientistas formam uma comunidade. Isso levanta a pergunta filosófica se a comunidade é algo que, de algum modo, pode ser estabelecida no nível de um interesse comum na ciência, pergunta que no presente está longe de ser resolvida.

É bem conhecido o fenômeno da decomposição como tal. Além disso, as várias Segundas Realidades, as assim chamadas ideologias, têm sido o objeto de amplos estudos. Mas a natureza da própria decomposição, suas implicações para o avanço da ciência, e, acima de tudo, os métodos de lidar com a situação fantástica, não foram de maneira nenhuma suficientemente explorados. O tempo à nossa disposição obviamente não permitirá uma investigação exaustiva acerca de um tópico tão vasto; ainda assim, proponho no presente estudo ao menos circunscrever-me a alguns pontos relevantes de tal investigação. E como passo a estabelecer os pontos relevantes, colocarei o fenômeno da decomposição em perspectiva histórica.

I

As Segundas Realidades que causam a decomposição do discurso racional são um fenômeno comparativamente recente. Cresceram durante os séculos modernos, aproximadamente desde 1500, até que alcançaram, em nosso tempo, as proporções de uma força social e política que em momentos mais tenebrosos podem parecer fortes o bastante para extinguir nossa civilização – a não ser, é claro, que sejas um ideólogo tu mesmo e identifiques a civilização com a vitória da Segunda Realidade. A fim de distinguir a natureza do nosso crescimento, assim como entender suas consequências, temos de voltar um pouco no tempo, a um período em que o universo do discurso racional estava ainda intacto porque a primeira realidade da existência ainda não era questionada. Apenas se soubermos, para fins de comparação, quais são as condições do discurso racional é que podemos orientar-nos no entrechoque contemporâneo das Segundas Realidades. O melhor ponto de partida para a análise comparativa do problema será a *Summa contra Gentiles* de Santo Tomás. A obra foi escrita como uma exposição e defesa da verdade do cristianismo contra os pagãos, em particular contra os maometanos. Foi escrita num período de confusão intelectual devida aos contatos com o Islã e com a filosofia aristotélica, comparável, em muitos aspectos, ao nosso próprio, com a diferença importante, entretanto, de que era ainda possível um debate racional com o oponente ou – poderíamos dizer mais cautelosamente – ainda parecia possível para Aquino. Refletirei, portanto, sobre os capítulos de abertura da *Summa* em que Aquino estabelece o problema do debate, já complicado no seu tempo.

Aquino imagina o filósofo, como fizemos, na situação de debate com um oponente; ele considera que esta é a situação de necessidade para o filósofo. Pois, "como é dever do *sapiens* meditar na verdade do primeiro princípio e comunicá-la a outros, assim é dever dele refutar a falsidade oponente". A verdade sobre a constituição do ser, do qual a existência humana é parte, não é alcançada num *vacuum* intelectual, mas na luta permanente com noções pré-analíticas de existência, assim como com concepções analíticas errôneas. A situação de debate, então, é compreendida como uma dimensão essencial da existência que reconhecemos como nossa; por um lado, a busca da verdade é a tarefa perpétua de desentranhá-la do erro, de refinar-lhe a expressão em luta com a inventividade inexaurível do erro. Como consequência, a filosofia não é uma empresa solitária, mas social. Seus resultados dizem respeito a cada homem. Mais especificamente, os representados têm direito de receber respostas não apenas às suas perguntas, mas também de ouvir respostas a erros brilhantes e bem propagados que ameaçam desintegrar a ordem da sociedade ao desintegrar a ordem da existência em cada homem, pessoalmente. É uma situação e uma obrigação que tem de ser enfrentada em nosso século XX assim como Tomás teve de enfrentá-la em seu século XIII. Portanto, se o *sábio* se desvia da situação de debate, especialmente se ele evita as questões intelectuais cruciais que ameaçam a cidade sitiada, ele abandona seus deveres para com Deus e para com o homem, seu comportamento é espiritual, moral e politicamente indefensável.

O ofício do filósofo então é duplo: tem de estabelecer a verdade, desenvolvendo-a analiticamente, e tem de precaver-se contra o erro. Mas qual é esta verdade em que o filósofo tem de meditar e que tem de estabelecer? Eu a chamei a verdade da existência e, ao empregar esta linguagem, modernizei terminologicamente o problema que está no cerne do esforço de Santo Tomás, assim como antes no de Aristóteles, esforço ao qual Aquino se refere nas passagens consideradas. É legítima a modernização, como vereis agora, porque não modifica o problema, mas apenas sua expressão simbólica; e ao mesmo tempo ela é necessária, porque sem ela não podemos compreender que o problema escolástico e clássico é, na verdade, idêntico ao nosso. A fonte de tais dificuldades que nós, modernos, temos para entender Aristóteles e Aquino é o fato de que a verdade da existência, da primeira realidade como a chamamos, ao tempo deles não era ainda questionada; portanto, não havia necessidade de distingui-la da existência mentirosa; e, em consequência, não se desenvolveram conceitos para um problema que ainda não se tinha tornado atual. A verdade da existência era tão natural que, sem maior preparo, a análise podia seguir, desenvolvendo os problemas de metafísica como eles se apresentavam a homens que viviam na verdade da existência. Mas vamos dar uma olhada agora na maneira como Aquino e Aristóteles expressaram seu problema da verdade.

II

Embora seja volumoso o argumento probante, são sucintas as formulações cruciais. Aquino, seguindo Aristóteles, julga ser a tarefa do filósofo considerar as causas mais altas de todo o ser:

> A finalidade de cada coisa é aquilo que é querido por seu primeiro autor ou motor. Ora, o primeiro autor e motor do universo é um intelecto. Logo, a finalidade última do universo tem de ser o bem de um intelecto. Este bem é a verdade. A verdade, em consequência, tem de ser a finalidade última de todo o universo, e a consideração do homem sábio visa, principalmente, à verdade.

Aquino, então, refere-se à autoridade do próprio Aristóteles, que estabeleceu "que a filosofia primeira é a ciência da verdade, mas daquela verdade que é a origem de toda a verdade, ou seja, que pertence ao primeiro princípio, por meio do qual as coisas são. A verdade que pertence a tal princípio é, claramente, a fonte de toda a verdade; pois as coisas têm a mesma disposição na verdade e no ser". Até aqui o texto (SCG I, 1; *Metafísica* alfa ellaton, 1, 993b20–30).

Quando ouvidas pela primeira vez, creio eu, essas formulações vos soarão tão estranhas quanto soaram para mim. Há um discurso sobre o primeiro motor do universo – que deve ser considerado um intelecto – do qual emana de algum modo uma ordem de ser que é ao mesmo tempo uma ordem de verdade. Por que deveríamos preocupar-nos com um primeiro motor e suas propriedades? – perguntareis. E a situação realmente melhora quando Aquino identifica o primeiro motor com o Deus da revelação e emprega o argumento aristotélico para o primeiro motor como demonstração da existência de Deus? Com o risco de causar a indignação de aristotélicos e tomistas convencidos, tenho de dizer que considero tais perguntas muito pertinentes. As perguntas têm de ser feitas, pois já não vivemos, como Aristóteles e Aquino, no centro de um cosmos, que nos cerca de todos os lados esfericamente, sendo ele mesmo cercado pela esfera exterior das estrelas fixas. Já não podemos expressar a verdade da existência na linguagem de homens que acreditavam em tal cosmos, movido com todo o seu conteúdo por um primeiro motor, com uma corrente de *aitia*, de causas, estendendo-se de existente a existente até os mais baixos. O simbolismo do cosmos fechado, que informa os conceitos fundamentais da metafísica clássica e escolástica, foi substituído pelo universo da física e astronomia modernas.

No entanto, se aceitamos tudo isso, segue-se que a metafísica aristotélica e tomista têm de ser jogadas no ferro velho de simbolismos que outrora tiveram seu momento de verdade, mas agora se tornaram inúteis?

Podeis antever que a resposta será negativa. Certamente, grande parte do simbolismo se tornou obsoleto, mas há nele um cerne sólido de verdade que pode e deve ser salvo por meio de alguma cirurgia. Dois estágios de tal cirurgia parecem indicados:

1. A primeira operação tem de estender-se às demonstrações que dependem, para sua validade, do imaginário de um cosmos que já não é o nosso. Se, entretanto, pesquisarmos o corpo de demonstrações em apoio das formulações que apresentei, e se removermos dele tudo o que cheira a simbolismo cosmológico, sobra como *pièce de résistance* o argumento de que um universo que contém seres inteligentes não pode originar-se com uma *prima causa* que é menos do que inteligente. Embora o contexto do argumento ainda seja o cosmos, ao menos o próprio argumento recorre especificamente a uma experiência da existência humana que, como tal, é independente da experiência do cosmos.

2. A segunda operação tem de estender-se ao próprio primeiro motor. Temos de distinguir entre a elaboração simbólica e a realidade a que ela se refere; e temos de estar a par das relações curiosas entre a firmeza de convicção de que tal

realidade existe e a credibilidade de sua elaboração. Se as experiências motivadoras são conhecidas do leitor e compartilhadas por ele, a elaboração parecerá satisfatória e crível; se as experiências não são compartilhadas, ou nem mesmo claramente conhecidas, a elaboração tornar-se-á incrível e adquirirá o caráter de uma hipóstase. Aristóteles podia envolver-se com segurança em sua elaboração porque as experiências que motivam o simbolismo eram tidas como certas por todos sem uma averiguação mais próxima; e Aquino, além de viver na mesma segurança acrítica de experiência, podia, como teólogo cristão, misturar a verdade do primeiro motor com a verdade da revelação. Hoje a validade do símbolo, e, com sua validade, a realidade a que se refere, está posta em dúvida, porque as experiências que motivaram sua criação por sua expressão adequada desapareceram da consciência pública; e elas puderam desaparecer da consciência pública com certa facilidade porque nem foram apresentadas com explicitação suficiente, nem o problema de experiência e simbolização foi de maneira nenhuma claramente focalizado nem na metafísica clássica nem na escolástica. Portanto, a fim de alcançar a verdade contida na elaboração aparentemente hipostática, temos de explicitar as experiências motivadoras.

As experiências imediatas pressupostas na metafísica aristotélica não são difíceis de encontrar nas fontes clássicas, se forem procuradas; mas depois de toda esta preparação, temo, elas aparecerão como um anticlímax por causa de sua aparente simplicidade. Pois somos remetidos a nada mais formidável do que as experiências de finitude e criaturalidade em nossa existência, de sermos criaturas de um dia – como o poeta chama o homem –, de nascermos e estarmos sujeitos à morte, de insatisfação com um estado experimentado como imperfeito, de apreensão de uma perfeição que não está neste mundo, mas é o privilégio dos deuses, da realização possível num estado para além deste mundo, a *epekeina* platônica, e assim por diante. Acabei de mencionar Platão; se examinarmos esta lista de experiências, entenderemos melhor por que, para Platão (que tinha uma sensibilidade mais fina para os problemas de existência do que Aristóteles ou

Tomás), a filosofia podia ser, sob um de seus aspectos, a prática do morrer; sob outro aspecto, o eros do Agathon transcendente; ainda sob outro aspecto (que nos leva de volta às formulações de Aristóteles e Aquino), o amor da Sabedoria que em sua plenitude é apenas de Deus. Nessas concepções platônicas (o catálogo não está completo) podemos ver a filosofia emergindo das experiências imediatas como uma tentativa de iluminar a existência. Além disso, podemos entender como a filosofia – uma vez que, graças a Platão, tenha desenvolvido seu simbolismo e se tenha tornado uma preocupação constante – pôde obter algo como uma vida autônoma de elaboração e demonstração, aparentemente independente das experiências originalmente motivadoras, como pôde crescer até tornar-se uma empresa que teria de tornar-se inconvincente quando, devido a circunstâncias históricas, o leitor já não partilhasse a compreensão que o filósofo tinha da existência.

III

Juntamos os dados do problema da experiência e da simbolização tanto quanto eles estavam imediatamente ligados às formulações de Aquino e Aristóteles. Podemos agora tentar a exegese da existência que está implicada, embora não esteja explicitamente dada, na metafísica clássica e escolástica. Durante essa tentativa, entretanto, emergirão mais dados do problema que nos compelirão a rever as proposições iniciais. O leitor deve ser avisado, portanto, que depois do primeiro, temos de fazer um segundo início.

A existência humana, parece, não é opaca a si mesma, mas iluminada pelo intelecto (Aquino) ou *nous* (Aristóteles). Este intelecto é tanto parte da existência humana como é instrumento de sua interpretação. Na exegese da existência, o intelecto descobre a si mesmo na estrutura da existência; falando ontologicamente, a existência humana tem uma estrutura noética. O intelecto descobre a si mesmo, além disso, como uma força que transcende sua própria existência; por força do intelecto, a existência não apenas não é opaca, mas, na verdade, vai além de si mesma em várias direções em busca de conhecimento. Aristóteles abre sua *Metafísica* com a frase: "Todos os homens por natureza desejam saber". Não devo importunar-vos com o pormenor do argumento de Aristóteles acerca desse ponto, porque suspeito que em sua etiologia do ser, *i.e.*, na doutrina das quatro causas e na organização das demonstrações de acordo com as quatro causas, tocamos novamente uma das áreas de símbolos que é incompatível com o presente estado da ciência e, portanto, terá de ser abandonada em grande parte, se não inteiramente, a fim de alcançarmos o cerne da verdade. Empregarei, ao contrário, um desvio e dividirei em duas classes os objetos alcançados pelo desejo de conhecer: (1) a das coisas do mundo externo e (2) a das ações humanas.

Com relação a coisas, o desejo de conhecer levanta as perguntas de sua origem, tanto acerca de sua existência (inclui sob este título assim os argumentos hiléticos como os cinéticos) quanto acerca de sua essência (o argumento eidético). Em ambos os aspectos, a demonstração etiológica de Aristóteles chega, afinal, à *prima causa* eterna e imaterial como a origem das coisas existentes. Se mudamos agora a ênfase, do elaborado, de validade duvidosa, para as experiências que lhe motivam a elaboração, e procuramos uma terminologia moderna de maior adequação, encontramo-la, oferecendo-se nas duas grandes perguntas metafísicas formuladas por Leibniz em seus *Principes de la Nature et de la Grâce* [Princípios da Natureza e da Graça]: (1) Por que existe algo, e não o nada? E (2) por que algo é como é, e não de maneira diferente? Essas duas perguntas são, em minha opinião, o cerne da experiência verdadeira que motiva as elaborações metafísicas do tipo aristotélico ou tomista. Entretanto, já que obviamente nenhuma resposta a essas perguntas será passível de verificação ou falsificação, o filósofo estará menos interessado neste ou naquele simbolismo que finge apresentar a "verdadeira" resposta, do que nas próprias perguntas. Pois as perguntas surgem autenticamente quando a razão se aplica à confrontação experiencial do homem com as coisas existentes neste mundo; e são as perguntas que o filósofo tem de manter vivas a fim de preservar a verdade de sua própria existência assim como a de seus semelhantes contra a elaboração de uma Segunda Realidade que desconsidera esta estrutura fundamental da existência e finge que essas perguntas são ilegítimas e ilusórias.

Corolário I: Heidegger enfatiza muito a primeira das perguntas de Leibniz, mas negligencia a segunda. Nem presta atenção ao argumento aristotélico da causa final (que será tratada em breve). Sua ontologia fundamental é baseada numa análise incompleta da existência. Mesmo neste estágio inicial nossa análise da existência já mostra sua importância como instrumento de classificação de Segundas Realidades e de suas várias técnicas de interpretação, sendo uma delas a omissão de partes da experiência de existência.

Corolário II: O simbolismo que oferece uma resposta às perguntas é de importância secundária para o filósofo. Isso, entretanto, não quer dizer que não tenha uma função importante para a proteção da ordem da existência tanto do homem quanto da sociedade. Para o desenvolvimento de uma interpretação responsiva, mesmo que tenha de ser revista à luz de uma análise de existência posterior, mais penetrante, ao menos ficará protegida do erro concernente à verdade da existência. Mas apenas por pouco tempo. Pois a estrutura da existência é complicada; não é conhecida de uma vez por todas. Se for esquecido que a resposta da interpretação depende, para sua verdade, da compreensão da existência que a motivou; se for erigida num ídolo válido para todos os tempos, seu efeito será o oposto à proteção. Pois, se não for claramente conhecida, a invalidade do símbolo sentida num ponto posterior na história será estendida pelos críticos do símbolo à verdade que, entretanto, está contida nele. Um símbolo obsoleto pode ter o efeito de destruir a ordem da existência para cuja proteção ele foi criado.

A segunda classe de objetos considerados por Aristóteles, mais próxima de nossa preocupação como cientista políticos, são as ações humanas. Com relação a esta classe, a demonstração de Aristóteles é mais facilmente compreendida. Certamente a análise é dividida na forma de uma demonstração etiológica como as outras, desta vez concernente à causa final, mas o esqueleto etiológico da análise pode ser mais facilmente descontado porque a divisão da experiência genericamente humana na forma dúbia é imediatamente inteligível. Além disso, por ocasião da causa final, o estilo de Aristóteles muda notavelmente; de repente torna-se quente e incisivo como se agora tivéssemos chegado ao cerne do problema; e torna-se tão discursivo a ponto de tornar claro que aqui, na verdade, tocamos a existência humana no seu centro. A demonstração concernente à causa final, podemos dizer, é o modelo de demonstração; os três argumentos concernentes à *aitia* das coisas são derivados no sentido de que sua persuasão provém, em última análise, da validade da demonstração concernente à causa final. Portanto, citarei o passo decisivo: "A causa final é um fim que não é por causa de nada mais, mas por causa do qual tudo o mais é. Portanto, se tiver de haver um termo final deste tipo, o processo não será infinito (*apeiron*); e se não houver tal termo, não haverá nenhuma causa final. Os que afirmam que existe uma série infinita não se dão conta de que estão destruindo a própria natureza do Bem, apesar de que ninguém tentaria fazer nada se não chegasse possivelmente a algum limite (*peras*); nem haveria razão (*nous*) no mundo, pois o homem razoável sempre age por causa de um fim – que é um limite (*peras*)".

Temos de descontar, como disse, a linguagem etiológica. Se se fizer isso, Aristóteles insiste que a ação humana é racional, mas que a racionalidade depende da condição de um fim último. O regresso indefinido dos meios aos fins, que, por sua vez, significa a outros fins, tem de ser interrompido em algum ponto por um fim último, por um *summum Bonum*. O limite à cadeia de meios e fins é a condição de racionalidade na ação. Isto em si é verdade: certamente haveria racionalidade pragmática, se um projeto de ação coordenasse adequadamente os meios com vistas a um fim, mas não haveria racionalidade substantiva em nenhuma ação, se toda a rede de uma ação humana não pudesse ser orientada para um fim mais alto, do qual essa racionalidade radiaria para baixo até as ações únicas. Entretanto, Aristóteles vai além nesta ocasião. Não apenas a natureza do Bem seria destruída sem um bem limitante que não é meio para um fim posterior, mas não haveria nenhuma razão (*nous*) de modo geral, porque um homem que tem razão (*noun echon*) agirá apenas por causa de um fim limitado. O limite parece ser algo inerente à razão; e esta qualificação aparece no contexto da análise da ação, denunciando que aqui chegamos à origem experiencial da qual deriva o argumento relacionado a um limite também nas demonstrações concernentes ao conhecimento das coisas. Pois as demonstrações que culminam na suposição de um primeiro motor não se fiam, no final, na prova de que um pensador que negue a existência de uma *prima causa* e suponha uma cadeia infinita de causação se envolverá em contradições (pois não há nenhuma razão para que o universo não fosse ininteligível e, numa análise mais profunda, não envolvesse o pensador em contradições insolúveis), mas numa experiência de que a razão está, na verdade, engastada na ordem do ser e é propriedade da razão ter um limite. Retornamos à proposição inicial concernente à existência humana (comum a Aristóteles e Aquino) de que o intelecto descobre a si mesmo como parte da existência humana. Aqui, na exegese da existência, parece estar a área crítica em que se originam as proposições, apresentadas como autoevidentes, no nível da doutrina metafísica. Temos de examinar ainda uma vez este problema da razão na existência.

Corolário: o leitor moderno, se não for um especialista em metafísica, terá dificuldades na compreensão da etiologia aristotélica, assim como desta nossa análise, porque o termo *aition*, traduzido em línguas modernas como *causa*, não tem o significado de *causa* a que o leitor moderno o associa. As *aitia* não têm nada que ver com a causa e efeito das ciências naturais; referem-se a uma relação na hierarquia do ser que podemos chamar neutramente "derivação". Aristóteles pode dizer, por exemplo (*Metafísica* 994a3 e seguintes): "A geração hilética de uma coisa a partir de outra não pode prosseguir *ad infinitum* (e.g., carne de terra, terra de ar, ar de fogo, e assim por diante sem fim); nem podem as causas cinéticas formar séries sem fim – o homem, por exemplo, sendo movido pelo ar, o ar pelo sol, o sol pela rivalidade, e assim por diante sem limite". Obviamente, a etiologia de Aristóteles ainda está profundamente engastada na especulação jônica do cosmos, a qual, a seu turno, está ainda próxima do reino da simbolização mítica. A etiologia, portanto, não deve ser entendida como tendo algo que ver com a cadeia de causa e efeito no tempo, no sentido moderno. O problema do limite pertence estritamente à análise da existência; não tem nada que ver com o infinito ou a criação do mundo. O próprio Aristóteles defendia firmemente que o mundo existe desde sempre; sua rejeição ao regresso infinito diz respeito exclusivamente à hierarquia do ser culminando no primeiro motor. Além disso, Aquino segue-o nesta questão: nenhum filósofo, admite ele, jamais apresentou um argumento válido por que o mundo deveria ter um começo no tempo; sua convicção de que o mundo não é infinito no tempo, mas criado, não se fundamenta em argumento filosófico, mas na fé na revelação. Deve-se notar que Aristóteles não se desconcertava, tanto quanto sabemos, com a infinitude do tempo; e podemos perguntar-nos se ele se teria desconcertado pela infinitude do espaço que se tornou agudamente aparente com o desenvolvimento da física e da astronomia desde o século XVI. A pergunta é de interesse porque, desde Pascal, tornou-se moda, na interpretação da modernidade, reconhecer na perda da posição do homem como centro de um cosmos fechado uma das causas de distúrbio psíquico e desequilíbrio. A interpretação da modernidade levaria a um quadro muito diferente se a infinitude do tempo e do espaço fossem experienciados como perturbadoras porque a existência perdeu sua verdade e, com sua verdade, o equilíbrio.

À luz da análise precedente, que introduziu novos fatores no problema da existência, devemos proceder a nosso segundo ponto de partida, repetindo primeiro as proposições que terão de vigorar:

O homem descobre sua existência como iluminada desde dentro pelo Intelecto ou *Nous*. O Intelecto é o instrumento de autointerpretação assim como é parte da estrutura interpretada. A existência, dissemos, tem estrutura noética. Acontece ainda que o Intelecto pode transcender a existência em várias direções em busca de conhecimento. A essas formulações provisórias se pode dar maior precisão. Em virtude da estrutura noética de sua existência, podemos dizer, o homem descobre-se a si como sendo não um mundo em si mesmo, mas um existente entre outros; experiencia um campo de existentes dos quais ele é parte. Além disso, ao descobrir a si mesmo em sua limitação como parte do campo de existentes, ele se descobre a si mesmo como não sendo o criador deste campo de existentes nem de nenhuma parte dele. A existência adquire seu significado enternecedor através da experiência de não ser autogerada, mas de ter sua origem fora de si mesma. Através da iluminação e da transcendência, compreendidas como propriedades do Intelecto ou *Nous*, a existência humana encontra então a si mesma na situação da qual surgirão as perguntas concernentes à origem e ao fim da existência.

Corolário: A descrição precedente parece-me mais exata do que o termo descritivo de Heidegger *Geworfenheit* [Derrelição]. O particípio passivo *geworfen* exige um sujeito que faça o lançamento. Ou o estado de *Geworfenheit* tem de ser feito explícito, nomeando-se o sujeito, quiçá como um criador demoníaco no sentido gnóstico; ou o termo tem de ser considerado defeituoso metodologicamente, visto que introduz um elemento de interpretação na descrição estritamente noética da existência.

Mas onde se encontrará a origem e o fim da existência? Como uma preliminar à resposta temos de interpretar o fenômeno do próprio questionar; e para este propósito temos de acrescentar à iluminação e à transcendência duas outras propriedades do Intelecto, as propriedades de ideação e razão. Pela iluminação e transcendência a existência veio à tona como uma coisa existente num campo de coisas existentes. Pela propriedade ideacional do Intelecto é possível generalizar as características descobertas da existência numa natureza da existência, criar uma ideia de existência e chegar à proposição de que a origem e o fim da existência não devem ser buscados em uma coisa existente mais do que em outra. Não ser a origem e o fim de si mesmo é genericamente a natureza das coisas existentes. Com esta proposição chegamos à base experiencial de demonstrações extensivas assim de Aristóteles como de Aquino de que o regresso infinito em busca da origem não pode obter nenhum resultado válido; o postulado da *peras*, do limite, é o simbolismo pelo qual ambos os pensadores reconhecem a verdade de que a origem e o fim da existência não podem ser encontrados percorrendo-se indefinidamente o campo de coisas existentes. Mas se não podem ser encontrados no campo das coisas existentes, onde podem ser encontrados? A esta pergunta, o Intelecto, em virtude de seu poder de raciocínio, responderá que podem ser encontrados em algo para além do campo de coisas existentes, em algo a que o predicado *existência* se aplica por cortesia de analogia.

Corolário: A análise da existência tem de avançar passo a passo e tem de empregar expressões verbais como *iluminar, tornar-se a par, transcender*, e assim por diante. O aparecimento de um processo no tempo então criado não deve, entretanto, ser tomado pela realidade. O processo é inerente à análise, não à existência. Na realidade todos os momentos da estrutura, distendidos em passos analíticos, estão presentes ao mesmo tempo e são "conhecidos" ao mesmo tempo na experiência pré-analítica. A sabedoria pré-filosófica tem suas expressões compactas – como "O que vem a ser tem de perecer" – que, num olhar intuitivo avalia a natureza da existência. A análise da existência não pode fazer mais do que tornar explícito o que todo o mundo sabe sem ela. Essa situação levanta a pergunta: com que propósito afinal se empreende a análise? – pergunta com que lidaremos em breve no texto. E para além desta pergunta surge ainda outra: com que propósito deve uma compreensão da existência ser expandida em formas simbólicas de metafísica do tipo aristotélico ou tomista? Que propósito poderiam ter as demonstrações do primeiro motor, convertidas por Aquino em provas da existência de Deus, especialmente porque elas não provam nada que não fosse conhecido antes de a prova ser apresentada? Tentei mostrar que o conhecimento de algo que "existe" para além da existência é inerente à estrutura noética da existência. E este resultado é confirmado por demonstrações aristotélicas e tomistas em que o postulado do *peras*, sempre que formulado, é salpicado ricamente com as expressões adverbiais suspeitas *evidentemente, obviamente, claramente*, que indicam que a premissa do argumento não deriva de nenhuma demonstração, mas que o primeiro motor que emerge da demonstração entrou, de fato, às escondidas com a premissa não provada. A busca do significado de tais demonstrações (deixando de lado a utilidade previamente mencionada de símbolos para funções protetivas e defensivas) parece sugerir a possibilidade de que as demonstrações deste tipo são um mito do *Logos* oferecido pelo Intelecto à constituição do ser como um presente de veneração.

Neste ponto a análise tem de parar. Qualquer desenvolvimento ulterior apenas ofuscaria a estrutura básica há pouco delineada. Portanto, não entrarei em problemas como a *via negativa*, a *via remotiva* ou *analogia entis*, que são instrumentos racionais de chegar à clareza acerca de algo; pois todo o raciocínio em tais formas só faz sentido se há concordância sobre a estrutura da existência que exige a busca de seus problemas por tais meios. Como no caso das perguntas formuladas por Leibniz, o filósofo está mais interessado hoje na estrutura experiencial que motiva a especulação do que nas próprias respostas. A análise tentou mostrar que os problemas de transcendência, as perguntas de origem e fim e o postulado do limite são inerentes à estrutura noética de existência; não são doutrinas nem proposições desta ou daquela especulação filosófica, mas precedem toda a metafísica; e esses problemas de existência não podem ser abolidos, descartando esta ou aquela especulação como insatisfatória ou obsoleta. Numa época que tem boas razões para duvidar da validade de extensas partes da metafísica clássica e escolástica, é, portanto, de máxima importância desenlaçarmos dos esforços metafísicos do passado a verdade da existência que os motivou e informou.

Empreguei novamente a expressão *verdade da existência*. Podemos agora defini-la como a consciência da estrutura fundamental da existência juntamente com a vontade de aceitá-la como a *condicio humana*. Da mesma forma definiremos a mentira da existência como uma revolta contra a *condicio humana* e a tentativa de revestir-lhe a realidade com a interpretação de uma Segunda Realidade.

Corolário: A análise da existência aqui oferecida diz respeito apenas aos elementos estruturais que informaram as demonstrações da metafísica clássica e escolástica. Não exaure de maneira nenhuma a estrutura da existência; áreas extensas, como, por exemplo, a existência histórica, não foram sequer tocadas.

IV

Seguimos o problema da verdade na realidade como ele aparece nas formulações que nos soam estranhas, de Aquino e

Aristóteles, até as origens dele na estrutura noética da existência. Retomaremos agora o problema do debate como apresentado a Aquino.

A *Summa contra Gentiles* defende a verdade da fé contra os pagãos. Mas como alguém pode fazer isso, se o provável parceiro do debate não aceitar argumentos das Escrituras? Ouçamos o próprio Aquino acerca da questão. É difícil discutir a verdade da fé com os gentios, reconhece ele, porque eles não concordam conosco na aceitação da autoridade de nenhuma Escritura pela qual possam ser convencidos de seu erro. E, então, continua ele:

> Assim, contra os judeus podemos discutir com o Velho Testamento, ao passo que contra os heréticos podemos discutir com o Novo Testamento. Mas os maometanos e os pagãos não aceitam nem um nem outro. Temos, portanto, de recorrer à razão natural, a que todos os homens são forçados a dar seu assentimento.

A passagem formula sucintamente o problema do debate no século XIII e, juntamente com ele, por implicação, a diferença profunda que caracteriza a situação do debate em nosso próprio tempo. Pois todo debate concernente à verdade de proposições específicas pressupõe um pano de fundo de *topoi* não questionados, tidos em comum pelos parceiros do debate. Num debate com os judeus, os *topoi* não questionados são fornecidos pelo Velho Testamento; num debate com os heréticos, pelo Novo Testamento. Mas onde os encontramos no debate com os gentios? Não me parece acidente quando na resposta a esta pergunta Aquino passa da linguagem anterior de Intelecto para a linguagem da Razão, sem maiores explicações sobre a mudança. Lembramos nossa análise de existência: tínhamos de distinguir entre várias propriedades do Intelecto, entre Iluminação, Transcendência, Ideação e Raciocínio. Se Aquino acredita poder confiar no poder da Razão para forçar o assentimento dos gentios, tacitamente supõe que o raciocínio dos gentios operará dentro da mesma estrutura noética de existência dele próprio – uma suposição muito justificada à vista do fato de que os pensadores maometanos foram exatamente os transmissores de Aristóteles para os ocidentais.² Pois obviamente – ou seja, obviamente para nós – as operações lógicas do Intelecto como Razão chegarão a resultados muito diferentes, se a Razão tiver se desatado da *condicio humana*. Os *topoi* não questionados que Tomás tem em comum com os gentios de seu tempo, a quem ele dirigiu sua argumentação, tão inquestionados que ele nem sequer os formula, mas os toma como dados, são os *topoi* de existência. Ele pode supor corretamente que seus oponentes estão tão interessados como ele no porquê e como da existência, nas questões da natureza do homem, da natureza divina, da orientação do homem para seu fim, da ordem justa nas ações do homem e da sociedade, e assim por diante.

Estas, entretanto, são precisamente as suposições que já não podemos fazer na situação de debate de nosso tempo. Voltando de novo à lista de Aquino, temos de dizer que não podemos discutir pelo Velho Testamento, nem pelo Novo, nem pela Razão. Nem mesmo pela Razão, porque o argumento racional pressupõe a comunidade de existência verdadeira; somos forçados a um passo adiante até lidar com o oponente (mesmo a palavra *debate* é difícil de aplicar) no nível da verdade existencial. As especulações da metafísica escolástica e clássica são edifícios de razão erigidos na base experiencial de existência na verdade; são inúteis num encontro com edifícios de razão erigidos numa base experiencial diferente. Entretanto, não podemos ficar fechados nesses edifícios e deixar o mundo passar, pois neste caso seríamos remissos em nosso dever de "debate". O "debate" tem, portanto, de assumir as formas de (1) uma análise cuidadosa da estrutura noética da existência e (2) uma análise das Segundas Realidades, a respeito tanto de suas elaborações quanto de sua estrutura motivadora de existência na mentira. O "debate" nesta forma dificilmente é uma questão de raciocínio (embora permaneça do Intelecto), mas, ao contrário, da análise da existência que precede as elaborações racionais; é médica no caráter, pois tem de diagnosticar as síndromes de existência mentirosa e, por sua estrutura noética, iniciar, se possível, um processo de cura.

---

² Tese superada, ver Sylvain Gouguenheim, *Aristote au Mont Saint-Michel: Les Racines Grecques de l'Europe Chrétienne.* Seuil, 2008. (N. T.)

3. IMORTALIDADE: EXPERIÊNCIA E SÍMBOLO[1]

I

Imortalidade é um dos símbolos de linguagem engendrados por uma classe de experiências a que nos referimos como variedades de experiência religiosa. Este termo talvez já não seja o melhor tecnicamente, mas tem a vantagem de um grande precedente, especialmente aqui em Harvard. Portanto, seu emprego será conveniente para assegurar, assim espero, uma compreensão comum e imediata acerca da matéria de investigação.

Os símbolos em questão pretendem transmitir uma verdade experienciada. Quanto a este intento, entretanto, sofrem de uma incapacidade peculiar. Pois, em primeiro lugar, os símbolos não são conceitos referentes a objetos que existem no tempo e no espaço, mas transmissores de uma verdade acerca de uma realidade não existente. Além disso, o modo de não existência pertence também à própria experiência, já que não é nada mais do que uma consciência de participação na realidade não existente. Como diz Hebreus 11,1: "É, pois, a fé a substância das coisas que se devem esperar, um argumento das coisas que não aparecem". E finalmente, o mesmo modo também pertence ao

---

[1] Do *Harvard Theological Review*, LX (1967), p. 235-79. Conferência Ingersoll sobre Imortalidade, proferida na Harvard Divinity School em 14 de janeiro de 1965. Reproduzida com permissão.

significado dos símbolos, pois eles não transmitem outra verdade senão a da consciência engendradora. Falamos, portanto, de uma verdade experienciada, em vez de uma verdade vinculada a símbolos. Como consequência, quando a experiência que engendra os símbolos cessa de ser uma presença localizada no homem que a tem, desaparece a realidade da qual os símbolos obtêm seu significado. Os símbolos, no sentido de uma palavra falada ou escrita, é verdade, são deixados como traços no mundo da percepção sensível, mas seu significado só pode ser entendido se eles evocarem, e, pela evocação, reconstituírem no ouvinte ou leitor a realidade engendradora. Os símbolos existem no mundo, mas a verdade deles pertence à experiência não existente que, por seus meios, articula-se a si mesma.

A intangibilidade da experiência há pouco esboçada expõe os símbolos e a verdade deles a estranhas vicissitudes da história. Por causa do substrato evanescente, mesmo a exegese mais adequada e a articulação de uma experiência não podem atingir mais do que símbolos que permanecem como o resíduo exterior de uma verdade original completa que abrange assim a experiência como a sua articulação. Entretanto, tão logo os símbolos se separaram desta completude e adquiriram o *status* de um relato literário, a tensão íntima entre uma realidade engendradora e os símbolos engendrados, mantendo em equilíbrio a identidade e a diferença dos dois polos, está propensa a dissociar-se numa informação e na sua matéria. Não há nenhuma garantia de que o leitor do relato será levado a uma reconstituição meditativa da realidade engendradora; pode-se até dizer que são pequenas as chances, pois a meditação exige mais energia e disciplina do que a maioria das pessoas é capaz de investir. Entretanto, a verdade transmitida pelos símbolos é a fonte da ordem correta na existência humana; não podemos renunciar a ela; e, como consequência, a pressão é grande para reinstalar o relato exegético discursivamente para fins de comunicação. Pode ser traduzida, por exemplo, em proposições simples, apresentando o que o tradutor considera seu significado essencial, para emprego no nível secundário de instrução e iniciação. Se submetida a tais procedimentos, com propósitos muito respeitáveis, a verdade do relato assumirá a forma de doutrina ou dogma, de uma verdade de segunda mão, como, por exemplo, as proposições: "O homem é imortal" ou "A alma é imortal". Além disso, proposições dogmáticas deste tipo são propensas a condicionar os tipos correspondentes de experiência, como a aceitação fideísta ou mesmo modos mais deficientes de compreensão. Há o seminarista, como observou amargurado um amigo católico, que prefere acreditar mais no *Enchiridion* de Denzinger do que em Deus; ou, para evitar qualquer suspeição de partidarismo confessional, há o fundamentalista protestante; ou, para evitar qualquer suspeição de partidarismo profissional, há o professor de filosofia que vos informa da "doutrina" de Platão acerca da alma, ou da ideia, ou da verdade, embora seja absurdo conceber Platão como promotor de doutrinas. Mesmo a transformação em doutrina, no entanto, não é a última perda que a verdade pode sofrer. Quando a verdade doutrinal se torna socialmente dominante, pode-se perder até o conhecimento dos processos pelos quais a doutrina surge do relato original e o relato original da experiência engendradora. Os símbolos podem deixar de ser completamente translúcidos para a realidade. Então, serão compreendidos erradamente como proposições que se referem a coisas à maneira de proposições concernentes a objetos da percepção sensível; e já que a esquadria não se ajusta à porta, provocarão a reação de ceticismo na escala que parte da suspensão pirrônica do julgamento, passando pelo agnosticismo vulgar, e chegando até as perguntas de esperteza idiota: "Como sabes?" e "Como podes provar?", que todo professor de faculdade conhece de seus alunos. Chegamos à *Terra Desolada* de T. S. Eliot com suas imagens fraturadas:

> Que raízes são essas que se arraigam, que ramos se esgalham
> Nessa imundície pedregosa? Filho do homem,
> Não podes dizer, ou sequer estimas, porque apenas conheces
> Um feixe de imagens fraturadas, batidas pelo sol,
> E as árvores mortas já não mais te abrigam, nem te consola o canto dos grilos,
> E nenhum rumor de água a latejar na pedra seca.[2]

---

[2] T. S. Eliot, *Poesia*. Tradução, apresentação e notas de Ivan Junqueira. Rio de Janeiro, Nova Fronteira, 2006, p. 103-04.

II

Tentei sugerir os fenômenos do relato original, da exposição dogmática e do argumento cético como uma sequência que pode ligar-se a toda experiência de realidade inexistente quando se torna articulada e, através de seus símbolos, entra na sociedade como uma força ordenadora. Em alguns casos, quando a sequência se liga às grandes experiências ordenadoras da filosofia e da fé cristã, é discernível como uma estrutura em processos históricos de infinita complexidade. Uma recordação, mesmo se já não puder ser mais do que uma simples dica, destes cursos de largos arcos será útil para determinar não apenas a nossa própria posição neles, mas o próprio sentido que podemos fazer de uma investigação acerca da imortalidade hoje.

Em nossa civilização, a sequência já fez seu percurso duas vezes: uma na Antiguidade, e outra nos tempos medieval e moderno. Na Antiguidade, emerge da cultura do mito a experiência noética dos pensadores helênicos. Eles deixaram como exegese de sua experiência o *corpus* literário da filosofia clássica. A filosofia exegética de Platão e Aristóteles, então, é seguida pela filosofia dogmática das escolas. E o dogmatismo das escolas, finalmente, é acompanhado, desde a primeira geração depois de Aristóteles, pela reação cética. Na virada do segundo para o terceiro século depois de Cristo, Sexto Empírico coligiu e organizou o vasto corpo acumulado de argumentos céticos. O segundo ciclo é mais complicado do que o primeiro, já que a sequência se liga à verdade tanto da filosofia quanto da revelação. A rachadura no equilíbrio precário de uma ordem cristã se tornou patente na Alta Idade Média, com a bifurcação ominosa da fé e do fideísmo nos movimentos paralelos do misticismo e do nominalismo. No século XVI, uma cristandade que se tornou doutrinária explodiu nas guerras de religião; e suas devastações, assim físicas como morais, levantaram vaga após vaga a repulsa ao dogmatismo, fosse teológico ou metafísico. Ainda no século XVI, a revulsão se cristalizou na assim chamada *crise pyrrhonienne* com a reintrodução de Sexto Empírico no arsenal de argumentos antidogmáticos. E com o século XVII começa o espetáculo incrível da modernidade – ao mesmo tempo fascinante e nauseante, grandioso e vulgar, animador e deprimente, trágico e grotesco – com seu entusiasmo apocalíptico de construir novos mundos que serão velhos amanhã, a expensas de velhos mundos que eram novos ontem; com suas guerras e revoluções destrutivas espaçadas por estabilizações temporárias em níveis cada vez mais baixos de ordem espiritual e intelectual através do direito natural, interesse próprio iluminado, um equilíbrio de poderes, um equilíbrio de lucros, a sobrevivência do mais apto e o medo da aniquilação atômica num ataque repentino; com seus dogmas ideológicos amontoados em cima dos eclesiásticos e sectários e seu ceticismo resistente que os joga todos igualmente no lixo da opinião; com seus grandes sistemas construídos sobre premissas insustentáveis e suas suspeições astutas de que as premissas são, na verdade, insustentáveis e, portanto, não devem ser nunca racionalmente discutidas; com o resultado, em nosso tempo, de ter unificado a humanidade num hospício global rebentando com vitalidade estupenda.

A loucura no sentido da palavra aqui empregada – é o sentido esquiliano de *nosos* – é um estado pneumopatológico, uma perda da ordem pessoal e social através da perda de contato com a realidade não existente. Onde, nesse hospício, há lugar para uma discussão racional da imortalidade que pressupõe o próprio contato com a realidade que foi perdida – se é que há algum lugar?

Bem, há tal lugar – e mais ainda do que estamos algumas vezes inclinados a supor. Pois um homem não deixa de ser homem, mesmo quando ele anda às cegas nos mundos de sua criação. E uma loucura do espírito nunca é totalmente abandonada por um conhecimento de sua loucura, por mais habilmente que tenha sido suprimida. A fase violenta da loucura que chamamos modernidade é acompanhada ao longo do tempo por pensadores que, diagnosticando-lhe corretamente a causa, põem-se a remediar o mal através de várias tentativas de recapturar a realidade. No século XVII, um Descartes tenta, em suas *Meditações*, encontrar o fundamento seguro de filosofar para além do dogmatismo e ceticismo numa experiência imediata. No começo do século XIX, Hegel afirma em tantas palavras que podemos escapar do dogmatismo sem sentido apenas pela nova penetração na experiência e ele se incumbe da especulação dialética de sua *Fenomenologia* com este propósito. Em nosso próprio século, as obras de William James e Henri Bergson deixaram grandes marcos de tal empresa. Entretanto, não é fácil esta tarefa de restabelecer o contato com a realidade não existente, e menos ainda a tarefa de tornar tais tentativas socialmente eficazes. Seria difícil detectar quaisquer marcas duradouras que a obra de pensadores individuais deixou na vasta expansão da lama intelectual que cobre a cena pública; a loucura parece continuar tão forte como sempre, e apenas um temor hobbesiano da morte aperta os freios. E, no entanto, por mais desencorajadores que possam ser os resultados, parece-me inegável algum progresso nesse sentido.

A fim de estabelecer os critérios pelos quais o progresso em tal matéria deve ser avaliado, chamarei a atenção para um documento clássico de abertura para experiências da realidade não existente – *As Variedades da Experiência Religiosa* (1902), de William James. Se examinardes o índice do livro, não encontrareis nenhuma referência aos textos literários mais importantes que articulam tais experiências e desenvolvem com cuidado a questão da imortalidade. Em vão procurareis os nomes de Platão e Aristóteles; Cristo não é mencionado; e duas referências a São Paulo dizem respeito a passagens em que ele é citado por outros autores. Essas observações não pretendem criticar James; ao contrário querem caracterizar a situação da ciência no começo do século, quando os textos fundamentais estavam tão abaixo do liminar do debate geral que mesmo a catolicidade de um James não conseguia ficar a par da relevância deles para o seu propósito. Acerca da imortalidade em particular, ele não tem mais do que uma breve página, urbana na forma, mas resmungona no humor – um humor compreensível, pois a imortalidade apresentava-se a ele em imagens populares do tipo das que eram ridicularizadas, mais ou menos à mesma época, por E. M. Forster em seus contos satíricos. A virada do século, deve-se lembrar, foi um tempo difícil para homens com pendor filosófico, tão ruim de fato que um Wilhelm Dilthey esperou uma década até publicar porque considerava inútil o esforço.

Desde o começo do século, a situação mudou substancialmente. De um lado, a doença espiritual se manifestou maciçamente em assaltos de guerra global e revolução; de outro lado, as experiências de transcendência estão sendo recapturadas de uma maneira de revés. Pois as experiências que tinham sido reduzidas a sombras por incrustações dogmáticas, e pareciam estar afastadas do reino dos viventes pelos ataques sucessivos de antiteologismo e antimetafisicismo, retornaram do limbo pela porta dos fundos do conhecimento histórico. Para um campo que aparentemente se tinha livrado deles de tal forma que não perturbariam os sonhos futurísticos de *paradis artificiels*, eles estão sendo reintroduzidos como "fatos da história" – através da exploração do mito, do Velho e do Novo Testamento, dos movimentos apocalípticos e gnósticos, através da religião comparada, assiriologia, egiptologia, filologia clássica e assim por diante. Este conhecimento renovado acerca de experiências das quais depende a ordem na existência pessoal e social se faz sentir mesmo agora num diagnóstico cada vez mais preciso da desordem contemporânea e de suas causas; e seria surpreendente se não se tornasse uma força vivente, mais cedo ou mais tarde, na verdadeira restauração da ordem.

Desde os primeiros anos do século, então, a cena intelectual, de fato, mudou. Hoje, um filósofo pode envolver-se responsavelmente numa investigação concernente à imortalidade, apoiado que está pelos materiais comparativos que as ciências históricas põem à sua disposição assim como pelas ciências razoavelmente adiantadas de experiências e de sua simbolização. Mudarei a análise agora para um caso representativo

III

Como o propósito desta investigação não é uma descrição de símbolos, mas uma análise das experiências que os engendram, nossa escolha de um caso é determinada estritamente por exigências de método. Pois, de um lado, o caso selecionado deve ser um historicamente precoce, a fim de evitar questões que, de outro modo, poderiam surgir quanto ao caráter tradicional dos símbolos e uma suspeita correspondente da autenticidade da experiência. Mas, de outro lado, tem de ser culturalmente tardio o bastante para uma exegese da experiência ser tão articulada que a conexão entre a verdade experienciada e os símbolos que a expressam seja inteligível para além de qualquer dúvida. O caso que satisfará ambas as exigências é um texto anônimo do Egito do Primeiro Período Intermediário, *ca.* 2000 a.C., uma reflexão precoce sobre as experiências de vida, morte e imortalidade, distinguida pela excelência da análise. O texto é conhecido como a "Disputa de um Homem que Contempla o Suicídio com Sua Alma".

A primeira parte da "Disputa", apenas imperfeitamente preservada, apresenta uma discussão entre o Homem e sua Alma. O homem é levado ao desespero pelos problemas de uma era desordenada e quer livrar-se da vida que se tornou sem sentido; a Alma é apresentada como o orador que milita contra a decisão. Tanto quanto o estado imperfeito de preservação nos permite entender o fundamento lógico do discurso e do contradiscurso, a discussão se divide em três fases. O primeiro assalto da luta entre o Homem e sua Alma é ligado à ideia da vida como um presente dos deuses. Já que a vida não é de propriedade do homem, para ser jogada fora quando se torna pesada, mas um dom que deve ser tratado como um penhor sob todas as condições, a Alma pode apontar para o comando dos deuses e a sabedoria dos sábios, ambos os quais proíbem o encurtamento de um tempo concedido. Mas o Homem sabe como discutir: a desintegração da ordem, tanto pessoal como pública, na sociedade em torno, priva a vida de qualquer significado concebível, de tal forma que circunstâncias excepcionais justificarão uma violação da regra perante os deuses. No segundo assalto surge a questão da imortalidade no sentido convencional. O Homem tenta tornar palatável à sua Alma a decisão, prometendo provisão apropriada para o enterro e sacrifício, de tal forma que seja agradável a temporada dela no além. Lamentavelmente, no entanto, a Alma pertence à variedade sofística e se mostra impérvia a promessas convencionais. Parece estar familiarizada com o pensamento cético acerca das probabilidades da vida após a morte; sabe que ninguém jamais voltou de lá para contar aos viventes o estado da alma no além.

Mas o Homem mostra-se não menos resistente do que sua Alma. Um terceiro e último assalto torna-se necessário porque ele não vai inclinar-se ao ceticismo, o que leva a uma situação difícil. Pois, o que podeis fazer com um homem que não encontrará paz de espírito nem com a crença convencional nem com o ceticismo convencional! Portanto, a Alma agora tem de partir para um ataque radical ao coração da miséria do Homem: o Homem está em angústia mortal, porque leva a vida a sério e não pode suportar a existência sem significado. Mas por que ser tão sério? Por que simplesmente não desesperar? O Homem deve gozar os prazeres do momento quando eles vêm: "Vai atrás do dia alegre e esquece a preocupação". Este argumento final estava em uso na época, como sabemos por outras fontes, como a "Canção do Harpista". No contexto presente, entretanto, ganha um novo significado porque não é aceito como um conselho de sabedoria mundana, mas sentido como a indignidade final infligida ao Homem na agonia de sua existência. O conselho provoca a crise espiritual que estava sendo preparada. O Homem se enfurece com a baixeza do conselho e expressa sua aversão:

> Olha, meu nome exalará através de ti
> Mais do que o fedor dos excrementos de aves
> Nos dias de verão, quando o sol está quente.

Diante desta explosão a Alma cai silenciosa; suas fontes estão exauridas. O homem está agora sozinho consigo mesmo para enfrentar a decisão.

Uma breve reflexão desta primeira parte esclarecerá sua função na "Disputa" assim como sua significação concernente a algumas questões levantadas antes nesta investigação.

Os argumentos da Alma tentam abrir caminho para um impasse que caracteristicamente pode induzir uma solução através do suicídio. Esses argumentos, entretanto, sofrem de um curioso toque de irrealidade; podemos mostrá-la, apresentando-os coloquialmente: Esta vida é dada por deus e não tua, para ser jogada fora à vontade; além disso, não tens como saber se há uma vida futura, então é melhor te apegares ao que já tens; e, finalmente, não sejas tão pomposo acerca do significado da vida, não tomes esse ar de mais santo do que tu, sê um dos nossos e procura divertir-te como todo o mundo. Se transpusermos desta maneira a essência do argumento para o coloquialismo americano, sua seriedade se tornará suspeita. A primeira parte pareceria, então, uma exibição irônica de argumentos populares empregados no tempo, em debates sobre o significado da vida; e a ironia implicaria uma compreensão dos argumentos como expressões de existência num modo deficiente. Seria como se a sociedade em torno fosse caracterizada como sofrendo de uma perda grave da realidade ordenante, manifestando-se no caráter vulgar do argumento; como se os problemas da época fossem entendidos, não simplesmente como um colapso do governo no nível pragmático, talvez causado pelo desfavor dos deuses, mas como acontecimentos de algum modo ligados a uma desintegração da ordem existencial. É possível uma caracterização deste tipo, é claro, apenas se a alternativa para o modo deficiente for uma força vivente no autor, de tal modo que ele possa empregar a presença da realidade experienciada como um padrão pelo qual julgar a sociedade. A situação do Homem na "Disputa", então, não diferiria muito da de um homem de nosso tempo: viver numa sociedade que vive com lugares comuns vulgares de piedade, ceticismo e hedonismo é penoso o bastante para fazer o homem procurar um oásis de realidade – mesmo se, para alcançá-lo, ele não recorrer necessariamente aos meios radicais de suicídio.

Esta interpretação, embora pareça anacrônica, não é um exemplo de conjetura arriscada. É confirmada pela elaboração da "Disputa" como um drama de existência. O argumento é cuidadosamente dividido a fim de levar à irrupção espiritual – que não poderia ocorrer a não ser que houvesse um espírito para explodir. Portanto, o argumento tem de ser lido em retrospecto, partindo da explosão que provocou. À luz radiante do clímax, torna-se clara a diferença entre uma lamentação tradicional acerca das iniquidades da época e a revolta existencial contra a indignidade da participação na corrupção, mesmo se a participação tiver de assumir a forma respeitável de lamento ineficaz. O autor da "Disputa" sobe para além da lamentação até o julgamento dramático e à ação. Seu Homem é lamentado diante da desordem da sociedade e pode emergir como vitorioso da luta porque carrega em si a realidade completa da ordem. Tal realidade, entretanto, só pode crescer até a presença completa de si através de um crescimento da consciência; e a consciência da realidade é feita para crescer precisamente pela resistência dramática do Homem ao conselho da Alma. Apenas através da rejeição final à sociedade, a sua persuasão e pressão, é que ele encontra liberdade e clareza para articular assim a realidade vivente nele como o estado negativo da sociedade da qual ele se separa. Dando cabo da tentação de tornar-se um conformista e fazer de seu nome um fedor, ele pode estar de acordo consigo mesmo e encontrar a linguagem adequada à sua experiência.

A segunda parte da "Disputa" articula a experiência da realidade; o relato é organizado em quatro sequências de trísticos. A primeira sequência expressa a revulsão do Homem em tornar-se um fedor para si mesmo, continuando a viver no nível da existência corrupta. Depois da explosão de uma realidade que se tornou certa de si mesma como distinta da não realidade, a segunda sequência caracteriza a vida no modo da não realidade; a terceira lida com a morte como a liberadora da doença da vida; a quarta, com a fé na plenitude da vida que será obtida pela morte. Este padrão de articulação – revulsão à vida morta, descrição da morte vivificante, liberação, através da morte, da morte em vida, e plenitude da vida pela morte – apresenta a estrutura da experiência com uma exatidão dificilmente ultrapassável. É verdade, os relatos apresentados por Platão ou São Paulo transitam no nível mais diferenciado das experiências reveladoras e noéticas, têm à sua disposição um arsenal mais diversificado de símbolos, sua expressão se tornou mais ágil, pois já não são embaraçadas pela compactação em bloco dos mitos, mas são, fundamentalmente – assim como todos os relatos têm de ser invariavelmente se são verdadeiros – variações dos motivos que foram articulados pelo pensador egípcio desconhecido.

Da primeira sequência, expressando a revulsão do Homem, citei um exemplo. Os outros trísticos desta série não fazem mais do que amplificar o tema, ao listar mais odores não apetitosos. Apresentarei agora um ou dois exemplos de cada uma das sequências para dar uma ideia do grau a que a experiência se tornou articulada em minúcia.

Cada um dos trísticos da segunda sequência abre com o verso "A quem posso falar hoje?". A destruição da comunidade entre os homens através da destruição do espírito é seu grande tema. Especificamente, reclama o autor:

> A quem posso falar hoje?
>   Os companheiros são maus,
>   Os amigos de hoje já não amam.

Transpondo o pensamento para a linguagem da filosofia clássica, poder-se-ia dizer: tornou-se impossível a *philia politike* no sentido aristotélico, derivando do amor da *Nous* divina que é experienciada como constitutiva do próprio eu do homem, porque a presença divina saiu do eu. Como consequência, continua a reclamação:

> A quem posso falar hoje?
>   Desapareceram as faces:
>   Cada homem tem uma face abatida para seus companheiros.

Quando a realidade se retirou do eu, a face se torna sem face – com várias consequências. O trístico presente parece apontar para a consciência da perda e de seu tormento; as linhas soam como uma descrição dos fenômenos de que falamos hoje como a "multidão solitária" e o "desespero quieto". Ao Homem da "Disputa" o fenômeno se torna consciente assim como sua própria solidão:

> A quem posso falar hoje?
>   Não há ninguém contente de coração;
>   O homem com quem se anda já não existe.

Mas a perda do eu pode também tomar a forma de fraqueza e consentimento a ele. Outros trísticos estendem-se sobre o homem fraco que já não desperta senão gargalhada, sobre o domínio social da criminalidade e sobre o prospecto melancólico do mal sem fim.

Em solidão tão completa, o Homem se volta para a morte como a salvação da existência sem sentido:

> A morte me encara hoje
>> Como a recuperação de um homem doente,
>> Como sair ao ar livre depois de um confinamento.

Ou:

> A morte me encara hoje
>> Como o desejo de um homem de ver de novo seu lar,
>> Depois de muitos anos de cativeiro.

Os trísticos desta terceira sequência variam os temas da vida como uma doença, como uma terra de escuridão sob nuvens, como um exílio e prisão; e os temas da morte como a recuperação, como a luz que leva da escuridão para o até agora desconhecido, como o desejo de retorno ao lar, e como uma libertação da prisão. Os símbolos deste grupo chamam nossa atenção porque estamos familiarizados com eles através dos textos gnósticos e platônicos. Portanto, parece, eles não são específicos de nenhuma das variedades, mas, ao contrário, característicos de um gênero de experiência. Retornaremos, em breve, a este problema. Os trísticos da quarta sequência expressam a fé do falante em adentrar na plenitude da vida através da morte:

> Porque certamente o que está além
>> Será um deus vivente,
>> Punindo o pecado daquele que o comete.

> Porque certamente o que está além
>> Estará na barca do sol,
>> Fazendo que as escolhas ali sejam dadas aos templos.

> Porque certamente o que está além
>> Será um homem de sabedoria,
>> Não impedido de, quando fala, apelar para Ré.

Por esta sequência deve-se notar especialmente o simbolismo da transformação do Homem em um deus vivente, andando na barca do sol. Pois, transformado numa companhia divina do deus sol, o Homem funcionará como seu conselheiro e como um juiz, quanto às coisas do homem e da sociedade na terra. O tema do julgamento, parece, não é mais específico para as experiências helênica e cristã do que os símbolos de alienação, doença, aprisionamento e assim por diante; é, ao contrário, como as outras, uma constante em toda a classe de experiências das quais emerge o simbolismo de imortalidade.

O grau preciso de diferenciação que o autor da "Disputa" atingiu se tornará claro apenas se confrontarmos as garantias da última sequência com a experiência egípcia do cosmos e do império.

Na primeira experiência dos cosmos todas as coisas que ele compreende – os deuses, o céu e a terra, o homem e a sociedade – são consubstanciais. Já que o reino do Egito é um parceiro no cosmos, supõe-se que a ordem dele manifesta o *ma'at*, a ordem cósmico-divina, ao passo que se supõe que o Faraó seja o mediador desta ordem para a sociedade. Entretanto, ao tempo do escrito do autor, o Egito estava em desordem por causa do mau funcionamento do Faraó; e, de acordo com a concepção tradicional de império, esta situação desafortunada poderia ser consertada apenas pela epifania de um novo Faraó que, de novo, canalizaria a corrente de *ma'at* dos deuses para a sociedade. Posta diante desta concepção tradicional, a "Disputa" deve ser considerada um acontecimento extraordinário, senão revolucionário, na história do império, já que oferece um substituto para a função mediadora do Faraó. Pois o autor da "Disputa" não está interessado na vida a todo custo nem na imortalidade no sentido de imaginações convencionais – tais tópicos pertencem ao modo de não realidade do qual ele se está desvencilhando – mas num tipo de imortalidade bem diferente, que deve tornar-se útil para restaurar a ordem ao Egito. O Homem deus vivo levará a carga do Faraó deus vivo, que falhou. Não pode haver dúvida de que estamos testemunhando uma erupção espiritual explodindo a experiência primária do cosmos e movendo-se em direção a uma experiência pessoal de transcendência. O autor está próximo da iluminação de que a ordem do Homem, tanto pessoal quanto social, terá de depender da existência do Homem na proximidade de Deus. Diante da simbolização muito articulada, será até tentador forçar a interpretação ainda um passo, para considerar atingida a iluminação na natureza do Homem como *imago Dei*, sem o benefício da mediação faraônica. Mas isso seria ir longe demais. Pois o autor desconhecido não rompe radicalmente com a experiência primária, mas, não obstante os fenômenos de desordem social, preserva sua fé no cosmos. Seu Homem não é qualquer homem e, portanto, não pode traduzir seu rompimento pessoal numa revolução contra o reinado sagrado. A aceitação do *status* de conselheiro do deus sol permanece o único método concebível para tornar eficaz a realidade do Homem recém-descoberta na economia do cosmos e da sociedade – e a fim de obter esse *status*, o Homem tem de cometer o suicídio. Ainda não chegou o tempo para a transferência de autoridade do governante cosmológico para o profeta, o sábio, ou filósofo, como o núcleo de uma nova ordem comunal.

IV

O filósofo ocidental no século XX A.D. encontra-se substancialmente na mesma posição do pensador egípcio no século XX a.C.: assim o filósofo como o autor da "Disputa" estão perturbados pela desordem da época, e ambos estão à procura de uma realidade que já não está viva nas imagens ao redor, e ambos querem recuperar do mau uso no debate diário o significado dos símbolos. A disputa contemporânea entre crenças doutrinárias e objeções igualmente doutrinárias é o equivalente desta primeira parte argumentativa da "Disputa"; e o filósofo de hoje tem de serpentear em busca da verdade através do mesmo tipo de imaginação e argumento que foi reconhecido por expressar um modo deficiente de existência por seu precursor de quatro mil anos atrás.

Fundados neste paralelo, podemos dar duas regras ao filósofo. Por um lado, não se permite que ele se coloque ao lado dos crentes e, em particular, ele não se deve deixar trair, apresentando a pergunta doutrinal de se o homem, ou sua alma, é imortal ou não. Pois no argumento doutrinal, os símbolos são erigidos a entidades: e quando participa dele, envolve-se no erro que Whitehead chamou "a falácia da concretude mal colocada". Por outro lado, não se permite que ele se ponha ao lado dos objetores, pois estes negam a validade de proposições concernentes a Deus, à alma e à imortalidade, com o fundamento de que não podem ser verificadas ou contestadas como proposições concernentes a objetos de percepção sensível. Este argumento, entretanto, não tem sentido, pois ninguém afirma que as proposições doutrinais se referem ao mundo exterior; o aparecimento de uma objeção advém a ele da falsa premissa de que a verdade doutrinal não é derivada, mas original. Entretanto, enquanto trilha o caminho estreito entre os adversários, o filósofo tem de permanecer a par dos méritos respectivos deles, assim intelectuais como existenciais. Ele tem de garantir ao objetor a vantagem intelectual, porque este escapa da falácia do crente de operar com símbolos hipostasiados. Ele tem de reconhecer ao crente a vantagem existencial, porque o objetor, por sua pureza intelectual, paga o preço de negar completamente a verdade, ao passo que o crente preserva a verdade experienciada ao menos em sua derivação doutrinal. Mas, então, de novo, a ponderação simpática não deve degenerar em sentimentalismos, sejam de condenação, sejam de indecisão. O filósofo não deve condenar – pois a tensão entre a fé e a razão, a conspiração delas e o conflito no tempo, é um mistério. Se o crente tradicionalista que professa a verdade em forma doutrinal não está talvez mais afastado da verdade do que o objetor intelectual que a nega por causa da forma doutrinal dela, o filósofo não o sabe. Somente Deus sabe quem está mais próximo do fim que é o começo. Nem o filósofo deve permanecer indeciso porque ele não pode penetrar o mistério – uma vez que, contanto que ele possa ver dentro das limitações de sua compreensão humana, o objetor que não pode sentir uma realidade contínua por trás das imagens descontínuas se move no mesmo nível de existência deficiente que a do tradicionalista que, talvez desesperadamente, acredite que o todo seja a sua imagem descontínua. A indecisão poria o filósofo no papel da Alma na "Disputa", ao passo que é seu ônus representar a parte do Homem.

O filósofo se move no campo de tensões há pouco adumbradas. Temos de notar as propriedades deste com relação à extensão e estrutura. Quanto à sua extensão, Platão formulou o princípio de que a sociedade é o homem escrito em letra maiúscula – princípio que tem de ser ampliado hoje a ponto de incluir a história. Assim, a sociedade e a história são o homem escrito em letra maiúscula. Ou seja, o campo não está confinado ao homem como uma pessoa única, mas abrange os vários seres humanos na sociedade e na história: pois as tensões que o Homem experimenta em sua existência pessoal são as mesmas que ele reconhece como estruturadoras de outros setores do campo. Quando à estrutura do campo, então, podemos distinguir duas dimensões principais. Há, primeiro, a tensão entre a existência na verdade e os modos deficientes de existência. Esta é a mesma tensão em que o filósofo vive e se move. Sua preocupação não é, portanto, com a verdade como informação que escapou a seus contemporâneos, mas como um polo na tensão da ordem e da desordem, da realidade e da perda da realidade que ele experiencia como própria. Sua existência compreende a desordem pela qual ele se sente rechaçado assim como a ordem em direção à qual seu desejo o move. Há, em segundo lugar, as tensões no nível da existência deficiente. Quando a realidade da verdade decaiu até a crença tradicionalista em símbolos, fez-se a cena para o aparecimento da descrença e da objeção racional à crença. Pois a crença, quando perde contato com a verdade experienciada, não apenas provoca objeção, mas dá até ajuda ao inimigo, ao criar um ambiente doutrinário em que a objeção pode tornar-se socialmente eficaz. A esta classe de tensões, *i.e.*, à dinâmica de crença e descrença, chamarei de subcampo da existência doutrinária. A preocupação do filósofo, agora, não é com esta ou aquela parte do campo, mas com o todo dele – em toda a sua extensão e em todas as suas dimensões estruturais – pois sua busca perderia direção se ele desconsiderasse os pontos de orientação. Em particular, ele tem de resistir às tentações profissionais de tomar sua posição no polo da tensão em direção à qual seu desejo o move; se ele fosse começar a pregar sobre a existência na verdade como se ela fosse um objeto absoluto em sua posse, descarrilaria para a existência doutrinária.

Embora o autor da "Disputa" e o moderno filósofo se movam no mesmo tipo de campo, seus campos respectivos diferem concretamente, já que a questão da história está presente no campo egípcio apenas compactamente, ao passo que no campo ocidental moderno tornou-se um tema explícito para o filósofo assim como para o crente e o objetor. Lidarei, primeiro, com a questão da história como ela aparece no subcampo da existência doutrinária.

Na variante moderna do subcampo, encontramos uma classe de símbolos que não tem correspondente na cena egípcia, *i.e.*, as assim chamadas objeções ideológicas à crença doutrinal. O sucesso prodigioso delas em nossa sociedade pode ser explicado apenas se recorrermos à regra de que a crença doutrinária prefigura o padrão de argumento ideológico e, então, torna a sociedade a ele receptiva. Como exemplo representativo, selecionarei para análise a *pièce de résistance* do moderno objetor: "A experiência é uma ilusão".

Primeiro, a estrutura intelectual da objeção: a proposição é um pensamento vago, muito comum na linguagem do dia a dia. Falando cuidadosamente, ter-se-ia de dizer que uma experiência nunca é uma ilusão, mas sempre uma realidade; o predicado *ilusão* deve ser empregado com referência, não à experiência, mas a seu conteúdo, caso ele tenha um caráter ilusório. Tomado em si mesmo, o fraseado incorreto não merece maior atenção do que é necessário para evitar uma má compreensão. No contexto da polêmica ideológica, entretanto, a transferência do predicado é sutilmente empregada justamente para criar uma má compreensão, *viz.*, que a proposição de fraseado incorreto no primeiro plano tem, por si mesma, o sentido possível da proposição do pano de fundo. A transferência não presta atenção na premissa inarticulada. O resultado é uma proposição sem sentido planejada para impedir a pergunta de se o sentido possível no pano de fundo realmente faz sentido no caso concreto. Quebremos, pois, o tabu e façamos a pergunta que não devemos fazer: o que significa quando o conteúdo de uma experiência se deve caracterizar como uma ilusão? Pode significar uma de duas coisas: ou, radicalmente, que o objeto experienciado por um sujeito não existe de maneira nenhuma; ou, gradualmente, que o objeto existe, mas, visto de mais perto, revela características diferentes das aparentes no objeto como experienciado. Em qualquer caso, o julgamento de ilusão está em experiências de controle do objeto potencialmente ou atualmente existente fora da experiência. Com esta observação, entretanto, torna-se visível a razão – ou ao menos uma das razões – por que o sentido possível no pano de fundo deve ser mantido no escuro. Pois um julgamento de ilusão pode pertencer apenas a experiências de objetos existentes, não a experiências de participação na realidade não existente. Então, o sentido velado no pano de fundo, se articulado, mostra ser tão sem sentido quanto a proposição no primeiro plano.

O erro intelectual, embora tome um parágrafo para ser traçado, é muito óbvio para a proposição sobreviver, num ambiente crítico, por qualquer tempo que seja; a fim de explicar sua eficácia social na polêmica, temos de introduzir o fator de assentimento existencial. De uma parte, este assentimento é determinado pela presteza geral, em nossa sociedade, de pensar (se *pensar* for a palavra correta) em forma doutrinal. Já que o argumento do objetor aceita a doutrina do crente em seu valor nominal, o erro intelectual que deveria desacreditar o argumento torna-se a fonte de sua credibilidade numa sociedade predominantemente doutrinária. Esta presteza geral, entretanto, é característica também de outras civilizações e períodos na história do homem. Para a causa específica de assentimento, temos de olhar para o ambiente ocidental e moderno da linguagem e da opinião tal como cresceu através de dois séculos de ideologias.

O ambiente ocidental moderno a que me refiro é uma selva emocional e intelectual de tal densidade que não seria razoável separar uma ideologia particular como a grande ré. Entretanto, as margens mais importantes no crescimento associado podem ser discernidas e enumeradas. O primeiro lugar entre elas tem de ser dado à psicologia desenvolvida por Feuerbach em *A Essência do Cristianismo*. Feuerbach estava perturbado – assim como Kant na *Crítica da Razão Pura* estivera antes dele – pelo fato de que proposições dogmáticas, sejam teológicas ou metafísicas, sobrevivem socialmente, mesmo quando seu caráter falacioso tenha sido totalmente analisado e exibido aos olhos do público.

Afinal de contas, deve haver alguma realidade engendrando-as e sustentando-lhes a vida; e já que para um crente doutrinário, se ele for bem sacudido pelo racionalismo, esta realidade não pode ser nem uma entidade transcendente nem uma verdade experienciada, os símbolos têm de ter alguma causa imanente no mundo. Na *Crítica da Razão Pura*, Kant já empregara o termo *ilusão*, mas não fora suficientemente claro acerca da realidade responsável para as ilusões e sua pertinácia. No século XIX, quando a tentativa de resolver o enigma da realidade perdida através da especulação gnóstica chegou ao fim e falhou, a questão se tornara desesperadora: depois dos grandes sistemas "idealistas", chegara o tempo das respostas inequívocas, embora algo exacerbadas, através do recurso à natureza humana como a causa das ilusões. Portanto, Feuerbach interpretou os símbolos como projeções da consciência, imanente do mundo, do homem. Sua psicologia de projeção permaneceu, desde então, um dos pilares do credo dos ideólogos, e pode-se até dizer que é uma força mais forte hoje do que era no tempo de Feuerbach, pois em nosso século ela se fortaleceu pela psicanálise de Freud e de Jung. Outro componente importante do ambiente ideológico é a crítica de Marx à religião. Marx fiou-se na psicologia de Feuerbach, mas desenvolveu-a mais pela introdução de "Ser", no sentido de *Produktionsverhältnisse* (relações de produção), como a causa dos vários estados de consciência que induzem ou previnem as projeções ilusórias. Tem-se de mencionar, além disso, a *philosophie positive* de Comte, a qual interpretava os símbolos da verdade experienciada como peculiares a uma "fase teológica" doutrinária na história, seguida de uma "fase metafísica" igualmente doutrinária, ambas agora em vias de ser substituídas pelo dogmatismo da "ciência positiva". E, finalmente, não devemos esquecer *O Futuro de uma Ilusão*, de Freud, pois o título da obra se tornou uma frase popular, dotando a linguagem de ilusão do ideólogo com a autoridade de uma ciência tão induvidosa quanto a psicologia. A lista poderia continuar, mas é suficientemente longa para estabelecer a questão: as ideologias assim chamadas convencionalmente são construções da história que interpretam o modo doutrinal de verdade como uma fase da consciência humana, agora em vias de ser substituída por uma nova fase que será a mais alta assim como a última na história.

A proposição "A experiência é uma ilusão", então, opera com dois truques intelectuais. Primeiro, obscurece a falácia da concretude mal colocada que sua premissa de fundo tomou da verdade doutrinal; e, segundo, esconde a ideologia implícita que esculpe a história numa série de segmentos como blocos, cada um governado por um estado de consciência. Que o segundo truque é, assim como o primeiro, prefigurado pela doutrina que ele critica, é um ponto muito óbvio para ser desenvolvido; devo recordar apenas a mais espalhafatosa figuração da prefigurada, *i.e.*, a substituição da era de Cristo pela era de Comte, o *Fundateur de la Religion de l'Humanité*. Quando o crente doutrinário dá seu assentimento existencial ao mecanismo de truque, ele é apanhado de ambas as formas: pelo primeiro truque, ele se torna a vítima de sua própria falácia; pelo segundo, ele é empurrado para o lado como a relíquia de um passado que se tornou obsoleto. A proposição é, na verdade, um mecanismo polêmico excelente.

A questão de como o problema da história se apresenta ao filósofo foi respondida, em grande parte, pela análise precedente. É verdade, descrevemos a questão como ela aparece no nível de existência doutrinária, mas não a descrevemos como aparece para o doutrinário. Para as pessoas que nela vivem, o subcampo é um mundo fechado; não há nada além dele ou, ao menos, nada com que elas se importem, caso sintam, apreensivas, que algo existe, afinal de contas. Nossa análise, ao contrário, enquanto descreve este mundo deles, não se moveu dentro dele, mas o descreveu como um subcampo no horizonte de realidade mais largo do filósofo. Como consequência, veio à tona o ponto, do qual depende uma compreensão filosófica da história: que a verdade experienciada é excluída do subcampo, ao passo que o campo mais largo é caracterizado por sua inclusão. As implicações desta diferença na estrutura para uma visão abrangente da história têm agora de ser desenvolvidas.

A existência doutrinária atinge as operações da mente. Já que o modo deficiente de existência pertence ao campo compreensivo da história, as deformações patológicas que caracterizam o subcampo são forças históricas. Temos de tomar nota das duas deformações principais que se tornaram visíveis em nossa análise:

1. A verdade experienciada pode ser excluída do horizonte de realidade, mas não da própria realidade. Quando é excluída do universo do discurso intelectual, sua presença na realidade se faz sentir na perturbação das operações mentais. A fim de salvar as aparências de razão, o doutrinário tem de recorrer, como vimos, a meios tão irracionais como deixar premissas inarticuladas, recusar-se a discuti-las ou inventar mecanismos para obscurecê-las e empregar falácias. Ele já não se move no reino da razão, mas desceu ao submundo da opinião, no sentido técnico da *doxa* platônica. Operações mentais neste subcampo, então, são caracterizadas pela dóxica, distinta do modo racional de pensamento.

2. É impossível um estudo crítico da história baseado em conhecimento empírico de fenômenos, quando a toda uma classe de fenômenos se nega cognição. Já que as aparências de conhecimento empírico, assim como de ciência crítica, têm de ser salvas tanto quanto as aparências de razão, desenvolveu-se um aparato considerável de mecanismos com o propósito de encobrir o defeito. Tais mecanismos, eu os chamarei metodologia dóxica; o tipo resultante de ciência doutrinária, empirismo dóxico. O problema é colocado pelas construções de história para as quais nossa análise tem de atentar: elas tiram sua força da sua oposição, não à fé e à filosofia, mas a formas doutrinais de teologia e metafísica; e permanecem elas próprias no mesmo nível de doutrina a cujos fenômenos específicos elas se opõem. O truque persuasivo de esculpir a história em fases ascendentes ou estados de consciência, para o propósito de colocar a consciência do escultor no topo da escada, só pode ser feito se se supuser que a consciência humana não é nada mais do que imanente ao mundo; o fato de que o homem seja capaz de apreender

> O ponto de intersecção do infinito
> No tempo

assim como os simbolismos que expressam tal apreensão têm de ser desprezados. O campo da realidade histórica, além disso, tem de ser identificado e definido como o campo de doutrina; e uma vez que os grandes acontecimentos de participação não desaparecem da realidade, eles têm de ser achatados e amassados até que não sobre mais do que um entulho de doutrina. Platão em particular teve de passar pelas deformações mais esquisitas para que as modas doutrinárias o ajeitassem para o momento. Nos últimos cem anos, seleções de seus *disjecta membra*[3] foram empregadas para fazê-lo aparecer como socialista, utópico, fascista e pensador autoritário. Para a legitimação disso, a carnificina empregada pelos ideólogos da história exige os mecanismos encobridores que aparecem com o nome de métodos – sejam eles variedades psicológicas ou materialistas, cientificistas ou historicistas, positivistas ou comportamentais, livres de valor ou métodos rigorosos. Na última metade do século XIX, quando construções dóxicas da história se tinham tornado tão numerosas que sua incompatibilidade mútua atraiu a atenção, o fato da interpretação doutrinária foi até transformado em princípio metodológico: a "história" devia ser uma seleção construtiva de materiais, em concordância com a visão privada de alguém ou de pontos de vista; tais pontos de vista eram chamados "valores", ao passo que o conjunto de materiais sob eles era chamado "ciência livre de valor"; os pontos de vista ou valores eram eles mesmos isentos de exame crítico; e o postulado de isenção era amaciado pela recusa estrita de reconhecer a existência de critérios. Não é a aparência menos grotesca de uma época grotesca a velocidade com que pontos de vista rolam pela linha de produção da consciência. Na verdade, a cena pública se tornou tão apinhada deles que, no século XX, a Sociedade Aberta – a de Popper, não a de Bergson – teve de ser inventada, a fim de impedir colisões públicas entre opiniões privadas. Lamentavelmente, no entanto, o mecanismo para assegurar a paz entre as opiniões, se não entre as mentes, não é à prova de tolice. Pois, de vez em quando, há um opinador que se leva a sério e encara todo o mundo com a

---

[3] Membros dispersos. (N. T.)

alternativa de ou juntar-se a ele em sua prisão intelectual ou ser posto num campo de concentração.

Constroem-se leis de ferro de história segmentada, a fim de atemorizar os contemporâneos num estado de consciência que parece desejável ao pensador dóxico respectivo. A concepção da lei de ferro é um sonho terrorista. A história não tem nenhuma fase governada por estados de consciência, porque não há tal coisa como uma consciência imanente do mundo que exsudaria educadamente este ou aquele tipo de projeção em obediência a uma prescrição doutrinária. Pois a História é o Homem – não: o doutrinário – escrito em letras maiúsculas; e como a consciência do homem é a realidade de tensão em direção ao fundamento divino de sua existência, a história é a luta entre a existência na verdade e os modos deficientes de existência. Um setor representativo desta luta foi iluminado pela análise da "Disputa". Há o deserto de argumento; este deserto pressupõe uma verdade experienciada que engendrou os símbolos agora quebrados; e uma irrupção espiritual ocorre em revolta contra a mentira da existência. O setor é representativo no sentido de que não temos nenhum conhecimento empírico de um modelo diferente na história: nem há um deserto de doutrina literalista e ceticismo não reconhecidamente derivados de uma verdade experienciada; nem há irrupções espirituais num campo vazio de verdade prévia e seu declínio. Não há nenhum além no tempo para lutar no tempo; ou se quisermos expressar o mesmo pensamento numa linguagem mais velha, a *civitas Dei* e a *civitas terrena* são entremescladas na história ao longo de seu curso, desde o começo da humanidade até seu fim. A história da humanidade, então, é uma sociedade aberta – a de Bergson, não a de Popper – compreendendo a verdade e a mentira em tensão. É verdade, o equilíbrio da tensão pode ser mudado – pessoal, social e historicamente – em direção a um ou outro dos polos; e certamente as mudanças no equilíbrio podem ser empregadas para caracterizar períodos da história. Nossa época presente, por exemplo, tem de ser caracterizada como uma época em que uma existência deficiente, assim como sua expressão simbólica, é socialmente predominante. Mas a predominância social de um polo não abole o outro, e, juntamente com ele, a tensão. Falar de períodos caracterizados por um dos polos com a exclusão do outro equivaleria a dizer que há períodos na história da humanidade caracterizados pela não existência do Homem – embora, algumas vezes, algumas pessoas tenham a tentação de entregar-se a essa fantasia.

A segmentação doutrinária da história encontrou sua expressão de clímax na fórmula: "Estamos vivendo numa época pós-cristã". Todo estilo, mesmo o doutrinário, tem suas belezas de perfeição – e o filósofo não pode suprimir sua admiração pelo truque conciso de tornar o "pós-Cristo" dos cristãos no "pós-cristão" dos ideólogos. Graças ao assentimento existencial, a fórmula se tornou amplamente aceita em nossa sociedade. Pensadores que de outra forma estão acima do nível de intelectuais comuns a propõem com uma face séria, quando não lamentosa; e mesmo os teólogos, que deveriam saber mais, estão-se amolecendo sob uma pressão constante e mostram uma boa vontade em desmitologizar o dogma, abandonar os milagres mais fascinantes, renunciar o nascimento virginal e reconhecer sombriamente que Deus está morto. O comportamento é lamentável; pois uma verdade cujos símbolos se tornaram opacos e suspeitos não pode ser salva por concessões doutrinais ao *Zeitgeist*, mas apenas por um retorno à realidade da experiência que originalmente engendrou os símbolos. O retorno engendrará sua própria exegese – como se faz na presente conferência – e a linguagem exegética fará os velhos símbolos translúcidos novamente.

A eficácia social da fórmula indica uma confusão espalhada e impotência; esclarecerei, portanto, os vários níveis de seu significado. O simbolismo pertence à autointerpretação de um movimento revolucionário no modo deficiente de existência. De uma parte seu significado alcança, como a ponta de um *iceberg*, a realidade do processo histórico; a este estrato realista de significado isolarei em primeiro lugar. Na parte maior, o significado está submerso no mundo de sonho da existência doutrinária que se libertou da realidade de tensão existencial; com este bloco grande de significado submerso lidarei em segundo lugar. Como o "pós-cristão" deriva do "pós-Cristo", lidarei, em terceiro lugar, com as implicações do simbolismo para o "pós"-cristão.

Contanto que a fórmula "era pós-cristã" expresse uma consciência revolucionária de época, podemos tirar sentido dela. A revolta do século XVIII, feita em nome da ciência e da razão contra os íncubos da teologia doutrinária e da metafísica, foi certamente uma "época" e o desenrolar de seu *momentum* até o presente marca inequivocamente uma "época" na história. Além disso, a consumação da revolta através do predomínio social de sua doutrina bem pode infundir em conformistas do último dia um brilho quente de que a época deles é a época que, de fato, foi a do século XVIII. Já que a revolta contra a cristandade doutrinária teve grande sucesso em nossa sociedade, há sólidas razões para falar da época "pós-cristã". Entretanto, tão logo o significado realista vem à tona, os limites a seu sentido assim como à época que ele denota se tornam visíveis. Quanto ao sentido, não podemos esquecer que a revolta ocorreu no subcampo da existência deficiente; sua ira foi dirigida contra a doutrina cristã que se tornara opaca, não contra a fé cristã. Portanto, distinguir a época da revolta ideológica como uma "época pós-cristã" atribuiria à revolta uma profundidade que ela não tem – seria dar-lhe muita honra. Quanto aos limites da época, eles são estabelecidos por esta mesma falta de profundidade. Pois a revolta contra a teologia e a metafísica não recuperou a tensão da existência que vertera dos símbolos mais antigos, mas abandonara inteiramente a verdade experienciada, com o resultado inevitável de achatamento numa nova doutrina de consciência imanente ao mundo. A perda de realidade não foi reparada, mas ainda mais agravada pelo desenvolvimento de doutrinas ideológicas que agora, a seu turno, se tornaram opacas e perderam a credibilidade. Ainda assim, a revolta teve de ser atravessada, ao que parece, a fim de trazer a questão da verdade x doutrina à consciência aguda: no século XX, ao menos se podem discernir os começos de uma revolta verdadeiramente radical contra todas as variedades de doutrina, incluindo as ideológicas – como apontei numa parte anterior desta conferência. O que os ideólogos chamam de "era pós-cristã" parece estar recuando para o passado e os que, entre nós, preferem viver no presente preferirão caracterizar sua época como pós-doutrinal.

No sentido realista, a "era pós-cristã" é uma revolta antidoutrinal que, tendo falhado em recapturar a realidade da tensão existencial, descarrilou para um novo dogmatismo. O aderente de uma seita ideológica, entretanto, não aceitaria nossa interpretação como o significado que ele dá a seu símbolo. Ele seria tomado de indignação com a ideia de que seu "pós" particular devesse alguma vez tornar-se passado, com um novo "pós" movendo-se para o presente; pois ele, de sua parte, pretende que o símbolo "pós" denote o estabelecimento de um estado final de sociedade na terra. Além disso, ele ridicularizaria nossa acusação de que falhou em recapturar a verdade experienciada; alegaria corretamente que nunca tentara tal tolice, pois "a experiência é uma ilusão". E, finalmente, insistiria que objeta à teologia e à metafísica, não porque a doutrina seja um modo secundário de verdade, mas porque elas são concepções errôneas do mundo e durante muito tempo obscureceram a realidade em que ele, sozinho, está interessado. Este protesto enérgico não pode ser posto de lado. A posição do ideólogo parece ter uma base na realidade; temos de estabelecer que realidade é essa e como ela é transformada nas construções de sonho da história.

O ideólogo apela para a realidade, não da verdade experienciada, mas do mundo, e por uma boa razão. Pois a revolta ideológica contra o tipo mais antigo de doutrina deriva, na verdade, a melhor parte de sua força da experiência contemporânea de poder que deve ser obtido sobre a natureza através do emprego da ciência e da razão. A ideologia é uma comensal da ciência moderna, levando a ambas seu *pathos* e agressividade nos conflitos de cientistas com a igreja e o estado. No século XVI, e também em algumas regiões da civilização ocidental até mesmo no século XX, o *contemptus mundi* cristão ainda lança sua sombra na natureza; e a exploração da natureza foi especificamente embaraçada pela crença literal na doutrina cristã como a fonte infalível de informação acerca da estrutura do mundo. Inevitavelmente, os exploradores da realidade até aqui negligenciada tinham de sofrer com as perseguições de doutrinários literalistas. Não há nada onírico nesses fatos: ciência, tecnologia, indústria e as memórias da luta são o fundamento sólido em que o ideólogo pode assentar-se. No entanto, o terrorismo de grupos ideológicos e regimes também é real; e a asserção das ideologias de serem "ciências", assim como o desenvolvimento das metodologias dóxicas, não deixa dúvida de que, de algum modo, o pesadelo está ligado à ciência no sentido racional. Tem de haver um fator cuja adição mudará a realidade de poder sobre a natureza com seus empregos racionais na economia da existência humana, num sonho terrorista de poder sobre o homem, a sociedade e a história; e dificilmente pode haver dúvida de que fator seja este: é a *libido dominandi* que foi libertada pela drenagem da realidade dos símbolos de verdade experienciada. Ao tempo em que a realidade da ciência e do poder foi conquistada, a realidade da tensão existencial foi perdida, de tal maneira que da combinação de ganho e perda, com a *libido dominandi* como catalisador, o novo sonho pudesse surgir. É bem conhecida a técnica pela qual os símbolos do sonho são produzidos. O arcabouço da doutrina, esvaziado de sua realidade engendrante, é transformado pela *libido dominandi* em seu equivalente ideológico. O *contemptus mundi* é metamorfoseado na *exaltatio mundi*; a cidade de Deus na cidade do homem; o apocalíptico no milênio ideológico; a metástase escatológica através da ação divina na metástase do imanente do mundo através da ação humana; e assim por diante. O centro do qual os símbolos particulares recebem seu significado é a transformação do poder humano sobre a natureza num poder humano de salvação. Nietzsche desenvolveu o símbolo da autossalvação a fim de expressar o *opus* alquímico do homem criando a si mesmo à sua própria imagem. Neste sonho de autossalvação, o homem assume o papel de Deus e se redime pela própria graça.

A autossalvação, entretanto, é autoimortalização. Já que o sonho de participação numa "era pós-cristã" assegura ao crente ideológico a imortalidade que, em termos da imagem quebrada, se tornou incrível, ele não pode aceitar nem o significado realístico de sua própria frase, nem o argumento racional em geral. Seu problema se tornará claro tão logo digamos as alternativas à persistência em seu sonho. A fim de aceitar a razão, ele teria de aceitar a verdade experienciada – mas a realidade de tensão existencial, uma vez atrofiada, é difícil de reviver. Se a prisão de seu sonho, entretanto, fosse quebrada de alguma outra maneira que não por um retorno à realidade, a única vista que se abriria para ele seria a desolação da existência num tempo imanente ao mundo onde tudo é pós-algo-que-foi-antes *ad infinitum*. A segunda alternativa desprenderia uma inundação de ansiedade, e o pavor desta inundação mantém fechadas as portas da prisão. Deveríamos estar a par deste horror, quando algumas vezes nos maravilhamos com a resistência do ideólogo à argumentação racional. A alternativa à vida no paraíso de seu sonho é a morte no inferno de sua banalidade. Sua imortalidade feita por ele mesmo está em jogo; e, a fim de protegê-la, ele tem de prender-se a sua concepção de tempo. Pois o tempo em que o ideólogo coloca sua interpretação não é o tempo da existência em tensão em direção à eternidade, mas um símbolo pelo qual ele tenta puxar o eterno para dentro da identidade com o tempo de sua existência. Embora a realidade da tensão entre o infinito e o tempo esteja perdida, então, a forma da tensão é preservada pelo ato de sonho de forçar os dois polos para uma unidade. Podemos caracterizar a "era pós-cristã" do ideólogo, portanto, como um símbolo engendrado por seu sonho libidinoso de autossalvação.

O filósofo, também, tem seus problemas com o "pós". Pois a participação na realidade não existente do fundamento é a participação no infinito. A consciência do fundamento é a área da realidade onde o infinito alcança o tempo. A quem, então, pertence a tensão existencial? Ao tempo com seus "pós", ou ao infinito onde presumivelmente não há nenhum "pós"? A experiência de uma realidade intermediária entre os dois polos é excelentemente simbolizada por duas passagens de *Quatro Quartetos* de T. S. Eliot: "a História é um modelo de momentos infinitos"; e "o ponto de intersecção do infinito com o tempo". Para expressar a mesma experiência de realidade, Platão desenvolveu o símbolo da *metaxy*, do Entremeio, no sentido de uma realidade que participa assim do tempo como da eternidade e, portanto, não pertence totalmente a nem um nem outro. Parece haver um fluxo de existência que não é existência no tempo. Já que a filosofia moderna não desenvolveu um vocabulário para descrever a *metaxy*, empregarei o termo *presença* para denotar o ponto de intersecção na existência do homem; e o termo *fluxo de presença* para denotar a dimensão de existência que é, e não é, tempo. Surge então a questão: qual o sentido do símbolo "pós" se a história é um fluxo de presença? E, inversamente, qual o sentido do símbolo "presença" se a presença de intersecção é um fluxo semelhante ao tempo?

A questão agitou os pensadores cristãos. Pois a verdade da salvação e imortalidade através da fé em Cristo, se convertida em doutrina, está inclinada a condenar ao inferno toda a humanidade que por acaso tenha vivido antes de Cristo. Deixando de lado a brutalidade do procedimento, um filósofo não ficará muito feliz com tal doutrina, porque ele sabe que a tensão de fé em Deus não é um privilégio cristão, mas um traço da natureza humana. Um Santo Agostinho, por exemplo, estava bem a par de que a estrutura da história é a mesma estrutura da existência pessoal; e ele não hesitou em empregar, inversamente, símbolos históricos para expressar a realidade da tensão pessoal. Nas *Enarrationes in Psalmos* [Comentários aos Salmos], 64,2, ele deixa os símbolos históricos do Êxodo e da Babilônia expressarem o movimento da alma quando é levada pelo amor a Deus:

> Incipit exire qui incipit amare.
> Exeunt enim multi latenter,
> et exeuntium pedes sunt cordis affectus:
> exeunt autem de Babylonia.

> Começa a sair quem começa a amar.
> Pois muitos saem ocultamente,
> E os pés dos que saem são os afetos do coração:
> E saem da Babilônia.[4]

Sua concepção de história como um conto de duas cidades, entremesclando-se desde o início da humanidade até o seu fim, concebe-a como um conto do êxodo pessoal do homem escrito em letra maiúscula. Mas como o "Cristo histórico", com uma data fixa na história, se encaixa nesta concepção filosófica? Santo Tomás fez a mesma pergunta e afinou-a até o ponto crítico: ele pergunta "se Cristo é a cabeça de todos os homens" (ST III.8.2),

---

[4] Santo Agostinho, *Comentários aos Salmos: 51-100*. Tradução das Monjas Beneditinas. São Paulo, Paulus, 1997.

e responde inequivocamente que ele é a cabeça de todos os homens, de fato, e que, consequentemente, o corpo místico da igreja consiste de todos os homens que existiram e existirão desde o começo do mundo até o seu fim. Filosoficamente, a proposição implica que Cristo é tanto o "Cristo histórico" com um "pré" e um "pós" no tempo, e a eternidade divina, onipresente no fluxo da história, sem um "pré" nem um "pós". À luz dessas implicações, então, o simbolismo da encarnação expressaria a experiência, com uma data na história, de Deus alcançando o homem e revelando-se a ele como a Presença que é o fluxo de presença desde o começo do mundo até o seu fim. A história é Cristo escrito em letra maiúscula. Esta última formulação não está em conflito com o "homem escrito em letra maiúscula" platônico. Certamente, ambos os simbolismos diferem, porque o primeiro é engendrado por uma experiência pneumática no contexto da revelação judaico-cristã, ao passo que o segundo é engendrado por uma experiência noética no contexto da filosofia helenística; mas eles não diferem com relação à estrutura da realidade simbolizada. A fim de confirmar a igualdade de estrutura expressa em diferentes simbolismos, citarei a passagem essencial da Definição da Calcedônia (451 A.D.), concernente à união das duas naturezas na pessoa de Cristo:

> Nosso Senhor Jesus Cristo... verdadeiramente Deus e verdadeiramente homem... reconhecido em duas naturezas... não sendo a distinção de naturezas de maneira nenhuma anulada pela união, mas, ao contrário, sendo as características de cada natureza preservadas e juntando-se para formar uma só pessoa e subsistência.

Esta tentativa valente dos *patres* de expressar a realidade do-dois-em-um da participação de Deus no homem, sem comprometer nem a separação dos dois nem dividir o um, diz respeito à mesma estrutura de realidade intermediária, do entremeio, que o filósofo encontra quando analisa a consciência do homem de participação no fundamento divino de sua existência. A realidade do Mediador e a realidade intermediária da consciência têm a mesma estrutura.

No clima intelectual de nossa época, nossa análise de símbolos equivalentes pode levar a más compreensões. Deixai-me acautelar-vos, pois: o filósofo pode ajudar a tornar inteligível a revelação, mas não mais do que isso; uma filosofia da consciência não é um substituto para a revelação. Porque o filósofo é um homem em busca da verdade; ele não é Deus revelando a verdade. O aviso é necessário porque Hegel tentou combinar a filosofia com a revelação no ato de produzir um sistema de especulação dialética. Ele imaginou que uma revelação incoativa de Deus através de Cristo chegou à sua realização através da consciência tornando-se autoconsciente em seu sistema; e, de maneira correspondente, ele imaginou agora morto o Deus que tinha morrido em Cristo. Não tenho de entrar em pormenores – estamos familiarizados com o resultado hegeliano da teologia existencialista e o movimento Deus-está-morto. Este sonho hegeliano de fazer de Deus uma consciência, de tal modo que a consciência possa ser a revelação, pertence à "época pós-cristã". Nossa inquirição não é nem uma interpretação "pós-cristã" da história, nem uma revelação da verdade; é, ao contrário, uma aventura anamnésica para reconquistar a presença a partir da "bagunça geral da imprecisão de sentimento". T. S. Eliot captou a essência de tal aventura nas seguintes linhas:

> E o que há por conquistar
> Por força e submissão, já foi descoberto
> Uma, ou duas, ou várias vezes, por homens com quem não se pode
> Pretender rivalizar – mas não se trata de competição,
> E sim de uma luta para recuperar o que se perdeu
> E encontrou-se e outras vezes se perdeu – e agora em condições
> Que não parecem favoráveis.[5]

Talvez as condições sejam mais favoráveis do que pareciam ao poeta quando escreveu essas linhas, quase uma geração atrás. De qualquer modo, temos de mergulhar agora no fluxo de presença, a fim de reconquistar o significado de imortalidade que incendiou a "Disputa" egípcia.

---

[5] T. S. Eliot, *Poesia*. Tradução, apresentação e notas de Ivan Junqueira. Rio de Janeiro, Nova Fronteira, 2006, p. 220.

V

O homem, enquanto existente no tempo, experiencia a si mesmo como participante na eternidade. A experiência engendra o tipo de simbolismo do qual a "Disputa" egípcia é uma variante. Este complexo bem amplo de símbolos tem de ser considerado uma unidade, porque suas várias partes – das quais a imortalidade é uma – são as ramificações expressivas da única experiência originária. Temos de descrever a natureza do complexo e suas variantes antes de podermos empregar a "Disputa" na análise de certas questões que cercam o problema da imortalidade.

O complexo não é uma reunião acidental de símbolos, mas revela uma estrutura em que os símbolos membros têm um lugar definido. A "Disputa" sugere ao menos os seguintes grupos como típicos: (1) há um grupo nuclear constituído dos símbolos "vida", "morte", "mortalidade" e "imortalidade"; (2) outro grupo é formado pelos símbolos que se referem às entidades envolvidas no fado da vida e da morte, tais como homem, sua alma, ou parte de sua alma, e os deuses, ou Deus; (3) um outro grupo ainda concerne à ordem dos cosmos e da sociedade, justiça e julgamento; (4) chamamos atenção, então, para um grupo que também aparece na filosofia helênica, na cristandade e na gnose, *i.e.*, o grupo de vida como prisão, como doença, uma escuridão, um exílio, uma luz brilhando na escuridão e um retorno para o próprio lar; (5) e, finalmente, há um grupo de imaginação concernente à topografia dos mundos superiores e inferiores e os destinos de seus habitantes.

As variantes históricas do complexo não atualizam os vários grupos da mesma maneira ou com o mesmo peso relativo. As ênfases podem recair nas consequências da imortalidade para a ordenação da existência na vida terrena, como na ética clássica. A tensão da existência pode estalar, de maneira que a injustiça da ordem social parecerá irreparável no presente *aion* e a ordem justa é de se esperar apenas de uma metástase do mundo através da intervenção divina, como na apocalíptica; ou pode ser deformada pela tentativa libidinosa de empurrar o infinito para dentro da identidade com o tempo, como nas especulações ideológicas sobre política e história. O cosmos pode ser considerado uma prisão demoníaca, de tal forma que o propósito da ação humana será reduzido a encontrar os meios de escapar dela, como na gnose. A expectativa de imortalidade pode estender-se até os confortos egípcios, ou encolher-se à existência de sombras helênicas no Hades, ou expandir-se extaticamente à glorificação cristã. O drama da queda e da redenção pode assumir a forma de um mito cosmológico, como nos sistemas gnósticos; ou de um mito histórico, como na especulação marxista. O imaginário da vida além da morte pode ser ricamente desenvolvido, como nos simbolismos apocalíptico e gnóstico; e, então, de novo, o imaginário mítico pode desaparecer sob a pressão do iluminismo e da desmitologização, para ser substituído pelo imaginário hedonista de reinos perfeitos, alcançáveis através do progresso e da ação revolucionária, como em nossa época. No entanto, onde quer que as ênfases recaiam e por mais equilibrados que sejam os grupos de símbolos, o padrão do complexo permanece reconhecível.

As relações entre o complexo e suas variantes, assim como as relações entre as variantes, são problemas na lógica da experiência e simbolização muito intrincados para serem tratados nesta ocasião. Deve ser suficiente afirmar que as variantes do complexo não são individuais de uma espécie, mas variantes históricas num sentido técnico: elas têm um padrão reconhecível em comum porque todas elas expressam a tensão da existência entre o tempo e o infinito; e elas são variantes de padrões porque expressam modalidades da tensão. O fluxo de presença com suas modalidades de experiências que mudam é a fonte comum tanto das variantes simples como de suas sequências. As variantes são, portanto, subunidades de sentido na unidade da sequência que obtém seu significado de um fluxo de presença engendrante. O fato de que a sequência de variantes seja uma unidade de significação torna possível que nossa inquirição vá para trás e para frente na sequência, a fim de deixar as variantes elucidarem-se uma à outra. Pois as variantes, por mais remotas no tempo, nunca afundarão num passado morto sem significado, uma vez que tenham surgido do fluxo de verdade que tem "presença"; permanecerão fases no processo histórico de verdade vivente cujo início e fim são desconhecidos; e em virtude deste caráter a verdade de cada variante é suplementar à verdade das outras. Uma variante posterior pode ter diferenciado um aspecto da verdade experienciada que foi insuficientemente articulada numa variante anterior; ao passo que a variante anterior compacta pode ter expressado aspectos da verdade que, sob pressão de um problema recentemente diferenciado e, portanto, mais enfatizado, não recebem seu devido peso, ou desapareceram completamente desse último. Além disso, o movimento de inquirição de uma variante para a outra é capaz de deixar emergir o significado da sequência como um todo – embora *significado do todo*, tenho de avisar, não seja o termo próprio para uma perspectiva de verdade que tem de ser obtida de uma posição de dentro do processo da verdade emergente.

Em minhas observações finais empregarei a "Disputa" para esclarecer alguns problemas de imortalidade que têm de permanecer obscuros contanto que nos concentremos muito firmemente nas variantes posteriores. Lidarei, em primeiro lugar, com a questão da alienação, pois ela oferece o estabelecimento do problema da imortalidade; em segundo lugar, com as motivações experienciais do símbolo "imortalidade".

Empregarei o termo *alienação* para denotar certa disposição de existência. Sempre que a disposição é levantada até a consciência intensa, ela engendra um grupo característico de símbolos. Encontramos este grupo, na "Disputa", nos símbolos que se referem à vida como prisão, e assim por diante; o mesmo grupo aparece na filosofia pré-socrática e na filosofia platônica; e no ambiente gnóstico ele floresce tão ricamente que as autoridades no campo estão inclinadas a aceitá-lo como a diferença específica do gnosticismo. O termo *alienação* (*allotriosis*, *Entfremdung*), em si, não aparece no discurso filosófico, tanto quanto sei, antes de Plotino. Em seu contexto neoplatônico, refere-se a uma distância de Deus tamanha que Deus é "alheio" ao mundo e ao homem; e este significado está muito próximo da linguagem do "Deus alheado" ou do "Deus escondido", ou da "Vida alienada", que encontramos em escritos mandianos e outros escritos gnósticos. No uso moderno, especialmente desde Hegel e Marx, o termo veio a referir-se ao estado de existência que é capaz de engendrar este grupo de símbolos – uma mudança de significado que indica o novo comportamento crítico de análise existencial. Devo continuar o uso moderno, mas dar a ele mais precisão filosófica, permitindo que o termo se refira a uma disposição de existência que está radicada na própria estrutura da existência. Por este procedimento será possível conectar a pluralidade de significados que o grupo de símbolos de alienação adquiriu no curso da história com pluralidades similares de significados desenvolvidos pelos outros grupos. De importância fundamental ao nosso propósito é a conexão entre os desenvolvimentos dos significados plurais no grupo de alienação e no grupo de símbolos de vida e morte.

Sabemos que a vida que termina na morte é apenas parte da vida que experienciamos. Sob a pressão de circunstâncias, este suspense entre uma vida temporal que não é vida de maneira nenhuma e uma vida não temporal que não faz sentido nas condições de tempo e de morte pode ser aguçado até um conflito em que o significado da vida muda para morte e da morte para vida. No *Górgias* 492-93, Sócrates diz a Cálicles:

> Ainda assim, tal como a defines, terrível coisa é a vida. Não me admirarei se falou certo Eurípides, quando disse:
> *Quem nos dirá que não é morte a vida,*
> *E estar morto, viver?*
> É possível, até, que estejamos mortos; eu próprio já ouvi certo sábio declarar que estamos realmente mortos e termos por sepultura o corpo.[6]

O duplo sentido platônico da vida e da morte, corrente na cultura helênica provavelmente já no tempo de Pitágoras, é substancialmente o mesmo que aparece na "Disputa"; e tanto na "Disputa" quanto no *Górgias* ele prepara a visão da ordem justa restaurada através do julgamento na vida após a morte. Podemos, portanto, falar de um estado de alienação quando a disposição existencial que engendra os duplos sentidos de vida

---

[6] Platão, *Diálogos: Protágoras, Górgias, Fedão*. Trad. Carlos Alberto Nunes. Belém, Editora UFPA, 2002.

e morte alcançou um estágio de sofrimento agudo – como tem para o Homem na "Disputa". O símbolo "alienação" é empregado para significar um sentimento de estranhamento da existência no tempo porque ele nos alheia do infinito: estamos alienados do mundo em que vivemos quando sentimos que ele é a causa de nossa alienação do mundo a que verdadeiramente pertencemos; tornamo-nos estranhos no mundo quando ele força a conformidade a um modo deficiente de existência que nos alienaria da existência na verdade. Num desenvolvimento maior do simbolismo, a existência no tempo pode tornar-se um "mundo alheado", ou um "país estrangeiro", ou um "deserto" em que o errante de um outro mundo perdeu seu caminho; ou o homem, lançado neste ambiente estranho, pode encontrar sua direção e entrar numa "caminhada de peregrino" ou numa "ascensão da caverna", ou um "errar prolongado no deserto" que, finalmente, o levará à "terra prometida"; ou ele pode adaptar-se aos modos dos estrangeiros e encontrar seu lar entre eles, de tal maneira que o mundo alheado se torna o mundo verdadeiro e o mundo verdadeiro um mundo alheado – um problema que ocupou os poetas helênicos e os filósofos desde Hesíodo a Platão.

Segui o simbolismo de alienação desde seu cerne experiencial até alguma de suas ramificações, a fim de torná-lo claro para além da dúvida de que não há nenhuma outra maneira de compreender a variedade de símbolos, senão o caminho de volta a seu ponto de origem na estrutura da existência. Alienação, como surge dos símbolos, é uma disposição de existência tão fundamental quanto a ansiedade. Os símbolos de alienação são reconhecíveis como hipóstases dos polos de tensão existencial. O "mundo" que discernimos na perspectiva de nossa existência que participa assim do tempo como do infinito é dissociado, sob a pressão da disposição, para dentro "deste mundo" de existência no tempo e o "outro mundo" do infinito; e como não "existimos" nem em um nem no outro desses mundos, mas na tensão entre o tempo e o infinito, a dissociação do "mundo" nos transforma em "estrangeiros" a qualquer dos mundos hipostasiados. O simbolismo dos dois mundos pode então ser ainda desenvolvido à maneira que conhecemos pela "Disputa", ou pelos mitos platônico e gnóstico, ou pelas especulações ideológicas modernas. Com relação às situações históricas que farão surgir um sentimento de alienação tão forte para engendrar as grandes expressões simbólicas, um exame das variantes sugere o rompimento da ordem tradicional e os períodos subsequentes de desordem, tanto pessoal quanto social, como seu estabelecimento típico. No caso da "Disputa", a pressão situacional é fornecida pelo rompimento da ordem imperial, a desordem prolongada do Primeiro Período Intermediário, e o ceticismo quanto aos símbolos tradicionais de ordem; no caso dos pré-socráticos e de Platão, pelo poder decrescente da pólis, pela contínua guerra entre elas, a ameaça a sua própria existência apresentada pela ascensão das organizações de poder na escala imperial, e a desintegração da *patrios doxa* através do ceticismo e da sofística; reconhece-se geralmente que o apocalipse, a gnose e o cristianismo foram condicionados pela expansão do império e a destruição da ordem comunal tradicional; e, no caso da alienação moderna, a pressão é fornecida pelo declínio da cristandade na crença dogmática, a onda de iluminismo, a dissolução das tradicionais formas econômicas e sociais através da ascensão da sociedade industrial, e as guerras globais.

Os simbolismos de alienação são convencionalmente associados à gnose. Será apropriado, portanto, formular o ponto de vista que nossa análise tem nesta questão.

No presente estado da ciência estamos divididos entre os métodos historicistas antigos e os métodos críticos de análise existencial. O historicismo é um método dóxico, conectado com o declínio geral da verdade experienciada para a crença em doutrinas; os símbolos, quando concebidos como doutrina, são cortados de sua experiência engendrante e se tornam fenômenos históricos de próprio direito. Uma vez que um simbolismo tenha atraído a atenção do historicista erudito, por uma razão ou outra, este o descreverá conscientemente com base nas fontes e, então, passará a explorar sua filiação histórica até onde o permitir o conhecimento dos materiais. O método foi aplicado à gnose. Os sistemas gnósticos certamente são fenômenos espetaculares na "história das ideias" e merecem atenção; simbolismos de alienação e o famoso "dualismo" são tão fortemente desenvolvidos que se justifica que uma pessoa os considera a diferença específica do pensamento gnóstico; e assim os simbolismos helênicos como os iranianos são similares o suficiente para permitir a interpretação de uma longa pré-história do pensamento gnóstico. A "Disputa" egípcia até agora não chamou a atenção – mas eu não ficaria surpreso se, cedo ou tarde, ela fosse empregada para extrapolar a história da gnose para além do Irã até seu verdadeiro começo no Egito. No entanto, mesmo no tempo da exuberância historicista, Eugène de Faye insistira, em seu *Gnostiques et Gnosticisme* (1913), que os simbolismos gnósticos não poderiam ser entendidos sem o recurso à experiência que os engendrou. Hoje, com nossa riqueza de materiais comparativos, temos até de ser mais insistentes nesse ponto. Se a alienação, na verdade, é uma disposição fundamental da existência, deve-se esperar sua simbolização sempre que uma situação de desordem tiver construído uma pressão suficiente; já que, entretanto, os símbolos de alienação não são mais do que um grupo no complexo inteiro, nada se segue de seu aparecimento para o significado das variantes como um todo. A disposição de alienação pode atingir a tensão de existência em mais de uma maneira, e os modos resultantes de experiência e as variantes de simbolização não são necessariamente gnósticas. Nem o argumento da "Disputa" nem o filosofar de Platão têm nada que ver com a gnose; e dificilmente consideraremos São Paulo um pensador gnóstico porque ele nos aconselha a viver neste mundo como se não estivéssemos nele. Se quisermos superar a confusão causada pelo historicismo, seria melhor lembrar-nos do tratamento dado à questão por Clemente de Alexandria. Para o propósito de sua polêmica contra Marcião e outros gnósticos, ele apresenta (*Stromateis* III.*iii*.12-21) uma coleção formidável de símbolos de alienação recolhidos de poetas e de filósofos helênicos; e então passa a explicar que a coleção é tão aceitável para ele, como o é para Marcião, como uma interpretação verdadeira da condição humana, mas que ele, por causa disso, não concordará com Marcião quanto às conclusões que tirar dela. Clemente apresenta-nos um caso modelo de um único corpo de símbolos de alienação que podem servir em três contextos experienciais tão amplamente distintos quanto filosofia pagã, gnose e cristandade. Concluo, portanto, que o aparecimento de símbolos de alienação não marca nenhuma das variantes históricas como gnósticas, mesmo sendo elas, no contexto gnóstico, notavelmente elaboradas. Os problemas da gnose estão alhures.

Os problemas apresentados pelo símbolo "imortalidade", ou melhor, pelo par "mortalidade"/"imortalidade", serão colocados em foco pelas seguintes proposições:

1. O simbolismo de imortalidade não é peculiar à cristandade e à revelação. É bem articulado já na "Disputa", *i.e.*, numa variante estritamente cosmológica do complexo.

2. A imortalidade é um predicado que pressupõe um sujeito. Na linguagem homérica, o homem é mortal, os deuses são imortais; na filosofia clássica, a alma, ou ao menos sua parte noética, é imortal; na cristandade primitiva, imortalidade significa a ressurreição corporal do homem assegurada pela ressurreição de Cristo; na "Disputa", o sujeito de imortalidade é a alma, ou melhor, das almas do Homem.

3. Qualquer que seja o sujeito do qual a imortalidade se predica, o símbolo pertence à permanência ou duração de uma entidade.

4. O símbolo "imortalidade" pressupõe a experiência de vida e de morte. O símbolos "vida"/"morte" não são sinônimos para a existência espaçotemporal do homem, seu vir a ser e seu passamento, vistos de fora, mas expressam a consciência do homem de existir em tensão em direção ao fundamento divino de sua existência. Notamos que os significados duplos de vida e morte engendrados pela consciência de participação, enquanto existente no tempo, no infinito. O par "mortalidade"-"imortalidade" está relacionado ao par "vida"-"morte" e seus sentidos duplos.

Os problemas surgem dos modos mutantes de experiência e da pluralidade correspondente de símbolos variantes. As quatro proposições sugerem ao menos dois modos históricos de experiência: no primeiro nível, o da experiência primeira do cosmos, aparecem as entidades das quais se predica a mortalidade ou imortalidade; no segundo nível, o da consciência diferenciada, os símbolos expressam os polos de tensão existencial. O movimento do primeiro modo para o posterior, entretanto, não é acompanhado pelo desenvolvimento de um novo grupo de símbolos; os símbolos mais antigos são retidos e mudam seu significado. Além disso, parece que não se pode prescindir dos significados anteriores quando é alcançada a modalidade posterior, de modo que no contexto posterior os símbolos aparecem com dois significados; as simbolizações da verdade experienciada não excluem, mas suplementam uma à outra. O resultado é uma confusão nada desprezível de significados. Tentarei desembaraçar este problema, ao menos em princípio.

Uma famosa passagem da *Ética a Nicômaco* X.vii.8 mostrará o simbolismo de imortalidade no ponto de transição do modo anterior para o posterior de experiência:

> A vida do intelecto (*nous*) é mais alta do que o nível humano; não é por virtude de sua humanidade que o homem a alcançará, mas por virtude de algo dentro dele que é divino; e tanto quanto este algo é superior a sua natureza compósita, assim também é sua atividade superior ao exercício de outros tipos de virtude. Se então o intelecto é algo divino em comparação com o homem, assim também é a vida do intelecto divino em comparação com a vida humana. Nem devemos obedecer àqueles que prescrevem que um homem deve ter pensamentos de homem e um mortal, os pensamentos de mortalidade, mas devemos imortalizar (*athanatizein*) tanto quanto possível e fazer tudo em direção a uma vida de acordo com a coisa mais alta no homem.

Os dois modos de experiência e simbolização são claramente reconhecíveis e a confusão de significados é impressionante. No nível mais antigo encontramos as entidades, *i.e.*, os deuses imortais e os homens mortais; no novo nível, representado por Platão e Aristóteles, encontramos a tensão de existência com seus polos de mortalidade e imortalidade. A passagem alude a um conflito agudo entre os guardiães da tradição e os filósofos. Pois os tradicionalistas acreditam em deuses e homens como entidades distintas e insistem que os homens devem ter apenas pensamentos próprios a seu *status* de mortais; ao passo que os filósofos descobriram que o homem não é bem mortal, mas participa da imortalidade divina, e insistem, portanto, que o pensamento dele deve preocupar-se principalmente com o divino. É uma colisão entre duas teologias: os filósofos abolem os deuses da tradição politeísta e identificam seu próprio Deus com a *Nous* que se revela, através da busca noética, como o Fundamento de existência. Entretanto, na passagem, o conflito não é expresso com toda clareza, porque a tradição é forte o bastante para revestir a tensão de existência, há pouco descoberta, com a simbolização mais antiga de deuses e homens. Mesmo para Aristóteles, o homem ainda é o mortal que pode pensar apenas pensamento mortal; se, no entanto, ele pode pensar acerca do divino, ele é dotado para fazê-lo por alguma parte nele, o intelecto, que é uma entidade divina. É o homem aristotélico, então, uma união temporária de um mortal humano com uma entidade imortal divina, dissolvível através da morte? A resposta tem de ser não; pois neste ponto a tensão da existência, a seu turno, faz sentir sua influência e engendra o símbolo magnificente de *athanatizein*. Traduzi o *athanatizein* por um intransitivo *imortalizar*; porque o símbolo pretende caracterizar a vida noética como um hábito de ação pelo qual o homem pode, e deve, aumentar sua imortalidade potencial até sua estatura completa. A prática de "imortalizar" é para Aristóteles uma virtude superior a todas as outras. Uma vez que, na *Ética a Nicômaco*, Aristóteles distinguiu apenas entre virtudes éticas e dianoéticas, não dando um nome para a classe mais alta – à qual também pertence a *phronesis* e *philia* – proponho o termo *virtudes existenciais*.

O estado de confusão em que Aristóteles deixou o problema tornou-se uma força histórica que causa confusão até mesmo no pensamento moderno. Pois se a *Nous* é tanto o deus além do homem quanto a entidade divina dentro do homem, então ambos são propensos ao colapso em um, assim que estejam firmemente separados pela tensão da existência. Foi isto o que aconteceu na *Begriffsspekulation* (Especulação sobre a ideia), de Hegel: as duas entidades de *Nous* de Aristóteles combinaram-se em uma no *Geist* (Espírito) de Hegel; as entidades separadas tornam-se momentos no processo dialético; e a tensão entre elas reaparece como o movimento dialético interno ao *Geist*. Quando a consciência da tensão existencial se atrofiou – como aconteceu na teologia doutrinal e na metafísica do século XVIII –, não somos lançados de volta à crença pré-aristotélica em mortais e imortais. Do estado de confusão surge, ao contrário, o novo tipo de sistema que transforma a participação experienciada no divino em uma possessão especulativa do divino. O sistema teve êxito prodigioso, e ainda tem, porque provê o aparato intelectual com as várias tentativas ideológicas e teológicas de trazer Deus e o mundo, a sociedade e a história sob o controle do homem.

A fim de dissolver a confusão fatal, darei, em primeiro lugar, mais precisão a seus pontos cruciais:

1. A confusão surge no ponto de transição da experiência primária do cosmos para a consciência da participação do homem no fundamento divino. A linguagem do mito cosmológico não expressará adequadamente a realidade recém-descoberta da interação e da participação mútua entre Deus e o homem.

2. Os filósofos pré-socráticos e os clássicos desenvolveram uma multidão de novos símbolos que expressarão a experiência de uma área de realidade intermediária entre Deus e o homem. Há, primeiro de tudo, os símbolos platônicos do Entremeio (*metaxy*) e do homem espiritual (*daimonios aner*) que existe na tensão do Entremeio. É bem curioso que tenha sido desenvolvida uma riqueza de símbolos que expressam as nuances da tensão existencial, tais como "amor" (*philia, eros*), "fé" (*pistis*), "esperança" (*elpis*), ao passo que o símbolo "tensão" (*tasis*) em si mesmo aparece apenas na filosofia estoica expressando a estrutura da realidade em geral. A natureza do Entremeio como uma participação mútua do homem e do divino é simbolizada pela *methexis* platônica e pela *metalepsis* aristotélica, a vida ativa na tensão pelas virtudes existenciais previamente mencionadas. Os símbolos para a consciência são desenvolvidos incoativamente fazendo uso arbitrário de *aisthesis* e *nous*; como símbolo para o sítio da experiência, a *psyche* tem de servir. A própria experiência, entretanto,

é cuidadosamente descrita como uma busca (*zetesis*) da parte do homem e atração (*kinesis*) da parte de Deus.

3. A despeito do simbolismo altamente desenvolvido expressando o Entremeio de participação, surgem, do lado dos participantes, certas dificuldades. Pois os parceiros divino e humano na tensão não são os imortais e os mortais da tradição, mas um novo tipo de Deus e de homem. Vimos Platão desenvolvendo o *daimonios aner*, a fim de distinguir o novo homem do velho homem mortal (*thnetos*); quando não se faz a distinção, encontramos as dificuldades da passagem aristotélica. Numa linguagem moderna da consciência, o problema do novo homem pode ser formulado da seguinte maneira: quando o homem descobre sua existência em tensão, ele se torna consciente de sua consciência tanto como o sítio quanto como o sensório da participação no fundamento divino. À medida que a consciência é o sítio de participação, sua realidade toma parte assim do divino como do humano, sem ser totalmente um nem outro; à medida que é o sensório da participação, é inequivocamente do próprio homem, localizado em seu corpo na existência espaçotemporal. A consciência, então, é tanto o polo temporal da tensão (sensório) e toda a tensão, incluindo seu polo do infinito (sítio). Nossa participação no divino permanece presa à perspectiva do homem. Se a distinção entre os dois significados de consciência for negligenciada, surge o perigo de descarrilar na divinização do homem ou na humanização de Deus.

4. Na experiência primária do cosmos, a mortalidade é a maneira de duração do homem; a imortalidade, a maneira dos deuses. No nível de consciência diferenciada, o significado do simbolismo muda sutilmente numa maneira que se tornará aparente quando ligarmos o par "mortalidade"/"imortalidade" aos duplos sentidos da vida-morte na passagem do *Górgias*. Teríamos então de dizer: a mortalidade significa que a vida do homem, tendo durado um tempo, sucumbirá à morte; a imortalidade

significa que a vida do homem sobreviverá à morte. O significado alcançado pelas duas sentenças será mais claramente transmitido quando elas forem combinadas em uma proposição: a vida do homem é estruturada pela morte. O símbolo "vida" nesta última formulação expressará com exatidão a experiência do Entremeio que também engendrou o *daimonios aner* platônico. Pois a vida estruturada pela morte não é nem vida de mortais, nem a duração dos deuses, mas a vida experienciada na tensão da existência. É a vida vivida no fluxo de presença.

5. Mesmo que a simbolização seja exata, temos o sentimento incômodo de que algo nos escapou. É isso realmente tudo o que sabemos sobre a imortalidade? Alguns dos mais robustos dirão que não se importam com este tipo de imortalidade anêmica. O que foi feito do imaginário mitopoético da vida após a morte, como, por exemplo, a posição de um conselheiro na barca do deus sol, como na "Disputa"; ou como a de um seguidor no cortejo do Deus, como no *Fedro*; para não dizer nada do Inferno, Purgatório e Paraíso de Dante? Bem, no que diz respeito à tensão da existência, temo que isso seja tudo – embora seja muito, porque traçamos o simbolismo da imortalidade até a sua origem na experiência de que a vida é mais do que a vida de mortais. No entanto, o questionamento rebelde motivado por um desejo de realização além da tensão, para um propósito do êxodo do *Sheol*, para uma destinação de vagar pelo deserto, e assim por diante, é muito saudável, porque a experiência da tensão existencial não é, na verdade, tudo da experiência humana. Temos de nos responsabilizar pelo fato de que o símbolo "imortalidade" significa inequivocamente durar à maneira dos deuses, embora a existência humana na tensão em direção ao fundamento divino não dê a ele nenhuma informação acerca do modo de existência divina. Como, então, sabemos que os deuses são "imortais" (*aionios*) e o que significa a duração dos deuses, se eles tão distintamente não duram no tempo, de modo que o simbolismo mais apropriado da existência do homem é a tensão entre o tempo e o infinito?

A resposta às perguntas a que nossa série de precisões nos levou virá com o recurso à "Disputa".

A variante egípcia do simbolismo revela um sofrimento agudo a partir da alienação e do desejo de preservar a existência na verdade contra a pressão de conformar-se a um modo deficiente de existência. Já que, entretanto, a consciência da tensão existencial não se diferenciou ainda, seus problemas têm de ser expressos na linguagem compacta do mito cosmológico. É a linguagem, não da tensão, mas das entidades envolvidas no fado da vida e da morte; e a compreensão das entidades é dificilmente atingida pelo conflito teológico característico da transição da experiência do cosmos para o da participação existencial. As entidades são o homem, sua alma, o reino do Egito, e o deus sol; a ordem (*ma'at*) que pervade as entidades tem sua fonte no deus sol e dele flui, através do Faraó, na administração do reino, e, finalmente, nas pessoas vivendo no reino. Quando algo dá errado com a ordem do Faraó, do reino e do homem, a solução considerada é a restauração da ordem através da cooperação do Homem na fonte dela na barca do deus sol. As entidades, então, formam uma comunidade de parceiros consubstanciais na ordem divina. Esta comunidade divinamente ordenada – a que aplicamos mais tarde o termo grego *kosmos* – é experienciada pelo Homem como a realidade duradoura da qual ele é parte. A duração do cosmos é a duração dos deuses que criam e mantêm a ordem dele; e o Homem da "Disputa" pode participar em sua duração pela harmonização de sua existência à ordem dos deuses. A experiência primária da realidade cósmica, então, provê os espaços e os tempos para a vida dos deuses e a vida após a morte do homem. O imaginário da imortalidade é engendrado pela experiência primária da co-duração do homem com o cosmos.

A confusão dissolver-se-á se reconhecermos a estratificação histórica na experiência que o homem tem da realidade. Há, primeiro, a experiência compacta do cosmos e, em segundo lugar, a experiência diferenciada da tensão existencial. Para a expressão adequada delas, os dois tipos de experiências engendram dois conjuntos de símbolos. Ao primeiro conjunto pertencem, entre outros:

(a) o tempo do cosmos; e a coduração com o cosmos;
(b) os deuses intracósmicos;
(c) a linguagem do conto mítico e de suas personagens.

Ao segundo conjunto pertencem, entre outros:

(1) a polarização do tempo cósmico no tempo e no infinito da tensão; e o fluxo de presença;
(2) o Deus transcendente do mundo;
(3) a linguagem da vida noética e espiritual.

Com relação ao símbolo "imortalidade" podemos, portanto, dizer: o imaginário da vida após a morte se origina na experiência compacta da realidade cósmica; o simbolismo da vida estruturada pela morte origina-se na experiência do homem de sua existência em tensão em direção ao fundamento divino.

Podemos dissolver a confusão e a interpretação errada uma vez que tenham surgido – mas não podemos evitar os distúrbios da ordem existencial que surgirão historicamente das mudanças nos modos de experiência e causarão ainda nova confusão e a interpretação errada. Deixai-me advertir, em conclusão, brevemente, sobre este problema, pois estamos vivendo numa época de grandes distúrbios provindos dessa fonte.

As duas experiências não pertencem a realidades diferentes, mas à mesma realidade em modos diferentes. A experiência da realidade cósmica inclui em sua compactação a tensão existencial; e a consciência diferenciada não tem nenhuma realidade sem o cosmos em que ocorre. No nível da experiência cósmica, encontramos, como consequência, uma rica variedade de hinos e orações expressando a tensão pessoal de existência, e mesmo documentos tais como a "Disputa"; ao passo que no nível da experiência existencial o homem tem de lidar com os problemas da realidade cósmica que exigem ressimbolizações tão logo os simbolismos mais antigos se tornem incompatíveis com as novas iluminações da tensão existencial. Platão, por exemplo, estava vivamente a par da perplexidade do filósofo: ele desenvolveu um novo tipo de simbolismo, o mito filosófico, a fim de expressar, no nível noético, a realidade cósmica que anteriormente fora o domínio do mito tradicional. Além disso, em *Epinomis* [Das Leis], ele aconselhou veementemente contra desacreditar o mito tradicional, porque as pessoas cuja fé no mito é destruída não se tornarão necessariamente filósofas, mas, ao contrário, se tornarão espiritualmente desorientadas e descarrilarão em algum modo deficiente de existência. A cristandade, então, herdou, através do Antigo e do Novo Testamentos, um corpo sólido de mitos cósmicos e viveu com ele, deixando-o permanecer e digerindo teologicamente somente o quanto o instrumentário filosófico do momento parecia permitir. Simbolismos compactos, em suma, podem tornar-se obsoletos à luz de novas iluminações, mas a realidade que eles expressam não cessa de ser real por essa razão. Se deixarmos qualquer parte da realidade sair de vista, recusando-lhe *status* público no mundo dos símbolos, isso levará a um tipo de vida subterrânea e tornará sua realidade sentida em disposições intensas de alienação, ou mesmo em distúrbios mentais rematados. C. G. Jung teve algo que dizer sobre esse problema. Mesmo se tivéssemos de rejeitar todas as simbolizações tradicionais da realidade cósmica como incompatíveis com nosso modo presente de experiência, ainda estaríamos vivendo na realidade do cosmos e não no universo da física, a despeito da propaganda de lavagem cerebral de nossos ideólogos cientistas. As interpretações ideológicas da história que desprezam a estratificação histórica da experiência e relegam os estratos compactos, sob o título de "estados de consciência" obsoletos, a um passado morto deveriam ser entendidos, com relação a uma de sua motivações, como atos de desespero, causados por um estado agudo de alienação; pois eles tentam aniquilar, por um assassínio mágico, uma realidade perturbadora que ainda não encontrou uma ressimbolização satisfatória. Essas observações, embora não possam ser mais do que dicas muito simples, sugerirão, talvez, uma nova compreensão de alguns dos problemas que movem a época.

4. Configurações da História[1]

I. Introdução

Quando se fala de filosofia da história há sempre uma presunção, profundamente radicada nas filosofias da história do século XIX, de que a pessoa que fala acerca de tal matéria está apresentando uma posição ou deseja defender uma posição; agora nada disso está acontecendo aqui. Há uma ciência que investiga as questões do padrão na história. Essa ciência, como qualquer outra, está em progresso; se qualquer solução presente para o problema for tomada de maneira doutrinária, como dando a última verdade acerca da história, isso é uma das mais graves más interpretações. Sou lembrado disso quando penso na última vez em que o Professor Arnold Toynbee e eu estivemos juntos numa reunião maravilhosa na Normandia, onde tínhamos discussões frequentes no almoço. Àquela época perguntei ao Professor Toynbee, que estava sendo atacado por vários críticos, o que ele pensava de tais ataques e críticas. Ele confessou-me sinceramente: "Bem, vês? Escrevi essas coisas há vinte e cinco anos, e quase esqueci o que eram, e agora tenho de defendê-las". Então, por favor, não me obrigueis a manter-me fiel a nada do que escrevi antes, porque a ciência progride e as coisas mudam. Não leveis muito seriamente, ou num sentido

---

[1] De Paul Kuntz (Ed.), *Concept of Order* [Conceito de Ordem]. Seattle, University of Washington Press, 1968, p. 23-42. Copyright 1968 da University of Washington Press. Reimpresso com permissão.

absoluto, o que tenho para dizer hoje, porque esses problemas, como os apresento hoje, estão, de novo, sujeitos a mudanças, e talvez em dois anos eu tenha encontrado outras coisas que exigirão uma resposta muito diferente.

O problema da mudança está implícito até no título deste ensaio, "Configurações da História". Agora o que se quer dizer com *configurações*? Há apenas vinte anos a discussão se centrava quase exclusivamente no sentido da história; e apenas a mudança na linguagem do *sentido da história* para *estrutura* ou *padrões*, ou *uma totalidade de padrões formando a configuração da história*, indica uma mudança considerável no problema teórico. Quando se fala de sentido da história, no sentido das grandes filosofias da história dos séculos XVIII e XIX, já se presume que a história seja um tipo de coisa cujo sentido se pode conhecer. Acontece que a história não é tal coisa, porque uma coisa tem de ser dada como finita no tempo, e a história muito obviamente estende-se para um futuro desconhecido. Portanto, a história está incompleta e não é uma coisa. O que o sentido da história é, ninguém sabe nem nunca saberá, enquanto existirmos no tempo. É claro que é impossível pronunciar-se acerca do sentido da história. Faz pouca diferença se alguém faz isso no sentido das filosofias progressivistas do século XVIII; ou no da interpretação positivista da história, como a de Comte no século XIX; ou no da interpretação marxista. Todas essas interpretações, que fingem dizer-vos qual é o sentido da história, presumem que se pode conhecer a história como uma coisa completa. Pondo a questão em linguagem técnica, a história é considerada *modo futuri exacti*, no modo de um futuro perfeito, como se alguém soubesse qual seria o fim.

Na verdade, não se sabe o que será o fim e, portanto, é impossível qualquer pronunciamento sobre o sentido da história. No entanto, estamos preocupados com tal sentido; e estamos preocupados porque, já que temos assim a história como uma consciência da história, as pessoas se pronunciarão sobre o sentido da história. Nessa direção, então, o sentido da história (agora empregado num sentido diferente) é uma ocupação permanente da mente humana. As pessoas estão preocupadas com o sentido da história, e, portanto, pode-se muito bem ter uma ciência empírica das opiniões que foram pronunciadas numa época ou outra acerca do sentido da história. O sentido da história é então algo que, na verdade, acontece na história; é parte, ocupação e pronunciamento acerca da história. Nesse sentido, por exemplo, há um livro de Karl Löwitch, que se tornou muito famoso, acerca do sentido na história – não o sentido *da* história, mas o sentido *na* história. O que se quer dizer aqui é que dentro da história as pessoas se expressam sobre o sentido dela, e as séries de expressões sobre o sentido são, elas mesmas, sequências muito significativas, acerca das quais se podem fazer afirmações empíricas. Este, então, seria outro sentido da história.

Nenhum desses significados é o que entra no conceito de configuração. *Configuração* refere-se a mais do que os padrões que são observáveis na história, como sequências de instituições. Em várias altas civilizações sabemos que começamos com certos tipo de organização política, normalmente de tipo monárquico ou aristocrático, e que os tipos democráticos sempre vêm bem tarde no curso de uma civilização. Tais sequências seriam padrões que podem ser empiricamente observados. Mas isso não é tudo, porque as concepções de ordem numa civilização são sempre acompanhadas da autointerpretação dessa ordem como plena de sentido; ou seja, as pessoas que vivem numa ordem têm opiniões acerca do sentido particular que essa ordem tem. Nesse sentido, a autointerpretação sempre é parte da realidade que vivemos. Esta é a realidade da ordem, da ordem política, ou, como poderíamos dizer, da história. Uma configuração considera todos esses aspectos, não apenas os aspectos institucionais, mas também as autointerpretações – as opiniões expressas quanto ao sentido.

Se alguém agora quiser apresentar o conceito de configuração partindo do conceito de sentido da história, deve-se dizer que o termo *sentido da história*, no sentido em que as pessoas pronunciam opiniões acerca do significado da história, está associado às ideologias peculiares dos séculos XVIII e XIX. Há as opiniões progressistas do sentido da história, como as de Condorcet e Kant; as opiniões positivistas, como as de Comte e dos vários positivistas modernos nas ciências sociais; as interpretações marxistas do sentido da história, e assim por diante. *Sentido* é, então, um termo ideológico. Mas se alguém incluir as opiniões concernentes ao sentido da realidade e, então, procurar padrões de história que abarcam tanto as instituições quanto essas expressões de sentidos, então se chega ao problema da configuração. Ao procurar pelas configurações, a pessoa não expressa uma opinião acerca do sentido da história, mas, ao contrário, considera o sentido da história como algo sobre o que as pessoas expressam opiniões, e essas expressões de opinião são então parte da realidade que está sendo examinada.

Esta, então, é apenas uma expressão preliminar do que significa *configuração*; levam-se em consideração as expressões de opiniões concernentes ao sentido da história, sem se oferecer uma opinião concernente ao sentido da história. Este esclarecimento, entretanto, é apenas preliminar; deixa aberta a questão se os padrões na história podem ser descobertos de algum modo. Agora temos de ser céticos quanto a isso mais ainda porque temos um corpo impressionante de literatura acerca de padrões de história. Relembrai-vos, por exemplo, o *Study of History* [Um Estudo de História], do Professor Toynbee, com seus doze volumes enormes acerca de padrões que podem ser discernidos empiricamente na história.

O que quero discutir aqui não é o número enorme de padrões que podem ser discernidos na história, mas, ao contrário, certas questões teóricas: como se podem discernir tais padrões com um mínimo de erro? Pode alguém hoje chegar a certas proposições gerais? É claro que toda ciência está progredindo, e o que podemos alcançar hoje será substituído amanhã, mas algo pode, no entanto, ser possível hoje. Minha intenção aqui é apresentar alguns problemas escolhidos acerca dos quais se podem fazer pronunciamentos comparativamente definitivos, mesmo agora.

II. A Era Ecumênica

O primeiro tópico com o qual lidarei é a distinção de um período na história que está circunscrito por certos fenômenos definitivos que formam um padrão na configuração total da história. Chamarei esse período a "*era ecumênica*". Emprego esse título porque o período em questão é aquele período crítico na história da humanidade quando (1) foram fundados impérios ecumênicos; (2) foi desenvolvida uma teoria dos impérios ecumênicos e (3) se descobriu que os impérios ecumênicos não eram a solução para a organização da humanidade como uma unidade.

Este período se estende aproximadamente do século VIII a.C. até o século VIII A.D., durante o qual teve seu curso e surgiram novos problemas. Os fatores que entram no complexo, e que discutiremos, são em número de três: (a) os acontecimentos historiográficos do tempo; (b) a fundação dos próprios impérios ecumênicos; e (c) certas irrupções espirituais. Lidarei mais amplamente com as irrupções espirituais, mas primeiro tenho de comentar a historiografia.

A historiografia é algo que hoje damos por certo. Escrevemos história de quase tudo, mesmo de coisas que não têm uma história. Apenas chamamos isso de história. Mas a historiografia teve começos definidos na história da humanidade. De fato, houve três de tais começos, o que discutiremos agora. Esses aconteceram, do Ocidente para o Oriente, na Hélade, em Israel e na China. Todos os três começos da historiografia ocorreram aproximadamente ao mesmo tempo, dentro de um período de dois ou três séculos; e tanto quanto sabemos, não houve nenhuma influência cultural ligando os três, mas, ao contrário, eles se disseminaram independentemente um do outro. Se olharmos agora para os começos da historiografia nesses três casos (é obviamente um problema interessante, já que nessas ocasiões houve uma consciência intensa da história), encontraremos algo muito peculiar. A mais antiga historiografia abrangente na Hélade é a história escrita por Heródoto. A maior parte da historiografia contida no Antigo Testamento é a assim chamada história deuteronômica dos Reis. Termina com a queda de Jerusalém e, portanto, foi provavelmente escrita depois da queda de Jerusalém, algum tempo depois do exílio. Aqui novamente temos a história do reinado, começando com a fundação davídica e terminando com a queda de Jerusalém na colisão com os impérios da Assíria e da Babilônia. Finalmente, tomando a grande obra historiográfica chinesa de Ssŭ-ma Ch'ien, começada por seu pai, vê-se ainda que foi escrita no período do século II ao III a.C., e que lida com a história da China clássica: as três dinastias e sua queda diante do império do rei Ch'ien, Shih Hung Ti da dinastia Ch'ien, e a ascensão da dinastia Han, durante a qual Ssŭ-ma e seu pai escreveram. Então, em cada uma dessas três aparições da historiografia, a matéria que parece ser digna de comemoração, a que motiva a escrita da historiografia, é a colisão de algum tipo de ordem com a ordem de um império – mais especificamente, de um império ecumênico. Pode-se até dizer que esta colisão com a ordem de um império é a matéria original da historiografia. A colisão entre uma ordem que não é imperial com uma que é e os problemas que surgem dessa situação oferecem o ponto de partida para a escrita da historiografia.

Tomando isso como ponto de partida, poderíamos propor a regra geral de que sempre que há uma colisão de uma ordem não imperial com uma ordem imperial, alguém começará a escrever a historiografia. Mas isto não é aceitável. Generalizações não vêm tão facilmente. Ela acontece nestes três casos, mas há numerosos contraexemplos em que toda sorte de sociedades e de ordens colidiram com impérios, foram destruídas por impérios, e, no entanto, nada aconteceu no modo de [escrever a] historiografia. Aconteceu apenas sob certas circunstâncias, o que significa que temos de introduzir mais fatores para determinar mais minuciosamente o padrão complexo que evolve aqui.

Obviamente o historiógrafo tem de estar de posse de alguns meios discricionários, alguns critérios pelos quais julgue digna de interesse a colisão daquela ordem particular com uma ordem imperial. Além disso, nas opiniões dos historiadores que mencionamos, é a ordem do império ecumênico que é considerada menos valiosa, ao passo que a ordem destruída em sua colisão com a imperial é considerada mais importante e mais valiosa. Pressupostas, na escrita da historiografia, então, são concepções claras do que é uma ordem, e o que os padrões da ordem justa e verdadeira são.

Isso introduz o terceiro fator: sempre que temos o fenômeno da historiografia, e sempre que temos impérios ecumênicos, também temos irrupções espirituais. Essas assumem a forma de filosofia na Hélade, de profetismo em Israel, de budismo na Índia, de confucionismo e taoísmo na China, e de zoroastrianismo na Pérsia. Irrupções espirituais, então, formam uma parte do padrão. Mas isso ainda não é toda a história, já que agora se poderia pensar que sempre que ocorrem irrupções espirituais e impérios ecumênicos, esta combinação invariavelmente levará, no caso de uma colisão de ordens, à escrita da história. Mas de fato isso não é assim; houve irrupções espirituais definidas de zoroastrianismo na Pérsia, e houve o magnífico império persa, fundado por Ciro e continuado por Dário, embora nenhum historiador jamais tenha escrevido no período do próprio Império Aquemênida. A historiografia persa se tornou fértil apenas muito mais tarde, ao tempo da colisão com o Islã. Nem se encontra historiografia na Índia. Há a irrupção espiritual dos Upanixades tardios, e também do Mahābhārata e das escrituras budistas, e há certamente impérios (*e.g.*, o Império Persa, o Império Alexandrino, e o império de Mahmud, que se desenvolveu no começo do Império Alexandrino), mas nunca nenhum indiano escreveu história. O conhecimento histórico que temos de fontes indianas é extremamente escasso e muito difícil de desembaraçar, vindo do tipo Purāna de literatura que não é de maneira alguma historiografia.

Poderíamos continuar a fazer perguntas como: por que, quando os fatores de irrupção espiritual e de império ecumênico estavam presentes, como nos casos da Pérsia e da Índia, ainda assim não se desenvolveu nenhuma historiografia? Não devo continuar com isso, porque fazê-lo envolver-nos-ia em minúcias técnicas muito complicadas. Simplesmente quero chamar-vos a atenção para o problema de que, por causa de tais contraexemplos, não se pode fazer a generalização de que sempre que há irrupções espirituais e impérios ecumênicos, e colisões entre ordens, invariavelmente se escreve a historiografia.

Mas certamente nos três casos mencionados primeiro (nos casos da historiografia helênica, israelita e chinesa), esses três fatores estão presentes e são de importância no fenômeno da historiografia. Aqui, então, está um complexo muito interessante, que ilustra um padrão, uma configuração inequívoca na história. Encontramos não apenas uma configuração desses três fenômenos (irrupção, império ecumênico e historiografia), mas também um padrão muito interessante na história, à medida essas três instâncias (a helênica, a israelita e a chinesa) ocorrem mais ou menos ao mesmo tempo. Há, assim, um tipo de padrão horizontal correndo pela história. Ao mesmo tempo, nas três civilizações variadas, ocorrem desenvolvimentos similares independentes uns dos outros, produzindo, assim, um paralelismo de tais ocorrências ou um paralelismo cronológico no tempo absoluto da história.

Perguntas do tipo há pouco levantadas, que só podem ser resolvidas pela demonstração necessária de conexões e padrões do tipo indicado, não passaram despercebidas. Gostaria de mencionar ao menos duas construções da história que partiram da observação parcial de tais fenômenos. Uma delas é a observação de que irrupções espirituais são geralmente paralelas no tempo. A este paralelismo temporal de profetismo, zoroastrismo, taoísmo, budismo e filosofia, Karl Jaspers o chamou "o tempo-axial da história", em seu livro sobre *Origin and Goal of History* [Origem e Finalidade da História], porque todos esses fenômenos ocorreram em algum ponto entre os séculos VIII e II a.C. Jaspers considera este, então, um período decisivo na história. Mas o Professor Toynbee, creio que no volume VII, criticou intensamente Jaspers por ter destruído a história, já que irrupções espirituais também ocorrem em épocas que não são as do período entre 800 e 200 a.C. Por exemplo, houve um homem chamado Moisés no século XIII a.C., e houve um homem chamado Jesus, depois de 200 a.C., e houve outros desenvolvimentos que nos obrigariam, se atendêssemos a todas essas irrupções espirituais, a considerar um período, partindo aproximadamente do século XIII a.C. até o século X A.D., quando terminou o período de irrupção espiritual.

Então vedes agora por que é necessária a determinação por uma pluralidade de fatores se quisermos descobrir um padrão legítimo e criticamente aceitável na história. O isolamento de um desses fatores produz um paralelismo notável e sugere que sempre que essas irrupções espirituais ocorrem, há um tempo-axial da humanidade. Mas isso é desprezar o fato de que há outras constelações com irrupções espirituais, assim antes como depois, e que essas explosões específicas que Jaspers tem em mente ganham sentido apenas quando postas no contexto dos dois outros fatores. É, então, um complexo de três fenômenos que realmente formam um padrão, ao passo que qualquer fator isolado não forma um padrão. O mesmo problema surge quando se isola o fator império, com foi feito antes. Este tipo de consideração inadequada de fatores aconteceu até mesmo à época do Apocalipse de Daniel. Lembrareis o simbolismo da imagem com a cabeça de ouro, então prata, que quebraria os pés de barro e então se tornaria o reino de Deus, preenchendo o mundo todo. Os quatro impérios indicados pelos metais na imagem foram interpretados como sendo os impérios assírio, persa, grego e romano. Os quatro impérios em questão deveriam terminar, por um ato decisivo de Deus, e o quinto império então preencheria a terra. Esta era uma filosofia da história aceita ainda no século XVII, determinando a concepção de história de Jacques Bossuet, em 1683.

Esta interpretação da história sob a ótica de impérios teve uma longa história depois do Apocalipse de Daniel. Foi resumida, por exemplo, por Hegel. Na *Filosofia da História* de Hegel, há o que se pode chamar um apocalipse imperial, à medida que Hegel não presumiu que o estado fosse a última unidade na história, e a história fosse uma sequência de estados, mas, ao contrário, a sequência de unidades que forma a história era, para Hegel, uma sequência de impérios. Havia o Império Chinês, o Império Indiano, o Império Persa, o império medieval e o império de Napoleão. Esses impérios eram, para Hegel, tanto os portadores quanto as unidades inteligíveis da história, de maneira muito assemelhada à que as civilizações são unidades inteligíveis para o Professor Toynbee. Então unidades imperiais, muito ao estilo do apocalipse, embora incluindo tais unidades novas como os impérios chinês e indiano, eram ainda as unidades básicas, partindo das quais era construída a história.

Mas tais construções não funcionam. São possíveis apenas quando se despreza tudo o que, na história, não seja império.

Tomai, por exemplo, o capítulo de Hegel acerca do Império Persa. O Império Persa pode ser considerado uma unidade na história apenas porque Hegel considera que o Império Persa inclui tudo o que foi conquistado pelos persas, incluindo o Egito, a Babilônia, a Assíria, os reinos do Império Médico, os reinos de Israel e Judá, e assim por diante. Um período de três mil anos de história do Oriente Próximo é primorosamente encaixado como telescópio por Hegel no Império Persa, que vem ao final e conquista tudo o mais. Mas a estrutura toda da história que precede o Império Persa no Oriente Próximo simplesmente não é discutida por Hegel. Então não são suficientes apenas os impérios. Novamente, este princípio de interpretação mostra que certos acontecimentos espetaculares, como irrupções espirituais ou impérios, praticamente convidam à interpretação da história acerca deles. O que realmente é necessário é a reunião de material empírico suficiente para encontrar os complexos que realmente estão juntos, e isso, sem uma *instantia contraria*, será realmente válido.

Com a ocorrência de um complexo de fatores numa juntura crítica na história, aumenta muito a probabilidade de descrições imprecisas como padrões. Por exemplo, sempre que alguém encontra um complexo desses três fatores, a tentação poderia ser considerar isso uma confirmação do conceito de Jaspers do tempo-axial. Acrescentando os outros fatores que discutimos, encontra-se a estrutura horizontal na história, correndo do Ocidente para a China, todos aproximadamente no mesmo período – do século V ao século II a.C. Mas, ao mesmo tempo, descobre-se que este período imperial dos impérios ecumênicos é precedido, por exemplo, por toda uma estrutura da história do Oriente Próximo, antes dos impérios ecumênicos – a história do Egito, Suméria, Babilônia, Assíria, os reinos de Israel e Judá, e assim por diante. Não há apenas uma estrutura horizontal de elementos no paralelismo cronológico, mas também uma estrutura vertical de elementos. Há uma linha vertical no tempo, que começa aproximadamente em 200 a.C. e corre através, aproximadamente, do século VIII a.C, quando se espalha para as civilizações da Hélade, Pérsia, China e Índia. Então, movem-se linhas paralelas até que ela novamente se estende, desta vez cobrindo todo o globo. Começando no século VIII, então, encontramos civilizações inteiramente novas, como as civilizações islâmica, ocidental e bizantina, que nem sequer existiam no período dos impérios ecumênicos.

O padrão de história parece não ser simplesmente uma questão do paralelo e do tempo axial de Jaspers. Reconhecemos também uma linha vertical, que se poderia chamar a linha principal, correndo pela história do Oriente Próximo e através de numerosos fenômenos de disseminação, que podem ser identificados pelos complexos de fenômenos indicados acima.

Essa é uma maneira de chegar às coisas, mas envolve todos os tipos de pressuposições. Quero agora discutir algumas categorias fundamentais que têm de ser empregadas no julgamento da importância de fenômenos históricos.

III. Categorias

A primeira dessas categorias, eu a tomo do que chamamos a linha principal da história no Oriente Próximo, começando já no segundo milênio por volta de 2000 a.C. Esta é a categoria de *êxodo*, empregada no sentido bíblico. Quando uma sociedade obtém uma nova iluminação na ordem verdadeira da existência pessoal e social, e quando ela abandona a sociedade maior da qual é parte, quando ela consegue essa iluminação, isso constitui um êxodo. Quando tal iluminação mais alta é obtida, o grupo que a obtém estabelecer-se-á como uma entidade separada, fora das fronteiras da sociedade dentro da qual ele residia. Nesse sentido, pode-se dizer que o êxodo de Abraão de Ur é o primeiro êxodo formal de que temos conhecimento. O segundo, é claro, é o grande êxodo dos israelitas sob Moisés do Egito, os acontecimentos pelos quais o povo de Israel foi estabelecido fora das fronteiras do Egito, e, por fim, na terra prometida. Estes são os modelos de êxodos. Este tipo de êxodo, entretanto, é agora um fenômeno proeminente na história. Sempre que uma nova iluminação em direção à ordem é obtida, há a questão: emigrar da ordem presente para uma situação em que a nova ordem pode tornar-se socialmente dominante e relevante para a sociedade que obteve a iluminação.

Encontramos também na história de Israel e Judá, na relação delas com os hebreus exilados na Babilônia, o desenvolvimento de uma concepção de um êxodo de Israel de si mesmo. No século VI, Isaías apresentou a ideia de que a pessoa tem de começar a espalhar o evangelho da ordem verdadeira sob Deus, e o significado missionário do êxodo é o de fazer esta concepção válida para toda a humanidade. A realização desta ideia ocorre na cristandade, em que esta concepção do êxodo se tornou uma categoria fundamental, exercendo um papel determinante na filosofia da história de Santo Agostinho. Quero dar-vos a formulação de Santo Agostinho sobre o problema do êxodo, pois é muito provável que ela não será nunca suplantada. É filosoficamente perfeita, e, portanto, é ainda uma categoria válida hoje.

Ele dá esta formulação nos comentários aos Salmos, que são sermões de natureza popular sobre os Salmos; mas a popularidade deles não significa que a formulação seja, por isso, mitigada. Ao contrário, é mais exata e mais precisa do que na *Cidade de Deus*. De acordo com Santo Agostinho, no homem, na alma, há centros organizadores. Os dois centros principais são o amor de si e o amor a Deus; esses são os centros emocionais orientadores na alma. Entre esses dois centros há uma tensão contínua: o homem está sempre inclinado a cair no amor de si mesmo e afastar-se do amor a Deus. Por outro lado, ele está sempre consciente de que deve orientar-se pelo amor a Deus, e tenta fazê-lo de várias maneiras. Santo Agostinho define o êxodo como a tendência de abandonar os emaranhamentos do mundo, abandonar o amor de si mesmo, e voltar-se para o amor a Deus. Quando a tensão é mais forte em direção ao amor a Deus, então encontramos um êxodo do mundo. Aqui está um passo dos *Comentários aos Salmos*: *Incipit exire qui incipit amare. Exeunt enim multi latenter, et exeuntium pedes sunt cordis affectus: exeunt autem de Babylonia* (Começa a sair quem começa a amar. Pois muitos saem ocultamente. E os pés dos que saem são os afetos do coração: e saem da Babilônia).[2]

---

[2] Santo Agostinho, *Enarrationes in Psalmos*, Salmo LXIV, 2.42-44. Outra tradução inglesa aparece em *Expositions on the Book of Psalms*. Oxford, 1849, III, 252. [Na tradução portuguesa, valemo-nos de *Comentários aos Salmos: 51-100*. Tradução das Monjas Beneditinas. São Paulo, Paulus, 1997. (N. T.)]

Agora estabeleçamos uma conexão entre este passo e nossa discussão do êxodo. "Eles começam a amar. Há muitos que saem e não sabem disso." É um processo subconsciente, no começo, pois a caminhada de saída, a maneira em que eles abandonam o mundo, é um movimento do coração em direção ao amor a Deus. E mesmo se for tão subconsciente que talvez nem sequer eles mesmos o conheçam, eles, no entanto, saem da Babilônia e entram num êxodo em direção à Jerusalém celeste. A tensão existencial da saída, a caminhada de saída, é um movimento do coração – esta é a definição de êxodo. O problema é reduzido ao que hoje chamaríamos uma filosofia da existência. Santo Agostinho fala de uma tensão fundamental, que todos podem experienciar; e no que diz respeito à formulação, não se pode ir além dela. Ela é não só perfeita filosoficamente, mas também extremamente bela.

Esta tensão, eu diria, é central para a interpretação da história. Sempre que ocorrem mudanças na ordem existente, elas são mudanças na direção do êxodo mencionado. Sempre que esta tensão é entendida, ocorrem novas iluminações para a ordem, e, então, aparece o padrão verdadeiro de um êxodo. Temos exemplos concretos no êxodo dos israelitas do Egito e no êxodo dos Peregrinos da Holanda e da Inglaterra. A tensão entre a ordem estabelecida e a nova iluminação produz uma nova ordem de validade maior.

Aqui, então, está apenas uma das categorias que têm de ser empregadas. Antes de discutir outras implicações desta categoria, tenho de primeiro esclarecer algumas questões em atenção aos não filósofos. O que é tão magnificamente expresso aqui por Santo Agostinho será ordinariamente objetificado pela maioria das pessoas. Elas não estão familiarizadas com esta tensão em direção a Deus, nem com a fé no sentido existencial, como expressa em Hebreus 11,1: "É pois a fé a substância das coisas que se devem esperar, um argumento das coisas que não aparecem". As pessoas ordinariamente não vivem com esta tensão, embora elas ainda queiram imigrar para o reino de Deus. Este polo da tensão será objetificado por vários imaginários do reino de Deus, descritos em cores e incidentes bem definidos.

Então, há várias possibilidades para a objetificação, entre as quais há duas possibilidades fundamentais. Uma é projetar o reino de Deus no futuro, isto é, supor que de algum modo a estrutura da história, em que todos estamos vivendo e em que experienciamos esta tensão em direção a Deus, será verdadeiramente substituída, na história, por um reino de Deus aperfeiçoado. Esta é a fuga pela objetificação, que normalmente é chamada apocalíptica, como no Apocalipse de Daniel, falando do que está por vir com o quinto império, ou como no Apocalipse de São João, falando de um *millenium*, ou como nas visões apocalípticas modernas do reino perfeito da razão, o reino perfeito da ciência positiva no sentido comtiano, ou a reino perfeito do comunismo marxista. Aqui temos tipos de visões apocalípticas pelas quais aquele polo da tensão, o amor a Deus, é projetado num acontecimento na história, em que a estrutura da história ou a sociedade é mudada para a perfeição. Esta é a fuga apocalíptica.

Há também outro tipo de fuga objetificante, que não está no tempo futuro, mas, ao contrário, no além, na perfeição numa eternidade espiritualmente entendida para além deste mundo. Esta fuga para o além, com os vários meios de fuga à estrutura deste mundo de sociedade e história, é o que foi chamado na Antiguidade de gnose. Os vários movimentos gnósticos aconselham o homem sobre como escapar da estrutura do mundo para a existência pneumática, espiritual, além deste mundo. Isto não é um futuro na história, mas o fim de toda a história, a fuga da história para a perfeição espiritual, para o pleroma além da história.

Essas são, pois, as duas possibilidades fundamentais: fuga para a eternidade ou fuga para o tempo futuro. Essas duas possibilidades de fuga, objetificação numa eternidade gnóstica ou num futuro apocalíptico, oferecem categorias fundamentais para a interpretação da história.

É claro que há muitas diferenças. Por exemplo, no período dos apocalipses clássicos, o período que vai de Daniel a Baruc, acontecimentos crípticos são sempre apresentados como a intervenção de Deus, ao passo que nos apocalipses modernos, que são progressistas e revolucionários no tipo, as ações envolvidas são as dos homens. Essas são diferenças e subdivisões muito importantes, é claro. Mas as categorias fundamentais para as fugas do êxodo são ainda as duas que acabamos de mencionar.

É claro que há uma solução autêntica que, nos alvores da origem apocalíptica, é a adotada pela cristandade: a aceitação, poder-se-ia dizer, do imaginário apocalíptico de algo que acontece no futuro. O próprio Cristo, por exemplo, em Marcos 13, tem um apocalipse perfeitamente clássico no sentido judaico. E imediatamente após o pronunciamento do apocalipse se segue a história da Paixão, o começo dos acontecimentos apocalípticos no tempo. A transformação dessa origem apocalíptica numa escatologia, que significa que ela é projetada para um futuro fora do tempo, é uma curiosa concepção intermediária. Não depende nem da eternidade gnóstica aqui e agora, nem do futuro apocalíptico, mas, sim, de algo que acontecerá no tempo, mas que, quando acontecer, estará para além do tempo. É uma curiosíssima forma misturada, um compromisso entre dois extremos. E, contanto que alguém adira estritamente a este ponto, evita o perigo de cair nos extremos, seja apocalíptico, seja gnóstico. É claro, há sempre um número considerável de movimentos cristãos, movimentos sectários e, hoje, movimentos secularistas que não observam a sabedoria deste ponto de vista, e que, então, voltam ao tipo clássico de apocalipse, e, portanto, retrocedem da racionalidade.

Agora, de novo, dei-vos um grupo de categorias que imediatamente se ligam à categoria fundamental de êxodo como desenvolvida por Santo Agostinho: as duas categorias que descrevem objetificações possíveis dessa tensão em concepções de eternidade ou do futuro. Mas há também uma terceira maneira em que alguém pode extraviar-se do caminho racional, a saber, pelo estabelecimento de um império. No desejo de obter uma ordem perfeita para todos, aqui e agora, alguém pode organizar todas as pessoas num poder irresistivelmente forte, determinando assim para cada um o que é ordem, e, então, impô-la. Isso seria um império ecumênico. Agora este ecumenismo de império, que tenta estabelecer uma ordem aqui e agora, abarcando toda a humanidade conhecida, é um fenômeno que também aconteceu nesse período em que as questões de existência espiritual se tornaram atuais. Pertencem a outros fenômenos que já observamos. O império ecumênico é uma solução, na esfera do poder, para obter a ordem perfeita para a humanidade.

Empiricamente, é claro, esses impérios são limitados em número, por causa de seu grande tamanho. E, se são ineficientes os meios de comunicação, pode haver vários de tais impérios contemporaneamente, cada um deles sabendo dos outros muito pela rama. De fato, por volta de 200 a.C. havia tal série de impérios, estendendo-se do Atlântico ao Pacífico: no Ocidente, o Império Romano; no Oriente Médio, os impérios helenísticos; na Índia, o Império Mauriano; e, finalmente, na China, o Império Han. Havia então uma corrente ativa, tendendo da Europa ocidental para a Ásia oriental, mas com muito poucas comunicações entre os vários impérios então existentes. Mas na mesma área civilizacional não pode haver vários impérios simultaneamente, e, portanto, no Ocidente, encontramos uma sequência temporal de impérios. O mais antigo deles foi o Império Persa, então veio a conquista alexandrina e a sucessão de impérios, que foram finalmente engolidos pelo Império Romano no Ocidente e pelo Império Sassânida no Oriente Médio. Os únicos que existiram próximos uns dos outros em todo o período foram os Impérios Romano e Sassânida. O contato deles por fronteiras mútuas levou a uma série de problemas, e a estrutura de cada um foi influenciada pela do outro.

No alvorecer da ascensão do Império Romano, a teoria do império ecumênico foi desenvolvida, e, em particular, a teoria muito peculiar do historiador Políbio. É interessante notar que Políbio era contemporâneo do autor do Apocalipse de Daniel. No Apocalipse de Daniel encontramos a reação judaica ao fenômeno do império. Na história de Políbio encontramos a reação de um grego conquistado ao Império Romano.

O grego conquistado Políbio, que aos olhos romanos era uma aberração social, faz um relato curioso do problema do império. Primeiro, ele vê que o império é uma inevitabilidade na história. Como estava a situação política, devia haver um império. Foi o Império Romano, poder-se-ia dizer, que cumpriu o propósito da história ao conquistar as terras onde os impérios persa e alexandrino anteriores tinham falhado. Impérios estavam na ordem do dia, e os romanos então atenderam a demanda de seu tempo. Então havia um tipo de inevitabilidade no curso da história a essa época, assim como hoje é inevitável que unidades menores, anteriormente naturais, já não possam existir. Temos de ter unidades políticas de certa ordem e magnitude a fim de perceber as possibilidades da revolução industrial, e, portanto, temos de ter um mercado comum na Europa, em vez de uma coleção de estados nacionais desorganizados.

Em contraposição aos imperialistas modernos, entretanto, Políbio era uma pessoa filosoficamente cultivada. Seu pensamento acerca do fenômeno do império ia além da mera inevitabilidade da história, e ele fez a si mesmo a pergunta: se o mundo todo foi de fato conquistado por esse Império Romano que se expande, e daí? E este grande "e daí?" encontrou expressão esplêndida na famosa cena do general romano Cipião Africano, o Velho, depois da conquista de Cartago. Enquanto Cipião estava na montanha olhando as ruínas flamejantes da Cartago conquistada, seu velho amigo Políbio notou lágrimas rolando na face de Cipião e lhe perguntou: "Nesta hora de vitória sobre esse esplendor, por que choras? Qual é a causa de tuas lágrimas?" E Cipião respondeu: "Olhando para Cartago lá embaixo, penso no dia em que o mesmo acontecerá a Roma". Gostaria apenas que alguns dos conquistadores de hoje entretivessem ideias similares.

Exemplificada aqui está a consciência completa de que nada debaixo do sol durará para sempre – que as ordens estabelecidas pelas grandes vitórias do tempo um dia cairão diante de outro poder, mais forte. Políbio entendeu então, mesmo no começo desse grande Império Romano, que se ele fosse estabelecido, ainda assim nada de importância real se teria obtido. Essa ideia parece ter sido muito popular, já que era, na verdade tinha de ser, pressuposta como o pano de fundo para características peculiares nos Evangelhos e nas epístolas de São Paulo. Com o aparecimento de Cristo, era dever dos apóstolos, e especialmente de Paulo, penetrar esse *oikoumene* (mundo habitado) com o evangelho. Quando isso fosse feito, e quando todo o mundo conhecido (que os romanos tinham organizado imperialmente àquela época) fosse penetrado pelo evangelho, então ocorreria a segunda vinda de Cristo. Na terminologia de Políbio, então o *telos*, o propósito da história, seria preenchido. Assim, o *telos* que foi questionado por

Políbio, o *telos* do império (e Políbio estava certo de que o estabelecimento de tal império não preenchia nada), esta questão do *telos*, do propósito, foi recomeçada por São Paulo. O *telos* seria preenchido quando aquela *oikoumene* toda fosse penetrada pela cristandade, e então viria o fim apocalíptico. Então aconteceriam as últimas coisas, a profecia de Cristo, a marca do braço.

Na expansão que Paulo fez do problema do significado para além da esfera de poder e dentro da esfera espiritual, podemos ver o que é defeituoso em toda a ideias de império. Falta-lhe o fator do espírito. É um dos grandes feitos da igreja posterior ter encontrado o equilíbrio entre o espírito e o poder, e ter visto que, enquanto é necessária uma organização social de algum tipo, certamente não é o fim das coisas, a não ser que ela seja penetrada pela substância da ordem espiritual.

Tratemos, por um momento, deste aspecto da vida de São Paulo. Nossa visão explica muitas coisas peculiares na biografia de São Paulo: sua urgência missionária, sua insistência em viajar por cada província do Império Romano e em estabelecer aí um centro a partir do qual o evangelho pudesse ser então espalhado, seu plano de viajar até mesmo para a Espanha (talvez ele tenha estado lá, embora a questão não esteja estabelecida) antes de voltar para Roma para lá sofrer o martírio. E isso também explica a urgência de São Paulo: ele acreditava que poderia consegui-lo no período de sua vida, e que mesmo durante a vida dele, Paulo, Cristo faria sua segunda vinda.

A solução aqui, como no caso anterior de objetificação, está em estabelecer um equilíbrio entre a ordem dentro do mundo e a ordem espiritual, sem escorregar num império puro de poder ou num comportamento apocalíptico estéril ou gnóstico. A igreja foi, poder-se-ia dizer, o cimento que reintroduziu a racionalidade através deste equilíbrio necessário entre a ordem secular e a espiritual.

Discutirei ainda uma categoria, e então chegarei a minha conclusão. Esta categoria final é a da *humanidade representativa*, que sempre aparece em conexão com a configuração da história. Temos de aceitar como fato de nossa história que, por razões desconhecidas (que poderiam ser consideradas o mistério por trás da configuração da história), nem todos os homens são dotados igualmente de espiritualidade; e mesmo quando são dotados de sensibilidade espiritual, iluminações para a ordem desenvolvem-se apenas gradualmente no curso do tempo. Cada nova iluminação começa com uma única pessoa, que a recebe, poder-se-ia dizer, como um representante do todo da humanidade. Na verdade, a própria ideia de que *há* uma humanidade, de que *há* um gênero humano, e de que se pode generalizar quanto ao homem, aparece apenas quando ocorrem certas iluminações reveladoras. Essas são irrupções espirituais. Agora reconhecemos que o homem é o ser que é capaz de iluminação na ordem verdadeira, a ordem da existência verdadeira e de Deus, que só pode ser compreendida através das ordens verdadeiramente existentes na história. Essa seria a definição de homem da qual todas as ideias de uma concepção geral de homem têm de começar. Antes de tais irrupções espirituais, nenhuma concepção geral de homem é possível. Nos hieróglifos egípcios, por exemplo, os hieróglifos de *egípcio* e de *homem* são idênticos. Então um homem é apenas um egípcio, e quem quer que não possa ser designado como egípcio não pode ser designado como homem de maneira nenhuma. Somente quando iluminações espirituais são obtidas é que o homem se torna definido como aquele ser que recebe sua ordem através da existência provinda de Deus. Há, portanto, uma importância tremenda ligada a essas irrupções espirituais e iluminações. Os recipientes de tais iluminações agem como representantes da humanidade, com a obrigação de comunicar as iluminações deles a toda a humanidade. Cada profeta, cada filósofo, cada pessoa iluminada como um Buda, um Confúcio, um Lao-Tsé com sua doutrina do Tao, o Caminho, aparece como um elemento de desordem em sua sociedade, porque ele recebeu uma iluminação da ordem verdadeira, que é diferente da ordem estabelecida. Então, cada nova iluminação na ordem é o começo de uma revolução de dimensões mais ou menos consideráveis.

Este elemento de humanidade representativa é um fator real, não apenas nessas irrupções de tempos antigos (este "tempo-axial", na terminologia de Jaspers), mas também no dia de hoje. Se olhamos, por exemplo, para Vico no século XVIII, encontramos elaborações do problema. Ele estabelece como seu representante absoluto o intelectual de seu próprio período. Ele tem então de reconhecer, é claro, que todos os homens ainda não alcançaram o nível do intelectual, e que a maior parte das pessoas nem sequer sabem o que seja isso. Ele introduz então o conceito de humanidade, a massa total do gênero humano, para quem certas iluminações representativamente são recebidas pelos homens do tipo de Vico, de tal modo que um homem como Vico se torna um tipo de homem representativo, substituindo Platão ou Cristo. Na teoria que sucedeu à de Vico no século XIX, Comte, na verdade, fez isso. Em 1854, Comte está introduzindo a era de Comte, e substituindo a era de Cristo. É o elemento de representatividade que dá *momentum* a todos os movimentos ideológicos modernos. Os representantes ou líderes de tais movimentos sentem-se como os representantes do gênero humano, e eles sentem que todo o mundo tem de ser convertido ao tipo representativo de verdade. A categoria de humanidade representativa então sai da Antiguidade até a era moderna, para os movimentos políticos de massa contemporâneos, conduzidos por sectários como Comte e seu movimento positivista, os progressistas, e assim por diante.

IV. Conclusão

Há outras categorias tais que poderiam ser discutidas, mas essas são suficientes para nossos propósitos. Em conclusão quero apresentar um problema. Apontei para um grande número de padrões na história. Pensai apenas nos padrões verticais correndo pela história da humanidade desde o segundo milênio a.C. até o presente. Ou pensai nas séries paralelas de impérios ecumênicos, correndo do Atlântico até o Pacífico, por volta do ano 200 a.C. Ou considerai o começo deste processo geral no século VIII a.C. Agora, se formulamos proposições gerais e supomos que são verdadeiras, a pergunta é: de que predicamos todos esses predicados? De que dizemos todas essas coisas? Normalmente fala-se de história como um objeto; chamamos essas coisas de padrões na história, por exemplo. Ou como pus no título, chamamos isso configuração da história. Mas, se pensardes por um momento, vereis que tal linguagem é enganosa: isso não é uma configuração da história, porque a história, ela mesma, não é nada, mas essa configuração. É idêntica a ela. À medida que temos história, nós a temos apenas à medida que podemos discernir tais padrões. Os padrões são, então, idênticos à história.

E isso levanta ainda uma pergunta: quem é o sujeito desta história? Obviamente não são seres humanos singulares. Obviamente não são sociedades concretas singulares, como o Império Romano, já que esses padrões aplicam-se também à Índia e à China. Obviamente não são simplesmente civilizações. A única resposta possível parece ser a de que é o gênero humano. O gênero humano tem história, e no gênero humano aparecem tais padrões configurativos. Mas também isso não serve, já que, como mencionei antes, a ideia de homem é apenas uma ideia, e não uma realidade. O gênero humano não é uma coisa dada. O gênero humano estende-se para trás no passado, em direção a começos desconhecidos. Move-se para o futuro em direção a tempos desconhecidos. O que chamamos gênero humano é apenas uma ideia, que surge por ocasião de certas experiências de revelação ou iluminação, e que é então estendida a todas as outras pessoas que não têm tais iluminações. Incluímos dentro do gênero humano, por exemplo, todos os africanos, no entanto, em toda a África nunca houve uma iluminação que permitisse a uma tribo africana conceber a ideia de homem ou de gênero humano. Simplesmente não havia tal coisa. Essas são ideias ocidentais ou, ao menos, em grande parte ocidentais – ideias clássica e cristã.

Portanto, o gênero humano não existe, e não pode ser sujeito da história. Não é um objeto empírico. Isso sugeriria, portanto, que, em última análise, o sujeito só pode ser o Ser no sentido mais geral, o Ser em si mesmo; que tudo o que acontece e que chamamos história, incluindo nossas ideias de gênero humano, está acontecendo no próprio Ser, que está por trás de todas as coisas específicas e de todos os acontecimentos específicos. Isso significa que a matéria, a matéria em que todos esses elementos formais ocorrem, não é um dado, e que as categorias metafísicas clássicas de forma e de matéria não se aplicam de maneira alguma. Mas desse modo desaparece o sujeito, e deixamos apenas relações.

Agora isso abre possibilidades interessantes e sugere comparações, porque estamos numa situação similar na física de hoje. Na física teórica, também temos toda sorte de descobrimentos relacionais, que são tão meticulosas que o sujeito, os termos das relações, desaparecem. Não sabemos que matéria é em que isto ou aquilo acontece. Conhecemos apenas as relações, e não temos nenhuma matéria além dessas relações, como, por exemplo, em física nuclear.

De novo, então, o sujeito que na física é chamado matéria está prestes a desaparecer, se, na verdade, ainda não desapareceu (as teorias mais radicais diriam que já se foi, e que temos apenas relações). Encontramos um problema similar na teoria da história: o sujeito a que todas essas coisas acontecem está desaparecendo, e voltamos então praticamente a uma cosmologia, uma filosofia do cosmos. E nessa filosofia do cosmos todos os tipos de coisas acontecem, mas somos incapazes de descrever, de definir ou de delinear um sujeito a quem elas acontecem. Elas são simplesmente acontecimentos no Ser.

5. Equivalências de experiência e simbolização na história[1]

A busca das constantes da ordem humana na sociedade e na história está, no presente, incerta de sua linguagem. Um corpo mais antigo de conceitos se mostra inadequado para expressar a busca, ao passo que um novo ainda não se cristalizou com precisão suficiente. Ainda falamos de valores permanentes no processo da história, embora saibamos que a linguagem de "valores" é a *caput mortuum* [cabeça dos mortos] de uma era passada de metodologia. Mas temos de empregá-lo se quisermos fazer-nos compreendidos, porque nenhuma linguagem mais apropriada à experiência humana de sua humanidade ainda alcançou o estágio de aceitação comum.

Enquanto não há nenhuma linguagem adequada que se imponha com a autoridade de uma teoria estabelecida, empregamos tal linguagem na prática de nosso trabalho sobre símbolos. Quando nos envolvemos em estudos comparativos concernentes a cultos ancestrais, cerimônias de iniciação, rituais de coroação, os mitos da vida eterna ou do julgamento dos mortos em várias sociedades, não falamos de "valores", mas falamos de cultos "equivalentes", cerimônias, ritos e mitos. Além disso, ao fazê-lo, estamos a par das diferenças entre os símbolos e sabemos que a

---

[1] De *Eternita è storia: I Valori Permanenti nel Devenire Storico* [Eternidade e História: os Valores Permanentes no Devir Histórico]. Florença, Valecchi, 1970, p. 215-34.

identidade que justifica a linguagem de "equivalências" não está nos próprios símbolos, mas nas experiências que os engendraram. A linguagem de "equivalências", então, implica a iluminação teorética de que não apenas os próprios símbolos, mas as constantes de experiência engendradora são o verdadeiro objeto de nossos estudos.

O que é permanente na história da humanidade não são os símbolos, mas o próprio homem em busca de sua humanidade e da ordem dela. Embora a questão possa ser afirmada clara e simplesmente, são imensas suas implicações. Pois um estudo comparativo, se vai além do registro de símbolos como fenômenos e penetra as constantes da experiência engendradora, só pode ser conduzido por meio de símbolos que, a seu turno, são engendrados pelas constantes que o estudo comparativo está buscando. O estudo de símbolos é uma pesquisa reflexiva concernente à busca da verdade da ordem existencial; tornar-se-á, se inteiramente desenvolvido, o que é convencionalmente chamado uma filosofia da história. O volver os olhos em busca de uma teoria de "equivalências", então, pressupõe a existência de um filósofo que se tornou consciente da dimensão do tempo em sua própria busca da verdade e quer relacioná-la à de seu precursor na história. A urgência de substituir uma teoria de "valores" por uma teoria de "equivalências" marca o ponto em que o estudo comparativo de símbolos atinge uma compreensão de si mesmo como uma busca da busca. As reflexões seguintes pretendem esclarecer, tanto quanto possível dentro dos limites de uma exposição, os principais problemas da nova consciência histórica. Refletirei, primeiro, sobre o encontro do filósofo com um clima intelectual que é dominado pela teoria de "valores".

I

Obter uma compreensão de sua própria humanidade, e ordenar sua vida à luz da iluminação obtida, tem sido a preocupação do homem na história desde quando existem registros escritos. Se hoje um filósofo se volta reflexivamente para uma área da realidade chamada existência humana, ele não a descobre como uma *terra incognita*, mas se move entre símbolos concernentes à verdade da existência que representam as experiências de seus precursores.

Este campo de experiências e símbolos não é nem um objeto que observar de fora, nem apresenta a mesma aparência para todo o mundo. É, ao contrário, a dimensão temporal da existência, acessível apenas através da participação em sua realidade; e o que o filósofo, movendo-se no campo, verá ou não, compreenderá ou não, ou se ele se orientará de alguma forma, depende da maneira em que sua própria existência foi formada através da disciplina intelectual na abertura para a realidade, ou deformada por sua aceitação acrítica de crenças que obscurecem a realidade da experiência imediata.

Suponhamos que o filósofo se tenha deformado ao adotar a crença de que a verdade da existência é um conjunto de proposições que dizem respeito à ordem justa do homem na sociedade e na história, sendo as proposições demonstravelmente verdadeiras e, portanto, aceitáveis a todos. Se, tendo essa crença, ele entrar no campo dos símbolos, ele ficará desapontado e desorientado. Em vão procurará o conjunto de proposições verdadeiras que pode bem esperar tenha emergido dos trabalhos da humanidade num período de mais de cinco mil anos. O campo histórico apresentar-se-á, ao contrário, como uma *selva oscura* de tais conjuntos, diferindo um do outro, cada um reivindicando ser o único verdadeiro, mas nenhum deles determinando a aceitação universal que exige em nome da verdade. Longe de descobrir os valores permanentes da existência, ele se achará perdido na luta barulhenta entre os possuidores de verdades dogmáticas – teológicas, metafísicas ou ideológicas. Se nessa confrontação com a dogmatomaquia do campo ele não perder a cabeça e não entrar na batalha, mas se mantiver firmemente em sua crença de que a verdade existencial, se pode de algum modo ser encontrada, tem de ser um catálogo último de proposições, regras, ou valores, ele tenderá a certas conclusões. Intelectualmente, ele talvez suspeite de uma busca que tem havido há milênios sem produzir o resultado desejado, de ser uma busca do incognoscível que seria melhor abandonar; se ele, então, contemplar o espetáculo nada edificante da dogmatomaquia – com sua frustração, ansiedade, alienação, vituperação feroz e violência – talvez julgue isso moralmente preferível a não envolver-se mais ainda na busca. E dificilmente o culparemos se, no final, decidir que o ceticismo é a melhor parte da sabedoria e se tornar um relativista e historicista honesto.

A fase questionável no processo de pensamento do filósofo não é a conclusão cética, mas a crença inicial pela qual ele força no campo de símbolos a aparência de uma dogmatomaquia perpétua. Contra essa acusação, entretanto, ele pode afirmar que está sendo injustamente acusado de fazer violência ao campo – a crença não é invenção sua; encontrou-a como um fenômeno no campo ao redor, impondo-se maciçamente nele – e ele não está fazendo mais do que tirar conclusões razoáveis de suas observações. O que faremos agora? Declarar falsa sua observação e questionável a conclusão?

O problema deste círculo nos ocupará em breve. Por ora, vamos desviar-nos dele, afirmando: a história não é uma corrente contínua de existência na verdade, mas é interrompida por períodos, ou é atravessada com níveis, de existência deformada. Este período, ou estrato, de deformação, além disso, pode impor-se tão maciçamente num homem que ele se conforma a ela e, em consequência, se deforme ao tornar a existência deformada o modelo de existência verdadeira. E o filósofo que fez sua a existência deformada, finalmente, pode deformar o campo histórico de experiências e símbolos, ao impor sobre ele seu modelo de deformação. Os setores deformados do campo adquirem o *status* de realidade verdadeira, ao passo que os setores da existência verdadeira são eclipsados pelo imaginário da deformação. Do resultado podemos falar como de uma escotose da verdade. No caso do filósofo contemporâneo, a ideia de que a verdade da existência do homem tem de ser um corpo permanentemente válido de doutrina, preferivelmente um sistema para pôr fim a todos os sistemas, pode ser rastreado na sua origem mais imediata na crise da teologia e da metafísica, no século XVIII: os simbolismos que tinham sido engendrados por experiências pneumáticas e noéticas na Antiguidade e na Idade Média tinham cessado de ser transparentes para a realidade engendrante – a fé existencial tinha secado numa crença doutrinal – e as tentativas críticas de reparar a perda pela recaptura da realidade da existência, não obstante seu sucesso a outros respeitos não deva ser negado nem diminuído, foram fadadas a falhar no ponto decisivo porque, sob tais títulos glamorosos como um sistema de ciência ou de ciência positiva, eles preservaram o modo deficiente de verdade doutrinal como a forma na qual a nova iluminação tinha de ser emitida. A teologia doutrinária e a metafísica do século XVIII foram sucedidas pelas ideologias doutrinárias dos séculos XIX e XX; um tipo mais antigo de doutrina fundamentalista foi seguido por um novo fundamentalismo. Esta crença de que a verdade existencial é uma doutrina que deve ser universalmente aceita, então, se tornou a marca de uma "era", estendendo-se grosseiramente entre 1750 e 1950. É a era da dogmatomaquia moderna, frequentemente chamada a era do "homem moderno" – com as insinuações de uma nova era apocalíptica, de uma era em que o homem chegou à era, de uma era perfeita, e, portanto, última do homem. À medida que o filósofo presuntivo aceitou, afinal, a marca da era como a marca de sua própria existência, ele se envolveu precisamente no ato de conformação que um filósofo digno desse nome deve evitar a todo custo. Pois "eras" são muitíssimo deficientes na consciência e ordem do intelecto – são os campos social e histórico de uma existência deformada, que, tendo saído do controle da consciência, tende a usurpar a autoridade ordenadora da existência que é propriamente a função do intelecto. Estamos todos suficientemente familiarizados com a era e sua usurpação de autoridade, pois todos nós tivemos nossos encontros com homens que, rejeitando rigidamente a própria humanidade, insistem em serem homens modernos e, nas assim chamadas discussões, tentam enterrar-nos sob a retórica da existência deformada. Este tipo de "era", é verdade, não pode ser evitada pelo filósofo de nosso tempo; é o campo social em que ele nasceu, e o pressiona de todos os lados. Mas ele não deve sucumbir-lhe ao impacto. O caminho do filósofo é o caminho ascensional para a luz, não o descensional para a caverna. À pressão insinuante de deformar-se, e quiçá tornar-se o porta-voz da "era", tem-se de opor a resposta:

> Olha, meu nome exalará através de ti
> Mais do que o fedor dos excrementos de aves
> Nos dias de verão, quando o sol está quente.

Essa foi a resposta dada pelo Homem à "era", representada por sua Alma, no terceiro milênio a.C., por um pensador egípcio desconhecido.

II

A questão das constantes na história do gênero humano, ter-se-á tornado claro, não pode ser respondida com proposições concernentes à ordem justa, ou por um catálogo de valores permanentes, pois o fluxo de existência não tem a estrutura de ordem ou, quanto a isso, de desordem, mas a estrutura de uma tensão entre a verdade e a deformação da realidade. Não a posse de sua humanidade, mas a preocupação com sua realização plena é a cota do homem. A existência tem a estrutura do Entremeio, da *metaxy* platônica, e se algo é constante na história do gênero humano é a linguagem de tensão entre a vida e a morte, a imortalidade e a mortalidade, a perfeição e a imperfeição, o tempo e a eternidade; entre a ordem e a desordem, a verdade e a mentira, o sentido e a falta de sentido da existência; entre o *amor Dei* e o *amor sui*, *l'âme ouverte* e *l'âme close*; entre as virtudes da abertura para o fundamento do ser tais como a fé, o amor, e a esperança, e os vícios de fechamentos envolventes tais como *hybris* e revolta; entre as disposições de alegria e desespero; e entre alienação em seu significado duplo de alienação do mundo e alienação de Deus. Se cortarmos esses pares de símbolos e hipostasiarmos os polos da tensão como entidades independentes, destruiremos a realidade da existência tal como ela foi experienciada pelos criadores dos simbolismos tensionais; perdemos consciência e intelecto; deformamos nossa humanidade e reduzimo-nos a um estado de desespero quieto ou conformidade ativista à "era", de vício em drogas ou de assistir à televisão, de estupor hedonístico ou possessão assassina da verdade, de sofrimento da absurdidade da existência ou entrega a qualquer *divertissement* (no sentido de Pascal) que prometa substituir como um "valor" para a realidade perdida. Na linguagem de Heráclito e de Platão: a vida de sonho usurpa o lugar da vida acordada.

Doutrinas, sistemas e valores perfeitos são fantasmas engendrados por uma existência deformada. O que é constante na história do gênero humano, *i.e.*, na dimensão do tempo da existência, é a própria estrutura da existência; e quanto a esta estrutura constante podem-se, certamente, afirmar algumas proposições. Há, primeiro de tudo, a proposição fundamental:

> 1. O homem participa no processo de realidade.

As implicações da proposição fundamental, então, podem ser expressas pelas seguintes proposições:

> 2. O homem está consciente da realidade como um processo, de si mesmo como sendo parte da realidade, e de sua consciência como um modo de participação no processo dela.
> 3. Enquanto participando conscientemente, o homem é capaz de engendrar símbolos que expressam sua experiência de realidade, de si mesmo como o agente experiente, e de sua experiência consciente como a ação e a paixão de participar.
> 4. O homem sabe que os símbolos engendrados para serem partes da realidade que eles simbolizam – os símbolos "consciência", "experiência" e "simbolização" denotam a área onde o processo de realidade se torna luminoso para si mesmo.

Às proposições positivas, podemos adicionar, por fim, três corolários de natureza admonitória:

> 5. A realidade não é um dado que possa ser observado de um ponto de vista exterior a si mesma, mas abrange a consciência em que ela se torna luminosa.
> 6. A experiência de realidade não pode ser total, mas tem o caráter de uma perspectiva.
> 7. O conhecimento da realidade transmitida pelos símbolos não pode nunca transformar-se numa posse final da verdade,

pois as perspectivas luminosas a que chamamos experiências, assim como os símbolos engendrados por elas, são parte da realidade em processo.

Proposições devem ser verdadeiras – mas o próprio conteúdo de tais proposições levanta dúvidas quanto à sua validade, pois expressam a experiência de participação num processo de realidade do qual o homem, o conhecedor, é uma parte. A cognição de participação, como não é dirigida a um objeto do mundo externo, torna-se uma luminosidade na própria realidade e, em consequência, o conhecedor e o conhecido se movem para uma posição de polos tensionais numa consciência a que chamamos luminosa na medida em que engendra os símbolos que expressam a experiência de sua própria estrutura. Esta confrontação com uma consciência cognitiva cuja cognição é fechada em si mesma nos obrigará a fazer estas perguntas: Podemos realmente falar de uma estrutura constante de existência e supor que as proposições a expressam adequadamente? Não são os símbolos empregados admitidamente parte da estrutura que eles devem expressar? Há realmente tal estrutura além da do imaginário das proposições? São elas mais do que uma tentativa, inevitavelmente fútil, de escapar de um processo do qual, como elas dizem, o homem não pode escapar?

São legítimas as dúvidas. A existência do homem no Entremeio de imperfeição e perfeição, tempo e eternidade, mortalidade e imortalidade não é, na verdade, um objeto de percepção do sentido; e as proposições de uma consciência refletindo sua própria estrutura de participação são, na verdade, autorreflexivas. Desse estado de coisas, entretanto, não se segue que estejamos caindo numa "subjetividade". Pois o processo de autorreflexão pelo qual a consciência se torna luminosa a si mesma não é uma fuga da imaginação; nem são os símbolos engendrados pelo processo uma ideologia a mais, nem um projeto de Segunda Realidade. O esforço de autorreflexão é real; é reconhecidamente relacionado a uma experiência menos refletida de participação e sua simbolização menos diferenciada; e as proposições engendradas pelo esforço são reconhecidamente equivalentes dos símbolos que tinham sido encontrados insatisfatoriamente e cuja falta de diferenciação motivara o esforço de reflexão. Portanto, as proposições engendradas em um processo de autorreflexão podem ser testadas objetivamente, mesmo que não possamos empregar os testes que aplicaríamos a proposições concernentes a objetos do mundo externo. A validade pode e deve ser testada, colocando-se as proposições no campo histórico de experiências e de suas simbolizações, *i.e.*, nas dimensões de tempo da própria existência. A pergunta validadora terá de ser: Temos de desprezar e eclipsar a maior parte do campo histórico, a fim de manter a verdade das proposições, como os adeptos fundamentalistas desta ou daquela doutrina ideológica têm de fazer; ou são as proposições reconhecidamente equivalentes dos símbolos criados por nossos precursores em busca da verdade acerca da existência humana? O teste da verdade, para dizê-lo corretamente, será a falta de originalidade das proposições.

Quanto a esse teste, posso ser breve, pois tereis notado as numerosas alusões aos precursores antigos, medievais e modernos: a Platão e Aristóteles, a Santo Agostinho e Santo Tomás, a Bergson e Whitehead. Será suficiente relembrar algumas simbolizações equivalentes da questão central, *i.e.*, a experiência de participação e a identidade e não identidade consequentes do conhecedor com o conhecido. Que o ser e o pensar sejam o mesmo foi a iluminação de Parmênides; que o *logos* de seu discurso era o mesmo que o *logos* da realidade expressa pelo discurso, a iluminação de Heráclito. O simbolismo de participação, de *methexis* ou *metalepsis*, é assim clássico como escolástico. *Aletheia*, com seu duplo significado de verdade e realidade, é platônico-aristotélico. A identidade e não identidade do conhecedor com o conhecido tem seu equivalente na definição requintada de Hegel da realidade absoluta como a identidade da identidade e da não identidade – embora neste caso nossa concordância tenha de ser emendada, por causa do lapso de Hegel, saindo da análise de uma estrutura de consciência para a interpretação de um sistema. O processo de realidade é o equivalente da concepção de Whitehead da experiência. O Entremeio da existência do homem, então, é a *metaxy* de Platão. E as virtudes de tensão existencial – amor, esperança e fé – são símbolos constantes desde os pré-socráticos e filósofos clássicos, passando por São Paulo e Santo Agostinho, até o presente. Os simbolismos de alienação, finalmente, que podem ser encontrados nos poetas e filósofos helênicos, foram coligidos por Clemente de Alexandria por ocasião de sua luta contra a resposta gnóstica à alienação, e novas variedades do simbolismo foram desenvolvidas por cristãos e neoplatônicos. Em nossa busca hoje, então, estamos na verdade envolvidos na mesma busca em que se envolveram nossos precursores, ao tempo deles.

III

Que as proposições possam ser validadas pela aplicação delas ao campo histórico do qual emergiram através de um ato de participação reflexiva podemos considerar estabelecido, em princípio. Mas o próprio processo circular de reflexão e de aplicação ainda não foi descrito com exatidão suficiente. Frases como "uma mudança da busca, partindo dos símbolos para as experiências", ou "a falta de originalidade como teste de validade" são claras o suficiente para evitar a falácia de valores permanentes, e sugestivos o suficiente para apontar a inquirição na direção correta, mas analiticamente são insatisfatórias. Em parte, esta vaguidade serviu ao propósito de evitar uma terminologia convencional que está impropriamente permeada pelo jargão ideológico; em parte, entretanto, significava proteger a análise do perigo das falácias de concretude mal colocada que, em tais matérias, se movem furtivamente por trás de todo conceito não analisado. Não haveria sentido em substituir a falácia de valores permanentes por falácias mais sutis de tensão existencial e experiências de participação.

A primeira falácia que evitar é a hipóstase de experiência como um absoluto. Se entendemos os símbolos, a despeito de suas diferenças como equivalente porque, como dissemos, são engendrados inteligivelmente pelo mesmo tipo de experiência, a experiência está em perigo de tornar-se o ponto de descanso de nossa busca por constantes na história. Esta resolução do problema seria tentadora, mas não é sustentável. Pois a experiência constante, para ser identificada, teria de tornar-se articulada, e, uma vez articulada, o resultado seria um simbolismo exigindo ser isento do fado de ser mais uma verdade equivalente historicamente. Voltaríamos ao sistema para terminar com todos os sistemas – a solução de Hegel. Se quisermos evitar este final triste, temos de estender as diferenças dos símbolos para as experiências engendradoras e, em consequência, falar de equivalência, não apenas de símbolos, mas também de experiências. Se, entretanto, aceitarmos este resultado como analiticamente necessário, procuraremos em vão por uma constante em uma experiência que articule a constante como seu conteúdo. A constante que justificará a linguagem das experiências equivalentes e os símbolos tem de ser procurada num nível mais profundo do que o nível de experiências equivalentes que engendram símbolos equivalentes.

Este nível mais profundo, na verdade, foi discernido pelos pensadores que observaram cuidadosamente o processo pelo qual chegaram a experiências mais diferenciadas que engendraram símbolos mais diferenciados do que os simbolismos prevalecentes ao tempo deles. Ainda compactamente a profundidade está presente nas imitações pré-socráticas da igualdade do ser e do pensar. E do *logos* do discurso com o *logos* do ser. Num nível mais diferenciado, a observação do processo induziu Heráclito, Ésquilo e Platão a desenvolverem o símbolo de uma "profundidade" da alma da qual uma nova verdade da realidade pode ser chamada à ordem para a experiência consciente; e o simbolismo deles da "profundidade" foi preservado como uma iluminação, por meio de uma longa cadeia de equivalentes, até as psicologias de profundidade e psicologias do inconsciente contemporâneas. Esta profundidade da alma, entretanto, é experienciada pelos pensadores helênicos como uma profundidade para além da experiência articulada. Pode ser expressa pelo símbolo "profundidade", mas não oferece um conteúdo substantivo além de nossa experiência de Deus, do homem, do mundo, e da sociedade, de tensão existencial e de participação. Portanto, temos de evitar a falácia de imaginar a profundidade como uma área cuja topografia possa ser explorada por uma ciência não limitada pelas fronteiras de nossa verdade experienciada da realidade. Nem temos de povoá-la com os arquétipos de um inconsciente coletivo, nem dar-lhe uma dinâmica libidinosa, a fim de obter pela *fornicatio fantastica* um absoluto que uma análise crítica da experiência não apresentará.

Embora a experiência de profundidade não acrescente nada ao conteúdo substantivo das experiências e símbolos cuja equivalência é nossa preocupação, tem ela um conteúdo peculiar a si mesma: transmite iluminação no processo de realidade do qual emergem os equivalentes. Além disso, os homens que passaram pelo processo desenvolveram uma linguagem ricamente diferenciada em seu esforço de articulá-la com exatidão. Há, primeiro de tudo, o símbolo *psyche*. Os pensadores helênicos transformaram o termo mais antigo no símbolo de um lugar ou matriz de experiência que cerca e compreende a área da experiência consciente. Em seu novo significado simbólico, a psique tem profundidade e sua profundidade não tem fronteiras; pode-se descer na profundidade e explorá-la; como um mergulhador pode apanhar na profundeza uma verdade acerca da realidade que até então não fora uma iluminação articulada; a exploração dará ocasião a um aumento de significado na experiência consciente; mas a percepção da continuidade entre consciência e profundidade também permitirá a linguagem de um aumento de significado na psique. Uma descida para a profundidade será indicada quando a luz da verdade tiver diminuído e seus símbolos estiverem perdendo a credibilidade; quando a noite está afundando nos símbolos que já tiveram o dia deles, tem-se de retornar à noite da profundeza que é luminosa com a verdade para o homem que está querendo procurá-la. A profundeza é fascinante como uma ameaça e um encantamento – como o abismo em que o homem cai quando a verdade da profundeza drenou dos símbolos pelos quais ele orienta sua vida, como a fonte da qual uma nova vida da verdade e uma nova orientação podem ser desenhadas. O retorno da profundeza com uma verdade de pouco experienciada, então, é simbolizada como uma *renovatio* no duplo sentido de uma renovação de verdade e uma renovação do homem; o novo homem pode experienciar a renovação da realidade e da verdade com tal intensidade que apenas os símbolos de morte e ressurreição a expressarão adequadamente; a profundidade se tornará um ponto morto da consciência para além da consciência, de tal modo que a transição através da profundeza terá de ser simbolizada como um estado de êxtase ou mania; quando a nova verdade constitui efetivamente um novo campo social, o acontecimento de sua emergência será considerado a marca de uma época e a articulação do processo de história por um *antes* e um *depois*; e o entusiasmo de renovação e descobrimento pode ser tão intenso que transfigurará a nova verdade numa Verdade absoluta – uma Verdade última que relega todas as verdades prévias ao *status* de *pseudos*, de mentira. No entanto, o entusiasmo pode também ser temperado com a percepção de que a verdade que emerge do processo não é inteiramente nova, nem uma verdade acerca de uma realidade até aqui desconhecida, mas uma iluminação diferenciada e, portanto, superior na mesma realidade que foi compactamente simbolizada pela velha verdade. Quando tal percepção crítica se torna suficientemente aguda, como em Aristóteles, dão-se os primeiros passos para uma teoria de símbolos e experiências equivalentes: Aristóteles reconhece tanto o mito quanto a filosofia como linguagens que o homem pode empregar igualmente para expressar a verdade da realidade, mesmo quando atribui à filosofia o posto do instrumento que está mais bem provido para tal tarefa. O pensador historicamente anterior que articula sua verdade de realidade por meio do mito é o *philomythos*. Ele está em busca da mesma verdade que o *philosophos*; e o *philomythos* deve, portanto, ser considerado algo como um *philosophos*. A equivalência do mito e da filosofia, do *philomythos* e do *philosophos*, é enfatizada ainda mais fortemente numa carta posterior onde Aristóteles reconhece que se está tornando *philomythoteros* quanto mais velho fica.

Os resultados desta exploração em profundidade podem ser formulados em proposições como as seguintes:

> Há uma psique mais profunda do que a consciência, e há uma realidade mais profunda do que a realidade experienciada, mas não há consciência mais profunda do que a consciência.

Ou:

> Experimentamos a psique como consciência que pode descer na profundeza de sua própria realidade, e a profundeza da psique como realidade que pode ascender à consciência, mas não experimentamos um conteúdo da profundeza que não seja o conteúdo que entrou na consciência.

Ou:

> Experimentamos conscientemente a psique como uma realidade que se estende para além da consciência. A área "além" é da mesma natureza da realidade da consciência. Além disso, ambas as áreas são um *continuum* de realidade psíquica em que o homem pode mover-se pelas ações e paixões simbolizadas como descensão e ascensão.

Analiticamente não se pode ir além de proposições deste tipo. No entanto, a exploração na profundeza traz mais resultados se a iluminação das proposições for comparada e combinada com a verdade substantiva da realidade presente na consciência. O campo primordial de realidade é a comunidade de Deus e do homem, do mundo e da sociedade; a exploração deste campo está preocupada com a natureza verdadeira dos parceiros na comunidade e das relações entre eles; a sequência no tempo das verdades encontradas é o campo histórico de experiências e símbolos equivalentes. O filósofo em busca da verdade acerca da realidade vai querer saber que tipo de realidade quanto ao campo primordial é atingida quando o homem desce para a profundeza de sua psique; e já que a verdade chamada à ordem da profundeza atinge a visão perspectiva dele quanto ao campo como um todo, ele não identificará a realidade da profundeza com nenhum dos parceiros na comunidade, mas com a realidade sublinhada que os faz participantes numa ordem comum, *i.e.*, com a substância do Cosmos. Esta foi a resposta de Platão à pergunta, no *Timeu*. A profundeza da psique abaixo da consciência é a profundeza do Cosmos abaixo do campo primordial. Portanto, a realidade do Cosmos na profundidade é a *anima mundi*.

A *anima mundi*, a alma do mundo e sua vida, teve uma carreira prodigiosa – desde seus equivalentes modernos nas obras de Giordano Bruno, Jacob Boehme, Schelling e Hegel. No curso desta carreira, o símbolo sofreu gravemente por sua deformação num "conceito metafísico" e seu emprego doutrinário como parte da tradição filosófica. De Hegel podemos dizer que ele dificilmente teria concebido a si mesmo como sendo idêntico à Alma do Mundo, desenrolando seu *Logos* e, portanto, dificilmente teria construído um "Sistema de Ciência" se ele tivesse sido claro acerca do que seus símbolos "alma" e "vida" implicavam ou não. Mas tem-se de esperar que vicissitudes extraordinárias sejam a cota de um símbolo que frustrou ao próprio autor. Quando Platão tentou caracterizar o tipo de verdade peculiar ao simbolismo do *Timeu*, ele hesitou entre o mais assertivo *alethinos logos* e o mais duvidoso *eikos mythos*. Mas se seu mito do Cosmos era uma "história verdadeira" ou um "um mito provável", ele estava certo de que o simbolismo não tinha sido engendrado através da articulação de uma experiência. O *anima mundi* é um mito de filósofo: não articula nem a experiência do campo primordial nem a experiência da psique, mas consegue a fusão imaginativa de iluminações obtidas separadamente pelos dois tipos de experiências. Isso não quer dizer que o jogo imaginativo não expresse nenhuma realidade. É verdade, não temos nenhuma experiência da profundeza do Cosmos como psique; e o próprio Platão é bastante cauteloso para reivindicar para a psique e *logos* do homem não mais do que serem afins (*syngenes*) da psique divina e do *logos* do Cosmos. Ainda assim, o jogo imaginativo tem seu cerne sólido de realidade por ser motivado pela fé (*pistis*) do homem na realidade como ordenada inteligivelmente, como um Cosmos. Nossas experiências à luz das perspectivas de realidade em processo não podem render senão fragmentos de iluminação, os elementos fragmentários podem ser heterogêneos, e podem até parecer incomensuráveis, mas a fé na unidade que sublinha a realidade, sua coerência, duração, constância de estrutura, ordem e inteligibilidade inspirará a criação de imagens que expressam o todo ordenado sentido na profundeza. A mais importante dessas imagens é o próprio símbolo "Cosmos", cujo desenvolvimento corre historicamente paralelo com o do símbolo "psique". O resultado é o *eikos mythos* cujo grau de afinidade dependerá da quantidade de experiências díspares que obtete para unificar de maneira persuasiva em seu imaginário. Mas isso ainda não é a última palavra na matéria; pois Platão deixa Timeu concluir seu relato com a confiança de que, de acordo com o mito provável, o Cosmos é, em verdade (*te aletheia*), um *zoon empsychon ennoun*. As caracterizações hesitantes anteriores do mito como algo menos do que realmente verdadeiro são agora substituídas pela asserção de sua verdade no sentido completo. A afirmação é apresentada com seriedade impenetrável, mas em sua profundidade podemos sentir um sorriso irônico: a verdade mais íntima de realidade, a verdade acerca do significado do jogo cósmico em que o homem tem de desempenhar seu papel com a vida em jogo, é uma peça mitopoética, que liga a psique do homem em confiança com a profundeza do Cosmos. O símbolo "profundeza" indica um estágio na exegese de uma experiência que pode ser alcançado apenas se o pensamento é criticamente atento a si mesmo. Somente se o pensamento for atento a cada passo na articulação da experiência é que ele penetrará até a profundeza para além da consciência; se for desatento, os símbolos engendrados por estágios anteriores se transformarão em hipóstases e bloquearão o processo. Como tentei conduzir a análise com alguma atenção, a busca pela constante na história foi mencionada, partindo-se dos símbolos para as experiências, e das experiências de novo para a profundidade da psique. Ao recusar-nos a nos satisfazer com um ponto de descanso nos níveis mais altos, aos nos permitirmos ser impelidos para os níveis mais profundos da psique, ao rejeitarmos reificações de símbolos e a interpretação de um conteúdo absoluto, ao nos rendermos à persuasão do *logos* na psique em tornar-se *logos* do discurso, representamos uma descida à profundeza. Entretanto, mesmo quando a profundeza da psique foi alcançada, o pensamento não deve ainda relaxar sua atenção, ou cairá numa das falácias específicas da profundidade a que me referi ligeiramente antes. Pois a profundidade não é nem um "objeto" que descrever como conteúdo, nem uma área convenientemente vacante que usar como fundamento descarregante para o inconsciente psicanalítico, nem um sítio de autoridade que ocupar por um pensador que queira fulminar um sistema; nem o tipo de escuridão que dotará o pensamento com a qualidade de "profundo" ou "difícil" no sentido vulgar. Apenas se esse último conjunto de reificações e de falácias for evitado é que a descida pode tornar-se a fonte de iluminações concernentes à verdade da realidade e ao problema de equivalências.

Que o fim da jornada foi alcançado para a busca é a primeira iluminação que resulta da descida. Há uma profundidade abaixo da consciência, mas não há nenhuma profundidade abaixo da profundidade num regresso infinito. Como a profundidade, no entanto, não apresenta nenhuma verdade, mas as experiências equivalentes do campo primordial de realidade, deve-se descartar como falaciosa a busca por uma constante substantiva da história que seja isenta do *status* de um equivalente. Nenhum fenômeno no passado ou no futuro do campo histórico é uma verdade última de realidade que transformaria a busca numa possessão da verdade. O simbolismo de uma verdade última é engendrado pelo sonho apocalíptico de abolir a tensão de existência: a possessão de uma verdade última criaria o homem supremo que já não precisa procurar pela verdade de sua experiência – significaria a metástase do homem na história. Já que não se pode experimentar tal verdade apocalíptica de realidade por trás da realidade, temos de tirar a consequência e empurrar a equivalência de símbolos, que já estendemos para as experiências que as engendram, ainda um pouco mais de volta à profundidade pela qual a experiência vive.

Ao estender a estrutura de equivalência do campo histórico de símbolos através das experiências para a profundidade, reconhecemos a psique do homem como uma área de realidade cuja estrutura se estende continuamente da profundeza para as manifestações de consciência. Não há nem uma consciência autônoma, nem uma profundeza autônoma, mas apenas uma consciência em continuidade com sua própria profundeza. Devemos agora aplicar esta iluminação aos problemas do campo histórico, de equivalências, e da constante na história.

A relação de equivalência não corre entre os fenômenos do campo diretamente, mas mediada através da equivalência na profundidade da psique da qual emergiram as experiências e suas simbolizações. Portanto, nem os fenômenos singulares nem seus agregados são objetos dados a uma consciência observadora que não seja, ela própria, parte do campo. Os fenômenos singulares entram na relação de equivalência, e em virtude desta relação se tornam reconhecíveis como um campo histórico apenas a um participante no processo de busca, do qual emergiram os símbolos prévios de verdade. O processo tem um passado apenas para a consciência de sua presença, *i.e.*, no ponto onde uma nova verdade é retirada da profundeza da psique e se coloca diante de uma verdade mais antiga que emergiu da mesma profundeza. A presença do processo, então, é o ponto em que, juntamente com uma nova verdade, emerge nossa consciência do campo da história e a equivalência de seus fenômenos – como vimos nos casos de Heráclito, Platão e Aristóteles, onde a nova verdade da filosofia emergiu juntamente com o conhecimento de sua equivalência com o mito.

O processo no modo da presença é a fonte de nosso conhecimento concernente à profundeza da psique e um processo na profundeza. A verdade emergente que confronta a verdade prévia é a experiência que tentamos articular pelos símbolos de um campo histórico e de equivalência entre seus fenômenos. Esta concentração na experiência da consciência emergente exige um último esforço de desviar-nos de falácias sugestivas:

Temos de estender a relação de equivalência para a profundeza da psique como sua fonte. Mas equivalência na profundeza não pode significar uma relação entre fenômenos que, a seu turno, poderiam tornar-se objetos de inquirição independentemente dos fenômenos no campo histórico. Pode apenas significar um processo na profundeza que se torna manifesto nos fenômenos do campo histórico, mas, por outro lado, inacessível. Parecem indesejáveis as consequências de estender equivalência na profundeza: do processo na profundeza tornamo-nos a par através da emergência de uma verdade diferenciada há pouco, reconhecidamente equivalente à verdade mais compacta que ela deve substituir; e construímos a sequência histórica de verdades equivalentes como o epifenômeno de uma verdade de realidade evolvente na profundeza da psique. A profundeza ameaça adquirir o caráter de um absoluto que acabamos de remover do campo histórico – como se faz na especulação teogônica de Schelling. Mas de novo, então, se mantivermos equilibradas profundeza e superfície da psique, somos apanhados no círculo de interpretação do campo da história sob a ótica de uma verdade evolvente na profundeza, e o processo na profundeza em termos do campo histórico de equivalentes e do sentido que eles fazem. Desse círculo, é verdade, poderíamos escapar para a interpretação convencional da consciência como uma série de atos reflexivos: poderíamos dividir a experiência do campo primordial numa realidade para além da consciência e uma experiência pela qual é representada na consciência; poderíamos, então, deixar a consciência refletir na experiência como seu conteúdo assim como a gênese deste conteúdo de consciência; poderíamos descobrir a profundeza, refletir na relação entre a consciência e a profundidade, e fazer da relação um objeto ainda para a consciência reflexiva; e assim por diante. Mas submeter uma experiência de participação no campo primordial, de verdade emergente, e de sua articulação meditativa através de símbolos a esta carnificina destruiria a realidade da experiência como experienciada. Além disso, seria incompatível não apenas com as análises pré-socráticas e clássicas da psique, mas também com as tentativas do século XX de atracar-se com o problema, como a concepção de William James e a análise da "experiência pura".

Se não quisermos que a análise descarrile em interpretações erradas desse tipo, temos de reconhecer o caráter de totalidade na experiência: a experiência é experienciada como totalmente presente a si mesma. Esta totalidade de presença, da experiência, como um caráter na própria experiência pode ser adequadamente expressa pelo símbolo "luminosidade". A experiência, podemos dizer, é luminosa; e isso quer dizer que é luminosa a si mesma como a consciência do homem da participação no campo primordial da realidade, na profundidade da psique, e num processo pelo qual a verdade da realidade adota a consciência no campo histórico de verdades equivalentes. Além disso, esta totalidade de presença não pode ser construída como uma estrutura de consciência que agora se tornou um "objeto" de investigação para a presente análise construída como um ato de reflexão deste "objeto". A presente análise tem de ser entendida, ao contrário, como uma exegese meditativa da experiência; é engendrada pela própria experiência como parte de sua autoarticulação através de símbolos; na verdade, é o próprio processo pelo qual a experiência expressa sua própria luminosidade no nível dos símbolos. Tanto quanto a análise tenha sido bem-sucedida na diferenciação da verdade da realidade para além do estado obtido pelos equivalentes prévios, finalmente, estivemos movendo-nos, e estamo-nos movendo, no processo no ponto de sua presença onde a verdade emerge da profundeza.

A aplicação final dessas iluminações aos problemas de uma constante na história e de equivalência exige não mais do que uma breve proposição.

Não há nenhuma constante que encontrar na história, porque o campo histórico de equivalentes não é dado como um coletivo de fenômenos que poderiam ser submetidos aos procedimentos de abstração e generalização. A história se origina na presença do processo quando uma verdade de realidade emergindo da profundidade reconhece a si mesma como equivalente, mas superior a uma verdade previamente experienciada. Se algo que surgiu no curso de nossa busca merece o nome de constante, é o processo no modo de presença. A pesquisa, então, não foi fútil, mas o resultado subverte a pergunta inicial. Pois não encontramos uma constante na história, mas a constância de um processo que deixa um rastro de símbolos equivalentes no tempo e no espaço. A este rastro podemos, então, anexar o nome convencional de "história". A história não é um dado, como dissemos, mas um símbolo pelo qual expressamos nossa experiência do coletivo como um traço deixado pelo presença movente do processo. Pelas mesmas razões, o problema da equivalência não pode ser resolvido no nível de símbolos. Na prática de nosso trabalho, é verdade, podemos frequentemente satisfazer-nos com um sentimento de reconhecimento improvisado. Podemos estar certos, por exemplo, de que um desenho de quatro quadrados inscritos num círculo, urdido por um simbolista da Idade de Pedra, expressa uma experiência do Cosmos equivalente à experiência que motiva o estilo real assírio de um governante sobre os quatro cantos da terra. Mas a equivalência como uma experiência imediata deve ser encontrada apenas no ponto onde dois simbolismos confrontam um ao outro na presença do processo.

Para além da constância e equivalência permanece o problema do próprio processo. Temos conhecimento imediato do processo apenas em sua presença. Um homem a quem podemos nomear concretamente – um Heráclito, um Platão, um Plotino, ou um Santo Agostinho – experiencia o processo em seu modo de presença. O campo histórico que é deixado pelo processo, entretanto, não é deixado pela confrontação da verdade na psique de um homem concreto, mas resulta da presença do processo como ele se move através da multidão de seres concretos que são membros do gênero humano. O processo como um todo que deixa o rastro não é experienciado por ninguém concretamente. Em nossa época, este problema raramente é enfrentado com consciência crítica, embora seja um problema fundamental de filosofia. Quando um filósofo explora a natureza do homem e chega à afirmação impetuosa "Todos os homens por natureza desejam conhecer", pode-se tomar a exceção à sua forma geral. Pois a afirmação pode aplicar-se ao filósofo cuja experiência de sua própria psique a tenha engendrado, mas não há nenhuma justificação empírica para a extensão da iluminação a "todos os homens". Ainda assim, não descartamos a afirmação como extravagante, porque compartilhamos com Aristóteles a crença na premissa de que uma verdade concernente à realidade do homem, encontrada por um homem concretamente, aplica-se, na verdade, a todo homem. A fé nesta premissa, entretanto, não é engendrada por uma experiência adicional da natureza do homem, mas pela experiência primordial da realidade como oferecida com a constância e durabilidade de estrutura que simbolizamos como o Cosmos. A confiança no Cosmos e em sua profundeza é a fonte das premissas – seja a generalidade da natureza humana, ou, em nosso caso, realidade do processo como uma presença movente – que aceitamos como o contexto de significado para nosso engajamento concreto na busca da verdade. A busca da verdade só faz sentido sob a suposição de que a verdade trazida da profundeza da psique pelo homem, embora não seja a verdade última da realidade, é representativa da verdade na profundeza divina do Cosmos. Por trás de todo símbolo equivalente no campo histórico está o homem que o engendrou no curso de sua busca como representativo de uma verdade que é mais do que equivalente. A busca que não dá mais do que verdade equivalente jaz, em última análise, na fé de que, ao engajar-se nela, o homem participa representativamente no drama divino da verdade que se torna luminosa.

6. DE *O GIRO DO PARAFUSO*, DE HENRY JAMES[1]

UMA CARTA A ROBERT B. HEILMAN

13 de novembro de 1947.

Caro Robert,

Com avidez, li tua interpretação de *O Giro do Parafuso*, assim como teu artigo sobre a interpretação freudiana de Edmund Wilson. Ambos os artigos me agradaram muito. O artigo sobre a interpretação freudiana é uma revelação para um forasteiro quanto ao que está acontecendo nos círculos seletos da *intelligentsia* – é, na verdade, de arrepiar os cabelos. Tua interpretação mesmo (tanto quanto valha minha opinião) parece-me a mais convincente. Seguir o padrão de símbolos, e ver o que emerge por modo de significado é certamente o método adequado que empregar.

Tenho, no entanto, de emendar minha concordância em um ponto: concordo até aonde vais; mas em minha opinião (de novo tanto quanto ela valha) não foste longe o bastante.

Se tento fundamentar esta opinião, encontro-me, porém, em grande desvantagem. É claro, não sei nada acerca de Henry James. Além disso, parece haver conservadas várias declarações dele pelas quais ele próprio indicou uma linha de interpretação

---

[1] De *Southern Review*, n.s., VII (1971), p. 9-48. Reimpresso com permissão.

– e, de novo, delas não sei nada senão o que citaste em teu artigo. Esta é uma situação particularmente embaraçosa, porque as sugestões (que me permitirei em breve) parecem não concordar com as linhas indicadas pelo próprio James. Deixa-me, portanto, afirmar o princípio que estou seguindo em minhas sugestões; a base para a análise de uma obra literária tem de ser a própria obra; se o autor se expressou acerca do significado de sua obra, tais declarações são muitíssimo valiosas se esclarecem pontos obscuros; mas se (como parece ser neste caso) as declarações do autor estão em conflito aberto com o texto de sua obra, então o significado oferecido pelo texto tem de prevalecer. Este, por falar nisso, é um quebra-cabeças atraente para ti como historiador de literatura: graças a Deus, posso expressar-me acerca de uma obra de James sem responsabilidade profissional.

I

Deixa-me antecipar alguns resultados da análise para que tenhamos pontos firmes de referência para as observações que concernem aos pormenores. Creio que *O Giro do Parafuso* é um estudo, não apenas do mistério do bem e do mal, mas deste mistério em relação com o complexo de conhecimento-consciência-virtude. Especificamente, suspeito que este estudo da tensão da alma tenha uma coloração de seu caráter genérico que nos permite caracterizá-lo mais proximamente como um estudo da variante puritana do problema genérico. Além disso, na simbolização deste problema através de pessoas e movimentos do relato, *todas* as figuras são de igual importância. A caracterização do estudo como um artigo de psicologia infantil não está errada, mas toca apenas um aspecto de toda a estrutura. Deixa-me começar, não com as crianças, mas com os adultos – uma ordem que é permissível porque as crianças entram em cena mais tarde. (A cronologia de entrada, por falar nisso, é de importância para a peça simbólica.)

Os adultos são, na ordem de sua hierarquia social, o patrão, a governanta e a empregada. Eles simbolizam, nesta ordem,

Deus, a alma e a existência sensata e terrena. A alma é libertada por Deus para entrar em sua luta com forças do bem e do mal (crianças e aparições). Esta libertação tem a forma de um emprego, de sua aceitação, em condições muito interessantes. O problema central da relação entre Deus e a alma é o problema de comunicação. No prelúdio à própria história, a relação é caracterizada explicitamente como de confiança, com implicações eróticas. O "possível patrão" é "um cavalheiro, um solteirão no apogeu de sua vida, uma figura tal que nunca aparecera, a não ser num sonho ou numa velha novela, perante uma garota ansiosa e agitada para além de um vicariado de Hampshire". O cavalheiro está pronto para empregar a garota com uma condição curiosa. "Que ela não deveria nunca importuná-lo – mas nunca, nunca: nem recorrer a ele, nem reclamar nem escrever acerca de nada: apenas enfrentar todas as perguntas ela mesma, receber todo o dinheiro do procurador dele, assumir a responsabilidade de tudo e deixá-lo em paz." A alma está sozinha, carregada com toda a responsabilidade por seus problemas, não equipada com nada senão um corpo vivente (dinheiro do procurador). A garota aceita: "Ela promete fazer isso, e me disse que quando, aliviado, alegre, ele apertou-lhe a mão, agradecendo-lhe pelo sacrifício, ela ainda se sentia recompensada".

Neste ponto, o mistério do bem e do mal começa a desenrolar-se. Há o "cavalheiro", "rico, mas terrivelmente extravagante", "de boa aparência, de hábitos caros, de modos elegantes com mulheres", despejando sua responsabilidade na garota (a *anima*); e há a garota, aceitando um emprego que parece um sacrifício – para quem? Para Deus! É um sacrifício fascinante, que tem sua "recompensa" na "obrigação" para com o patrão; é por ele que ela passa pela provação. "Ela sucumbiu à sedução dele." É Deus, então, o sedutor? Veremos.

O sacrifício não é de maneira alguma imaginário. Ficamos sabendo que a garota tivera uma "precursora" (Senhorita Jessel) que teve um fim terrível; e ficamos sabendo que houve outras que recusaram o emprego em tais condições. Outras rejeitaram o emprego dessa forma. Isso parece ser um ponto crucial para responder à pergunta de se o estudo da alma é, na verdade, genérico, ou se tem uma coloração específica. A condição estranha é a suposição de plena responsabilidade, sem recurso a comunicação (preces por ajuda) e, consequentemente, sem ajuda (graça). Desde o começo, James definiu seu estudo cuidadosamente como o um estudo da alma demoniacamente fechada; de uma alma que é possuída pelo orgulho de lidar com o problema do bem e do mal por seus próprios meios; e os meios que estão à disposição desta alma são o autodomínio e o controle das forças espirituais (o símbolo da governanta) – terminando numa derrota horrível.

II

A passagem chave quanto ao problema de comunicação ocorre no capítulo XIII da história. A situação entre a governanta e as crianças chegou ao ponto crítico onde ambos os partidos da luta sabem que o outro sabe, mas ficam quietos em seu conhecimento mútuo. A tensão intolerável, o sentimento de uma ameaça fatal, no entanto, cresce nos momentos em que eles discutem a "preciosa pergunta que nos tinha ajudado a cruzar tantos perigos"[2]: "Quando você acha que ele *virá*? Não acha que *devemos escrever*?" Mas eles não se comunicam; apenas falam de escrever: e a inquirição põe fim a muito "mal-estar". A situação, no entanto, foi para além de um "mal-estar" que pode ser findo por "perguntar" se "Ele" virá. Seria urgentemente necessário que "Ele" realmente viesse e os salvasse do perigo. Mas por que eles não escrevem ao "tio de Harley Street", o tio da rua dos médicos, ao grande curandeiro?

É complicada a negligência em escrever. Na verdade, as crianças querem escrever; e de fato elas escreveram; mas a governanta interceptou-lhe as cartas. A "pergunta" então permanece no estágio de uma expectativa de vinda: "Vivíamos a repetir a teoria de que ele poderia chegar a qualquer momento para se juntar a

---

[2] As traduções dos trechos, à exceção do nome da novela, são extraídas da edição bilíngue de "*The Turn of the Screw – A Volta do Parafuso*", de Henry James, com introdução, tradução e notas de Chico Lopes. São Paulo, Editora Landmark, 2004. (N. T.)

nosso círculo". Mas ele virá realmente e os salvará? "Impossível haver alguém que desse menos encorajamento a essa doutrina do que ele, mas, se não a usássemos como apoio, teríamos nos privado uns aos outros de algumas de nossas mais habilidosas representações." E quais são essas representações habilidosas? A psicologia das "representações" é uma das obras-primas da história. A análise da "representação" começa com a afirmação categórica: "Nunca escrevia às crianças". Mas por que o tio não escreve aos sobrinhos? Talvez "podia ser uma atitude egoísta". Mas não é muito egoísta; o relacionamento entre o empregador e a governante entra neste silêncio estranho do tio para com os sobrinhos. O silêncio dele "era parte da lisonjeira confiança que depositava em mim; pois o modo pelo qual um homem presta seu mais alto tributo a uma mulher pode não ser nada além da celebração festiva de uma das sagradas leis de seu comodismo". O domínio responsável das forças do bem e do mal é depositado na própria alma, substituta de Deus. É muitíssimo "lisonjeira"; o empregador sabe como lidar com mulheres; a vaidade da alma é divertida pela incumbência da salvação por procuração. Portanto, a governanta intercepta as missivas das crianças: "eu seguia fielmente a promessa de não importuná-lo". A formulação legalista do "espírito da promessa" mostra que a *anima* é dada a truques. A *letra* da promessa dissera apenas que ela, a governanta, não deveria recorrer ao empregador; a interpretação do *espírito*, de que as crianças não deveriam escrever, é dela própria. O empregador impusera apenas que a consciência governante, o ego responsável, não apelasse para ele; ele não impusera que nenhum apelo deveria subir a ele da profundeza da alma, suprimindo a liberdade, a consciência e o ego. O "espírito" de não comunicação, e de repressão do desejo de comunicação, não é o espírito do empregador; é o espírito da governanta. Além disso, a governanta não apenas intercepta as cartas, mas deixa as crianças saber "que suas cartas não passavam de encantadores exercícios literários". Ela não apenas interrompe a comunicação das crianças; ela envenena-lhes a efusão pela consciência de que a tentativa de alcançar o "empregador" é um exercício literário, não um apelo real que poderia alguma vez alcançar o destinatário. E por que esse jogo peculiar de faz de conta é atrativo? Essas cartas "eram belas demais para serem postas no correio; eu as guardava comigo; tenho-as até hoje". As cartas não eram apenas bonitas demais para serem jogadas fora; eram bonitas demais "para serem postas no correio". O motivo da interceptação começa a emergir: não é o "espírito" da promessa; é a vaidade e a inveja da alma dedicada à autossalvação. A governanta não desencoraja o escrever das cartas; ao contrário, ela deixa as crianças escrevê-las com toda a consciência de que elas não alcançarão ninguém, senão a própria governanta. O grito pela salvação se torna um jogo; ele "aumentava o efeito satírico" da suposição de que o salvador "poderia, a qualquer momento, estar entre nós". E então se segue a sentença reveladora: "Era exatamente como se minhas crianças soubessem que uma coisa dessas poderia ser a mais embaraçosa de todas para mim" – ou seja, se o verdadeiro salvador viesse e, com seu advento, humilhasse o orgulho da governanta que se incumbira de reger suas crianças com os próprios meios dela. E um passo mais fundo para o abismo do orgulho da autossalvação: a governanta nota que em tudo isso nada parecia mais extraordinário "que o simples fato de nunca ter perdido a paciência com eles, apesar de viver em tensão e eles em triunfo. Devem ter sido realmente adoráveis, reflito agora, para que eu não os odiasse naqueles dias".

Quando a crise avança (Capítulos XVI, XVII) até o ponto de abrir a explosão das forças demoníacas, a governanta finalmente está pronta a dirigir o apelo dela ao empregador. Mas agora a situação é revertida; agora são suas cartas que já não chegam ao empregador; Miles, em quem as forças demoníacas obtiveram ascendência, intercepta e queima a carta, preparando assim a tragédia final sem a esperança da graça.

III

O processo espiritual da catástrofe é introduzido por uma página (Capítulo XXII) que explica o título da novela. Flora, com febre, desaparecera com a empregada; a governanta prepara-se para enfrentar sozinha Miles à mesa no jantar. Está muito abalada. Nesse ponto ela sentiu "como meu equilíbrio dependia do triunfo de minha rígida vontade, da vontade de cerrar meus olhos o máximo possível à verdade de que aquilo com que eu tinha de lidar era, de um modo revoltante, contra a natureza". A interrupção da comunicação com o "empregador" é agora levada um passo adiante; a vontade se tornará rígida em sua cegueira para com o sobrenatural. O sobrenatural é "revoltantemente contra a natureza". E o que é essa "natureza"? Aqui o próprio James põe o termo entre aspas irônicas. "Só podia prosseguir se encarasse a natureza como coisa toda minha e confiasse nela." O que está acontecendo tem ainda de estar acontecendo dentro da "natureza". A "provação monstruosa" da governanta não pode ser mais do que "um empurrão numa direção não usual, é claro, e desagradável". Não pode exigir mais por meio do tratamento do que pelos meios que ela empregou até aqui, ou seja, "outro giro do parafuso da virtude humana comum". Ela tem um pouco de dúvida sobre se funcionará, pois, afinal de contas, esta é "uma tentativa de procurar prover *toda* a natureza". Nada mais será lançado nesta última batalha do que a natureza e a vontade do ego. E, não esqueçamos, a natureza e o senso comum da empregada sumiram com Flora. Então a governanta começa a girar o parafuso ainda mais.

Os giros do parafuso não trazem o resultado desejado de salvação. A operação começa, entretanto, sob um raio de esperança. O garoto está prestes a confessar, quando a face de Quint aparece à janela "como uma sentinela perante uma prisão". A governanta segura nos braços Miles e o impede de ver o horror; e a confissão, na verdade, está a caminho. O desaparecimento da carta é explicado, e a confissão da má conduta na escola está meio descoberta. Isso, entretanto, é o ponto de volta da operação. Miles conquistou a rigidez do silêncio dele. "Ele quase sorriu para mim no desconsolo de sua rendição, que era, na verdade, praticamente, a esse tempo, tão completa que deveria tê-la deixado ali". Mas ela não a deixa ali; o giro começa. "Estava obcecada – estava cega com a vitória, embora então o próprio efeito que deveria tê-lo trazido para tão mais perto era ainda o de uma separação adicionada". Ela pressiona, extorquindo a confissão, até que extorque o nome da última obsessão ruim dele, o nome de Quint. Com este momento supremo de consciência, em nomear o próprio mal, cessa a obsessão – mas quando cessa, também cessa a vida da pequena alma. O mal se foi, mas o bem também se foi. "Seu coraçãozinho, desalojado, parara." E a virtude humana no braço dela segura uma alma morta.

IV

Tudo isso não é mais do que um esboço do conto espiritual; não fizemos mais do que arranhar a superfície do simbolismo. Ao penetrar as camadas mais profundas da estrutura, podemos começar com a outra obra-prima do conto, o relato da aparição de Quint (Capítulo III).

Quint não aparece simplesmente, sem aviso. Ele se materializa no estado do jardim em que a governanta faz suas caminhadas, no crepúsculo, na hora de maior repouso do dia, depois de cumprir suas obrigações e pôr as crianças para dormir. Qual é esse estado? É o estado de possessão e justificação. Na hora da caminhada a governanta pode gozar "quase com um senso de propriedade que me divertia e lisonjeava" a beleza do jardim. Era um prazer nesses momentos "sentir-me tranquila e justificada". A paz da alma justa se origina em reflexões "devido à minha discrição, meu plácido bom-senso e meu decoro de alto nível, eu estava dando prazer – se é que ele levava isso em conta! – à pessoa a cujas exigências me ajustara". Ela está fazendo o que seu empregador espera que ela faça "e diretamente me pedira"; e que maior alegria pode haver do que viver de acordo com as expectativas e ordens diretas? Um senso de justiça está-se espalhando. "Em resumo, ouso dizer que me via como uma jovem admirável". E ela se conforta na fé de que suas altas qualidades "ficariam evidentes algum dia".

Algo, entretanto, está faltando neste paraíso de realização justa. Em sua caminhada no jardim, a governanta sonha; ela sonha com a face em Harley Street – que seria "tão encantadora como uma história encantadora" deparar-se de repente com "alguém".

"Alguém apareceria lá na curva do caminho, ficaria diante de mim, sorridente e aprovador. Eu não pedia mais que isso – queria apenas que ele *soubesse* (itálico de James!); e o único meio de saber que ele sabe seria ver isso, e o efeito luminoso e agradável disso, no seu belo rosto". Esse rosto agradável e belo está presente para ela, de sorriso aprovador, *sabendo* dela na justiça dela; e, na verdade, quando ela emerge de um arvoredo, seu sonho se torna realidade: "alguém" está na torre da casa, "alguém" está olhando para baixo para ela. Mas a figura que a encara não é a imagem que ela tinha em mente. "Eu não o vira em Harley Street." É a face de Quint. A aparição se materializou de seu sonho – e quando uma mulher sonha com alguém que a *conhecerá*, ela pode ser conhecida por outro que não aquele com que ela sonhou.

V

Quint se materializou do sonho, da alma justa, de ser aprovada e de ser *conhecida*, "publicamente". Vamos considerar em seguida a relação da governanta com a senhorita Jessel, sua precursora. A senhorita Jessel está ao longo da história associada com Flora, como o demônio corruptor da inocência angélica da criança; assim como Quint é associado a Miles. Mas há um momento quando a senhorita Jessel chega mais perto da governanta. Depois da cena no adro com Miles, a governanta volta pra casa com a intenção de abandonar suas obrigações. O que aconteceu? A conspiração de silêncio entre a governanta e Miles foi quebrada. O menino quer voltar para a escola que não o readmitirá; se não a esta escola, então a alguma outra. O suspense não pode arrastar-se para sempre; se a governanta não encontrar uma saída, o próprio "tio de Harley Street" tem de "descer". Miles faz a pergunta crucial: "Meu tio pensa o que *pensas?*" A pergunta a faz "cair diretamente na laje de pedra" de um túmulo ao lado do qual eles estavam. Continua Miles: Ele sabe "o jeito que vou?" A governanta percebe que uma resposta direta causaria por fim um "sacrifício" de seu empregador. Ela quer evitar esse "sacrifício" e livra-se do menino: "Não acho que teu tio se importe muito". Mas Miles já não pode ser posto de lado; pode-se fazer o tio descer, e se a governanta não fizer isso, então, o menino diz "com brilho extraordinário e ênfase": "Eu o farei!"

Este é o ponto do qual a governanta toma seu caminho para a danação. "O negócio estava praticamente estabelecido do momento que eu nunca o segui." Ela está agitada, mas sua consciência desta agitação "não tinha de algum modo nenhum poder de restaurar-me". Ali se senta ela, num túmulo que agora se tornou o túmulo dela. "Sentei apenas em meu túmulo e li o que meu amiguinho me tinha dito na plenitude de seu significado". E qual é esse significado? O menino agora sabe que ela está com medo de encarar o "empregador". "Ele tirara de mim que aqui havia algo de que eu estava com medo e que ele deveria provavelmente ser capaz de fazer uso de meu medo para obter, para seu próprio propósito, mais liberdade." O julgamento teria de ser encarado; a "pergunta intolerável" da expulsão da escola surgiria. "Que o tio dele deveria chegar para tratar comigo dessas coisas era uma solução que, falando estritamente, eu deveria agora ter desejado trazer à baila; mas não podia enfrentar a feiura e a dor de que eu simplesmente procrastinara e vivera da mão para a boca". O menino "está imensamente certo", ele tem o direito de perguntar a ela: "Ou esclareces com meu guardião o mistério desta interrupção de meus estudos, ou deixa de esperar que viva contigo uma vida que é tão pouco natural para um menino". A questão da "natureza" é tratada de novo; e é tratada em sua ambivalência. Da posição do menino não é "natural" levar uma vida de reclusão no jardim, ao lado da governanta; a "natureza" dele exige que o mistério de seu mal seja esclarecido pelo guardião. Da posição da governanta o que não é natural é "esta revelação súbita de uma consciência e de um plano" no menino. A pergunta já não pode ser posta de lado; seu adiamento é agora a evasão do julgamento. As consequências não deixam de aparecer: o menino, que agora sabe do medo dela, obteve uma nova liberdade, a liberdade para o próprio mal; e na governanta acontece uma transformação estranha.

A governanta está sentada no túmulo dela. A natureza verdadeira dela está enterrada; mas o que é a sombra que agora exsurge do túmulo e toma o caminho de volta para a casa? Ela não sabe ainda, enquanto ela deixa o adro a fim de preparar sua fuga. Mas no hall, "atormentada com dificuldades e obstáculos", "lembro-me de afundar aos pés da escadaria – desmaiando de repente ali no degrau mais baixo e, então, com uma revulsão, relembrando que era exatamente onde mais de um mês antes, na escuridão da noite e já tão inclinada com coisas ruins, eu vira o espectro da mais horrível das mulheres" O sentimento desta identificação a leva adiante e a subir as escadas, em direção à sala de aula, a fim de apanhar alguns pertences. E ali, à mesa, está sentada a própria "precursora". A aparição se levantou "com uma admirável melancolia indescritível de indiferença e distanciamento, e, a uns doze passos de mim, estava ali como minha vil precursora". A aparição se desfaz, mas "escura como a meia noite em seu vestido negro, sua beleza pálida e seu pesar inexprimível, ela olhara para mim tempo suficiente para parecer dizer que o direito dela de sentar-se à minha mesa era tão bom como o meu de sentar-me à dela". A identificação avançara, e há um instante de sentimento de calafrio "de que era eu a intrusa". Num protesto selvagem contra esta virada de mesas, a governanta grita alto, e o ar se clareia por um momento.

VI

"Não havia nada no quarto no minuto seguinte, senão o brilho do sol e um sentimento de que deveria ficar." A senhorita Jessel chegara perto da governanta; o destino delas está ligado; o alívio é apenas momentâneo. As crianças retornam da igreja; a atmosfera é agora pesada com o sentimento de uma catástrofe iminente. Miles obteve sua nova "liberdade". Na primeira ocasião ele a usa para encantar a governanta, oferecendo-se para tocar piano para ela. Tarde demais ela descobre que ele a apanhara por sua magia o suficiente para dar a Flora a oportunidade de escapar de encontrar-se com a senhorita Jessel. Em desespero, ela se propõe com a empregada a salvar a criança; elas encontram a criança na relva, para além do lago; no outro lado do lago, bastante visível para a governanta, está a senhorita Jessel. Por fim o mal é trazido para fora – mas agora acontece algo inesperado. A governanta não vê nada a despeito do conselho: "Ela é tão grande quanto um fogo flamejante! Olhai apenas, queridas mulheres, *olhai* !" Mais ainda, Flora não olha na direção onde a governanta vê a aparição; ela olha para a própria governanta. "Sem a mínima convulsão em sua carinha rosada", Flora nem sequer finge olhar em direção ao prodígio anunciado; em vez disso, ele lança "para *mim* uma expressão de gravidade imóvel e dura, uma expressão absolutamente nova e sem precedentes e que parecia ler e acusar e julgar-me". A menina se convertera de algum modo "na presença mesma que poderia fazer-me recuar". A força do julgamento chegou à governanta: "Recuei". Mas ela ainda não pode ler o veredito; ou melhor, ela pode ler o veredito, mas está cega à sua verdade: "Minha certeza de que ela vira totalmente nunca foi maior do que naquele instante", ou seja, no instante quando os olhos julgadores da menina descansaram *nela*. "Na necessidade imediata de defender-me", a governanta chama o prodígio como testemunha; ela dirige o olhar da menina para a mancha além do lago: "Ela está lá, sua coisinha infeliz – lá, lá, *lá*"; e então a ambiguidade reveladora: "Tu a vês tão bem quanto me vês". Mas o olhar da menina não pode ser desviado; o rosto dela se tornou de uma "mulher velha, velha" e "Ela simplesmente me mostrou, sem uma concessão, sem uma admissão de seus olhos, uma fisionomia de profunda e crescente, de uma reprovação que se fixou por completo".

Flora vê a senhorita Jessel, na verdade, enquanto a governanta vê sua predecessora ainda além do lago, num dos "lugares altos e estranhos" em que outrora os espíritos do mal apareciam. Mas "Flora continuou a me fixar com sua pequena máscara de reprovação", "sua incomparável beleza infantil se apagara, desaparecera completamente"; "ela estava literal e hediondamente implacável; ela se tornara comum e quase feia". Ela protesta agora que não vê ninguém; e não vê ninguém agora. "Eu acho que a senhorita é cruel. Eu não gosto da senhorita." Então ela se queixa para a Senhora Grose: "Leve-me embora, leve-me embora – oh, leve-me para longe *dela*!". "De *mim*?" – grita a governanta; e a menina confirma: "Da senhorita, sim – da senhorita!".

Flora é tirada da casa; no dia seguinte, cai doente; decide-se que a empregada a tirará dali e a levará, afinal, para o tio dela.

VII

O senso comum e a natureza simples da empregada saíram de cena; e com ela, levou a criança outrora angélica. A "governanta" tem agora o campo livre com Miles. A atmosfera da "casa" mudou; a cena é preparada para a "salvação" de Miles. A governanta "apressou" a Sr. Grose para fora de casa. "Deixe-nos, deixe-nos!" O menino está pronto para a confissão: "Eu farei com que ele me conte. Ele vai me procurar – vai me confessar. Se ele confessar, será salvo. E se ele se salvar..." "a senhorita também se salvará?", pergunta a Sra. Grose. Então ela beija a governanta, chorando "Eu a salvarei sem ele!". Mas tão logo sai a governanta "o aperto realmente chegou". "Agora eu *estava*, disse a mim mesma, frente a frente com a tempestade." A "crise" é conhecida dos domésticos, o "naufrágio total" pode ser evitado apenas se segurar firmemente o elmo. A governanta anda por todo lugar, "muito imponente e muito seca", olhando como estivesse preparada "para qualquer ataque". "Assim, para benefício de quem pudesse se interessar, eu desfilava de modo magnífico com um coração angustiado". A "casa" mudou; e Miles mudou sutilmente com sua nova liberdade. "Arrisco dizer com bastante convicção que o que mais ficou evidente foi o absurdo de precisarmos prolongar a farsa de que eu tinha algo para ensinar-lhe". Flora tornou-se de repente uma mulher velha; agora Miles está além do ensino; ele cresceu e se tornou um igual com a governanta. Durante a refeição, e enquanto a moça de servir limpa a mesa, de repente salta o erotismo da situação. "Continuamos em silêncio enquanto a empregada estava conosco – tão silenciosos, me ocorreu de modo absurdo, quanto um jovem casal que, em sua viagem de núpcias, numa taberna, ficasse inibido com a presença do garçom." E então o garoto apanha a extravagância do pensamento silencioso dela; "só se virou para mim quando o garçom nos deixou. 'Bem – enfim, sós!'". Como um sonho, esta cena relembra a outra cena em que o desejo da mulher de ser *conhecida* se materializara na aparição de Quint.

O ato duplo de confissão e salvação tem, desde o começo, o *sous-entendu* de uma cena de amor. O diálogo abrupto: Estão sozinhos? Não, há outros na casa. Mas estes não contam muito. "Depende do que você chama 'muito'". "Sim, tudo depende!" "Você viu muito Bly hoje." "Nunca me senti tão livre". "Bem, você gosta?" "E *a senhorita*?" pergunta ele sorrindo, com "mais significado do que eu jamais pensei que três palavras pudessem conter". Quase foi longe demais. Miles ameniza a investida. "Se estamos sozinhos agora, é a senhorita quem está mais." Ela se importa em ter a companhia dele? Não, ela ficou para isso. Então, com voz trêmula, a confissão (a confissão dela): na noite em que ela se sentou na cama dele, durante a tempestade, "não havia nada neste mundo que eu não quisesse fazer por você". Ele fica nervoso, mas finge que foi um gracejo: era "para que eu fizesse alguma coisa pela *senhorita*". Ela reconhece que queria a "confissão" dele.

Já descrevi o processo em que o parafuso é girado e a confissão é arrancada; mas por baixo desse processo está o simbolismo da cena de amor. A face de Quint aparece na janela, visível apenas para a governanta, a "face pálida da danação". "Dizer que tomei uma decisão num segundo é representar de forma grosseira o que me aconteceu; no entanto, acredito que nenhuma outra mulher, tão oprimida como estava recuperasse em tempo tão breve seu controle do ato". O ato é italicizado por James, assim como na primeira aparição de Quint foi italicizado o desejo da mulher de ser *conhecida*. No nível da salvação "o ato seria, vendo e encarando o que eu via e encarava, encontrar um meio de proteger o menino da visão". "Era como uma lutar com um demônio pela salvação de uma alma humana". E a alma humana, em seus braços, "trazia um orvalho de suor na adorável fronte infantil". Na verdade, a face da alma humana "era tão pálida como a face atrás da vidraça". Mas agora surge o alívio momentâneo; com a confissão, Quint retrocede. A governanta continua a girar o parafuso a despeito do fato de a face ter-se recolhido. O mistério da expulsão da escola é revelado através de um novo mistério. Miles tinha "dito coisas". A quem? A amigos. "Eu parecia flutuar não numa zona de claridade, mas noutra muito mais obscura, e dentro em pouco tinha ocorrido a mim, em meio à minha compaixão, a apavorante hipótese de ele talvez ser inocente." O pensamento da inocência de Miles é "confuso e abissal". Pois "se ele *fosse* inocente, que diabos seria *eu?*". Ainda assim, não há nenhuma salvação nem para Miles nem para a governanta; o parafuso gira. A face de Quint reaparece na janela. "Senti vertigens com o desmoronamento de minha vitória e com todo o retorno de minha batalha." A selvageria de seu salto é uma traição. O garoto adivinha uma "presença"; mas ele está de costas para a janela; não pode ver a face; vê apenas a governanta. E ela, "do meio de meu ato" dá passagem ao impulso de "transformar o clímax de sua decepção na própria prova de sua libertação". Esta transformação em clímax, entretanto, não será devida a um fim da tortura; não, ela continua a girar o parafuso, e dirige a atenção dele para a aparição de forma que ele ficará inteiramente consciente dela. O garoto responde, ainda adivinhando; ele se dá conta e arqueja: "Ela está *aqui*?". "Ela" não entende o estranho "ela"; e com uma fúria súbita exclama: "A senhorita Jessel, a senhorita Jessel". O próprio garoto não está seguro quanto à identidade da presença venenosa que a está oprimindo. Ele adivinha "lívido de raiva"; "é *ele*?". Ainda o parafuso gira: "Eu estava tão decidida a obter todas as provas que me transformei em gelo para desafiá-lo". Ela quer que ele explique o "ele". E, finalmente, ela tem a resposta: "Peter Quint – seu demônio!". A rendição é perfeita. "Ainda estão em meus ouvidos sua rendição suprema ao nome e seu tributo à minha devoção". Ela salvou a alma: "*Eu tenho você, mas ele perdeu você para sempre!*".

A governanta afinal é "conhecida". A abominação do "ato" entre a senhora Jessel e Quint está consumada. Miles se volta para a janela e vê o dia calmo. Mas a vista não o ajuda. No momento em que Quint o perde, "ele emitiu o grito de uma criatura arremessada a um abismo". A governanta o salva com um gesto que poderia ter sido o de "recuperá-lo em plena queda". A "queda" é evitada. "Eu recuperei-o, sim, eu abracei-o – pode-se imaginar com que paixão" – até que ela descobre que a paixão dela abraça um cadáver.

Quint é exorcizado; o cadáver é de Miles, o garoto angélico. E o que aconteceu com o "demônio" que girou o parafuso, da senhorita Jessel? O relato da história nos informa: "Ela era uma pessoa muito elegante (...) era a governanta de minha irmã (...) era a mulher mais agradável que já conheci na posição dela (...) ela me espantou como muito inteligente e simpática (...) eu gostava dela extremamente e estou feliz até hoje em pensar que ela gostava de mim também".

E por quem a governanta estivera apaixonada? Ela sucumbiu à "sedução" do "jovem esplêndido" em Harley Street? "A história não dirá" disse Douglas; "nada de nenhum modo literal vulgar". Se era o homem em Harley Street, temos de lembrar que a face dele quando ele a "conheceu" era a face de Quint. Se fosse Miles, temos de lembrar de novo que ela viu a face de Quint quando abraçou Miles. Era o homem sedutor de Harley Street o demônio? Mas então temos de lembrar que era a senhorita Jessel na governança que a fez girar o parafuso, e que fez Deus parecer o demônio.

O que afirmei diz respeito ao que considero o problema central de *O Giro do Parafuso*. Mas há muito mais para ser dito. Acima de tudo, há o simbolismo da infância, inocência e natureza – que analisaste tão bem. E então, há muitos finais imprecisos para serem juntados. Por exemplo, indiquei a transformação da governanta na senhorita Jessel, começando com a cena do adro; mas não segui o processo paralelo da transformação de Miles em Quint. A cena crucial parece ser a da noite em que Flora olhou para fora da janela e Miles desapareceu do quarto dele. A governanta acredita que Flora está olhando para a senhorita Jessel e fica surpresa ao descobrir que ela olha para Miles, embaixo, na relva; ela acredita que Miles esteja olhando para Quint, mas, na verdade, ele está olhando de volta para Flora. Aqui, Miles já se tornou Quint, para quem a senhorita Jessel em Flora está olhando. Isso introduz ainda o problema da relação incestuosa entre as crianças, e o caráter incestuoso do "ato" na última cena. Quint e a senhora Jessel, na pré-história mítica da história, foram unidos por um laço inefável. Quanto à da natureza do laço, o incesto, parece-me não haver dúvida, à luz do fato de que na "história" eles se tornaram as naturezas más de irmão e irmã. Esta questão leva ainda à relação entre a "pré-história" (de Quint e da senhorita Jessel) e a "história" em si mesma. Sugeriria que a "pré-história" é o "ato" paradigmático, mítico; e que a "história" é a repetição (no sentido da psicologia do mito) da queda paradigmática – culminando no incesto na última cena. Seguindo ainda essa linha, chegamos à relação entre o tio, que é "solteiro", e as "crianças". Lembra que no mundo dos adultos, o tio, quando "conhece" a governanta, tem a face de Quint. Se não entendo completamente errado as relações desses símbolos, diria que a concepção metafísica última de James volta até uma visão do drama cósmico do bem e do mal como um relacionamento incestuoso na divindade. O problema do incesto é levado a todos os níveis da estrutura simbólica; em cada nível os parceiros são identificados com Quint e a senhorita Jessel; e Quint e a senhora Jessel são identificados por irmão e irmã; estes seriam os pares:

> Quint – senhorita Jessel
> Tio – a governanta
> Miles – a governanta
> Miles – Flora

Então há o problema do "sacrifício". O tio não quer trazer o "sacrifício"; a governanta o protege e traz o sacrifício (ou seja, o sacrifício do ato salvador) em seu lugar. Miles, entretanto, sabe que o sacrifício tem de ser trazido pelo próprio tio, e suspeita que, por fim, o tio poderia não "pensar" da mesma maneira que a governanta acerca deste ponto. O tio tem de ser compelido a sacrificar-se. O ato sacrificial da governanta, então, é tanto uma salvação quanto uma prevenção da verdadeira salvação. Neste ponto, penso, James está simplesmente lidando com o problema da "autossalvação" através da vontade humana fechada, que empesteou todo o mundo no século XIX, particularmente Nietzsche. Se aceitar tua ideia da "Páscoa Negra" – gostaria de especificá-la como a operação mágica, através do giro do parafuso, como uma Salvação Negra.

Espero que não leves a mal que eu te incomode com esta longa carta. É, naturalmente, uma presunção não atenuada que eu devesse expressar-me inteiramente sobre James, exatamente uma semana após ter lido um livro dele pela primeira vez. No entanto, penso que verás que estou agora prostrado de admiração por James. E tal posição algumas vezes distorce a perspectiva.

Muito sinceramente,

Eric

Louisiana State University

Pós-escrito: Do paraíso e da revolução

Janeiro de 1970.

A carta a Robert B. Heilman foi escrita em resposta de agradecimento a seu ensaio sobre *O Giro do Parafuso*. Não oferecia uma interpretação alternativa, mas estendia o método de Heilman de crítica literária a aspectos da história que eu considerava essenciais para o significado da *nouvelle* simbolista. Como uma interpretação, minhas observações eram fragmentárias, sugestivas numa conversa entre amigos, mas não destinadas a publicação. Quando, no entanto, uma carta desta descrição é publicada mais de vinte anos depois de ter sido escrita, o leitor atual pode esperar a cortesia de uma explicação.

Ao menos alguma responsabilidade terá de ser transferida para o destinatário da carta, assim como para o editor da *Southern Review*, pois ambos consideram que minhas sugestões não foram invalidadas nem tornadas obsoletas pela literatura crítica sobre James que apareceu nesse ínterim. Bem, eles são os entendidos num campo em que sou não mais que um amador, e posso apenas esperar que a opinião generosa deles não tenha acertado muito longe da marca. Mas esse recurso à tradicional pressão de amigos não me livrará de minha própria responsabilidade na matéria. Mesmo se o que eu tinha para dizer àquela época ainda for sustentável, e puder passar como uma contribuição modesta para a discussão acerca de Henry James, por que eu deveria consentir na publicação de um fragmento? Por que o fragmento não deveria ser expandido, nesta ocasião, a uma interpretação integral de *O Giro do Parafuso*? Essas perguntas exigem respostas.

Não expandi o fragmento, e não tenho nenhuma intenção de fazê-lo algum dia, porque já não acredito que o simbolismo de James permita, de maneira alguma, uma tradução direta na linguagem da filosofia. Esta decisão não foi tomada num dia, mas reflete a mudança em nossa visão dos movimentos ideológicos e literários modernos que ocorreu desde a última Guerra Mundial.

Mesmo enquanto escrevia a carta, estava desconfortavelmente ciente de uma incongruência entre o significado que eu tentava estabelecer sob a ótica de Deus e do homem, a alma puritana e o senso comum, a paixão da autossalvação, a graça e a danação, e os símbolos jamesianos que carregavam esses significados distintamente, mas cercados de uma aura fantasmagórica de indistinção. Pior ainda, quando, mais tarde, tentei ir atrás dos símbolos, através do labirinto da história, o cerne distinto tendia a ser amortalhado pela névoa de significado que pervadia a obra como um todo. Como, por exemplo, o drama da alma puritana chegou pelo motivo do incesto? Ou, como o jovem esplêndido em Harley Street, o Deus simbólico, obteve sua natureza divina um tanto peculiar? Ou, que tipo de Jardim do Éden – o símbolo a que Heilman dera atenção especial – era este jardim da história que poderia ser entendido como o paraíso celestial em que o pecado original ocorrera, mas também como o paraíso terrestre em que a "governanta" fora deixada e, então, mudaria ironicamente para o local da confusão nada paradisíaca que uma alma "governanta" faz da condição humana? Ou que relação tinha o jardim simbolista com a escola de onde o garotinho foi expulso? Surgindo tais perguntas uma após a outra, a pergunta última não poderia ser evitada: será que James não tentou pressionar numa *nouvelle* um problema complicado demais para esta forma curta, ou será que suas complicações não eram, talvez, grandes demais para serem dominadas até mesmo por seus poderes extraordinários de imaginação e interpretação. Suposições perturbadoras, dificilmente acolhidas por causa da habilidade consciencosa de James, mas, não desprezíveis por impossíveis. Neste estado de suspense, a matéria tinha de ser deixada por muitos anos.

Entretanto, mais recentemente, a dificuldade começou a clarear. Os avanços na história geral e na filosofia dos símbolos estão-nos compelindo a reconsiderar as suposições sob as quais foi feita a interpretação de uma obra simbólica, vinte anos atrás. Nossa compreensão atual dos processos de simbolização permitir-nos-á reapresentar o problema embaraçoso de uma maneira menos embaraçosa: embora a aura de indistinção que cerca os símbolos jamesianos não possa ser negada, ela não tem de ser imputada a uma falha de James; a imprecisão dos símbolos, assim como a névoa geral de significado que permeia a obra, é causada, ao contrário, por certa deformação da realidade social e pessoal que foi experimentada como tal por artistas na virada do século e expressa por meio de arte simbólica. A indistinção e ambiguidade são inerentes aos símbolos que expressam a realidade deformada.

A deformação de que estou falando é a mudança decisiva na sociedade ocidental de uma existência na abertura para o cosmos, para uma existência no modo de fechamento, e de negação de sua realidade. Quando o processo ganha *momentum*, os símbolos de existência aberta – Deus, homem, a origem divina do cosmos e o Logos divino permeando sua ordem – perdem a vitalidade de sua verdade e são eclipsados pelo imaginário de um ego autossalvante, auto-ordenante, autoexpressante, autorrealizante e autocriativo, um mundo imanentemente fechado. Esta mudança no modo de existência é acompanhada por vários movimentos na literatura e na arte que expressam a mudança e seu progresso – do Maneirismo, através do Romantismo, até o Simbolismo do tempo de James, e continuando até o Surrealismo. Os artistas que representam esses movimentos colocam-se na situação de existência deformada e desenvolvem símbolos que expressarão sua experiência, digamos, de dentro da deformação. É verdade, a tensão entre a realidade e sua deformação não pode nunca desaparecer completamente ou o caso concreto de fechamento se tornaria irreconhecível como um modo da condição humana, mas a consciência da tensão pode ser empurrada para tão longe que não se torna explicitamente temática na própria obra. Um obra de arte romântica ou simbolista não é um drama esquiliano em que a articulação completa de várias tensões é o modo da consciência que faz do drama uma tragédia. Samuel Beckett, quando encena sua própria obra dramática, inclina-a para o grotesco –

muito para humilhação de críticos que querem encontrar nela uma profundidade trágica que a deformação não tem.

Obras desse tipo nem sempre são fáceis de entender. O leitor, a fim de extrair o sentido completo, tem de oferecer a consciência crítica da realidade, assim como o alcance de sua deformação possível, que na própria obra não se torna suficientemente temática. Além disso, mesmo se ele pode oferecê-la, surgirá frequentemente uma dúvida em sua mente quanto possibilidade de um simbolismo permanecer obscuro porque sua própria consciência não é compreensiva o suficiente para apanhar o ponto, ou porque a consciência crítica do autor não foi boa o bastante para fazê-lo. Portanto, o intérprete consciencioso enfrenta, na verdade, uma tarefa crítica. Ele não pode simplesmente seguir o simbolismo para onde quer que ele leve e esperar chegar ao fim com algo que faça sentido sob a ótica de realidade. Ele tem, ao contrário, de estabelecer, primeiro, que tipo de realidade se tornou a vítima da deformação e, segundo, que tipo de deformação ela sofreu. A tarefa é especialmente difícil em nosso tempo, porque o intérprete, por sua vez, pode ter sucumbido a uma ou outra das deformações dominantes de existência que caracterizam nossa época. Ele pode inclinar-se a empregar como seu instrumento de interpretação uma das chamadas teorias, como, por exemplo, a psicanálise, que são elas mesmas simbolizações da existência deformada. Se o autor da obra por acaso simbolizou uma deformação psicanalítica da existência, uma interpretação psicanalítica não fará as coisas piores do que são. Mas esse não é o caso de James. A sobreposição da psicanálise na deformação que ele queria simbolizar poderia causar uma confusão impressionante.

Essas dicas são muito breves, mas têm de bastar para explicar por que, afinal de contas, encontro algum mérito em minha carta. Embora as sugestões falhem por sua crença de que traçar os símbolos diretamente levará a uma compreensão completa da *nouvelle*, elas satisfazem, ao menos, a primeira exigência, feita na crítica à medida que elas identificam corretamente as partes principais da realidade deformada: Deus, homem, a alma, o drama da salvação e da danação. Portanto, embora não faça sentido completar o fragmento no nível de interpretação em que ela começou, pode ser empregada com fundamento para a segunda tarefa do crítico de determinar a natureza da deformação. As observações seguintes lidarão com uma ou duas questões importantes da deformação que Henry James experienciou em seu tempo e tentou expressar.

Devo começar do símbolo "jardim". Na pré-história da história, é o paraíso em que coisas indizíveis aconteceram entre Quint, a senhorita Jessel e as crianças. Este paraíso está perdido. No começo da história, transformou-se no paraíso recobrado em que se dá uma oportunidade à governanta. No final da história, o paraíso recobrado se transformou de novo num paraíso perdido. Este paraíso jamesiano está de algum modo fora de foco, medido pelos padrões de um paraíso que é perdido para sempre e será recobrado apenas através da graça, na morte.

O jardim que muda como numa peça de teatro, o jardim em que o sonho do divino se transforma no aparecimento do satânico não é inteiramente devido à imaginação de James. Foi Milton quem apresentou representativamente as ambiguidades do paraíso na tradição em que James se movia. O paraíso perdido de Milton tem a aura peculiar de "esqueça isso". Adão e Eva foram expulsos do paraíso com a garantia de que da semente deles brotaria o Salvador; e com a aquisição de virtudes cristãs:

> não ficarás relutante
> Em deixar o Paraíso, mas possuirás
> Um Paraíso dentro de ti, muito mais feliz.

E o paraíso "dentro de ti" não leva mais do que uma página para transformar-se no "Éden" do novo *habitat* que cerca os expulsos. No final do épico, o casal olha para trás, para "o portão, com faces pavorosas amontoadas, e braços furiosos", e então

> Derramaram algumas lágrimas naturais, mas as limparam logo;
> O mundo estava todo diante deles, onde poderiam escolher
> Seu lugar de repouso, e a Providência o seu guia;
> Eles, de mãos dadas, com passos vagos e lentos,
> Através do Éden tomaram seu caminho solitário.

O "mundo" se transformou num "Éden"; Deus é deixado lá em seu paraíso; e o casal vai em seu "caminho solitário" como a governanta que não deve nunca, mas nunca, perturbar o conforto do jovem esplêndido em Harley Street.

O Éden deste mundo, entretanto, é mais perfeito do que o jardim de James, pois o tentador nele entrou. O Éden de Milton tem uma primeira história de tentação que termina com o aparecimento de Cristo, que sobrepuja a tentação. Apenas quando o tentador é derrotado em todas as suas perfídias é

> o Éden levantado no imenso deserto.

Mas este não é o último, os Edens começam a multiplicar-se. Há o Éden deste mundo, "muito mais feliz" do que o paraíso perdido originário, mas não tão feliz, de maneira alguma, porque o homem sucumbe à tentação e afunda na idolatria pagã. Um outro Éden neste mundo é então estabelecido pela resistência de Cristo à tentação. Mas de novo algo dá errado, pois

> Lobos terão êxito como professores, lobos
> atrozes

que transformam os mistérios sacros em vantagens próprias de lucro e ambição, e que suprimirão o Espírito da graça e liberdade e perseguirão os constantes na verdade,

> até que venha
> O dia de respiração pra o justo

através do Segundo Advento do Salvador. O horror católico, então, é um interlúdio que nascerá na esperança parusiática do dia em que este "mundo pervertido" se dissolverá, e de suas cinzas erguer-se-ão

> Novos céus, nova terra, épocas de data sem fim.

Este simbolismo torturado de um Éden arrastando-se pela história em direção ao fim de sua miséria em conflagração metastática não é a linguagem de exuberância metafórica, louvando a beleza nostálgica do mundo nas linhas:

> Este trono real de reis, esta ilha cetro,
> Esta terra de majestade, este assento de Marte,
> Este outro Éden, semiparaíso...
> Esta área abençoada, esta terra, este reino, esta Inglaterra,

com o caráter metafórico dos símbolos estreitamente controlados pela consciência crítica desta alteridade do Éden. Nem é, para contrapor o sentido de Shakespeare de esplendor principesco na existência, a linguagem da meditação mística pós-especulativa de T. S. Eliot sobre a história, inspirada por Little Gidding:

> Um povo sem história
> Não é redimido do tempo, pois a história é um padrão
> De momentos eternos. Então, enquanto a luz cai
> Na tarde de inverno, numa solitária capela
> A História é agora e Inglaterra.

Não, o Éden de Milton não é o outro Éden do mundo, nem o encontro da presença eterna no aqui e agora é o símbolo de suas queixas de que este mundo não seja o Éden que "seu oráculo interno" quer que seja.

O Paraíso de Milton, tão brandamente perdido, ainda simboliza o conhecimento do homem de uma perfeição que não é sua no tempo e no espaço? Pode-se, realmente, perder um paraíso que não esteja presente na perda diária da perfeição por que o homem luta em sua imperfeição? Não, Milton não perdeu o paraíso e, portanto, não pode reconquistá-lo. Ele quer perfeição neste mundo; ele quer seu Éden agora; e no pano de fundo cai estrepitosamente a armada puritana, agilizando o Segundo Advento – embora no próprio épico Milton deixe a vingança apocalíptica infligida aos adversários, com o coro dos justos regozijando-se, para uma intervenção divina. A panóplia da linguagem bíblica pode ainda enganar, mas não pode realmente esconder a transformação dos símbolos reveladores em categorias de especulação imanentista na história. Este Éden imanentista inevitavelmente tem de arrastar-se pelo tempo de uma frustração para a próxima, com todo desapontamento produzindo tolamente seu imaginário paranoide de forças satânicas que causam o infortúnio – da Babilônia a Delfos, até ao papa. Além disso, Milton não deixará o desapontamento ter o efeito de catarse. O homem dele não pode nunca tornar-se homem na presença de Deus; ele tem de permanecer um membro da "humanidade" que apenas como um todo se move em direção à salvação; estilhaçado o sonho dele de Éden, ele tem de mover-se para o próximo sonho para vê-lo estilhaçado de novo pela realidade da história:

> Para que vivais, o que tem de ser muitos dias,
> Tanto numa fé unânime, embora triste,
> Com causa, pelos males passados, no entanto muito mais alegres
> Com a meditação no final feliz.

A "meditação no final feliz" para a humanidade no sentido abstrato, num futuro imanente indefinido, terá de enganar o homem por causa da realização de sua humanidade no presente. Um século e meio depois, quando o Iluminismo se desnudou da parafernália bíblica, a interpretação de Milton se tornaria o apocalipse imanentista de Hegel, Comte e Marx. E qual é precisamente, descartada a parafernália, a diferença entre o "oráculo interno" de Milton e o *moi* de Sartre que vive pelo significado que ele projeta para si mesmo no futuro, senão aquela consciência crítica de Sartre de que o que está fazendo é superior à consciência disponível a Milton, em seu estágio no processo de deformação existencial?

O Paraíso Perdido teve uma carreira notável – mas não como um livro familiar para pessoas que se dão à meditação sobre o final feliz. O Éden miltoniano muito obviamente não era o Éden cristão. Os poetas do movimento romântico reconheceram a rachadura no simbolismo quando abertamente puseram de lado a história bíblica e ficaram fascinados, não pelo Cristo que recupera o paraíso, mas pelo Satã que persistentemente evita a recuperação. Satã, como gêmeo de Prometeu, se tornou o símbolo do homem que fecha sua existência, do homem que aniquila o cosmos ao contrair a realidade deste para si mesmo e, então, cria um novo mundo de sua imaginação. No simbolismo romântico, além disso, o artista se tornou um protótipo do homem que destrói a fim de criar e cria a fim de destruir. A iluminação mais perceptiva da sublevação da realidade, assim como das mudanças de significados dos símbolos, que estavam por trás da fachada do épico de Milton, é ainda a de William Blake. Em seu *Casamento do Céu com o Inferno* (ca. 1790) declara sucintamente: "Mas em Milton, o Pai é o Destino; o Filho, uma Razão com cinco sentidos; e o Espírito Santo, o Vácuo". Toda a Trindade foi gravemente deformada por Milton. O Pai se tornou um destino remoto que lança o homem em sua condição e o deixa andar por si mesmo – como o jovem de James em Harley Street. O homem se transformou numa "Energia" presa pela "Razão", e "o Governador ou Razão é chamado Messias" – a governanta de James. E o Espírito é um vácuo – a interceptação de James das comunicações com Harley Street. A série de deformações deixa o diabo como a realidade da vida do homem, de uma energia ligada pela razão. Com a redução da realidade ao diabo, além disso, o jardim muda de natureza. Se, na fórmula de Blake, "A energia é o Prazer Eterno", lemos *prazer* como a tradução de *Éden*, o Éden da existência satânica se torna a eternidade do homem. Já estamos próximos, se não do próprio jardim de James, ao menos do *sim* de Nietzsche (seu contemporâneo) ao Eterno Retorno. Milton, na visão de Blake, não tinha atingido ainda a existência no novo Prazer, mas chegou perto dela: "*Nota*. A razão pela qual Milton escreveu com grilhões quando falou de Anjos e de Deus, e livremente, quando de Diabos e do Inferno, é porque ele era um Poeta verdadeiro, e do partido do Diabo, sem saber disso". Mas Milton sabia, sim, que

> agora é o domínio de Edom, e o retorno de Adão ao Paraíso.

Blake sabia que Edom é agora o Éden de Adão. De Milton a Blake, a consciência do poeta de representar a humanidade satânica avançou bem. A "nota" de Blake sobre Milton é imediatamente seguida por "Uma Fantasia Memorável", apresentando os "Provérbios do Inferno": "Enquanto estava caminhando entre o fogo do Inferno, deliciado com o gozo de Gênios, que parecem tormento e insanidade para os Anjos, coligi alguns de seus Provérbios...".

No vácuo deixado quando a realidade do Espírito Santo foi eclipsada com sucesso desenrolar-se-á a nova liberdade do vácuo (ou: vazio, *Leere*) – como Hegel chamou ao estado de consciência peculiar à existência fechada. Blake era livre para preencher o vácuo com suas visões. Mas o Inferno é muito acomodatício; o Éden fechado não é a proteção de artistas e poetas. Por trás deles apinham-se os homens de ação "que fazem de sua força o seu Deus" (Habacuque 1,11). Enquanto Blake celebrava seu casamento do céu com o inferno, Schiller o consumara em *Raeuber* (1781), com sua forte margem miltoniana na figura de Karl Moor:

> Sejas o que fores, *Além sem nome* – se este meu *Eu* for
> Verdadeiro para comigo. –
> Sejas o que fores, se eu conseguir tomar *meu eu* comigo...
> *Eu* sou meu
> céu e meu inferno

Esse era o aspecto do novo Éden que Hegel temia. Na liberdade de seu vácuo, o homem poderia voltar-se passionalmente para a realidade social; e, então, sua liberdade se tornaria

> o fanatismo de despedaçar a ordem social estabelecida, de remover todos os indivíduos suspeitos de abrigar a ordem em sua existência e de aniquilar cada tentativa de reorganização. Apenas ao destruir algo, a sua vontade negativa tem o sentimento de sua própria existência. Mesmo se acredita querer um estado positivo, como, por exemplo, o estado de igualdade geral ou de vida religiosa geral, não quer de fato a realização disso, pois assim se restabeleceria a própria ordem (...) de cuja aniquilação esta liberdade negativa extrai sua autoconsciência. Portanto, o que esta liberdade acredita querer não pode ser senão uma concepção abstrata, e sua realização não deve ir além da fúria de destruição.

A passagem do parágrafo 5º da *Filosofia do Direito* (1821) tem seu valor mais imediato como uma descrição do ativismo niilista. Sua exatidão dificilmente poderá ser ultrapassada; não precisamos mudar nenhuma palavra, se quisermos aplicá-la aos casos contemporâneos deste tipo de consciência revolucionária. Mas a passagem é preciosa, acima de tudo, porque nenhum esforço satírico – e dificilmente esta seria a intenção de Hegel – poderia ter expressado mais perfeitamente a deformação da *creatio ex nihilo* do que o símbolo "Liberdade do Vácuo". Quando o homem contrai o céu e o inferno em seu ser, quando transmogrifa a existência numa contrafação de Deus, quando transforma sua *criatura* num *criador*, o *Nihil* do Começo se transformará no *nihil* de sua existência. Do absoluto deste *nihil* ele tem de projetar os mundos de sonhos que devem substituir o mundo feito por Deus – sejam eles o imaginário de artistas e poetas, ou os sistemas de pensadores especulativos, ou os sonhos de metástases sociais, através da violência revolucionária. A Liberdade do Vácuo, empregada como categoria de interpretação, fará inteligível a conexão entre manifestações da liberdade tão variegadas que a raiz comum delas no niilismo da existência contraída não apenas não pode ser imediatamente discernida, mas dificilmente será suspeitada.

Um vácuo humano não é o *Nihil* divino, mas uma deformação que o homem faz de sua humanidade em seu contexto histórico e social. Os sonhos que surgem do vácuo são carregados de desejos e aversões, conhecimento e ignorância, perspicácia intelectual e estupidez, sensibilidade moral e imbecilidade de um homem concreto. Acima de tudo, os mundos criados são marcados pela opacidade de uma consciência que já não pode arrancar a linha entre a realidade e a imaginação. Dessa opacidade surgem as várias dificuldades de criadores de mundos para entender seu próprio mundo como imaginário, ou reconhecer num companheiro criador o irmão irritante. O aspecto mais fascinante do Hegel desta passagem é a inabilidade do autor de ver que a destruição revolucionária é engendrada pelo mesmo tipo de vácuo do qual surge a própria deformação que Hegel faz do Espírito Santo num *Geist absoluto* que deve obter a totalidade da revelação aqui e agora no sistema de Hegel. Esta opacidade de entendimento determina certas situações típicas que se repetem, mais ou menos tediosamente, através dos séculos: o Voltaire deísta se choca quando os filósofos mais jovens se tornam ateus; o construtor de sistemas Hegel aborrece a fúria de destruição; e nossos professores neo-hegelianos contemporâneos ficam chocados quando seus alunos respondem à "teoria crítica" com violência não crítica. Leva anos, na verdade, para inserir o vácuo numa força social, viver através das variantes possíveis de sonho, corroer a opacidade da consciência através da fricção constante entre a imaginação e a realidade, levá-la à consciência reflexiva como uma estrutura no eu fechado, e desenvolver as categorias pelas quais o fenômeno da existência deformada possa ser inteligível. Tinha de passar um longo tempo antes que "O Éden levantado no imenso deserto" se transformasse no "monte de imagens partidas" de T. S. Eliot, em "lixo pétreo" em *A Terra Desolada* (1922), antes que os mundos dos imaginadores se transformassem no "reino de sonho" de "Os homens ocos" (1925). E mesmo quando são conhecidos pelo que são –

> Nós somos os homens ocos
> os homens empalhados
> Uns nos outros amparados
> O elmo cheio de nada. Ai de nós![3] –

não vimos até agora o último deles. Homens mortos morrem com dificuldade. Encontramo-los de novo, por exemplo, no inferno de *Huis-Clos* (1944) de Sartre, onde eles, translucidamente, no melhor estilo de uma sociedade pluralista, penetram a opacidade uns dos outros. E quando tudo se tornou claro, e quando nada é deixado por dizer, eles continuam fazendo tudo de novo. A "Energia é o Prazer Eterno", de Blake, o *sim* de Nietzsche ao Eterno Retorno, transformaram-se no desespero de Sartre: "Eh, bien, continuons".[4] Não há nenhum fim à vista. É enorme a pressão dos Edens que nos cercam. Mesmo hoje, quando o jogo já está próximo de nosso entendimento quanto possível, não é fácil para o homem escapar do Éden e reconquistar a realidade do mundo em que o paraíso está perdido.

---

[3] T. S. Eliot, *Poesia*. Trad. Ivan Junqueira. Rio de Janeiro, Nova Fronteira, 2006, p. 133.

[4] Eh! Bem! Continuemos. (N. T.)

A opaca Liberdade do Vácuo de Hegel se transformou na opacidade da consciência de Sartre de que o homem é condenado a ser livre. Com cada virada da história, os autointitulados criadores parafusam o Éden mais profundamente no inferno deste. Essa obsessão sem esperança de girar o parafuso do *nihil* se tornou para alguns a marca da época que até recebeu um nome – Ernst Bloch a chama o *Prinzip Hoffnung*.[5] Onde, nessa história do jardim, colocamos o *Giro* de James?

Henry James cultiva seu jardim entre a criação exuberante de novos mundos no despertar da Revolução Francesa e a explosão do inferno que começa com a Primeira Guerra Mundial. Historicamente, seu período de vida e trabalho se localiza na bonança entre as grandes erupções. Geograficamente, então, seu jardim é localizado na orla de fora da tempestade, na América e na Inglaterra. A obra de James mal é tocada pela turbulência continental de mundos ideológicos. O jardim de *O Giro* é o parque que circunda uma casa de campo inglesa. E, finalmente, há algo abafado acerca do drama ocorrido no jardim e suas *personae*. Pois James emprega símbolos com o propósito de atenuar, no sentido de distorcer a realidade ao velar ou subjugar-lhe a força. Somos lembrados de que *atenuação* [understatement] é um neologismo do final do século XVIII. Como *otimismo*, *pessimismo* e *niilismo*, pertence à nova disposição de símbolos engendrados pelo fechamento da existência. Tem as qualidades edênicas que podem misturar-se como a "educação cristã", mantendo um meio entre a Alta Igreja e o Puritanismo, da Rugby de Thomas Arnold, na "nobreza" peculiarmente novecentista. O jardim de James é um Éden muito inglês.

Esta disposição de nobreza pode tornar-se fantasmagórica, como ocorre em *O Giro*. Henry James, que não acreditava em fantasmas, queria escrever uma história de fantasmas "crível", e se saiu tão bem que interpretar *O Giro* se tornou um exercício irresistível para críticos literários, que presumivelmente tampouco acreditam em fantasmas. Esse acontecimento estranho prova que cada leitor da história, mesmo se não pode penetrar-lhe as

---

[5] Princípio de Esperança. (N. T.)

complexidades em cada pormenor, sentirá: *O Giro* não é uma "história de fantasmas", mas uma apresentação de problemas bem humanos num disfarce peculiar. É o drama atenuado, simbolisticamente velado, da alma puritana que se tornou gentil. O problema do Éden de Milton, como diagnosticado por Blake, pode ainda ser discernido na estrutura de *O Giro*. Que James escolha uma "história de fantasmas" para expressar a disposição deste Éden atenuado é um golpe soberbo de realismo.

Em *O Giro do Parafuso*, o tema do jardim se tornou tão elaborativamente articulado que não resta dúvida quanto a sua ancestralidade. Mas menos distinto, mais alusivo, suas variações perpassam amplamente a obra de James. Lembro apenas uma ou duas das *nouvelles* cujo formato comparável impõem uma economia comparável de símbolos. Em *An International Episode* [Um Episódio Internacional] (1878), o lorde inglês quer transplantar a moça americana do jardim da irmã dela em Newport para o parque do lar ancestral dele, na Inglaterra. Mas o caso não se realiza. Pois o portão até o Éden inglês está "com faces terríveis amontoadas" na forma de parentas pesadonas que protegem o Adão delas no jardim dele contra serpentes disfarçadas de moças americanas. Além disso, houve um erro em herpetologia. Pois a moça recebeu sua educação em "Boston", talvez ela tenha aprendido algo do irmão de Henry, William; de qualquer modo, ela se tornou sábia para os Edens, tanto Newportenses quanto ingleses; e ela se recusa a fazer o papel de serpente. Então há os jardins de *Daisy Miller* (1878). O primeiro jardim no hotel em Vevey que, no verão, com seus turistas americanos, evoca um eco de Newport e Saratoga – ou seja, o jardim onde o potencial caso com um americano de letras não se realiza; de novo parcialmente porque uma parenta vigia seu Adão perto demais para cometer um erro. O segundo jardim é o Coliseu em Roma, onde Daisy, agora, mudando-se para a companhia de um flerte italiano, tem um ataque fatal de febre. E então há o jardim final em *A Fera na Selva* (1903), onde o funcionário civil inglês descobre que o Éden de sua vida foi o cemitério do amor que ele não viveu. Além disso, no pano de fundo de *An International Episode*, há o negociante nova-iorquino que oferece o Éden de Newport para sua esposa enquanto ele mesmo está muito ocupado até para por os pés ali.

No pano de fundo de *Daisy Miller*, de novo encontramos o negociante americano que oferece a sua esposa e filha o Éden de viajar para o exterior. Ambos são reminiscentes do jovem esplêndido de Harley Street que não deve ser perturbado pelo que acontece no jardim. Há muito dinheiro em volta deste tipo de Éden, como nas mãos do historiador de literatura que, na perseguição fútil de *The Aspern Papers* (1888), pode gastar somas exorbitantes para alugar quartos num *palazzo* veneziano e restaurar seu jardim negligenciado. Os jardins começam a ramificar-se em ativismo sem descanso, existência ornamental em caras estações de águas, viajando em primeira classe sem propósito, ocupação literária financeiramente bem provida, sem um mérito visível, vidas vazias na esperança de algo grande que nunca acontece, e assim por diante. O mais deprimente acerca do jardim é, finalmente, a futilidade mortal desses homens que não podem tomar uma mulher e dessas mulheres que não podem sacudir um homem.

Há algo empoeirado no jardim jamesiano e sua humanidade deformada. É o empoeiramento que mais de uma vez senti em encontros com a arte simbolista – por exemplo no Museu Gustave Moreau em Paris onde a acumulação das obra do mestre subjuga o visitante com a riqueza pedante de sua esterilidade ornamental. Ou, mesmo mais fortemente, na Villa Franz von Stuck recentemente restaurada em Munique, onde o *somnambulisme idéal* de muros e tetos ornamentados implacavelmente oprimem tanto o visitante que é com um suspiro de alívio que ele escapa desta prisão que o artista construiu para si mesmo. Isso não é uma censura aos artistas como mestres de seu ofício; ao contrário, apenas porque eles são mestres é que podem dispor de um defeito, que, de outro modo seria uma matéria privada, uma envergadura que chama a atenção pública. O julgamento diz respeito, não à qualidade estética, mas à qualidade existencial da obra. A obra-prima de apresentação intensifica a impressão de empoeiramento feito pela realidade, ou, melhor, pela irrealidade apresentada; e a dubiedade de existência expressa deslustra a obtenção de sua expressão. Na obra de Henry James, a impressão é primeiramente causada pelo pó que fica nas figuras quando o autor, com habilidade consumada, desenrola a futilidade da existência deles, mas a partir das figuras se espalham as maravilhas da linguagem, imaginação e interpretação investidas em sua criação.

O defeito existencial que se sente nas obras de arte simbolistas não pode ser dissolvido em questão de "conteúdo" e "forma". Já que a mácula cai na obra como um todo, e o mundo da obra espelha a consciência de seu criador, ela, ao contrário, levantará questões quanto à relação do "autor" e a "obra". Pode-se admirar a perfeição imaculada da prosa em *Les Chant de Maldoror* e ainda assim pôr de lado o livro, desgostoso porque Lautréamon, embora seu fado evoque compaixão, é um chato deplorável que chafurda em sua variedade de deformação *ad nauseam*. O exemplo é extremo, mas ilumina a questão da consciência numa obra de arte: o defeito da obra reflete uma urdidura na consciência do autor acerca da realidade, ao passo que o modo de fechamento na existência do autor traduz em si mesmo uma falta de distanciamento crítico na obra. O autor participa da deformidade que explora tão fortemente em si mesmo que não pode colocar suas figuras no horizonte aberto de uma consciência completamente irônica, cômica ou trágica. Como consequência, não pode caracterizar suas figuras pela sombra que a deformidade delas lançaria se não fossem expostas à luz da realidade aberta, mas se tornará, ao contrário, um "realista" que descreve uma deformação real da realidade sem estar muito certo quanto à realidade deformada.

Mesmo num caso extremo, entretanto, a distância crítica não pode ser abolida juntamente; pois se não houvesse nenhuma distância, não haveria nenhuma obra de arte, mas apenas uma síndrome do homem de seu estado patológico. Se a deformidade não pode ser expressa sob a ótica de existência aberta, pode ainda ser apresentada por meio de símbolos que, eles mesmos, foram engendrados pelas experiências de privação e sofrimento, de realidade perdida e de sofrimento pela perda. Ao lado dos símbolos que indicam perdas específicas, pode-se desenvolver até um simbolismo que expressa a perda fundamental da própria abertura. A consciência de ter perdido a liberdade de movimento no cosmos aberto, de estar fechado dentro de si mesmo, e dos estados de ansiedade e alienação que acompanham tal contração, pode tornar-se tão aguda, na verdade, que a prisão sem esperança de fuga é descoberta como o simbolismo que expressa mais convincentemente este estado de privação, como nos *Cárceres*, de Piranesi, ou na *Colônia Penal*, de Kafka. O homem que se contrai num Eu pode estar tão a par do mundo aberto lá fora que ele simboliza seu próprio estado de encarceramento. Ele não está aflito com a cegueira diante do cosmos aberto, mas deforma-lhe a realidade, enquanto está consciente de deformá-la. Portanto, a falta de distância crítica não é um defeito que um conhecimento melhor poderia superar. O homem que está afligido por isso está na posse deste conhecimento melhor; ele sabe de sua aflição e de sua natureza. No século XIX, o caso mais famoso de sofrimento, com inteira consciência, da aflição é Nietzsche. Sua autoanálise de existência fechada dificilmente poderá ser superada. Por toda a sua obra perpassa o diálogo com Pascal, centrando-se no problema da Graça como o ponto decisivo de fechamento: Nietzsche sabe que sua recusa em participar na realidade do cosmos divinamente ordenado, sua recusa de abrir-se para a Graça – no simbolismo de Henry James, a interceptação de comunicações – é a causa de sua aflição. E, no entanto, a despeito desse conhecimento íntegro, ele persiste em sua contração e desenvolve desafiadoramente o símbolo do *Super-homem* que estende a graça a si mesmo.

Penetrai o leitor crítico. A vida dele é afligida por uma "época" em que os aflitos são figuras públicas; ele não pode escapar da cena que elas dominam; o infortunado, como todos sabemos, pode ser muito importuno. Ainda assim, ele pode esperar. Não é obrigado a fingir que doença é saúde, ou que os homens que sofrem em público não o importunam *à dormir debout*. Acima de tudo, ele não precisa fingir que a perda de realidade de que eles sofrem tão brilhantemente não é um fingimento que lhes mantém o sofrimento. Ele pode até voltar-se para sua aflição com a "época" para algum lucro, ao estudar a estrutura da consciência que aflige. Ele sabe que na consciência do homem a realidade se torna luminosa a si mesma; e os casos presentes mostram que a realidade não deixa de ser luminosa, quando um homem contrai sua existência. Dentro da falta de distância crítica, o homem que sofre do defeito desenvolve uma nova distância crítica de sua deficiência. Contanto que o leitor não esteja suficientemente familiarizado com o fenômeno, ele pode esperar que esta distância crítica secundária, em algum tempo, se emparelhe com a deficiência primária dela, de tal modo que o defeito existencial se dissolverá na consciência de si mesmo. Um leitor incauto de *O Castelo* ou *O Processo* de Kafka, por exemplo, pode aguardar ansioso pelo momento quando o analista soberbo do tormento se transformará naquele que cura. Mas o momento não chega nunca, nem em Kafka, nem em Nietzsche. Este é o ponto em que o leitor crítico que, por definição, não é afligido pela contração de existência se dá conta de que está afligido junto com o autor, qualquer que possa ser a aflição do autor. Se o autor atrasa indefinidamente o momento da verdade em que a opacidade de sua consciência se deveria dissolver em luminosidade, aquele outro momento de verdade virá, quando o leitor sente o empoeiramento da obra. Tão logo se desgaste a magia lançada pela obra, ele se lembrará do dito de Karl Kraus: a perversão é divertida, mas, a longo prazo, tediosa.

Retornando a Henry James. O fechamento da existência é o problema desta obra. Mas, como se não bastassem as complexidades de uma consciência que tem distância de sua deficiência, o leitor crítico encontra as dificuldades posteriores causadas pela reserva cortês de James. Talvez *reserva fastidiosa* seria *le mot plus juste*[6] para uma prática cuidadosamente cultivada de estilo a que James, às vezes, se refere como seu "bom gosto". Sua disposição edênica de atenuação não permitirá nem o grito de sofrimento, nem a simbolização desafiadora do homem em revolta. Acima da superfície lisa surgem todas as grandes elevações que o leitor pode empregar como um guia para a estrutura da consciência que informou a obra dele. Portanto, numa primeira tentativa de entendimento crítico, ele tem de confiar em impressões gerais, e não em seguir o fio de um padrão claramente discernível de símbolos – e as impressões se misturarão.

Supondo-se que o leitor tomará contato com o autor através de uma de suas *nouvelles*, e não por *O Giro do Parafuso*, ele se

---

[6] A palavra mais própria. (N. T.)

impressionará com o poder de observação de James, com sua ironia perceptiva, e com a força de seu intelecto em desenvolver os caracteres e as histórias destes. A distância crítica entre o autor e sua obra parece ser considerável: as figuras, em busca de uma realidade que elas, de algum modo, perdem, são para James mais do que objetos curiosos de estudo realista; ele está consciente da deformidade que as compele a criar os *cárceres* em seus Edens; e ele não deixa nenhuma dúvida quanto a elas serem almas perdidas que confundem as diversões oferecidas pelo mundo com sua realidade e são apanhadas em seu erro. Por esta primeira impressão, o interesse do leitor aumenta. Ele quer ver mais do mundo através dos olhos de um autor que poderia produzir esta joia de *nouvelle*; ele quer assistir à *comédie humaine* em que este estudo de existência fútil, supõe ele, pode ocupar não mais do que um lugar subordinado; e acima de tudo, ele quer ver a mente do autor trabalhando na existência aberta que parece formar o pano de fundo de seu estudo irônico de fechamento. Mas quando o leitor, então, continua, partindo de onde ele pode considerar um exercício menor das habilidades do autor em relação a outras obras dele, ele ficará decepcionado ao descobrir tal estudo de deformidade existencial seguindo outro. O mundo que poria esses não mundos de vidas estragadas em perspectiva crítica de algum modo não abre. Ele se perguntará por que o autor deveria dedicar-se a essa busca incansável de deformidade, e talvez articulasse seu espanto com um pergunta que Henry James deixa que uma de sua figuras faça em *The Wings of the Dove* [As Asas da Pomba]:

> Por que um grupo de pessoas foi colocado em movimento, em tal escala e com um ar de estarem equipadas para uma viagem rentável, apenas para quebrarem, sem um acidente, e se esparramarem na beira da estrada poeirenta, sem um motivo?

Por que, na verdade? Temo que não haja uma resposta certa para a pergunta. Esta preferência, sem uma razão, pela beira da estrada poeirenta, embora o homem esteja aberto a uma viagem rentável, não é o problema apenas de Henry James; é a marca da "época" que ameaçou carimbar mais de uma figura pública. Além disso, o perigo foi notado por ninguém menos que o próprio irmão de Henry, o pensador William. Numa carta de 4 de outubro de 1908, William James avisou Bertrand Russell:

> Minhas palavras finais para ti são "Dize adeus à lógica matemática se quiseres preservar tuas relações com as realidades concretas!" Tive hoje de manhã uma conversa de três horas com Bergson, o que talvez justifique esta jaculatória!

Mas a grande abertura de William James e de Henri Bergson não encontrou nenhuma sucessão digna, ao passo que a lógica matemática ainda mantém seu grau entre os vários Edens que os filósofos criaram para si.

As impressões mistas são causadas pela ambiguidade de uma consciência que não quer dissolver a opacidade de que está consciente. Embora não haja dúvida acerca da estrutura do defeito, a forma que a ambiguidade assume concretamente não é fácil de afirmar, porque na obra, em geral, é mais ou menos coberta pelo "bom gosto" do autor. Em *O Giro do Parafuso*, entretanto, a variedade jamesiana de fechamento se torna moderadamente clara, porque nesta *nouvelle* o autor escolheu fazer temática a ambiguidade e expressá-la por meio de símbolos com uma ancestralidade reconhecível. No entanto, por algumas razões, a clareza obtida não é mais do que moderada. Em primeiro lugar, uma autointerpretação da consciência ambígua não pode nunca ser criticamente clara no sentido que poderia empregar símbolos de existência aberta, pois, se isso fosse possível, a contração da existência se teria dissolvido e nenhuma ambiguidade seria deixada por interpretar. A linguagem de arte simbolista pertence, ao contrário, à classe semicrítica que é representada pelo símbolo "prisão". No emprego de tais símbolos, entretanto, que são engendrados pela própria experiência de consciência ambígua, James aparentemente estava embaraçado por sua disposição de atenuação; sua nobreza era relutante em reconhecer símbolos tão crassamente realçados como "prisão" ou "estender a graça a si mesmo". E, por fim, mesmo os símbolos que ele emprega, ele não os emprega incisivamente. Chamei a atenção para a aura de indistinção que cerca um grupo distinto de simbolização, assim como para a neblina de significado que perpassa *O Giro* como um todo. Esta falta de decisão em seu emprego não pode ser atribuída a um defeito nos símbolos, pois a simbolização da ambiguidade pode ser soberbamente clara, como sabemos através de muitos exemplos de Baudelaire a Beckett. Não tenho nenhuma explicação para essa aparente relutância em deixar que os símbolos empregados desenvolvam todo o seu poder organizador em *O Giro*, a não ser que seja a disposição particularmente jamesiana da atenuação que empurrará a distorção edênica da realidade para tão longe que nem sequer a estrutura intelectual da distorção deve tornar-se inteiramente visível. Qualquer que seja a resposta ao enigma, há uma brecha entre o conjunto de perceptividade simbolista de James e a energia de sua penetração intelectual. Essas limitações de Henry James como um simbolista têm de ser entendidas, se se quiser evitar a sobrevalorização ou desvalorização de *O Giro*. James nunca empregou símbolos com a mestria intelectual de um Flaubert em sua *Tentation de Saint Antoine* (1874) ou de um Anatole France em seu *Thais* (1890), para mencionar duas obras contemporâneas de seus próprios esforços. Mas, então, de novo, o tratamento algo impreciso que ele dá aos símbolos não deve cegar o leitor para a perceptividade de James para os problemas que ele quis simbolizar.

No entanto, feitas devidamente todas as qualificações, em *O Giro do Parafuso*, Henry James desenvolveu um simbolismo impressionante, suficientemente bem organizado para impor sua lógica na estrutura e significado da história. Acerca de suas principais partes componentes e de sua ancestralidade, começando pelo paraíso não perdido de Milton, já se disse o suficiente para colocar a variante jamesiana de existência fechada em seu contexto histórico. Mas nada se disse ainda acerca do mito andrógino pelo qual James mantém as partes componentes no lugar e dá sua marca pessoal ao simbolismo, como um todo. Em conclusão deste *post-scriptum*, portanto, uma palavra sobre este mito de perfeição e sobre a função que tem no imaginário jamesiano do Éden.

Na carta a Heilman, descrevi como James deixa o mito representar-se na história. Há, primeiro, a série de identificações espectrais do jovem em Harley Street com Quint, de Quint com o garoto, da senhorita Jessel com a governanta e a garota; há, em segundo lugar, a relação sexual entre Quint e a senhorita Jessel; há, em terceiro lugar, a relação de irmão e irmã entre o garoto e a garota; de tal modo que, em quarto lugar, passando pelas identificações, as pessoas do drama estão ligadas por um relacionamento incestuoso. Além disso, resumi o significado da peça na suposição de que "a concepção metafísica última de James vai até uma visão do drama cósmico do bem e do mal como um caso incestuoso na divindade". O que não pude entender, à época, era a conexão entre um drama da alma puritana e o motivo do "incesto".

Vinte anos atrás, eu estava tão insuficientemente familiarizado com o significado do mito andrógino que sua aparição em *O Giro* não se associou nem mesmo com o que eu já sabia sobre ele na época: o mito de Swedenborg do homem perfeito, o grande reatamento do androginismo de Swedenborg na *Séraphitai* de Balzac, o swedenborguianismo do pai de Henry James. Hoje, a função do erotismo andrógino na constituição dos Edens modernos tornou-se uma matéria de conhecimento comum. Menciono apenas *Romantic Agony* [Agonia Romântica] (1930; 2ª edição, 1951), *La Coincidentia Oppositorum et le Mystère de la Totalité* [A *Coincidentia Oppositorum* (coincidência dos opostos) e o Mistério da Totalidade] (1959), de Mircea Eliade, e *Symbolismus und die Kunst der Jahrhundertwende* [Simbolismo e a Arte da Mudança do Século] (1965). Pode-se até chegar às linhas mais distantes da *imagem* de Rabelais para Gargântua na forma de um homem duplo, representando o começo místico da natureza humana no sentido do mito no *Banquete* de Platão, assim como do desenho exuberante de Rabelais para um contra-Éden erótico no monaquismo na Abadia de Theleme, na busca de uma perfeição imanentista através do incesto em *O Homem Sem Qualidades* de Robert Musil – não esquecendo, ainda contemporâneo de James, *Wälsungenblut* [O Sangue dos Valsungos] (1906). No século XX, então, o sonho de perfeição andrógina se espalhou para além das elites da arte simbolista e se tornou, numa transformação vulgar, o culto de massa do sexo, com o sexo edênico liberando seus viciados da realidade dos dois sexos que é a do homem. Sobre este fenômeno, um capítulo excelente pode ser encontrado na *Pathosophie* de Viktor Von Weizsäcker (1956; 2ª edição, 1967). Além disso, através de estudos em religião comparada, mitologia e arqueologia estamos agora claramente informados sobre a continuidade do mito andrógino na história da humanidade, voltando até as grandes civilizações antigas e até antes ao menos na pré-história neolítica.

Esta riqueza de informações retirará do motivo do incesto a aparência de estranhamento, mas ainda não lhe explica a função no simbolismo de *O Giro*. A este propósito tenho de considerar ainda uma estrutura muito insuficientemente reconhecida de mito como um meio de simbolização.

O mito androgínico antigo é parte de um espectro muito largo de especulação, dentro do meio do mito, na origem ou no fundamento do ser. Correspondendo à área de realidade que no caso concreto motiva a busca do fundamento, a especulação pode assumir as formas de teogonia, cosmogonia, ou antropogonia. Dentro dessas formas fundamentais, são possíveis variações de acordo com o tipo de criatividade escolhida como modelo, variando da procriação sexual, até a imposição demiúrgica de forma numa matéria informe, à criação espiritual *ex nihilo* através da palavra ou pensamento da divindade primordial. Outros tipos variantes podem ser motivados pelo sofrimento das tensões que pesa sobre a existência humana, como homem e mulher, bom e mal, ordem e desordem, perfeição e imperfeição, vida e morte. A unidade da realidade por trás dessas dualidades pode ser simbolizada como um deus ou homem andrógino primordial, como uma divindade que se manifesta tanto como o Deus bom quanto como Satã, como uma idade de outro antes de a vida ser rasgada pela disputa, como um paraíso antes da queda que trouxe a morte. Dentro deste espectro largo, os vários tipos e subtipos podem combinar-se e interpenetrar-se, como o agrupamento de realidade que no caso concreto motivou o esforço especulativo pode exigir, pois os fenômenos do espectro têm em comum o caráter de tentativas de simbolizar a unidade última experienciada na diversificação da realidade cósmica. A mitoespeculação não é uma *via negativa* meditativa de um filósofo ou de um cristão em direção ao fundamento divino do mundo e do homem. A divindade do mito não é transcendente do mundo, mas intracósmica; e a simbolização mitoespeculativa da unidade divina será, portanto, tão diversificada como a experiência primária da realidade cósmica. Os símbolos mitoespeculativos podem ser livremente combinados e misturados, porque sua diversidade é translúcida para a unidade divina do fundamento. Apenas um exame de todo o espectro apresentaria, para uma sociedade primitiva, o equivalente de uma meditação mística diferenciada sobre o fundamento. Portanto, os símbolos que pertencem a um espectro não podem ser tratados como fenômenos isolados, ou perderão o significado que decorre de o ser deles ser engendrado por uma experiência compacta de realidade cósmica que pode ser simbolizada apenas por meio de um espectro.

Os símbolos do mito antigo retêm a propriedade do espectro, mesmo se forem cortados da experiência original de abertura para o cosmos e forem empregados para expressar problemas modernos de fechamento – uma transposição acerca da qual falaremos em breve. Em *O Giro do Parafuso*, o que por brevidade chamei o mito andrógino é de fato parte de um espectro que também inclui outras simbolizações de unidade na diversidade, como a unidade de Deus e Satã, bem e mal, e o paraíso cristão antes da queda e da morte. Se o intérprete arrancar ao simbolismo como divisado por James qualquer das partes, perder-se-á o significado que é levado pelo todo em que as partes se sustêm. A destruição do significado é particularmente grave quando não uma parte, mas apenas uma parte de uma parte, como o motivo de "incesto", é isolada para interpretação. Pois "incesto" não é nada em si, mas recebe sua aura peculiar de uma violação da ordem sagrada do contexto do mito androgínico. Não há nenhum "incesto" no reino animal. "Incesto" é possível apenas onde uma consciência espiritual experiencia a divisão dos sexos como a parte do homem que é envolvida no processo de procriação, nascimento e morte, de tal modo que o cometimento de "incesto" pode ser experienciado como a chegada à unidade divina para além dos limites que são estabelecidos ao homem pelos deuses.

O incesto, para cima ou para baixo nas gerações, assim como dentro de uma geração, é permissível numa teogonia como a hesiodiana, mas não é permitida a Édipo. Isolar o "incesto" deste contexto, que em *O Giro*, na verdade, ele tem, e submetê-lo ao tratamento à luz de alguma psicologia sexual imanentista, é um ato de vandalismo que destrói o significado que Henry James pretendeu que o simbolismo tivesse.

Mas *O Giro* não é um simbolismo antigo, engendrado pela experiência primária dos cosmos; é uma obra moderna da arte simbolista. Os mitopoetas antigos estavam criticamente conscientes do caráter não edênico da realidade. Quando desenvolveram símbolos especulativos dentro do meio do mito, sabiam que estavam simbolizando *le mystère de la totalité* num cosmos cuja ordem estava desfigurada pela luta, injustiça, irracionalidade e morte. Além disso, eles não eram analfabetos espirituais que transformariam um símbolo engendrado por uma experiência de imperfeição num programa de perfeição neste mundo. Eles não giraram o parafuso do *nihil* como fizeram os modernos sonhadores dos Edens imanentes. Mircea Eliade chamou esta perversão de significado de *dégradation du symbole*. Esta degradação ou perversão é o denominador comum no moderno emprego simbolista dos símbolos, no mesmo sentido que a experiência de realidade não edênica é o denominador comum da antiga mitopoese. Quando li *O Giro do Parafuso* pela primeira vez, meus próprios estudos de experiência e simbolização, de experiências compacta e diferenciada, de existência aberta e fechada, ainda não tinham avançado até a distinção de denominadores comuns que determina um modo de simbolização por longos períodos na história de uma sociedade. Em particular, eu ainda não estava ciente da possibilidade de que a simbolização pré-filosófica no modo de existência aberta, e da simbolização pós-filosófica no modo de fechamento, poderia ter a mesma estrutura de um espectro em que símbolos podem se combinar e misturar. Não pude, portanto, compreender a conexão entre símbolos tão fenotipicamente diferentes como um drama da alma puritana e o famoso "incesto". No entanto, quando são vistos não como fenômenos isolados com ancestralidades largamente divergentes, mas como símbolos que obtêm seu significado do modo de fechamento que expressa, torna-se clara a conexão entre um paraíso miltoniano, um homem perfeito de Swedenborg, um Deus que é Satã, e uma alma jamesiana que se perdeu para seu orgulho.

Numa carta a Henry Adams, James escreveu sobre si mesmo: "Sou um monstro estranho, o artista, uma finalidade obstinada, uma sensibilidade infatigável". Sua sensibilidade respondia à existência deformada com tal exclusividade compassiva que algumas vezes surgira dúvida acerca de sua distância contemplativa do fechamento edênico que ele explora. *O Giro do Parafuso* remove tal dúvida, pois o drama no jardim se move inelutavelmente para o final infeliz. Henry James podia estar fascinado pela existência edênica, mas sabia que ela era o inferno da morte vivente.

7. Evangelho e Cultura[1]

O Comitê Diretivo honrou-me com o convite para dar uma preleção sobre "O Evangelho e a Cultura". Se entendi bem a intenção do comitê, eles queriam ouvir o que um filósofo tem para dizer acerca da dificuldade do Verbo de se fazer ouvido em nosso tempo e, se por acaso ouvido, de fazer-se inteligível aos que querem ouvir. Por que pôde o evangelho ser vitorioso no ambiente helenístico-romano de sua origem? Por que atraiu uma elite intelectual que restabeleceu o significado do evangelho sob a ótica da filosofia e, por este procedimento, criou uma doutrina cristã? Por que pôde esta doutrina tornar-se a religião do estado do Império Romano? Como pôde a igreja, passando por este processo de aculturação, sobreviver ao Império Romano e tornar-se a crisálida, como Toynbee a chamou, da civilização ocidental? – E o que arruinou esta força cultural triunfante, de tal modo que hoje as igrejas estão na defensiva contra os movimentos intelectuais dominantes do tempo e abaladas pela inquietação de dentro?

Que pedido! Tenho de dizer. Ainda assim, aceitei-o – pois para que serve a filosofia se não tem nada para dizer sobre as grandes perguntas que os homens do tempo podem acertadamente fazer? Mas, se considerardes a magnitude do desafio, entendereis que

---

[1] De Donald G. Miller e Dikran Y. Hadidian (Ed.), *Jesus and Man's Hope*. Pittsburgh, Pittsburgh Theological Seminary Press, 1971, p. 59-101. Reimpresso com permissão.

não posso prometer mais do que uma tentativa humilde de justificar a confiança do comitê e salvar a honra da filosofia.

I

Apontei as perguntas iniciais em direção à questão do evangelho e da filosofia, e devo começar apresentando um exemplo antigo e um novo em que a questão se tornou temática.

Ao absorver a vida da razão na forma da filosofia helenística, o evangelho da primitiva *ekklesia tou theou*[2] se tornou a cristandade da igreja. Se a comunidade do evangelho não tivesse entrado na cultura do tempo, entrando-lhe na vida da razão, teria permanecido uma seita obscura e provavelmente teria desaparecido da história; sabemos o fado da cristandade judaica. A cultura da razão, a seu turno, chegou a um estado que foi sentido por jovens ávidos como um impasse em que o evangelho parecia oferecer a resposta para a busca do filósofo pela verdade; a introdução ao *Diálogo* de Justino documenta a situação. Na concepção de Justino, o Mártir (morto em *ca.* 165 A.D.), o evangelho e a filosofia não apresentam ao pensador uma escolha de alternativas nem são aspectos complementares de verdade que o pensador teria de soldar na verdade completa; em sua concepção, o Logos do evangelho é, ao contrário, o mesmo Verbo do mesmo Deus como o *logos spermatikos*[3] da filosofia, mas num estado posterior de sua manifestação na história. O Logos se tornou operante no mundo desde a sua criação; todos os homens que viveram de acordo com a razão, fossem gregos (Heráclito, Sócrates, Platão) ou bárbaros (Abraão, Elias), foram, em certo sentido, cristãos (*Apologia 1.46*). Portanto, a Cristandade não é uma alternativa à filosofia, é a própria filosofia em seu estado de perfeição; a história do Logos chega à sua realização plena através da encarnação do Verbo em Cristo. Para Justino, a diferença entre evangelho e filosofia é uma questão de estágios sucessivos na história da razão.

---

[2] Igreja de deus. (N. T.)
[3] Palavra criadora. (N. T.)

Com esta afirmação primitiva da questão, devemos agora examinar um recente pronunciamento sobre ela. Eu a tiro de *De Nieuwe Katechismus* de 1966, comissionado pela hierarquia da Holanda e chamado convencionalmente de *Dutch Catechism* [Catecismo Holandês]. Seu capítulo inicial tem o título "O homem, o questionador"; e na primeira página encontramos a seguinte passagem:

> Este livro (...) começa perguntando qual é o sentido do fato de existirmos. Isso não significa que começamos tomando uma atitude não cristã. Significa simplesmente que nós também, como cristãos, somos homens com mentes inquiridoras. Temos de estar sempre prontos e capazes de explicar como nossa fé é a resposta para a questão de nossa existência.

A passagem, embora falta de elegância, é muito apropriada filosoficamente. Sua falta de jeito bem intencionada lança uma corrente de luz nas dificuldades em que as igrejas se encontram hoje. Notai acima de tudo a dificuldade que a igreja tem com seus próprios fiéis que querem ser cristãos ao preço de sua humanidade. Justino começou como uma mente inquiridora e deixou sua busca, depois de ter tentado as escolas filosóficas da época, e acabou descansando na verdade do evangelho. Hoje a situação é o inverso. Os fiéis estão descansados num estado de fé não inquiridora; o metabolismo intelectual deles tem de ser agitado com o lembrete de que o homem deve ser um questionador, que um fiel que é incapaz de explicar como sua fé é uma resposta para o enigma da existência pode ser um "bom cristão", mas é um homem questionável. E podemos acrescentar o lembrete, relembrando, gentilmente, que nem Jesus nem seus seguidores a quem ele falava sua palavra sabiam que eram cristãos – o evangelho estendeu sua promessa, não a cristãos, mas a pobres de espírito, ou seja, às mentes inquiridoras, mesmo se estivessem num nível culturalmente menos requintado do que o de Justino. Por trás da passagem esconde-se o conflito, não entre o evangelho e a filosofia, mas, ao contrário, entre o evangelho e sua possessão não inquiridora como doutrina.

Os autores do *Catecismo* não tratam superficialmente deste conflito; eles antecipam a resistência à sua tentativa de encontrar a humanidade comum dos homens em serem questionadores sobre o sentido da existência; e protegem-se contra más compreensões muito prontas, ao afirmarem ao leitor que não querem "tomar uma atitude não cristã". Supondo que eles pesaram cuidadosamente cada sentença que escreveram, esta cláusula defensiva revela um ambiente em que não é costumeiro fazer perguntas, onde o caráter do evangelho como uma resposta foi tão perversamente obscurecido por seu endurecimento numa doutrina estanque que fazer a pergunta a que ela pretende responder pode ser suspeito de "uma atitude não cristã". Se esta, entretanto, é a situação, os autores têm boa razão para estar preocupados de fato. Pois o evangelho como uma doutrina que podeis tomar e serdes salvos, ou deixar e serdes condenados, é uma letra morta; encontrará indiferença, se não desprezo, entre as mentes inquiridoras de fora da igreja, assim como a inquietação do fiel de dentro que é não cristão o suficiente para ser o homem, o questionador.

A intenção do *Catecismo* é restaurar a mente inquiridora à posição que lhe é própria, é um primeiro passo judicioso em direção à reconquista, para o evangelho, da realidade que ele perdeu através do endurecimento doutrinário. Além disso, por mais hesitante e experimental que se possa mostrar na execução, a tentativa é um primeiro passo em direção à reconquista da vida de razão representada pela filosofia. Assim o erotismo de Platão da busca (*zetesis*) como a *aporein*[4] intelectualmente mais agressiva de Aristóteles reconhecem no "homem, o questionador" o homem movido por Deus para fazer perguntas que o levarão em direção à causa (*arche*) do ser. A busca em si é a prova da inquietação existencial; no ato de questionar, a experiência do homem de sua tensão (*tasis*) em direção ao fundamento divino brota na palavra da inquirição como uma prece para o Verbo da resposta. Pergunta e resposta estão intimamente relacionadas uma à outra; a busca se move na *metaxy*, como Platão a chamou, no Entremeio da pobreza e da riqueza, do humano e do divino; a questão é saber, mas

---

[4] Problematizar. (N. T.)

seu conhecimento é ainda o tremular de uma pergunta que pode alcançar a verdadeira resposta ou perdê-la. Esta busca luminosa em que encontrar a resposta verdadeira depende de fazer a pergunta verdadeira, e perguntar a verdadeira pergunta depende da apreensão espiritual da resposta verdadeira é a vida da razão. O filósofo só pode deliciar-se com o conselho do *Catecismo* de tornar a "fé" responsável sob a ótica de uma resposta a perguntas acerca do significado da existência.

Pergunta e resposta são colocadas juntas, e relacionadas uma à outra, pelo acontecimento da busca. O homem, entretanto, embora seja verdadeiramente o questionador, pode também deformar sua humanidade ao recusar-se a fazer as perguntas, ou ao enchê-las de premissas projetadas para tornar a busca impossível. O evangelho, para ser ouvido, exige ouvidos para ouvir; a filosofia não é a vida da razão se está depravada a razão do questionador (Romanos 1,28). A resposta não ajudará o homem que perdeu a pergunta; e a condição da época presente é caracterizada pela perda da pergunta, e não da resposta, como viram bem os autores do *Catecismo*. Será necessário, portanto, recuperar a pergunta a que, na cultura helenístico-romana, o filósofo podia entender o evangelho como a resposta.

Uma vez que a pergunta diz respeito à humanidade do homem, é hoje a mesma que já foi no passado, mas hoje está tão perversamente distorcida pelo processo de desculturação do Ocidente que, primeiro, tem de ser desembaraçada da linguagem desordenada em que falamos indiscriminadamente acerca do significado da vida, ou do significado da existência, ou do fato da existência que não tem nenhum significado; ou do significado que deve ser dado ao fato da existência e assim por diante, como se a vida fosse dada e o significado uma propriedade que ela tem ou não.

Bem, a existência não é um fato. Se for algo, a existência é o não fato de um movimento perturbador no Entremeio da ignorância e do conhecimento, do tempo e da eternidade, da imperfeição e da perfeição, da esperança e da realização e, finalmente, da vida e da morte. Da experiência deste movimento, da ansiedade de perder a direção correta neste Entremeio de escuridão e luz, surge a inquirição concernente ao significado da vida. Mas não surge apenas porque a vida seja experienciada como uma participação do homem num movimento com uma direção que deve ser encontrada ou perdida; se a existência do homem não fosse um movimento, mas um fato, não apenas não teria nenhum significado, mas a pergunta do significado não poderia sequer surgir. A conexão entre o movimento e a inquirição pode ser vista melhor no caso de sua deformação por certos pensadores existencialistas. Um intelectual como Sartre, por exemplo, se vê envolvido no conflito sem saída entre sua suposição de uma faticidade de existência sem sentido e sua ânsia desesperada por dar-lhe um sentido das fontes de seu *moi*. Ele pode romper sua ligação com a inquirição do filósofo, ao supor que a existência seja um fato, mas não pode escapar de sua inquietação existencial. Se a busca é proibida de mover-se no Entremeio, se, como consequência, não pode ser dirigida para o fundamento divino do ser, tem de ser dirigida para um significado imaginado por Sartre. A busca, então, impõe sua forma mesmo quando está perdida sua substância; o imaginado fato da existência não pode permanecer tão sem sentido como está, mas tem de tornar-se a rampa de lançamento para o Ego do intelectual.

Esta destruição imaginativa da razão e da realidade não é uma idiossincrasia de Sartre; tem um caráter representativo na história, porque é reconhecidamente uma fase num processo de pensamento cujo modo foi estabelecido por Descartes. As *Meditações*, é verdade, pertencem ainda à cultura da busca, mas Descartes deformou o movimento ao coisificar seus participantes em objetos para um observador arquimédico fora da busca. Na concepção da nova metafísica doutrinária, o homem que experiencia a si mesmo como o questionador é transformado numa *res cogitans*[5] cujo *esse* tem de ser inferido de seu *cogitare*; e o Deus por cuja resposta estamos aguardando e esperando é transformado em objeto para uma prova ontológica de sua existência. O movimento da busca, além disso, o erotismo da existência no Entremeio do divino e humano, se tornou um *cogitare*, que demonstra seus objetos; a luminosidade da

---

[5] Coisa cogitante. (N. T.)

vida de razão transformou-se na claridade do *raisonnement*. Da realidade da busca, então, como ela se desintegra nas *Meditações*, são libertados três espectros que assombram a cena ocidental até hoje. Há, primeiro, o Deus que foi lançado para fora da busca e já não se lhe permite responder a perguntas: vivendo retirado da vida da razão, ele foi atrofiado num objeto de fé irracional; e, em intervalos apropriados, é declarado morto. Há, em segundo lugar, o *cogitare* do observador arquimédico fora do movimento: foi aumentado num monstro da Consciência de Hegel que deu à luz um Deus, o homem, e a história deste; este monstro ainda está engajado na luta desesperada para ter seu movimento dialético aceito como real no lugar do movimento real da busca no Entremeio. E, finalmente, há o homem do *cogito ergo sum* cartesiano: ele foi tristemente rebaixado no mundo, estando reduzido, como está, ao fato e figura do *sum ergo cogito* sartriano; o homem que outrora podia demonstrar não apenas a si mesmo, como até mesmo a existência de Deus, tornou-se o homem que é condenado a ser livre e quer urgentemente ser preso por editar um jornal maoísta.

As reflexões sobre a busca e sua deformação em nosso tempo foram levadas suficientemente longe para permitir algumas poucas conclusões concernentes à questão de sua recuperação. Primeiro de tudo, a praga da desculturação atingiu a filosofia ao menos tão gravemente como ao evangelho. Uma aculturação através da introdução da filosofia contemporânea na vida da igreja, a proeza dos *patres* no ambiente helenístico-romano, seriam hoje impossíveis, pois nem as igrejas têm nenhum emprego para sua razão deformada, nem os representantes da deformação fazem as perguntas para as quais o evangelho oferece a resposta. Em segundo lugar, entretanto, a situação não é tão sem remédio como pode parecer, pois a pergunta está presente no tempo, mesmo quando a razão está deformada. A busca impõe sua forma mesmo quando sua substância é rejeitada; os *philosophoumena* dominantes do tempo são claramente resíduos da busca. A desculturação não constitui uma nova sociedade, ou uma nova era na história; é um processo dentro de nossa sociedade, muito presente à consciência pública e levantando resistências. De fato, nestas mesmas linhas estou analisando o fenômeno da razão deformada, e reconhecendo-o como tal, pelos critérios da razão não deformada; e posso fazê-lo porque a cultura ocidental da razão está ainda muito viva, a despeito das aparências contrárias, para fornecer os critérios para caracterização de sua deformação. Esta última observação permitirá, em terceiro lugar, pôr de parte a propagação ideológica dos processos de desculturação como uma "nova era". Não vivemos numa era "pós-cristã", ou "pós-filosófica" ou "neopagã", ou na era de um "novo mito" ou de "utopismo", mas simplesmente num período de desculturação maciça através da deformação da razão. A deformação, no entanto, não é uma alternativa, ou um avanço para além da formação. Pode-se falar de um avanço diferenciador na luminosidade da busca desde o mito até a filosofia, ou desde o mito até a revelação, mas não se pode falar de um padrão de progresso diferenciador da razão para a irracionalidade. No entanto, e em quarto lugar, a desculturação do ocidente é um fenômeno histórico que se estende por séculos; o entulho grotesco em que a imagem de Deus se quebrou hoje não é a opinião errada de alguém acerca da natureza do homem, mas o resultado de um processo secular de destruição. Este caráter da situação tem de ser levado em conta se a pessoa não quiser descarrilar-se em variedades de ação que, embora sugestivas, dificilmente se mostrariam curativas. A questão da busca não pode ser recuperada, mexendo-se no entulho; sua recuperação não é questão de pequenos reparos, de colocar um esparadrapo aqui ou ali, de criticar este ou aquele autor cuja obra é um sintoma de desculturação, e não sua causa, e assim por diante. Nem se resolverá o conflito pelos diálogos famosos onde os parceiros não pisam nos calos uns dos outros, menos por causa de cortesia excessiva do que porque não sabem que calos precisam ser pisados. E menos ainda se pode alcançar algo, lançando doutrina correta contra doutrina errada, pois a doutrinação é precisamente o dano que foi infligido no movimento da busca. Não haveria hoje nenhuma doutrina de existência deformada, a menos que a busca tanto da filosofia quanto do evangelho não tivesse sido sobreposta pela doutrinação radical, assim da metafísica como da teologia na Idade Média tardia.

II

Somente a vida milenar da razão pode dissolver sua deformação secular. Não temos de ficar no gueto dos problemas prescritos pelos deformadores como contemporâneos ou modernos. Se a destruição pode datar de séculos, podemos recuar milênios, para restaurar a questão tão perversamente danificada em nosso tempo.

A pergunta que busca o significado da vida encontra sua expressão clássica na Grécia do V século a.C., quando Eurípedes desenvolve o simbolismo do duplo significado da vida e da morte:

> Quem sabe se viver é estar morto
> e estar morto é viver.

Platão resume as linhas de Eurípedes no *Górgias* (492e) e desenvolve o simbolismo no Mito do Julgamento dos Mortos pelo qual ele conclui o diálogo. Jesus resume o simbolismo, ao dizer: "Porque o que quiser salvar a sua alma (*psychen*) perdê-la-á, e o que perder a sua alma por amor de mim achá-la-á. Porque, de que aproveita ao homem ganhar todo o mundo, se vier a perder a sua alma? Ou que comutação fará o homem para recobrar a sua alma?" (Mateus 16,25-26). Paulo, finalmente, escreve: "Porque se vós viverdes segundo a carne, morrereis: mas se vós pelo espírito fizerdes morrer as obras da carne, vivereis" (Romanos 8,13). Poder-se-iam multiplicar as variantes. O caso conhecido mais antigo, embora ainda repousado na linguagem do mito cosmológico, pode ser encontrado num poema egípcio do terceiro milênio antes de Cristo. Mas deve-se lembrar, por causa de sua proximidade com o evangelho, o conselho do Sócrates platônico, seguindo o Mito do Julgamento dos Mortos, no final da *República* (621b-c): "salvou-se o conto (...) como a nós, também, poderá salvar, se lhe seguirmos os ensinamentos (...) sem mancharmos nossa alma (*psychen*). Se aceitardes meu conselho e admitirdes que a alma é imortal (...) manter-nos-emos no caminho ascendente e praticaremos de todo modo a justiça e a virtude. Só assim nos tornaremos amigos de nós mesmos e dos deuses".⁶ Paul Shorey está certo quando, em sua tradução da *República*, acrescenta uma nota de rodapé à frase "sem mancharmos nossa alma", referindo aos paralelos em Tiago 1,27 e 2Pedro 3,14.

Há direção na existência; e conforme a sigamos ou não, a vida pode ser morte, e a morte ser vida eterna. Os filósofos estavam cônscios de terem obtido uma iluminação de modo representativo para a humanidade. A pergunta expressa pelo duplo significado da vida e da morte é a pergunta de todo o mundo, e não apenas da existência do filósofo. Portanto, na *República*, o conto que foi salvo e agora é contado por Sócrates é atribuído a Er, o Panfílio, o homem de todas as tribos, ou da tribo de Todo o Mundo, que voltou da morte e contou a seus companheiros acerca do julgamento que ele presenciara no mundo subterrâneo. Todo o Mundo pode perder-se na rede da existência e, tendo retornado de sua morte para a vida, pode contar o conto de seu significado. Além disso, por trás do conto está a autoridade da morte representativa sofrida por Sócrates pela verdade dela. A *Apologia* conclui com o adeus irônico aos juízes: "Mas, está na hora de nos irmos: eu, para morrer; vós, para viver. A quem tocou a melhor parte, é o que nenhum de nós pode saber, exceto a divindade".⁷

A nova iluminação se tornou socialmente eficaz através do monumento que Platão erigiu a ela em sua obra. Ao tempo de Cristo, quatro séculos depois, tornara-se a autocompreensão do homem na cultura da *oikumene* helenístico-romana; e de novo a verdade universal da existência tinha de ser ligada a uma morte representativa: o episódio dramático de João 12 é o equivalente cristão da *Apologia* do filósofo. O evangelista narra a entrada triunfal de Jesus em Jerusalém. A história de Lázaro se espalhou, e a multidão acotovela-se para ver e saudar o homem que pode levantar os mortos para a vida. As autoridades judaicas querem tomar medidas contra ele, porque ele lhes tira o povo, mas, naquele momento, eles devem ser cautelosos: "Vedes vós que nada

---

⁶ *A República*. 3. ed. Trad. Carlos Alberto Nunes. Belém, Editora UFPA, 2000. (N. T.)

⁷ *Apologia de Sócrates*. 2. ed. Trad. Carlos Alberto Nunes. Belém, Editora UFPA, 2001. (N. T.)

aproveitamos? Eis aí vai após ele todo o mundo (*kosmos*)".[8] Este mundo das autoridades judaicas, no entanto, não é o mundo ecumênico que Jesus quer desenhar para si mesmo. Apenas quando um grupo de gregos se aproxima de Filipe e de André, e esses apóstolos de nome grego falam a Jesus do desejo dos gregos de vê-lo, é que ele pode responder: "É chegada a hora em que o Filho do homem será glorificado" (12,23). Os gregos estão chegando – a humanidade está pronta para ser representada pelo sacrifício divino. O Jesus joanino pode, portanto, continuar:

> Em verdade, em verdade, vos digo, que se o grão de trigo, que cai na terra, não morrer; fica ele só: mas se ele morrer, produz muito fruto. O que ama a sua vida, perdê-la-á: e o que aborrece a sua vida neste mundo, conservá-la-á para a vida eterna. Se alguém me segue, siga-me: e onde eu estiver, estará ali também o que me serve. Se alguém me servir meu Pai o honrará.

Nos Evangelhos Sinóticos, assim como no *Górgias* e na *República*, a pergunta da vida e da morte aparece apenas nas formas de iluminação, persuasão e admoestação (Mateus 10,39; 16,25; Lucas 14,26; 17,33); em João 12, assim como na *Apologia*, é vivida pelo sofredor representativo, de tal forma que a iluminação se torna a verdade da existência na realidade pela autoridade da morte. Mesmo o Demônio que sustentou Sócrates em seu caminho, ao não levantar sua voz de aviso, tem seu equivalente na reflexão de Jesus:

> Agora presentemente está turbada a minha alma. E que direi eu? Pai, livra-me desta hora. Mas para padecer nesta hora é que eu vim a ela. Pai, glorifica o teu nome.[9]

À prece de submissão da alma perturbada o céu respondeu com um reboo de trovões – os historiadores ainda não estão certos se o trovejador foi Zeus ou Javé – e àqueles que têm ouvido para ouvir, o trovão veio como uma voz: "Eu não só o tenho já

---

[8] João 12,19. (N. T.)
[9] João 12,27. (N. T.)

glorificado, mas ainda o glorificarei".[10] Confiante na voz do trovão, conclui Jesus:

> Agora é o juízo (*krisis*) do mundo (*kosmos*): agora será lançado fora o príncipe deste mundo. E eu quando for levantado da terra, todas as coisas atrairei a mim mesmo.[11]

O aparecimento dos gregos é peculiar a João; não os encontramos nos Evangelhos Sinóticos. A interpretação que dei funda-se na forma literária de João de deixar uma narrativa de acontecimentos ou de sinais ser seguida pela exposição de seu significado através da resposta de Jesus, mas o leitor deve estar a par de que a maior parte dos comentadores tendem a subestimar os gregos, a fim de assimilarem o intento de João 12 à tradição sinótica. Ainda assim, não vejo nenhuma razão por que ao autor se devesse negar a cortesia de levar sua obra literária a sério, à letra do texto, simplesmente porque sua obra é um Evangelho. O episódio de João 12 expressa uma concepção helenístico-ecumênica do drama da existência, culminando na morte sacrifical de Cristo. Recebe sua atmosfera peculiar da peça pregnóstica com o significado da palavra *kosmos*. No emprego das autoridades judaicas, o *kosmos* que persegue Jesus (12,19) provavelmente nada mais significa do que *tout le monde*. Com o aparecimento dos gregos (12,20-22), o significado cresce em direção à humanidade da *oikumene*. Com o ódio à própria vida (*psyche*) neste mundo (12,25), o *kosmos* se torna um *habitat* do qual esta vida tem de ser salva para a eternidade. E nas palavras conclusivas (12,31), o *kosmos* é o domínio do príncipe deste mundo de cuja regra Jesus, quando "for levantado" atrairá todos os homens para si, deixando o *archon* satânico com um regente sem um povo. Jesus tornou-se o rival do *archon* numa luta cósmica pela regência dos homens. Mas não é isso gnosticismo? Seria precipitado entregar-se na suposição, pois João move o episódio como um todo, incluindo tanto a narrativa quanto a sua exegese pela resposta de Jesus, numa posição literária de uma narrativa em que uma posterior resposta

---

[10] Jo 12,28. (N. T.)
[11] Jo 12,31. (N. T.)

exegética de Jesus é sobreposta. Nesta resposta sobreposta, Jesus declara (*ekrazen*) enfaticamente:

> Eu, que sou a luz, vim ao mundo (*kosmos*): para que todo o que crê em mim não fique em trevas. E se alguém ouvir as minhas palavras e não as guardar: eu não o julgo: porque não vim a julgar o mundo (*kosmos*), mas a salvar o mundo (*kosmos*). O que me despreza, e não recebe as minhas palavras, tem quem o julgue. A palavra, que eu tenho falado, essa o julgará no dia último. (12,46-48)

O significado do *kosmos* reverte do *habitat* para os habitantes que não devem ser evacuados, mas salvos. Da luta cósmica do *archon* e do Redentor retornamos ao drama da existência – a luz do mundo veio às trevas, salvando aqueles que acreditam nela, e julgando os que fecham os olhos para ela. No presente estágio de análise, seria difícil encontrar uma grande diferença de função entre o do conto panfiliano do julgamento final, de Platão, e do Último Dia, de João.

A busca no Entremeio se move da pergunta da vida e da morte para a resposta no conto salvador. A pergunta, entretanto, não surge de um vácuo, mas de um campo de realidade, e aponta para respostas de certo tipo; e o conto salvador, seja o mito panfiliano de Platão ou o Evangelho de João, não é uma resposta dada ao acaso, mas tem de ser reconhecidamente própria para a realidade de existência que é pressuposta na pergunta como experienciada verdadeiramente. Pergunta e resposta estão intimamente relacionadas uma à outra no movimento como um todo inteligível. Este relacionamento, que constitui a verdade do conto, exige uma análise mais profunda.

O duplo significado da vida e da morte é o simbolismo engendrado pela experiência do homem de ser atraído em várias direções entre as quais ele tem de escolher a correta. Platão identificou a pluralidade de atrações, a necessidade de escolher entre elas e a possibilidade de conhecer a correta, como o complexo de experiências que surge da pergunta da vida e da morte. Correspondendo à variedade de atrações, pode ser distinguida uma variedade de modos existenciais e hábitos quando seguimos uma ou outra. "Quando a opinião conduz através da razão (*logos*) em direção ao melhor (*ariston*) e é mais poderosa, seu poder é chamado prudência (*sophrosyne*), mas quando o desejo (*epithymia*) nos arrasta (*helkein*) em direção a prazeres e rege dentro de nós, sua regra é chamada excesso (*hubris*)" (*Fedro* 238a). As atrações estão em conflito, arrastando-nos para cima ou para baixo. Um jovem pode ser "atraído (*helkein*) em direção à filosofia" (*República* 494e), mas a pressão social pode diverti-lo em direção a uma vida de prazeres ou sucesso na política. Se, entretanto, ele seguir a segunda atração, a pergunta do significado não está estabelecida para ele, pois a primeira atração continua a ser experienciada como parte de sua existência. Ao seguir a segunda atração ele não transforma sua existência num fato livre de perguntas, mas num curso reconhecidamente questionável de vida. Ele sentirá a vida que leva como "não sendo sua própria e verdadeira vida" (495c) – viverá num estado de alienação. O jogo das atrações, então, é luminoso dentro da verdade. Ao seguir o curso errado, a pessoa não o torna certo, mas escorrega na existência na mentira. Esta luminosidade de existência com a verdade da razão precede todas as opiniões e decisões acerca da atração que seguir. Além disso, permanece viva como o julgamento da verdade na existência quaisquer que sejam as opiniões acerca das quais podemos, na verdade, formar.

Os termos *buscar* (*zetein*) e *atrair* (*helkein*) não denotam dois movimentos diferentes, mas simbolizam as dinâmicas na tensão de existência entre seus polos divino e humano. Num movimento é experienciada uma busca da parte do humano, um ser atraído pelo polo divino. Estou evitando deliberadamente a linguagem de homem e Deus neste ponto, porque hoje esses símbolos estão tão atulhados de vários conteúdos doutrinais que derivam das iluminações que, a seu turno, são os resultados do movimento existencial que chamamos filosofia clássica. Somente da agonia deste movimento é que emerge o homem, como o questionador, o *aporon* e *thaumazon* de Aristóteles (*Metafísica* 982b18), e Deus como o motor que atrai ou leva o homem a si mesmo, como nas *Leis*, X de Platão, ou na *Metafísica* de Aristóteles. Essas novas iluminações na humanidade do homem e na divindade de Deus que marcam o fim da busca clássica não devem ser projetadas no começo dela, como premissas doutrinais, ou seria eclipsada, se não destruída, a realidade do processo da qual derivam sua verdade os símbolos que respondem. Há um longo caminho das experiências compactas que engendram os mortais e imortais homéricos até o movimento diferenciado da existência no Entremeio que Aristóteles caracteriza como um *athanatizein*, como um ato de imortalização (*Ética a Nicômaco* X.7,8) – no tempo histórico quase tão longo quanto o caminho da filosofia clássica até o evangelho. Os dois componentes do movimento agora não precisam sempre manter-se um ao outro no equilíbrio em que Platão os mantém na interpretação dos diálogos onde demonstra, para o propósito pedagógico de persuasão, o processo e os métodos de procurar que levam à resposta correta. Por trás dos diálogos está o autor que encontrou a resposta antes de envolver-se na obra de composição literária; e sua maneira, assim como a de Sócrates, de encontrá-la não era necessariamente a maneira da persuasão dialogal. O que acontece na vida do homem que emerge do movimento de existência como o *paidagogos* para seus companheiros pode ser apreendido melhor em episódios como a Parábola da Caverna. Aí Platão deixa o homem que estava agrilhoado com a face voltada para a parede ser arrastado (*helkein*) por força até a luz (*República* 515e). A ênfase está na violência sofrida pelo homem na Caverna, em sua passividade e mesmo resistência a ser virado ao contrário (*periagoge*), de modo que a ascensão para a luz é menos uma ação de procurar do que um fado infligido. Se aceitamos este sofrimento de ser arrastado como uma descrição realista do movimento, a parábola evoca a paixão do Sócrates que a conta: o ser ele arrastado para cima em direção à luz pelo Deus; o sofrer ele a morte pela luz quando retorna a seus companheiros tem uma parte nisso; e o seu ascender dos mortos para os vivos como o contador do conto salvador. Além disso, esta paixão da parábola evoca, se posso antecipar, a paixão da conversão infligida ao resistente Paulo por Cristo através da visão no caminho de Damasco.

Na experiência de Platão, o sofrimento obscurece tanto a ação na busca, que se torna difícil traduzir o *pathos* em seu *tauta ta pathe en hemin* (*Leis* 644e), "todos esses *pathe* em nós". Este *pathos* expressa apenas a experiência da atração (*helkein*), que dá direção à busca, ou quer reconhecer o movimento tão fortemente tingido pelo sofrimento que os termos *experiência* e *paixão* se aproximam da sinonímia? O contexto em que aparece a passagem, o Mito do Titereiro, não deixa dúvidas de que a incerteza é causada pela exploração que Platão faz do campo da tensão existencial para além do movimento da busca que encontra sua realização no conto salvador. Pois quanto mais certos estamos de saber a resposta verdadeira à pergunta da vida e da morte, tanto mais enigmático se torna que deva haver até uma pergunta. Por que, em primeiro lugar, está o prisioneiro agrilhoado na Caverna? Por que a força que o liga tem de ser superada por uma contraforça que o vira ao contrário? Por que o homem que ascendeu até a luz tem de retornar para a Caverna para sofrer a morte nas mãos daqueles que não a deixaram? Por que não partem todos, de modo que a Caverna como um estabelecimento de existência fosse abandonada? Para além da busca que recebe direção da atração (*helkein*) da razão estende-se o campo existencial mais largo da "contra-atração" de *anthelkein* (*Leis* 644-45). Por trás da pergunta para a qual o conto salvador é uma resposta assoma a pergunta mais sombria: por que ela permanece a pergunta da existência, mesmo quando a pergunta é encontrada? A essas perguntas que surgem da estrutura da "contra-atração" na existência Platão deu sua resposta no simbolismo do homem como um fantoche feito pelos deuses, "possivelmente um brinquedo, possivelmente com um propósito mais sério, mas que não podemos conhecer" e agora sendo puxado por vários cordões para ações opostas. No homem é sua obrigação sempre seguir o cordão sagrado e dourado do julgamento (*logismos*) e não os outros cordões de metais menos nobres. O componente da ação humana, então, não desapareceu do movimento, mas foi agora adaptado ao jogo maior de atração e contra-atração. Pois o puxão do cordão dourado é gentil, sem violência; a fim de prevalecer na existência precisa do apoio do homem que tem de contrariar (*anthelkein*) ao contrapuxão dos cordões mais baixos. O eu do homem (*autos*) é introduzido como a força que tem de decidir a luta dos puxões através da cooperação com a atração sagrada da razão (*logos*) e do julgamento (*logismos*). Em suma: questionadores rebeldes que querem queixar-se da estrutura da existência, em que a Caverna continua a exercer sua atração mesmo quando o conto salvador é encontrado, recebem o mesmo fora que receberam de um grande realista anterior, Jeremias:

> Eis aqui os que eu edifiquei, eu os destruo:
> e os que plantei, eu os arranco,
> e a toda esta terra.
> E tu buscas para ti coisas grandes?
> Não nas busques:
> porque eis aqui estou eu que trarei mal sobre toda a carne,
> diz o Senhor:
> e te darei a tua alma em salvação
> em qualquer dos lugares, para onde tu fores.
> (45, 4-5)

A vida é dada como um prêmio de guerra. Quem quer salvar a própria vida, perdê-la-á. O Conto Salvador não é uma receita para a abolição da *anthelkein* na existência, mas a confirmação da vida através da morte na guerra. A morte de Sócrates que, assim como a morte de Jesus, poderia ser fisicamente evitada, é representativa porque autentica a verdade da realidade.

Essas reflexões esclareceram o problema da verdade a tal ponto que já não é mais necessária senão uma afirmação explícita das iluminações implicadas.

Nem há uma pergunta procurando em vão por uma resposta, nem uma verdade do Conto Salvador, impondo-se do lugar nenhum num fato de existência. O movimento no Entremeio é, na verdade, um todo inteligível de pergunta e resposta, com a experiência do movimento que engendra os símbolos de linguagem para sua expressão. No que diz respeito à experiência, o movimento não tem "conteúdos" outros que seu questionar, o *pathe* de atração e contra-atração, os índices direcionais dos puxões e a consciência de si mesma que chamamos sua luminosidade; quanto aos símbolos, eles não têm nada para expressar, senão as experiências enumeradas, a colocação da realidade experienciada no contexto maior da realidade em que o movimento diferenciado ocorre, e o movimento autoconsciente como um acontecimento na existência do homem na sociedade e na história em que até agora ele não ocorreu. Tais dificuldades de compreensão que essas iluminações frequentemente encontram no clima contemporâneo de desculturação são causados pelos hábitos de hipostasiar e dogmatizar. Os símbolos desenvolvidos no movimento, quero, pois, enfatizar, não se referem a objetos na realidade externa, mas a fases do movimento tais como ele se torna articulado em seu processo autoiluminante. Não há nenhum Entremeio que não seja o da *metaxy* experienciada na tensão existencial do homem em direção ao Fundamento divino do ser; não há nenhuma pergunta de vida e de morte senão a pergunta levantada por puxão e contrapuxão; não há nenhum Conto Salvador senão o conto do puxão divino que deve ser seguido pelo homem; e não há nenhuma articulação de existência cognitiva senão a consciência noética em que o movimento se torna luminoso para si mesmo.

Outra dificuldade de compreensão é encontrada pela iluminação de que os símbolos, assim como as experiências simbolizadas, pertencem ao Entremeio. Não há, primeiro, um movimento no Entremeio e, segundo, um observador humano, talvez o filósofo, que narra suas observações do movimento. A realidade da existência, como experienciada no movimento, é uma participação mútua (*methexis, metalepsis*) do humano e do divino; e os símbolos de linguagem que expressam o movimento não são inventados por um observador que não participa no movimento, mas são engendrados no acontecimento da participação mesma. O *status* ontológico dos símbolos é assim humano como divino. Platão enfatiza que seu o Mito dos Títeres é um *alethes logos*, uma história verdadeira, quer o *logos* seja "recebido de um Deus, ou de um homem que sabe" (Leis 645b); e o mesmo *status* duplo da "palavra" é reconhecido pelos profetas quando promulgam seus ditos como a "palavra" de Javé, como na passagem de Jeremias previamente citada. Este *status* duplo dos símbolos que expressam o movimento no entremeio foi impropriamente obscurecido na história ocidental pelos teólogos cristãos que separaram os dois componentes da verdade simbólica, monopolizando, sob o título de "revelação", para os símbolos cristãos o componente divino, enquanto reservaram, sob o título de "razão natural", aos símbolos filosóficos o componente humano. Esta doutrina teológica é empiricamente insustentável – Platão estava tão consciente do componente revelador na verdade de seu *logos* quanto os profetas de Israel ou os autores dos escritos do Novo Testamento. As diferenças entre profecia, filosofia clássica e o evangelho têm de ser procuradas nos graus de diferenciação da verdade existencial.

Há, finalmente, no clima de desculturação, as dificuldades de compreensão encontradas pelos problemas de imaginação mítica. O mito não é uma forma simbólica primitiva, peculiar a sociedades primevas e fadado a ser progressivamente suplantado pela ciência positiva, mas a linguagem em que a experiência da participação humano-divina no Entremeio se torna articulada. A simbolização da existência participante, é verdade, evolve historicamente da forma mais compacta do mito cosmológico às formas mais diferenciadas de filosofia, profecia e o evangelho, mas a iluminação diferenciadora, longe de abolir o entremeio da existência, a traz para o conhecimento plenamente articulado. Quando a existência se torna noeticamente luminosa como o campo da atração e da contra-atração, da pergunta de vida e morte e da tensão entre a realidade humana e divina, também se torna luminosa para a realidade divina como o Para Além do entremeio que alcança o entremeio no acontecimento participativo do movimento. Não há nenhum Entremeio de existência tal como um objeto estanque, mas apenas a existência experienciada como parte de uma realidade que se estende para além do Entremeio. Esta experiência do Para Além (*epekeina*) da existência experienciada, esta consciência do Para Além da consciência que constitui a consciência pelo alcançá-la, é a área da realidade que se articula através dos símbolos de imaginação mítica. O jogo imaginativo do *alethes logos* é a "palavra" através da qual o Para Além divino da existência se torna presente na existência como sua verdade. O Conto Salvador pode ser diferenciado para além da filosofia clássica, como aconteceu historicamente através de Cristo e do evangelho, mas não há nenhuma alternativa para a simbolização do Entremeio da existência e seu Para Além divino pela imaginação mítica. Os sistemas especulativos de tipo comtiano, hegeliano e marxista, favorecidos hoje como alternativas, não são "ciência", mas deformações da vida da razão através da prática mágica de autodivinação e autossalvação.

III

O Deus que brinca com o homem como uma marionete não é o Deus que se faz homem para ganhar a vida, sofrendo sua morte. O movimento que engendrou o conto salvador da encarnação, morte e ressurreição divinas como a resposta à pergunta da vida e da morte é consideravelmente mais complexo do que a filosofia clássica; é mais rico pelo fervor missionário de seu universalismo espiritual, mais pobre por sua negligência de controle noético; mais amplo por seu apelo à humanidade inarticulada do homem comum; mais restrito por seu pendor contra a sabedoria articulada do sábio; mais imponente por seu tom imperial de autoridade divina; mais desequilibrado por sua ferocidade apocalíptica, que leva a conflitos com as condições da existência do homem na sociedade; mais compacto por sua absorção generosa dos estratos anteriores da imaginação mítica, especialmente pela recepção da historiogênese israelita e a exuberância do trabalho do milagre; mais diferenciado pela experiência intensamente articulada da ação de amor divino na iluminação da existência com verdade. No entanto, a compreensão dessas complexidades pelas quais o movimento evangélico difere do movimento da filosofia clássica não pode ser afirmada pelo emprego de dicotomias atuais como filosofia e religião, metafísica e teologia, razão e revelação, razão natural e supranaturalismo, racionalismo e irracionalismo, e assim por diante. Procederei, ao contrário, primeiro, estabelecendo o cerne noético que os dois movimentos têm em comum e, em segundo lugar, explorando alguns dos problemas que surgem da diferenciação da ação divina no movimento evangélico, assim como da recepção dos estratos mais compactos de experiência e simbolização.

A análise terá de começar no ponto onde o evangelho concorda com a filosofia clássica na simbolização da existência como um campo de atrações e contra-atrações. Citei previamente João 12,32 onde o autor deixa Cristo dizer que ele, quando for levantado da terra, atrairá (*helkein*) todos os homens para si. Em João 6,44, então, este poder de atrair de Cristo é identificado com o puxão exercido por Deus: "Ninguém pode vir a mim, se o Pai, que me enviou, o não trouxer (*helkein*)". Mais austero neste ponto do que os evangelistas sinóticos, João, além disso, torna claro que não há nenhuma "mensagem" de Cristo, mas o acontecimento do Logos divino tornando-se presente no mundo através da vida e morte representativa de um homem. As palavras finais da grande prece antes da Paixão expressam a substância deste acontecimento:

> Pai justo, o mundo não te conheceu: mas eu conheci-te, e estes conheceram que tu me enviaste. E eu lhes fiz conhecer o teu nome, e lho farei ainda conhecer: a fim de que o mesmo amor, com que tu me amaste, esteja nele, e eu neles. (17, 25-26)

Seguir a Cristo significa continuar o acontecimento da presença divina na sociedade e na história: "Assim como tu me enviaste ao mundo, também eu os enviei ao mundo" (17,28). E finalmente, já que não há nenhuma doutrina que ensinar, mas apenas a história que contar da atração de Deus tornando-se eficaz no mundo através de Cristo, o Conto Salvador que responde à pergunta da vida e da morte pode ser reduzido à breve afirmação:

> A vida eterna porém consiste em que eles conheçam por um só verdadeiro Deus a ti, e a Jesus Cristo, que tu enviaste. (17,3)

Com uma economia admirável de meios, João simboliza a atração do cordão de ouro, sua ocorrência como um acontecimento histórico no homem representativo, a iluminação da existência através do movimento da pergunta da vida e da morte iniciada pela atração até a resposta salvadora, a criação de um campo social através da transmissão da iluminação aos seguidores, e, finalmente, as obrigações que incumbem a João de promulgar o acontecimento para a humanidade em geral, através da escrita do Evangelho como um documento literário: "Outros muitos prodígios ainda fez também Jesus em presença de seus discípulos, que não foram escritos neste livro. Mas foram escritos estes, a fim de que vós creiais que Jesus é o Cristo, filho de Deus: e de que crendo-o assim, tenhais a vida em seu nome" (20,30-31). Pode-se imaginar como um jovem estudante de filosofia, que queria cuidar ele mesmo dos vários impasses doutrinários em que os filósofos escolares da época se moviam, poderia fascinar-se pelo brilho dessas afirmações sucintas que deviam parecer-lhe a perfeição do movimento Socrático-platônico no Entremeio da existência.

O símbolo *helkein* é peculiar a João; não ocorre em nenhum outro lugar do Novo Testamento. Nas epístolas de Paulo, o componente de conhecimento no movimento, a luminosidade de sua consciência, domina tão fortemente que o *pathos* da atração é simbolizado como o ato divino de conhecer que forçosamente agarra um homem e lhe ilumina a existência. Em 2 Coríntios 4,6, escreve Paulo: "porque Deus, que disse que das trevas resplandecesse a luz, Ele mesmo resplandeceu em nosso corações para iluminação (*photismos*) do conhecimento (*gnosis*) da glória de Deus, na face de Jesus Cristo". A glória que radia na face de Cristo é o *photismos* na face do homem que viu Deus. Moisés tinha ainda de escondê-la com um véu até que desaparecesse gradualmente; este véu que cobria a Velha Aliança de cartas escritas foi tirado da Nova Aliança escrita pelo espírito (*pneuma*) no coração; "Todos nós pois, registrando à cara descoberta a glória do Senhor, somos transformados de claridade em claridade na mesma imagem, como pelo Espírito do Senhor" (2 Coríntios 3,18)

Que a resplandecência do conhecimento no coração tem sua origem na ação divina é explicitamente afirmado em passagens como 1 Coríntios 8,1-3:

> (...) sabemos que todos temos ciência (*gnosis*). A ciência envaidece, mas a caridade (*agape*) edifica. E se algum se lisonjeia de saber alguma coisa, este ainda não conheceu de que modo convém que ele saiba. Mas se algum ama a Deus, esse é conhecido dele.

As palavras são dirigidas a membros da comunidade de Corinto que "têm ciência" como doutrina e aplicam-na sem sabedoria como uma regra de conduta; tais possuidores da verdade são lembrados de que o conhecimento que forma a existência sem deformá-la é o conhecimento que Deus tem do homem. Num conselho similar aos Gálatas, escreve Paulo:

> Mas então que certamente não conhecíeis a Deus, servíeis aos que por natureza não são deuses. Porém agora tendo vós conhecido a Deus, ou para melhor dizer, sendo conhecidos de Deus: como tornais outra vez aos rudimentos fracos, e pobres, aos quais quereis de novo servir? (Gálatas 4,8-9)

As ocasiões que motivam Paulo a esclarecer a dinâmica da *gnosis* na existência diferem amplamente da situação em que os filósofos clássicos fazem seu trabalho diferenciado. Em 2 Coríntios ele quer realçar a radiância da aliança pneumática escrita no coração contra a verdade mais compacta, "velada" da Lei de Moisés, empregando, para este propósito, um simbolismo que retira dos profetas; em 1 Coríntios quer prevenir contra "os sacrifícios a ídolos", homens que querem participar da comida sacrificada aos ídolos, porque se sentem seguros em seu conhecimento de que os ídolos, de qualquer modo, não são deuses; e em Gálatas ele tem de fazer um chamado para ordenar aos fiéis que recaem em seu antigo culto de espíritos elementais. Esta diferença tão óbvia de contexto cultural, entretanto, não deve obscurecer o fato de que Paulo se esforça para articular uma dinâmica de conhecimento existencial que Aristóteles comprimiu na fórmula de que o pensamento humano (*nous*) em busca do fundamento divino do ser é movido (*kineitai*) pela Nous divina que é o objeto de pensamento (*noeton*) da *nous* humana (*Metafísica* 1072a30f).

O cerne noético, então, é o mesmo assim na filosofia clássica como no movimento evangélico. Há o mesmo campo de atração e contra-atração, o mesmo senso de obter vida seguindo a atração do cordão de ouro, a mesma consciência de existência num Entremeio de participação humano-divina, e a mesma experiência da realidade divina como o centro de ação no movimento da pergunta para a resposta. Além disso, há a mesma consciência de iluminações recentemente diferenciadas do significado da existência; e em ambos os casos esta consciência constitui um novo campo de tipos humanos na história que Platão descreve como, primeiro, o homem espiritual (*daimonios aner*) em quem o movimento ocorre; segundo, o homem do tipo de existência anterior, mais compacta, o mortal (*thnetos*) no sentido homérico; e terceiro, o homem que reage negativamente ao apelo do movimento, o idiota ou homem insensato (*amathes*).

Embora o cerne noético seja o mesmo no evangelho, sua dinâmica espiritual mudou radicalmente através da experiência de uma irrupção divina extraordinária na existência de Jesus. Esta irrupção, através da qual Jesus se torna Cristo, é expressa pelo autor de Colossenses nas palavras: "Porque nele habita toda a plenitude da divindade (*theotes*[12]) corporalmente" (2,9). Em toda a sua plenitude (*pan to pleroma*), a realidade divina está presente apenas em Cristo que, em virtude desta plenitude, "é a imagem do Deus invisível, o Primogênito de toda a criatura" (1,15). Todos os outros homens não têm mais do que o quinhão ordinário desta plenitude (*peploromenoi*) por aceitarem a verdade de sua presença total no Cristo que, por sua existência icônica, é "a cabeça de todos os Principados (*arche*) e Potestades (*exoudia*)" (2,10). Algo acerca de Jesus deve ter impressionado seus contemporâneos como uma existência de tal intensidade no entremeio que sua presença corporal, o *somatikos* da passagem, parecia estar totalmente permeada pela presença divina.

A passagem é preciosa, porque o autor conseguiu transmitir sua impressão sem recurso aos símbolos mais compactos, mais antigos, como o Filho de Deus, que não teriam feito justiça à experiência diferenciada de pouco. Isso deve ter exigido um esforço consciente de sua parte, pois o termo *theotes* é um neologismo criado por ele para esta ocasião. Às várias traduções como *cabeça de Deus*, *divindade* ou *deidade*, que carregam a implicação de um Deus pessoal, preferi *realidade divina*, porque transmite melhor a intenção do autor de denotar uma realidade não pessoal que permite graus de participação em sua plenitude, enquanto permanece o Deus para além do Entremeio da existência. Se o autor pertencesse à "escola" paulina, poder-se-ia entender seu

---

[12] Realidade divina, tradução preferida por Voegelin, pelas razões que apresenta em seguida. (N. T.)

símbolo *theotes* como uma tentativa de superar certas imperfeições no símbolo *theiotes* de Paulo. Em Romanos 1,18 e seguintes, fala Paulo de homens que suprimem a verdade de Deus pela impiedade e injustiça deles:

> Porque o que se pode conhecer de Deus (*to gnoston tou theou*) lhe é manifesto a eles: porque Deus lho manifestou. Na verdade, as perfeições invisíveis de Deus se tornaram visíveis depois da criação do mundo pela consideração (*nooumana*) das obras que foram feitas: e assim também seu poder (*dynamis*) eterno e sua divindade (*theiotes*).

Paulo é um homem muito impaciente. Quer a realidade divina da experiência primária do cosmos imediatamente diferenciada como a divindade transcendente do mundo que se tornou encarnada em Cristo; considera inescusável que a humanidade tivesse passado por uma fase na história quando o Deus imortal era representado por imagens "de figura de homem corruptível, e de aves, e de quadrúpedes, e de serpentes";[13] e pode explicar tal horror apenas por uma supressão deliberada da verdade bem conhecida. Além disso, em sua repugnância judaica pelos ídolos pagãos, ele faz o fenômeno histórico do mito cosmológico responsável por casos de vida dissoluta que pode observar em seu meio e considera ainda a aderência a eles, com a dissolução moral consequente, a punição de Deus por se terem entregado, em primeiro lugar, à idolatria (Romanos 1,26-32). Tal confusão zelosa de problemas certamente precisava ser desfeita, e o autor de Colossenses, na verdade, extraiu da passagem paulina a distinção entre os "invisíveis" divinos e os "visíveis" de experiências participativas; distinguiu o Deus invisível, experienciado como real para além do entremeio da existência, do *theotes*, a realidade divina que entra no entremeio no movimento da existência.

A distinção, é verdade, já fora feita em *Teeteto* 176b, onde Platão descreve o propósito da fuga do homem dos males do mundo como a aquisição da *homoiosis theo kata to dynaton*, um tornar-se como Deus tanto quanto possível. No entanto, embora

---

[13] Romanos 1,23. (N. T.)

a *homoiosis theo* de Platão seja o equivalente exato do preencher com o *theotes* do autor de Colossenses, o homem espiritual de Platão, o *daimonios aner*, não é o Cristo de Colossenses, o *eikon tou theou*. Platão reserva a existência icônica ao próprio Cosmos: o cosmos é a imagem (*eikon*) do Eterno; é o deus visível (*theos aisthetos*) na imagem do Inteligível (*eikon tou noetou*); é o único céu primogênito (*monogenes*) cujo pai divino está tão recôndito que seria impossível declará-lo a todos os homens (*Timeu* 28-29, 92c). Na contraposição do *monogenes theos* no *Timeu* de Platão e em João 1,18 torna-se visível a barreira que o movimento da filosofia clássica não pode derrubar para alcançar as iluminações peculiares ao evangelho.

O obstáculo à maior diferenciação não é alguma inabilidade peculiar ao movimento clássico, como a limitação da razão natural sem ajuda da revelação, um tópico ainda apoiado por teólogos, que deveriam saber mais, mas o modo cosmológico de experiência e simbolização dominantes na cultura em que ocorre o movimento. Pois a experiência do movimento tende a dissociar a realidade cósmico-divina da experiência primária no ser contingente de coisas e no ser necessário do Deus transcendente do mundo; e uma cultura em que a sacralidade da ordem, tanto pessoal quanto social, é simbolizada por deuses intracósmicos não dará lugar facilmente ao *theotes* do movimento cuja vitória impõe a dessacralização da ordem tradicional. Além disso, a rearticulação e a ressimbolização da realidade em geral de acordo com a verdade do movimento é uma tarefa formidável que exige séculos de esforço contínuo. Pode-se discernir um forte movimento existencial, levando adiante uma compreensão da divindade escondida, o *theos agnostos*, por trás dos deuses intracósmicos, por exemplo, nos Hinos Egípcios a Amon do século XIII a.C., mais ou menos ao mesmo tempo que Moisés rompeu a mediação faraônica da ordem divina para a sociedade através de seu esforço de constituir um povo na proximidade de Deus, e, no entanto, levou treze séculos de história, e os acontecimentos destruidores de conquistas imperiais sucessivas, para fazer as pessoas receptivas à verdade do evangelho. Mesmo então o movimento podia ter-se mostrado social e historicamente abortivo, a não ser que o movimento clássico, assim como sua continuação pelos pensadores helenísticos, tivesse oferecido o instrumento noético para a ressimbolização da realidade para além da área restrita de realidade do próprio movimento de acordo com a verdade do evangelho; e mesmo quando o evangelho, favorecido por esta constelação cultural, se tivesse tornado socialmente eficaz, levou outros mil e duzentos anos para o problema do ser necessário e do ser contingente ser articulado pelos pensadores escolásticos. Se "revelação" é tomada seriamente, se o símbolo quer expressar a dinâmica da presença divina no movimento, o mistério de seu processo na história assumirá proporções mais admiráveis do que teve para Paulo quando ele lutava, em Romanos 9-11, com o mistério da resistência de Israel ao evangelho.

As dinâmicas do processo são ainda imperfeitamente entendidas, porque as rupturas espetaculares na história deixam em sua esteira um sedimento de símbolos de Antes-e-Depois que distorcem tremendamente a realidade quando são empregados na interpretação da história cultural: antes da filosofia havia o mito; antes da Cristandade havia os ídolos pagãos e a Lei Judaica; antes do monoteísmo havia o politeísmo; e antes da ciência moderna, é claro, havia tais superstições primitivas como a filosofia e o evangelho, a metafísica e a teologia, que nenhuma pessoa que se respeite deveria tocar hoje. Nem todo o mundo é tão tolerante e inteligente quanto o Jesus que podia dizer: "Não julgueis que vim destruir a lei, ou os profetas. Não vim a destruí-los (*katalysai*), mas sim a dar-lhes cumprimento (*plerosai*)" (Mateus 5,17). Este sedimento de fenótipos não sabe que, como matéria de registro histórico, a verdade da realidade está sempre totalmente presente na experiência do homem e que o que muda são os graus de diferenciação. Culturas cosmológicas não são um domínio de "idolatria" primitiva, "politeísmo" ou "paganismo", mas campos altamente requintados de imaginação mítica, muito capazes de encontrar os símbolos próprios para os casos típicos ou concretos da presença divina num cosmos em que a realidade divina é onipresente. Além disso, os casos simbolizados não são experienciados como esquisitices não relacionadas, cada um formando uma espécie de realidade por si mesmo, mas claramente como "os deuses", *i.e.*, manifestações da realidade divina única que constitui e permeia o cosmos.

Esta consciência da unidade divina por trás da multidão de deuses pode expressar-se nas construções mitoespeculativas de teogonias e cosmogonias que simbolizam compactamente assim a unidade da divindade como a unidade do mundo que ela criou. Os deuses de cultura cosmológica, pode-se dizer, têm um primeiro plano de presença divina específica e um segundo plano de presença divina universal; são divindades específicas que participam da realidade divina universal.

Colocarei agora o movimento evangélico no contexto do processo revelador em que o Deus Desconhecido se separa das divindades cosmológicas.

Nos Hinos a Amon da Dinastia XIX previamente mencionados, Amon "existiu no princípio, de tal forma que é desconhecida sua natureza misteriosa". Nem mesmo os outros deuses lhe conhecem a forma, que é "o deus maravilhoso de muitas formas". "Todos os outros deuses dele se vangloriam, para se engrandecerem através da beleza dele, concordando que ele é divino. O próprio Re está unido com o corpo dele." "Ele é muito misterioso para ser descoberta sua majestade, é muito grande para que o homem possa dele perguntar, muito poderoso para ser conhecido" (ANET, ed. Pritchard, 1950, p. 368). Por trás dos deuses conhecidos, então, emerge o deus desconhecido do qual eles obtêm sua realidade divina. Este Amon desconhecido, no entanto, embora esteja no processo de ser diferenciado do Amon específico de Tebas, não é um deus a mais no panteão cosmológico, mas o *theotes* do movimento que, no processo posterior de revelação, pode ser diferenciado até sua revelação de clímax em Cristo. Além disso, já que o deus desconhecido não é um novo deus, mas a realidade divina experienciada como presente também nos deuses conhecidos, o processo revelador está fadado a tornar-se uma fonte de conflitos culturais à medida que progride a diferenciação de sua verdade. "Guerra e combate", as palavras de abertura do *Górgias*, são causadas pela aparição de Sócrates; e diz Jesus: "Eu vim trazer fogo à terra. (...) Vós cuidais que eu vim trazer paz à terra? Não, vos digo eu, mas separação" (Lucas 12,49.51). Pois os homens envolvidos no movimento tendem a elevar a realidade divina que eles experimentam ao nível de um deus na imagem dos deuses conhecidos e a opor este deus verdadeiro aos deuses específicos que são degradados ao nível de falsos deuses; ao passo que os crentes cosmológicos, que estão certos da verdadeira divindade de seus deuses, acusarão de ateus os que promovem esse movimento, ou, ao menos, de subverterem a ordem da sociedade através da introdução de novos deuses. Este conflito é ainda fundamentalmente a questão entre Celso em seu ataque ao cristianismo e Orígenes em seu *Contra Celsum*.

Os Hinos a Amon são o documento representativo do movimento no estágio em que o esplendor dos deuses cosmológicos se tornou secundário, embora os próprios deuses não se tenham tornado falsos. Setecentos anos depois, no equivalente deuteroisaítico dos Hinos a Amon (Isaías 40,12-25), os deuses se tornaram ídolos feitos pelo homem que já não participam da realidade divina, ao passo que o Deus Desconhecido adquiriu o monopólio da divindade. O autor visivelmente luta com a dinâmica da nova situação. De uma parte, seu deus está sozinho consigo e seu *ruach* desde o princípio (40,12-14), sendo, então, propriamente desconhecido como Amon; por outro lado, ele é um deus conhecido e chega até a repreender os homens por não o conhecerem tão bem quanto deveriam, muito semelhante à maneira de Paulo repreender os pagãos por não conhecerem Deus, embora ele se tenha revelado em sua criação:

> Acaso não o sabeis vós? Acaso não o ouvistes? Acaso não vos foi anunciado desde o princípio? Acaso não tendes entendido os fundamentos da terra? (40,21)

Assim os autores dos Hinos a Amon como os do Deutero-Isaías reconhecem o *No princípio* como a verdadeiro critério de realidade divina – neste ponto não há, na verdade, nenhuma diferença entre os documentos em discussão e o *prote arche* de Aristóteles na especulação sobre a cadeia etiológica na *Metafísica* – mas nos Hinos a Amon, o acento recai na *causa sui* no Princípio divino, ao passo que no Deutero-Isaías recai na *causa rerum*, embora em nenhum caso seja negligenciado o outro componente do Princípio. A *causa sui* é o que faz a realidade divina diferenciada do movimento o *agnostos theos*; a *causa rerum* é o que o faz o deus que é conhecido através da criação. Quando a realidade divina universal foi diferenciada de sua presença experienciada compactamente nos deuses cosmológicos, retorna à cena cultural como o Deus da criação que invalida os deuses intracósmicos. O deus que retorna do princípio em que desapareceu, no entanto, não é mais o mesmo que o homem que emerge do movimento. Na profecia do Deutero-Isaías, o Javé de Israel retorna como o Deus de toda a humanidade:

> (...) o Senhor Deus que criou os céus, e que os estendeu: O que firma a terra e as plantas que dela brotam: o que dá o fôlego ao povo (*am*) que está sobre ela, e o espírito aos que a pisam. (42,5)

E o profeta, indistinguível da própria Israel, tornou-se o Servo Sofredor, dado por Deus:

> E te pus para ser a reconciliação do povo (*am*), para luz das gentes: para abrires os olhos dos cegos, e para tirares da cadeia o preso, da casa do cárcere os que estavam sentados nas trevas. (42,6-7)

O tesoureiro da rainha da Etiópia viajara até Jerusalém para adoração. No episódio de Atos 8,26-40 nós o encontramos de volta, a caminho de Gaza, sentado em seu carro, ponderando a passagem em Deutero-Isaías: "Como ovelha foi levado ao matadouro (...)". Um anjo de Deus manda o apóstolo Filipe para encontrá-lo: "Crês porventura que entendes o que estás lendo?" "E como o poderei eu entender, se não houver alguém que mo explique?" (...) "De quem disse isto o Profeta? De si mesmo ou dalgum outro?" Então começou Filipe, diz o historiador dos apóstolos, e partindo desta passagem explicou a ele a boa nova (*evangelisato*) de Jesus. A revelação do Deus Desconhecido através de Cristo, em continuidade consciente com o processo milenar de revelação que esbocei, é tão central no movimento evangélico que pode ser chamado o próprio evangelho. O deus de João 1,1 e seguintes, que no princípio está só com seu Logos, é o Deus do Deutero-Isaías (40,13), que no princípio está só com seu *ruach*;

a Palavra que brilha como a luz na escuridão (João 1,5; 9,5) é o Servo Sofredor que é dado como uma luz para tirar da casa do cárcere os que estavam sentados nas trevas (Isaías 42,6-7); e em 1João 1, a luz que estava com o Pai, ao manifestar-se através de Cristo, seu Filho, constitui a comunidade dos que caminham na luz. O próprio Deus Desconhecido torna-se então temático em Atos 17,16-34, no discurso do Areópago atribuído a Paulo por Lucas. Louvando os atenienses por terem devotado um altar ao *Agnostos Theos*, o Paulo do discurso assegura-lhes que o deus que adoram sem saberem quem é é o mesmo deus que veio para proclamar (*katangello*) a eles. Em termos deuteroisaíticos ele o descreve como o deus que fez o mundo e tudo o que nele está e, portanto, não é como os deuses de santuários "feitos pelas mãos do homem" (Isaías 40,12.18-20), e, além disso, como o deus da humanidade a quem ele deu a vida e o espírito (Isaías 42,5). Ele está bastante próximo de nós para ser encontrado, porque "nele mesmo vivemos, nos movemos e existimos". Ele não levará em conta nossa ignorância de representá-lo por ídolos feitos pelo homem no passado, mas agora ele manda (*apangellei*) a todos que se arrependam (*metanoein*), todos são agora chamados a conhecê-lo como o verdadeiro deus que se sentará no julgamento através do homem que ele ressuscitou dos mortos. Poder-se-ia acrescentar mais, como o *Nunc dimittis*[14] de Lucas 2,29-32, mas a passagem citada será suficiente para estabelecer o Deus Desconhecido como o deus que é revelado através de Cristo.

IV

No drama histórico da revelação, o Deus Desconhecido por fim se torna o Deus conhecido através de sua presença em Cristo. Este drama, embora tenha estado vivo na consciência dos escritores do Novo Testamento, está longe de estar vivo na Cristandade das igrejas de hoje, pois a história da Cristandade é caracterizada pelo que é comumente chamado a separação da teologia escolar

---

[14] Agora podes despedir... (N. T.)

da teologia experimental ou mística que formavam uma unidade aparentemente inseparável ainda na obra de Orígenes. O Deus Desconhecido cujo *theotes* estava presente na existência de Jesus foi eclipsado pelo Deus revelado da doutrina cristã. Mesmo hoje, entretanto, quando esta desventurada separação é reconhecida como uma das grandes causas da crise espiritual moderna; quando se fazem tentativas enérgicas para lidar com os problemas através de uma variedade de crises e de teologias existenciais; e quando não falta informação histórica nem acerca do processo revelador que leva à epifania de Cristo, nem acerca da perda da realidade experiencial através da doutrinação; a análise filosófica das várias questões está muito atrás de nosso conhecimento pré-analítico. Será necessário, portanto, refletir sobre o perigo que deu ao Deus Desconhecido uma má fama na Cristandade e induziu certos desenvolvimentos doutrinais como medida protetora, *i.e.*, sobre o perigo do movimento evangélico descarrilando no gnosticismo.

Em seu *Agnostos Theos* (1913; republ. 1956, p. 73 e seguintes), Eduard Norden apresentou o problema em seu contexto histórico e se refere, nesta ocasião, à primeira apresentação de Irineu em *Adversus Haereses* (*ca.* 180). Irineu assenta o conflito doutrinal entre o gnosticismo e a cristandade ortodoxa na interpretação de Mateus 11,25-27:

> Naquele tempo respondendo Jesus, disse: Graças te dou a ti, Pai, Senhor dos céus, e da terra, porque escondeste estas coisas aos sábios, e entendidos, e as revelaste aos pequeninos. Assim é, Pai: porque assim foi do teu agrado. Todas as coisas me foram entregues por meu Pai. E ninguém conhece o Filho senão o Pai. Nem alguém conhece o Pai senão o Filho, e a quem o filho o quiser revelar.

Na doutrina ortodoxa, o Deus revelado por Jesus é o mesmo deus criador revelado pelos profetas de Israel; na doutrina gnóstica, o Deus Desconhecido de Jesus e o demiurgo israelita são dois deuses diferentes. Contra os gnósticos, Irineu se propõe provar com sua obra que o deus que distinguem como Bythos, a Profundeza, é na verdade "a grandeza invisível desconhecida a todos" e, ao mesmo tempo, o criador do mundo, mencionado pelos profetas (I. 19.12). Fazem de tolo o dito de Jesus, quando interpretam as palavras "Nem alguém conhece o Pai senão o Filho" como se se referissem a um Deus Desconhecido absolutamente (*incognitus deus*), pois "como pode ele ser desconhecido, se eles próprios sabem dele?" Será que o dito de Jesus realmente dá o conselho absurdo: "Não procureis Deus; ele é desconhecido e não o encontrareis"? Cristo não veio para ensinar que o Pai e o Filho são inconhecíveis, ou teria sido supérflua sua vinda (IV.6).

Nem a apresentação que Irineu faz da questão, nem seu argumento em favor do lado ortodoxo são uma obra-prima de análise. Se o Pai e o Filho no dito crítico de Jesus pudessem ser conceptualizados como duas pessoas que conhecem uma à outra, com a exclusão de todo o mundo, então a afirmação não seria, de fato, mais do que uma informação em que se pode crer ou não. Nada se seguiria dele em favor da ortodoxia ou do gnosticismo. Além disso, se Jesus podia dizer tais afirmações conceptualizadas acerca de si mesmo, qualquer um poderia; poderíamos esperar que se tornassem numerosos os filhos do Pai. Na verdade, algo assim parece ter ocorrido, pois Irineu enumera como gnósticos, "Marcião, Valentino, Basílides, Carpócrates, Simão e os outros", implicando que eles reivindicavam este *status*, acrescentando: "Mas nenhum deles foi o Filho de Deus, senão apenas Jesus Cristo, nosso Senhor" (IV. 6.4). A situação deve ter-se assemelhado aos impulsos modernos de novos Cristos nas pessoas de Fichte, Hegel, Fourier e Comte. Ao menos uma causa importante da confusão, então, é a deformação proposicional e conceptual de símbolos que só fazem sentido à luz da experiência que os engendrou. Portanto, porei, em primeiro lugar, o dito de Jesus no contexto experiencial de Mateus, relembrando para este propósito apenas as passagens mais importantes; e, então, analisarei a estrutura do problema que pode levar a vários descarrilamentos doutrinais.

Numa época em que a realidade do evangelho ameaça ruir nas construções de um Jesus histórico e de um Cristo doutrinal, não se pode enfatizar suficientemente o *status* de um evangelho como um simbolismo engendrado no entremeio da existência por uma resposta de um discípulo ao drama do Filho de Deus. O drama do Deus Desconhecido que revela seu reino através de sua presença num homem, e do homem que revela o que foi entregue a ele, entregando-o a seus companheiros, é continuado pelo discípulo existencialmente receptivo no drama evangélico pelo que ele assume o trabalho de entregar essas coisas de Deus ao homem. O próprio evangelho é um acontecimento no drama da revelação. O drama histórico no entremeio, então, é uma unidade através da presença comum do Deus Desconhecido nos homens que respondem a seu "desenho" e um ao outro. Através de Deus e dos homens como pessoas do drama, é verdade, a presença do drama participa tanto do tempo humano quanto da eternidade divina, mas rasgar o drama de participação numa biografia de um Jesus no mundo espaçotemporal e em variedades eternas lançadas do além faria sem sentido a realidade existencial que foi experienciada e simbolizada como o drama do Filho de Deus.

O episódio do caminho de Cesareia de Felipe (Mateus 16,13-20) pode ser considerado uma chave para o entendimento do contexto existencial em que o dito de 11,27 tem de ser colocado. Aí pergunta Jesus aos discípulos quem as pessoas dizem que o Filho do homem é, e recebe a resposta que ele é variadamente entendido como um apocalíptico do tipo de João Batista, o Elias profetizado, um Jeremias, ou um dos outros profetas. Seu questionar então se move para quem os discípulos pensam que ele é, e ele recebe a resposta de Simão Pedro: "Tu és o Cristo, o Filho de Deus vivo" (16,16). Responde Jesus: "Bem-aventurado és, Simão, filho de João: porque não foi a carne e sangue quem to revelou, mas sim meu Pai que está nos céus". O Jesus de Mateus, então, concorda com o joanino (João 6,44) que ninguém pode reconhecer o movimento da presença divina no Filho, a não ser que esteja preparado para tal reconhecimento pela presença do Pai divino nele. A Filiação divina não é revelada por uma informação oferecida por Jesus, mas através de uma resposta do homem à presença inteira em Jesus do mesmo Deus Desconhecido por cuja presença ele é incoativamente movido em sua própria existência. O Deus Desconhecido entra no drama do reconhecimento de Pedro como a terceira pessoa. A fim de estabelecer a distinção entre revelação e informação, assim como para evitar o descarrilamento de uma na outra, o episódio se encerra com a ordem de Jesus aos discípulos "que a ninguém dissessem que ele era o Cristo" (Mateus 16,20).

O motivo do silêncio que guardará a verdade da revelação contra o rebaixamento a um conhecimento disponível ao público geral é levado a efeito por Mateus com cuidado particular através da narrativa da Paixão. No julgamento diante do Sinédrio, Jesus não responde de maneira nenhuma a acusações periféricas (26,13); à acusação central de ter-se proclamado o Filho de Deus ele a repele com seu "Tu o disseste",[15] não se comprometendo de uma maneira ou de outra; mas, então, falando como um judeu a judeus, ele os lembra do Filho do homem apocalíptico que virá nas nuvens do céus. No julgamento perante Pilatos, a ameaça apocalíptica seria sem sentido; quando os representantes do Sinédrio repetem as acusações, Jesus permanece completamente silente, "de modo que se admirou o governador em grande maneira" (27,11-14). Na cena de zombaria perante o crucificado, então, a resistência viciosa é vitoriosa: "Se és filho de Deus, desce da cruz" (27,40). Mas, por fim, quando Jesus afunda no silêncio de morte, com o cosmos irrompendo em prodígios, a resposta vem dos guardas romanos: "Na verdade, este homem era Filho de Deus" (27,54).

Ao tempo da Paixão, parece, o grande segredo de Cesareia de Felipe, o assim chamado *Messiasgeheimnis*, se tornou, afinal de contas, uma questão de conhecimento público. No entanto, a fim de explicar esta extravagância, não se deve acusar os discípulos de desconsideração loquaz pela ordem de silêncio, pois, entre este episódio e a Paixão, Mateus deixa Jesus ser muito generoso com alusões pouco veladas a seu *status* como o Messias e o Filho de Deus. Portanto, a acusação do Sinédrio de que Jesus se proclamara o Filho de Deus era bem fundamentada. Além disso, mesmo antes do reconhecimento enfático por Pedro, por ocasião da caminhada de Jesus sobre as águas, o evangelista deixa os discípulos, com um todo, reconhecer: "Verdadeiramente tu és Filho de Deus" (14,33). Ainda antes no Evangelho, o símbolo aparece

---

[15] Mateus 26,64. (N. T.)

no dito de 11,25-27 como uma autodeclaração de Jesus, seguida do convite:

> Vinde a mim todos os que andais em trabalho, e vos achais carregados, e eu vos aliviarei. Tomai sobre vós o meu jugo, e aprendei de mim que sou manso, e humilde de coração: e achareis descanso para as vossas almas. Porque o meu jugo é suave, e o meu ônus é leve. (11,28-30)

Ela completa o dito de 11,25-30 aparentemente dirigido, não aos discípulos, mas às "gentes" mencionadas em 11,7. E mesmo antes (8,29), os endemoninhados de Gerasa reconhecem Jesus, segundo ouviram os circunstantes, como o Filho de Deus. O segredo, então, era conhecido de todo o mundo, incluindo aqueles que resistiram – um ponto que se não deve esquecer se se quiser entender a conversão de Paulo. E, no entanto, Mateus não é mais culpado de confusão na interpretação deste Evangelho do que os discípulos o são de loquacidade. Pois um evangelho não é nem uma obra de poeta de arte dramática, nem uma biografia de Jesus feita por um historiador, mas a simbolização de um movimento divino que passou através pessoa de Jesus para a sociedade e a história. O movimento revelador, então, corre por mais de um plano. Há, primeiro, o drama pessoal de Jesus da constituição de sua consciência como o Filho de Deus nos encontros com Deus (3,16-17) e o diabo (4,1-11), até a realização plena do que significa ser o Filho de Deus (16,21-23), até a submissão à Paixão e às últimas palavras: "Deus meu, Deus meu, por que me desamparaste" (27,46). Há, em segundo lugar, o drama social de seus companheiros que reconhecem a autoridade divina, a *exousia*, nele por suas palavras e milagres, com sua bifurcação na resposta positiva do povo comum e a resistência dos sábios e das autoridades públicas. E finalmente, o social mistura-se com o drama histórico; pois nem o reconhecimento da Filiação divina na vida de Jesus, nem o entendimento póstumo de que o Deus Desconhecido sofreu morte num homem para levá-lo a sua vida teriam sido possíveis a não ser que uma *praeparatio evangelica* do Movimento milenar tivesse criado a prontidão tanto da reposta experiencial quanto a imaginação mítica do Filho de Deus.

O mistério da presença divina na existência crescera na consciência do Movimento muito antes de o drama do Evangelho começar; e os símbolos que o evangelista emprega para sua expressão – o Filho de Deus, o Messias, o Filho do homem, o reino de Deus – estavam historicamente à mão através dos simbolismos faraônicos egípcios, reais davídicos, proféticos e apocalípticos, através das tradições iranianas e dos mistérios helênicos. Portanto, o "segredo" do Evangelho não é nem o mistério da presença divina na existência, nem sua articulação através de novos símbolos, mas o acontecimento em sua compreensão inteira e a decretação através da vida e da morte de Jesus. As contradições aparentes se dissolvem no emprego dos mesmo símbolos em vários níveis de compreensão, assim como os diferentes estágios de decretação até que o Cristo seja revelado, não numa plenitude de doutrina, mas na plenitude da Paixão e ressurreição.

O que significa plenitude de compreensão, contra estágios menores de compreensão, pode ser obtido a partir do processo de diferenciação que avança em capítulos como o 11 e 16.

No capítulo 11, João Batista manda seus discípulos indagarem de Jesus se ele é o *malak*, o mensageiro de Deus, profetizado em Malaquias 3,1, que precederá a vinda de Javé a seu templo. Evitando uma resposta direta, Jesus pede aos discípulos que contem a seu mestre os milagres e curas de Jesus, sabendo muito bem que tais feitos não são os esperados do *malak* de Malaquias; ele os deixa livres para tirar suas próprias conclusões, mas despede-os com a admoestação a João e seus seguidores de que bem aventurado é apenas aquele que não for escandalizado em Jesus (11,2-6). Então ele se volta para as "gentes" e lhes explica quem é João: ele é um profeta, mas, ao mesmo tempo, mais do que um profeta; na verdade, João, e não Jesus, é o verdadeiro *malak* de Malaquias. Na citação de Malaquias, entretanto, o Jesus de Mateus muda o texto de um mensageiro a quem "Eu [o Senhor] envio (...) a preparar o caminho antes de mim" para um mensageiro a quem o Senhor envia para preparar o caminho para "ti". Por esta mudança do pronome "me" para "te", o Batista é convertido de um precursor de Javé de Israel para um precursor do Deus Desconhecido que está presente em seu Filho Jesus

(11,7-10). O profetismo tanto da lei quanto dos profetas tem de, como um tipo de existência no Entremeio, chegar a seu fim com João (11,13); o que está no processo de vinda, e está até presente em Jesus e no povo simples que o segue, é o reino do Pai Desconhecido do Sermão da Montanha e da Oração do Senhor. O capítulo, portanto, fecha consistentemente com a autodeclaração do dito de 11, 25-30.

No Capítulo 16, então, o Jesus de Mateus retoma a diferenciação de seu próprio *status* desde o de seus precursores. Na passagem previamente citada 16,13-14, as classificações do povo como um João Batista, um Elias, um Jeremias são descartadas para sempre pela resposta de Pedro: "Tu és o Cristo, o Filho do Deus vivo". O significado da reposta tem de ser visto na combinação dos símbolos Messias-Cristo e Filho de Deus. Até esta passagem, o símbolo Cristo tinha sido empregado apenas por Mateus em seu papel de narrador, mas não por nenhuma das pessoas no drama; agora o rei-salvador profético e apocalíptico de Israel é identificado com o Filho de Deus no processo da própria revelação. Como o *malak* de Malaquias teve de mudar sua compleição para tornar-se o precursor de Jesus, então agora o Messias tem de adquirir as características do Filho de Deus, as quais ele não tinha antes. Ou, ao menos, esta era a intenção do Jesus de Mateus quando aceitou o reconhecimento de Pedro. Historicamente, entretanto, os dois símbolos influenciaram um ao outro, pois a absorção do "Messias" trouxe para a história da Cristandade, assim como uma civilização cristianizada, o fio apocalíptico de fantasia violenta que pode degenerar em ação violenta no mundo. Mesmo no próprio Novo Testamento, em Apocalipse 19,11-16, vemos o Messias chegar:

> Depois vi o céu aberto, e eis que apareceu um cavalo branco, e o que estava montado em cima dele se chamava o Fiel, e o Verdadeiro, que julga, e que peleja justamente. E os seus olhos eram uma como chama de fogo, e na sua cabeça estavam postos muitos diademas, e tinha um nome escrito, que ninguém conhece senão ele mesmo. E vestiu uma roupa salpicada de sangue: e o seu nome, por que se apelida, é O VERBO DE DEUS (*ho logos tou theou*).

> E seguiam-no os exércitos que estão no céu, em cavalos brancos, vestidos de fino linho branco e limpo. E da sua boca saía uma espada de dois gumes: para ferir com ela as nações. Porque ele as governará com uma vara de ferro: e ele mesmo é o que pisa o lagar do vinho do furor da ira de Deus Todo-Poderoso. E ele traz escrito no seu vestido e na sua coxa: O Rei dos Reis e o Senhor dos Senhores.

Este Verbo de Deus salpicado de sangue é um grito longínquo do Jesus de Mateus que chama a si os pobres de espírito, os mansos, os puros de coração, os pacificadores, os que têm fome e sede de justiça e são perseguidos por amor da justiça. Em Mateus 16, Jesus certamente não pretende transformar o Filho de Deus no marechal de campo do Pantocrator, mas, sim, quer transformar o Messias no Filho de Deus. Quaisquer que sejam os significados que o simbolismo do Ungido de Israel possa ter carregado até então, eles são agora relegados para o passado pela presença do Deus Desconhecido no Filho. A consciência da Filiação tem agora de ser desenrolada. Portanto, "desde então começou Jesus a declarar a seus discípulos que convinha ir ele a Jerusalém, e padecer muitas coisas dos anciãos, dos escribas, e dos príncipes dos sacerdotes, e ser morto e ressuscitar ao terceiro dia".[16] O *pathos* da morte representativa que sofrer entrou na consciência de Jesus. Quando Pedro quer dissuadi-lo deste curso, Jesus o repreende colericamente: "Tira-te de diante de mim, Satanás, que me serves de escândalo (*skandalon*)! Porque não tens gosto das coisas que são de Deus, mas das que são dos homens" (16,21-23). Não é acidente que Jesus repreenda Pedro com o mesmo *hypage satana* que emprega na rejeição do tentador em 4,10; a fórmula é, na verdade, para caracterizar o modo que o "homem" pensa como o modo do diabo. Este "homem" que pode ser simbolizado como diabo é o homem que contraiu sua existência num eu imanente ao mundo e se recusa a viver na abertura do entremeio. O Jesus de Mateus deixa a repreensão a Pedro, administrada na velha linguagem de Deus e Satã, ser seguida pela tradução de seu significado na simbolização poética da existência, previamente discutida, através do duplo significado da vida e da morte:

---

[16] Mateus 16,21. (N. T.)

> Se algum quer vir após de mim, negue-se a si mesmo, e tome a sua cruz, e siga-me. Porque o que quiser salvar a sua alma, perdê-la-á, e o que perder a sua alma por amor de mim, achá-la-á. Porque, de que aproveita ao homem ganhar todo o mundo, se vier a perder a sua alma? (16,24-26)

O discurso termina com uma pergunta comovente: O que tem um "homem", *i.e.*, sua vida como contraída imanentemente no seu eu, para oferecer em troca de sua "vida" (*psyche*) no segundo sentido? O significado da repreensão, assim como a relação entre os dois estratos de símbolos, é ainda iluminada pelo emprego do verbo *aparneistai* (*negar, repudiar, renegar*) na negação do eu de 16,14. O mesmo verbo é empregado para denotar a negação do homem a Jesus na fala: "E o que me negar diante dos homens, também eu o negarei diante do meu Pai, que está nos céus" (10,33). Além disso, é empregado especificamente na negação de Pedro em 26,33-34.69-75, criando assim o grande contraponto das três negações de Pedro a Jesus com as três rejeições de Jesus ao Diabo. No Entremeio da existência, o homem é confrontado com a escolha de negar a si mesmo e ao diabo, ou negar a Jesus e ao Deus Desconhecido.

A análise do contexto experiencial em que o dito de 11,27 tem de ser colocado, embora longe de ser exaustiva, foi levada longe o bastante para tornar visíveis os problemas noéticos da realidade que se prestam a mal-entendidos através de hipóstases doutrinárias, através de ênfases exageradas em uma área da realidade contra outras, ou através da simples falta de interesse de envolver-se em uma penetração noética mais profunda. No presente contexto, tenho de confinar-me a uma breve enumeração de não mais do que as perguntas principais:

1. Os vários problemas transmitidos a nós através de dois mil anos têm seu centro no Movimento em que a consciência de existência do homem emerge da experiência primária do cosmos. A consciência se torna luminosa a si mesma como o lugar do processo revelador, do procurar e do ser puxado. A experiência de um cosmos pleno de deuses tem de render-se à experiência da presença divina eminente no movimento da alma no entremeio.

Portanto, toda a simbolização da verdade acerca da realidade, acerca de Deus, do homem, da sociedade e do mundo, tem de, doravante, ser filtrada e tornar-se compatível com a verdade eminente da consciência existencial. Além disso, já que o lugar da verdade é historicamente preenchido pelas simbolizações mais compactas da experiência primária, a consciência existencial é historicamente consciência no sentido de que, por ocasião de sua diferenciação, a verdade da realidade é descoberta como um acontecimento no processo de uma realidade cuja verdade avança a estágios mais elevados de realização. Se a história quiser ser compatível com a verdade da existência, tem de ser simbolizada como um processo revelador: o passado cosmológico de experiência e simbolização tem de ser inteligivelmente relacionado com a consciência diferenciada a que ele deu luz; e a visão do futuro tem de manter alguma relação inteligível com a iluminação no sentido duplo da vida e da morte. As respostas a este problema têm amplos limites. Sua amplitude pode ser aferida se se confrontar a concepção agostiniana da história, com sua espera paciente pelos acontecimentos escatológicos, com a especulação hegeliana, que decreta o acontecimento escatológico através da interpretação do sistema; ou se se confronta a posição de um teólogo existencialista contemporâneo que rejeita o Antigo Testamento por irrelevante à teologia cristã com a posição de Clemente de Alexandria, que insiste em adicionar a filosofia grega como um segundo Antigo Testamento para os cristãos. Quanto a visões do futuro, pode-se confrontar o milênio introduzido por um anjo do Senhor em Apocalipse 20 com o milênio introduzido por Cromwell e a armada puritana ou por Lênin e o partido comunista.

2. O cosmos não cessa de ser real quando a consciência da existência no Entremeio se diferencia; mas é enorme a resistência emocional a ressimbolizar e a dificuldade técnica de ressimbolizar a ordem do cosmos, que em seu nível compacto tinha sido muito adequadamente simbolizada pelos deuses intracósmicos, à luz da nova iluminação; especialmente porque a nova consciência histórica exige os deuses mais antigos para serem ressimbolizados como símbolos de estágios mais antigos no processo de revelação. No movimento da filosofia clássica, como mostrei, a

análise noética do entremeio foi tão longe quanto no movimento evangélico, e em alguns pontos é superior a qualquer coisa que encontremos no evangelho, mas nunca foi dado o passo decisivo de fazer da experiência da tensão do homem em direção ao Deus Desconhecido a verdade a que toda a verdade da realidade tem de conformar-se. Para Platão, o *monogenes* do Deus Desconhecido é, não um homem, mas o cosmos. No mito de *Fedro*, então, ele lida explicitamente com a relação entre o Deus Desconhecido e os deuses intracósmicos: em ocasiões festivas, os olímpicos levantam brindes ao topo de seu céu; "ali o afã extremo e o combate esperam a alma" quando ela quer passar além e alcançar a superfície exterior da abóbada; mas, quando dão este passo, eles podem contemplar as coisas fora do céu. Os seguidores humanos dos deuses são variada, mas nunca completamente bem-sucedidos em alcançar este estado de contemplação, de tal modo que nenhum poeta neste mundo jamais louvou condignamente o *hyperouranion*, a região para além do céu, nem nunca o fará. A imaginação mítica de Platão, então, dota os deuses intracósmicos de uma tensão da psique deles em direção ao Deus Desconhecido e os deixa transmitir seu conhecimento verdadeiro ao homem. Na linguagem do mito cosmológico, esses buscadores de deuses olímpicos e mediadores são o equivalente ao Filho de Deus que, sozinho, conhece o divino Pai no *pleroma* de presença, e medeia seu conhecimento com seus seguidores de acordo com sua receptividade humana. Esta resolução platônica do problema teve um sucesso durável na filosofia: seiscentos anos mais tarde, quando o Deus Desconhecido se tinha diferenciado mais como a Mônada *epekeina nou* (*Enéadas* V.iii.11), Plotino ainda volta ao mito do *Fedro*, a fim de simbolizar a relação entre os deuses intracósmicos e o Deus Desconhecido (*Enéadas* V.viii.10). Além disso, ele empregava o argumento dos deuses que olham para cima para o "rei do reino além" em sua polêmica contra os "filhos de deus" gnósticos que querem elevar-se acima dos deuses do cosmos e falam deste mundo como "a terra estranha" (II.ix.9).

3. A área de consciência existencial, embora eminente em grau, é apenas uma área da realidade. Se for superenfatizada, o cosmos e seus deuses se tornarão a "terra estranha" dos gnósticos e a vida no mundo desprezado dificilmente valerá a pena

ser vivida. A tendência para este desequilíbrio está certamente presente no movimento evangélico. Quando Jesus prefere as pessoas simples aos sábios e às autoridades públicas, ele não quer começar uma revolução que levará as pessoas simples ao poder, mas julga o reino de Deus mais facilmente acessível aos "pobres" do que a homens que se revestiram de interesses e posições de responsabilidade nos afazeres deste mundo. Seu apelo é inteiramente diferente do de Platão, que se dirige aos filhos da classe dominante, a fim de torná-los existencialmente prontos para serem governantes na pólis paradigmática que deveria substituir a pólis corrupta do dia, pois o reino de Deus não terá nenhuma organização social nem classe governante neste mundo. Em Mateus 16, Jesus conclui sua análise de existência com a garantia: "Em verdade vos afirmo, que dos que aqui estão, há alguns que não hão de gostar a morte, antes que vejam vir o Filho do homem na glória do seu reino" (16,28) – uma visão que provavelmente agrada a membros de uma instituição não mais do que a revolucionários que querem estabelecer-se em seu lugar. Além disso, não apenas pode perder-se o futuro da história, se alguém "(...) anda inquieto pelo dia de amanhã" (Mateus 7,34),[17] mas há também o perigo de perda de seu passado. O Jesus de Mateus, é verdade, não veio para destruir a lei ou os profetas, mas para cumpri-los (5,17), mas o cumprimento é difícil de distinguir da destruição apocalíptica. Notamos as conversões sutis do *malak* de Javé no precursor de Jesus, assim como do Messias no Filho de Deus; e o Pai Desconhecido de 11,27, a quem ninguém conhece senão o Filho, dificilmente é o Deus bem-conhecido que trovejava do Sinai e falava por Moisés e pelos profetas. Não teria também o Javé de Israel de tornar-se um buscador de deus e mediador como os Olímpicos do mito platônico?

4. Porque as questões deste tipo foram insuficientemente esclarecidas no movimento evangélico, tornou-se possível o descarrilamento no gnosticismo. A força do evangelho é sua concentração no ponto que é o mais importante: que a verdade da realidade tem seu centro não no cosmos em geral, nem na natureza, ou na sociedade, ou no governador imperial, mas na

---

[17] Na verdade, é Mateus 6,34. (N. T.)

presença do Deus Desconhecido numa existência do homem em sua morte e vida. Esta mesma força, entretanto, pode causar uma ruptura, se a ênfase no centro da verdade se tornar tão intensa que suas relações com a realidade de que é o centro forem negligenciadas ou interrompidas. A não ser que o Deus Desconhecido seja a presença divina indiferenciada no segundo plano dos deuses intracósmicos específicos, ele é, na verdade, um deus desconhecido à primeira experiência do cosmos. Nesse caso, entretanto, não há nenhum processo de revelação na história, nem um Movimento milenar culminando na epifania do Filho de Deus, mas apenas a irrupção de um deus extracósmico num cosmos de cuja humanidade ele até agora se escondeu. Há mais: já que a revelação deste deus extracósmico é a única verdade que importa existencialmente, o cosmos, seus deuses e sua história se tornam uma realidade com o índice de mentira existencial. Em particular, o Javé de Israel é imaginado como um demônio ruim que criou o cosmos, a fim de saciar sua concupiscência de poder e manter o homem, cujo destino é extracósmico, prisioneiro no mundo de sua criação. Este deus dos gnósticos não é certamente o Deus do evangelho, que sofre a morte no homem para levantar o homem até a vida, mas é o deus que pode emergir do Movimento, quando a consciência da existência se isola, através de um ato de imaginação, da realidade do cosmos em que se diferenciou. Digo deliberadamente que o deus gnóstico pode emergir do Movimento, em geral, pois ele não está necessariamente preso ao movimento evangélico como um de seus possíveis descarrilamentos. Os historiadores da religião que encontram as "origens" do gnosticismo na Hélade ou na Pérsia, na Babilônia ou no Egito, nas religiões de mistério helenísticas ou nos movimentos sectários judaicos e que diagnosticam elementos gnósticos no próprio Novo Testamento, não estão totalmente errados, pois a possibilidade estrutural de descarrilamento está presente onde quer que tenha começado o Movimento existencial de diferenciação do Deus Desconhecido. Deve-se ser claro, entretanto, que a presença da possibilidade estrutural não é em si gnosticismo; seria melhor aplicar o termo apenas aos casos onde o isolamento imaginativo da consciência existencial se torna o centro motivador para a interpretação de simbolismos maiores, como nos grandes sistemas gnósticos do século II A.D. Esses sistemas, embora sejam produtos de imaginação mítica, não são nem mitos do tipo intracósmico, nem são mitos de filósofos, como o platônico ou plotínico, nem pertencem ao gênio dos Evangelhos do Novo Testamento. São um simbolismo *sui generis* que expressa um estado de alienação da realidade, que devem ser mais precisamente caracterizados como um isolamento extracósmico da consciência existencial.

Embora a possibilidade do descarrilamento gnóstico seja inerente ao Movimento desde o seu começo, apenas a diferenciação completa da verdade da existência sob o Deus Desconhecido através de seu Filho criou o campo cultural em que a contração extracósmica da existência é uma possibilidade igualmente radical. Com o evangelho como a verdade da realidade, a civilização ocidental herdou a contração extracósmica como a possibilidade de sua ruptura. Já insinuei que o padrão cultural dos novos Cristos no final do século XVIII e começo do século XIX repete o padrão dos "filhos de deus" que provocaram a ira de Irineu e Plotino. Mas nesta ocasião não posso ir além de tais insinuações. Não sabemos que horrores o período atual de ruptura cultural tem ainda reservados, mas espero ter mostrado que a filosofia não está totalmente indefesa na penetração noética de seus problemas. Talvez sua persuasão possa ajudar a restaurar o domínio da razão.

8. De Hegel: um estudo de feitiçaria[1]

Quando os deuses são expulsos do cosmos, o mundo que deixaram torna-se tedioso. No século XVIII, o *ennui*[2] explorado por Pascal era ainda a disposição de espírito de um homem que perdera a fé e tinha de proteger-se, por *divertissements*, da escuridão da ansiedade; depois da Revolução Francesa, o *ennui* foi reconhecido por Hegel como a síndrome de uma época na história. Levara um século e meio para a desorientação num mundo sem Deus desenvolver-se de uma doença pessoal de existência até uma doença social.[3]

I

Die Langeweile der Welt, o tédio do mundo, é o símbolo de Hegel para o estado espiritual de uma sociedade cujos deuses morreram. A frase aparece no assim chamado *Fortsetzung des*

---

[1] De *Studium Generale*, XXIV (1971), p. 335-68. Versão aumentada da comunicação feita na Primeira Conferência da Sociedade Internacional para o Estudo do Tempo, Oberwolfach, Alemanha, de 31 de agosto a 6 de setembro de 1969. Reimpresso com permissão da Springer Verlag.

[2] Tédio. (N. T.)

[3] Para a história moderna da melancolia e do tédio, *cf.* o estudo recente de Wolf Lepenies, *Melancholie und Gesellschaft* [Melancolia e Sociedade]. Frankfurt-am-Main, 1969.

"*Systems der Sittlichkeit*",[4] escrito em 1804-1806 enquanto Hegel estava trabalhando na *Phänomelogie* [Fenomenologia].[5] De acordo com o manuscrito, o estado de *Langeweile* ocorreu duas vezes na história ocidental. Uma na antiguidade, na esteira da conquista imperial romana; e uma segunda vez na modernidade, na esteira da Reforma. Hegel descreve o estado de tédio nos dois casos da seguinte forma:

A expansão do Império Romano destruíra os estados livres do mundo antigo e com eles a vitalidade de seus deuses em quem o Espírito se tornara objetivo; com a individualidade vivente de seus deuses e cultos, os povos do império tinham perdido sua moralidade; e sobre sua singularidade tinha-se espalhado a generalidade vazia da regra imperial. Neste dilaceramento do mundo numa singularidade que não está ligada ao Espírito e uma generalidade que é falta de vida divina, a "identidade primordial" tinha de ascender com sua "força eterna" para sobrepujar a "dor infinita" e reconciliar num novo todo o que tinha sido dilacerado – ou a humanidade teria perecido dentro de si mesma (*D* 318). Cristo tornou-se o fundador de uma religião porque pôde articular o "sofrimento de toda uma época" desde as extremas profundezas, através do poder divino do Espírito, através da certeza absoluta de reconciliação que levava em si, e porque por sua própria confiança podia gerar confiança nos outros (*D* 319).

A reconciliação obtida por uma "identidade primordial" através da encarnação de Deus num homem foi preservada pela igreja. A reconciliação inicial do Espírito com a realidade através da ressacralização do homem foi até expandida para abarcar a sociedade e a natureza; a sacralidade foi estendida ao poder de governar do monarca; e em todas as nações os mensageiros de Deus deixaram seus traços, de tal forma que cada uma tinha sua

---

[4] Continuação do "Sistema da moralidade". (N. T.)

[5] O manuscrito, ora perdido, foi parcialmente transcrito, parcialmente apresentado, por Rosenkranz e Haym. Uma edição crítica, baseada nesses relatos, foi publicada por Johannes Hoffmeister [em] *Dokumente zu Hegels Entwicklung* [Documentos para o Desenvolvimento de Hegel]. Sttugart, 1936, p. 314-25. Adiante os *Dokumente* são citados como *D. Die Langeweile der Welt* [O tédio do mundo] [é] D 318.

própria histórica sagrada de reconciliação. O mundo todo se tornara um "tempo de vida redespertada" (*D* 322).

O grande dilaceramento da nova reconciliação foi causado pela Reforma. O protestantismo aboliu "a poesia da sacralidade" ao dilacerar a nova pátria do homem na interioridade (*Innerlichkeit*) da vida espiritual e "um envolvimento (*Versenken*) imperturbado na vilania (*Gemeinheit*) da existência empírica da necessidade cotidiana". "O Sabá do mundo desapareceu, e a vida se tornou um dia de trabalho comum e não santo" (*D* 323).

A "beleza e sacralidade" do mundo da pré-Reforma é perdida para sempre; a história não pode voltar atrás; temos de avançar em direção a uma nova religião que compreenda a reconciliação anterior como uma "sacralização alheia" e substituí-la por uma sacralização através do Espírito que se tornou "interior". "O Espírito tem de sacralizar-se como Espírito em sua própria forma". O dilaceramento será superado quando "um povo livre" tiver a audácia, não de receber uma forma religiosa, mas de tomar uma por si mesmo "em seu próprio solo e por sua própria majestade" (*D 324*). No Protestantismo, esta relação entre Espírito e realidade alcançou sua ruptura com a consciência através da filosofia. A nova filosofia restaura "sua vivacidade à Razão e seu Espírito à Natureza". A filosofia que emerge do dilaceramento Protestante é destinada a seguir o Catolicismo e o Protestantismo como a terceira religião, nova (*D 323*).

Épocas de dilaceramento (*Zerrissenheit*) e tédio (*Langeweile*) não acontecem simplesmente, nem simplesmente emergirão novas religiões. A força eterna da identidade primordial opera concretamente por seres humanos como Cristo e Lutero. Se a filosofia deve ser a terceira religião, sucedendo o Catolicismo e o Protestantismo, quem sucederá Cristo e Lutero como o fundador da nova religião? Talvez Hegel?

A questão preocupou tanto Hegel que a pressão dela formou-lhe a existência como filósofo. A fim de aferir-lhe a importância será adequado primeiro distinguir os vários estratos da questão:

1. Como filósofo no sentido clássico, Hegel sabia que não podia diagnosticar o dilaceramento da época sem excluir-se de

algum modo de seu tédio. Algum grau de reconciliação tinha de ser percebida em sua própria existência ou ele não poderia ter reconhecido o dilaceramento pelo que ele era; como filósofo ele tinha de estar suficientemente saudável espiritualmente para diagnosticar o estado espiritual da sociedade como doente; ainda mais, a análise da doença social tinha de tornar-se para Hegel, assim como para qualquer filósofo, a ação meditativa pela qual o médico, que nasceu como filho de sua época, cura, antes de tudo, a si mesmo. Apenas quando pelo diagnóstico do mal que o cerca, um homem chegou, com a permissão da graça de Deus, à iluminação da verdade de sua própria existência como homem é que ele pode tornar-se eficaz como o reconciliador e restaurador da ordem existencial para seus semelhantes.

2. O segundo estrato é representado pelo pneumatismo do homem interior e pela luz interior. Aos espíritos sectários da Idade Média e da Renascença, os homens divinos e *homines novi*,[6] seguiram, no século XVIII, os ocultistas, os visionários, e *Schwärmer*,[7] os iluministas e teósofos, Swedenborg, Martinez, Saint-Martim e Cagliostro; Lavater, Jung-Stilling, e assim por diante. Começando com a Revolução Francesa, então, desceu uma nuvem de novos Cristos no mundo Ocidental – Saint-Simon, Fourier, Comte, Fichte e o próprio Hegel. O período de vida de Hegel (1770-1831) corre paralelo ao período estudado por Auguste Viatte em seu *Les Sources Occultes du Romantisme* [As Forças Ocultas do Romantismo], 1770-1820 (1927; 1965). A própria interioridade de Hegel está firmemente relacionada a Jacob Boehme e aos pietistas alemães.

3. O terceiro estrato é a interpretação imaginativa de épocas que permitirão que o imaginador antecipe o curso futuro da história. Por meio dessa interpretação, o imaginador pode mudar o significado da existência da vida na presença de Deus, com seus deveres pessoais e sociais do dia, para o papel de um funcionário da história; a realidade da existência será eclipsada e substituída pela Segunda Realidade do projeto imaginativo. A fim de cumprir este propósito, o projeto tem de, antes de tudo, eclipsar o

---

[6] Os homens novos. (N. T.)

[7] Fanáticos. (N. T.)

futuro desconhecido pela imagem de um futuro conhecido; tem ainda de dotar a interpretação das épocas com a certeza de uma ciência – de uma *Wissenschaftslehre*,[8] um "sistema de ciência", uma *philosophie positive*,[9] um *wissenschaftlicher Sozialismus*;[10] e tem, finalmente, de conceber a época futura de tal modo que o imaginador presente se torne seu inaugurador e mestre. O propósito de assegurar um significado de existência, com certeza, num papel de mestre trai os motivos da interpretação na insegurança existencial, ansiedade e *libido dominandi* do imaginador. Isso é megalomania em grande escala. Ainda assim, os messias do século XIX deixaram uma marca tão profunda na assim chamada época moderna que nos acostumamos à sua loucura; embotou-se nossa sensibilidade para o elemento do grotesco na empresa deles. A fim de afiá-la um pouco, imaginemos um Jesus correndo por aí e anunciando a todos a boa-nova de que ele é o homem pelo qual a época de Cristo será reconhecida – como Comte anunciou *urbi et orbi* que com o termo de sua obra, em 1854, começara a era de Comte.

A interação dos três estratos na existência de Hegel faz dele um pensador caracteristicamente moderno. Há um filósofo e espiritualista sensível, um crítico noética e pneumaticamente competente da época, uma força intelectual de primeiro plano, e, mesmo assim, não consegue obter totalmente a estatura de seu verdadeiro eu como um homem sob Deus. Da escuridão desta deficiência existencial, então, surge a *libido dominandi* e obriga-o a fazer a interpretação imaginativa de um falso eu como o messias de uma nova era. A interação dos estratos, então, não pode trazer à baila uma fórmula simples. Na interpretação do sistema, é verdade, a Segunda Realidade do terceiro estrato prevalece e deforma gravemente a existência do filósofo e do espiritualista. Mas Hegel não constrói sempre seu sistema. Ele sabe escrever estudos sensatos brilhantes sobre política, assim como ensaios literários que o revelam como mestre da língua alemã e um grande homem de letras. Além

---

[8] Teoria da ciência. (N. T.)
[9] Filosofia positiva. (N. T.)
[10] Socialismo científico. (N. T.)

disso, as próprias obras sistemáticas estão cheias de excelentes análises históricas e filosóficas que podem manter-se por si mesmas, não atingidas, em sua integridade, pelo sistema em que são construídas. Portanto, a modernidade de Hegel pode ser caracterizada como a coexistência de dois eus, como uma existência dividida em um eu verdadeiro e um falso, mantendo um ao outro em tal equilíbrio que nem um nem outro nunca se torna completamente dominante. Nem o eu verdadeiro se torna forte o bastante para quebrar o sistema, nem o eu falso se torna forte o bastante para transformar Hegel num revolucionário assassino ou num caso psiquiátrico.[11]

II

É complicada a existência de um homem moderno. Na linguagem de Pascal, o Sistema de Ciências de Hegel é um *divertissement*. O filósofo que quer curar a doença da sociedade não é capaz de atingir a verdade de sua própria existência, mas desenvolve mais um dilaceramento entre a intenção filosófica de seu eu verdadeiro e a busca verdadeira do eu falso e seu papel no projeto imaginativo da história. Um segundo dilaceramento na existência do filósofo, então, é empilhado no primeiro que ele diagnosticou corretamente como a doença espiritual da sociedade. O resultado é o padrão intrincado de relações dos dois andares do dilaceramento que em nosso tempo se quebra em catástrofes pessoais e sociais violentas sem a catarse redentora da tragédia. Quanto à sociedade, a revolta sensível espiritualmente contra seu estado insatisfatório é conduzida por homens existencialmente deficientes que se juntam como novas fontes de desordem a problemas que, sem eles, já são ruins o bastante. Quanto aos rebeldes, o papel em que se lançam não é fácil de desempenhar; e raramente eles carregam nas costas o fardo com tanta consciência como a de Hegel.

---

[11] Quanto à questão dos dois Eus, *cf.* R. D. Laing, *The Divided Self: An Existential Study in Sanity and Madness* [O Eu Dividido: Um Estudo Existencial da Sanidade e da Loucura] (1960). Pelican, 1965.

Por causa de sua consciência como pensador, o caso de Hegel adquire a qualidade de um paradigma para as vicissitudes da existência multitensional que chamamos moderna. Como filósofo, Hegel está preso à tradição de filosofar da antiguidade até o presente que ele conhece soberbamente bem. Por uma existência de filósofo, entretanto, Hegel se sentiria frustrado; pois os filósofos, mesmo os de alto coturno, não são as figuras históricas que apõem sua assinatura no milênio; vivemos na era de Cristo, afinal de contas, não na era de Platão. Portanto, a fim de acomodar uma *libido dominandi* que não pode ser preenchida pela existência de um filósofo, a filosofia tem de vestir-se como "religião". Na concepção anterior de Hegel, a filosofia é um estado de consciência que emerge reflexivamente do Protestantismo como uma "terceira religião"; na concepção posterior, absorve a "religião" em si mesma. A filosofia se torna a revelação última da nova "identidade primordial", e o velho Deus da revelação é declarado morto para sempre. A fim de legitimar essas mudanças estratégicas de significado, Hegel tem de desenvolver um projeto imaginativo de história imanente, com uma interpretação de épocas que incluirão uma última época que será inaugurada por ele mesmo. Este apocalipse imanente engendrado pela *libido dominandi* do pensador tem o propósito de eclipsar o mistério do significado na história expresso pelos simbolismos cristãos de acontecimentos escatológicos. Não se deve admitir, no entanto, que a interpretação foi vomitada por uma explosão de imaginação libidinosa; o verdadeiro eu do filósofo é muito forte em Hegel para deixar a imaginação ser entronizada como fonte de verdade superior à razão, como foi feito por André Breton e os jovens revolucionários surrealistas em nosso tempo. Ao contrário, o aroma libidinoso que se agarra à interpretação e lhe danifica a função legitimadora tem de ser duplamente encoberto: declara-se que a nova filosofia é não um mero amor à sabedoria como a antiga, mas uma posse final de conhecimento; e este conhecimento é ainda aumentado pelo novo símbolo "ciência" que começou, depois de Newton, a adquirir sua mágica moderna peculiar. E, finalmente, se a história imaginativa não quiser colidir com a realidade histórica, têm-se de encontrar na história contemporânea acontecimentos que pareçam promissores como a onda do futuro cujo messias o filósofo quer tornar-se. Se ele não quer ser ridicularizado na corte como um *Schwärmer* ou um maluco, o filósofo tem de amarrar suas ambições messiânicas a uma força política de sua época, que pareça razoavelmente bem-sucedida.

Documentarei agora, por algumas de suas narrativas de experiência, o caminho tortuoso que Hegel serpenteou em seu padrão de existência.

O grande acontecimento que impressionou o jovem de vinte anos como a abertura de uma nova era foi a Revolução Francesa. Quarenta anos mais tarde, na *Filosofia da História*, o velho Hegel recorda o impacto e sua natureza:

> Desde que o sol está no céu e os planetas giram ao redor dele, não aconteceu de o homem erguer-se em sua cabeça, ou seja, em seu pensamento, e construir uma realidade em conformidade com ela. Anaxágoras fora o primeiro a dizer que a Nous governa o mundo; mas apenas agora o homem ganhou a iluminação de que o pensamento deve governar a realidade espiritual. Isto foi um esplendoroso nascer do sol; todos os seres pensantes partilharam na celebração da época. A era foi governada pela emoção sublime, o mundo tremeu quando o entusiasmo do Espírito (*Geist*) o permeou, como se apenas agora o divino se tivesse verdadeiramente reconciliado com o mundo.[12]

Nessa última ocasião, a expressão de Hegel se tornou litúrgica – os símbolos de linguagem são empregados com os significados que adquiriram em sua obra de toda uma vida. No pensamento (*Gedanke*) e no Espírito (*Geist*) que se interpenetram na revolução reconhecemos a "filosofia" e a "religião" que Hegel absorveu em sua "ciência" de *Das Absolute Wissen*;[13] e a relação de pensamento e Espírito com a Nous de Anaxágoras não é inteligível sem sua interpretação imaginativa da história. Nos anos de 1790, Hegel certamente não teria articulado a experiência na linguagem

---

[12] F. Brunstädt (ed.), *Philosophie der Geschichte* [Filosofia da História]. Sttutgart, 1961, p. 593.

[13] O saber absoluto. (N. T.)

da passagem que foi escrita (ou dita) depois da Revolução de Julho de 1830. No entanto, não há nenhuma razão para duvidar da validade da narrativa. O impacto da Revolução foi, na verdade, a experiência que formou fundamentalmente a existência de Hegel. O fato de que até o fim da vida ele ainda pudesse aceitar a experiência como válida, e não a rejeitasse como uma aberração juvenil, que ele poderia até expressar pelos símbolos que ele desenvolvera no processo existencial que começara dele, é a melhor prova da autenticidade da narrativa. As reflexões convencionais sobre o *status* de Hegel como filósofo do Iluminismo, ou o último filósofo cristão, ou o glorificador reacionário do estado prussiano, tornam-se irrelevantes, à luz da autodeclaração dele como filósofo da Revolução Francesa.

Mais perto de uma articulação original da experiência são as páginas da *Forsetzung des "Systems der Sittlichkeit"* que citei anteriormente. Aí Hegel fala da "razão" (*Vernunft*) que redescobriu sua realidade como Espírito moral"; do Espírito que agora de novo "pode sacralizar-se como Espírito em sua própria forma", do protestantismo que tirou (*ausgezogen*) "a sacralização estranha" – não deixando claro se o "estranha" se refere a um papado ultramontano ou a uma divindade supramundana; e do "povo livre" que dará sua forma religiosa (*religiöse Gestalt*) a si mesmo "por sua própria majestade" (*D 324*). A ênfase então recai na empresa de autossalvação, com implicações de uma "subjetividade nórdica" que sozinha é capaz do feito (*D 323*). As passagens já têm o sabor do conselho de Nietzsche ao homem moderno de redimir-se estendendo a graça a si mesmo, em vez de esperar por um redentor divino pela graça de Deus. A nova liberdade e ativismo de autossalvação é experienciada por Hegel como o cerne do significado nos grandes acontecimentos que chocaram o mundo.

Uma situação perturbadoramente insatisfatória – pois Hegel não iniciara a Revolução Francesa, e as batalhas das guerras napoleônicas alastravam-se em torno dele enquanto sua própria existência como *Dozent* em Jena era nitidamente não combatente. Ele estava preocupado nesses dias com a questão de como um filósofo poderia participar do significado dos acontecimentos sangrentos que, para ele, eram a única realidade significativa no mundo. Rosenkranz relata a resposta dele, com base no manuscrito original: a filosofia é necessária para um povo como o suplemento ideal da guerra. Mais especificamente:

> Apenas a morte é o trabalho absoluto (*absolute Arbeit*) pois abole (*aufhebt*) a singularidade determinada. A coragem traz seu sacrifício absoluto ao Estado. A humilhação de não ter morrido, no entanto, é o quinhão dos que não morrem na batalha e ainda têm o gozo de sua singularidade. Portanto, não há nada deixado para eles, senão a especulação, o conhecimento absoluto da verdade, como a forma em que a consciência pura (*einfache*) do infinito é possível sem a determinação de uma vida independente individual (*D* 314).

Não se deve menosprezar esse trecho, psicologizando sobre a má consciência do não combatente. Hegel fala sério quanto à equivalência da morte em combate e a filosofia – contanto que os combates sejam dirigidos para estabelecer um "povo livre" e o processo especulativo produza "conhecimento absoluto". A fim de ganhar sua forma, o "povo livre" precisa do sacrifício supremo assim como do Espírito absoluto. A filosofia de Hegel não é a prática socrática de morrer – é o equivalente da morte no campo de batalha da revolução.

Filosofar de tal maneira que a obra do filósofo se integre significativamente no processo da história é uma tarefa exigente. Felizmente temos o próprio texto de Hegel para sua reflexão sobre esta questão:

> Cada homem singular não é senão uma ligação cega na corrente da necessidade absoluta, pela qual o mundo se constrói (*sich forbildet*) adiante. O homem singular pode elevar-se para o domínio (*Herrschaft*) sobre uma extensão apreciável desta cadeia apenas se sabe a direção para a qual a grande necessidade quer mover-se e se aprende, com este conhecimento, a pronunciar as palavras mágicas (*die Zauberworte*). (*D* 324)

Este trecho revela o ressentimento intenso de Hegel assim como a causa de tal ressentimento. É um trecho-chave para a compreensão da existência moderna. O homem tornou-se um nada; não tem nenhuma realidade por si mesmo; é uma partícula cega num processo do mundo que tem o monopólio da realidade real e do significado real. A fim de elevar-se do nada a algo, a partícula cega tem de tornar-se uma partícula vidente. Mas mesmo se a partícula ganhou visão, não vê nada senão a direção em que se está movendo o processo, seja ou não visto pela partícula. E, no entanto, para Hegel, ganhou-se algo importante: o nada que se elevou a um algo tornou-se, se não um homem, ao menos um feiticeiro que pode evocar, se não a realidade da história, ao menos seu formato. Quase hesito em continuar – é embaraçoso o espetáculo de um niilista desnudando-se. Pois Hegel trai em tantas palavras que não é suficiente para ele ser homem; e já que não pode ele mesmo ser o Senhor divino da história, ele vai obter o *Herrschaft* como o feiticeiro que conjurará uma imagem da história da história – um formato, um fantasma – que deve eclipsar a história da obra de Deus. O projeto imaginativo de história se quebra no padrão de existência moderna como o instrumento de poder do conjurador.

Conclui Hegel sua reflexão com a assertiva:

> Este conhecimento – que significa incluir todo o sofrimento e o conflito que por vários milhares de anos dominou o mundo e todas as formas de sua manifestação (*Ausbildung*) em si mesmo, e ao mesmo tempo elevar-se a si mesmo acima dele [*i.e.*, o conflito] – este conhecimento apenas a *filosofia* pode dar (*D* 325).

"Este conhecimento", lembramos, é o conhecimento do qual seu possuidor pode aprender as palavras mágicas que evocarão o formato das coisas por vir. Quanto a seu conteúdo, "este conhecimento" tem de ser o livro todo compreensivo do sofrimento e do conflito no processo do mundo, pois apenas se for todo compreensivo é que o possuidor "deste conhecimento" se eleva acima do sofrimento do mundo e do conflito. Está aí resumido o tema do dilaceramento e da reconciliação. O conhecimento todo inclusivo tem de ser alcançado a fim de pôr um fim ao processo do mundo, neste pesadelo de sofrimento e conflito, e inaugurar a era da reconciliação. Evoca-se um formato no programa de Hegel: o formato do Cristo que toma o conflito e sofrimento deste mundo em seus ombros e, assim, torna-se o seu redentor. Este conhecimento redentor é o conhecimento que apenas a filosofia pode dar. A "Filosofia" torna-se *grimoire*[14] do mágico que evocará para todo o mundo o formato e a reconciliação que, por si mesma, não pode alcançar na realidade de sua existência.

III

Hegel levou adiante seu projeto. Em 1807 publicou seu *grimoire* com o título de *System der Wissenschaft: Erstes Theil, die Phänomelologie des Geistes*[15] [Sistema da Ciência: Primeira parte, a fenomenologia do Espírito].

Forma e linguagem da obra refletem a complexidade da existência moderna cuja apresentação é seu propósito. Como gênio da literatura filosófica, a *Phänomenologie* é um tratado sobre a *aletheia*,[16] sobre a verdade e a realidade, e muito importante, na verdade; nenhum filósofo pode dar-se ao luxo de desprezá-lo. No entanto, o dilaceramento da existência de Hegel no verdadeiro eu do filósofo e o falso eu do feiticeiro messiânico impõe-se na obra, de tal maneira que suas excelências filosóficas se tornam subordinadas ao *Ziel*[17] antifilosófico, à meta de permitir que a filosofia finalmente "renuncie a seu nome de amor do conhecimento e se torne o conhecimento real (*wirkliches Wissen*)" (Ph 12).

Nenhum ministro de propaganda moderno poderia ter divisado uma frase que soasse mais inofensiva e progressiva persuasivamente como uma tela para a enormidade transacionada por trás dela. Pois a filosofia, embora possam avançar suas

---

[14] Livro de mágica. (N. T.)

[15] Hoffmeister (ed.), *Phänomenolgie*. Hamburgo, 1952. Citado no texto como Ph.

[16] Verdade. (N. T.)

[17] Meta. (N. T.)

iluminações, não pode avançar para além de sua estrutura como "amor à sabedoria". Na exegese de Platão do "nome", a filosofia denota a tensão erótica do homem em direção ao fundamento divino de sua existência. Apenas Deus tem *sophia*, o "conhecimento real"; o homem encontra a verdade sobre Deus e o mundo, assim como de sua própria existência, ao se tornar *philosophos*, o amante de Deus e de sua sabedoria. O erotismo do filósofo implica a humanidade do homem e a divindade de Deus como os polos de sua tensão existencial. A prática da filosofia no sentido socrático-platônico é o equivalente da santificação cristã do homem; é o crescimento da imagem de Deus no homem. A frase de Hegel que soa inócua encobre, então, o programa de abolir a humanidade do homem; a *sophia* de Deus pode ser trazida à órbita do homem apenas se transformar o homem em Deus. O *Ziel* da *Phänomenologie* é a criação do homem-deus.

São enormes as dificuldades técnicas que Hegel teve de ultrapassar, a fim de alcançar sua meta ao mesmo tempo que camuflava o que estava fazendo. Logo mais tratarei delas. O princípio de interpretação na *Phänomenologie*, entretanto, é tão simples que não será injusto chamá-lo um truque. Como seria impossível mesmo para o gênio construtivo de um Hegel moer o Deus real e o homem real na máquina de dialética e sair com um homem-deus, ele positivamente não concede o *status* de realidade nem a Deus nem ao homem. A *Phänomenologie* não reconhece nenhuma realidade, senão a consciência. Seus fenômenos oscilam da consciência da sensação (I-III) e autoconsciência (IV), através da razão (V), espírito (*Geist*) (VI), e religião (VII), até o conhecimento absoluto (VIII). Já que a consciência tem de ser a consciência que alguém tem de algo, e nem Deus nem o homem são reconhecidos como alguém ou algo, a consciência tem de ser consciência de si. Sua realidade absoluta é, portanto, definida propriamente como "a identidade da identidade e não identidade". A substância se torna o sujeito, e o sujeito a substância, no processo de uma consciência que é imanente a si mesma. Hegel, é claro, não afirma seu princípio de interpretação tão abertamente como o fiz agora, ou a empresa de seu *grimoire* seria autoderrotante. O leitor perguntaria justamente o que poderia ser uma consciência que não é consciência de ninguém? E se não recebesse nenhuma resposta, ou fosse evitado, mais ou menos polidamente, com a sugestão de que era culpa dele se não entendia o que é claro como água, ele poderia tornar-se suspeitoso. Não, a *Phänomenologie* tem 564 páginas; e enfileira, com uma riqueza incrível de observações sobre fenômenos como a relação do senhor e do servo; estoicismo, ceticismo, a consciência infeliz; atitudes existencialistas tais como os hedonistas e os moralistas; o homem político e apolítico; o cidadão revolucionário e o leal; a tragédia clássica e a religião cristã; alienação, educação, fé, intelectualismo; iluminismo, superstição, liberdade e terror; a Revolução Francesa e o Império Napoleônico. Na interpretação de Hegel, todos esses fenômenos devem ser estágios no processo dialético da consciência imanente em direção a sua meta de "conhecimento absoluto", mas o leitor, vivendo em seus hábitos de senso comum, entenderá as observações frequentemente brilhantes como reflexões de um filósofo sobre fenômenos no mundo real de existência pessoal na sociedade e na história. A *Phänomelogie* é um *divertissement* no sentido pleno de um jogo imaginativo, divisado com mestria tão proximamente à realidade que o espectador exaltado pode esquecer que o que ele está assistindo não é mais do que um jogo.

A ambiguidade do jogo tem de ser isolada e reconhecida como uma estrutura na *Phänomenologie*, a fim de evitar debate fútil. Pode-se concentrar na consciência suspensa num vazio como o princípio de interpretação, e afastar a *Phänomenologie* como tolice. Pode-se concentrar nos estudos de intelectuais iluminados, ou de psicologia reducionista, ou de massas terroristas, e admirar Hegel como um analista profundo de aberrações existenciais. Ambos os lados podem ser bem defendidos; e, no entanto, o argumento perderia o jogo de substituir a Primeira Realidade da experiência pela Segunda Realidade de interpretação imaginativa, e de dotar a realidade imaginária com a aparência de verdade, deixando-a absorver partes da primeira realidade. Além disso, o jogo é jogado por um mestre cujo intelecto imperial consegue de fato organizar, em sua interpretação, tamanha quantidade de materiais históricos que mesmo o leitor não tão simplório pode bem ser distraído a fim de deixar passar as brechas e inconsistências, e acreditar no *Ziel* ostensivo de transformar o amor da sabedoria num sistema de ciência que ser alcançada. A astúcia de Hegel em cunhar uma frase que esconde uma enormidade existencial é emparelhada com sua habilidade de levar a cabo a trapaça. A ambiguidade do jogo, sua astúcia e trapaça, tem de ser reconhecida como um fenômeno por si mesma – um fenômeno que não aparece entre os fenômenos da *Phänomenologie*, mas que foi estabelecido por ela como o protótipo do jogo de vigarices jogado pelo homem moderno em sua existência dilacerada sob títulos tais como publicidade, propaganda, comunicação, e, de modo exaustivo, como políticas ideológicas.

A estrutura do jogo tem de ser isolada e reconhecida, mas não deve ser arrancada do contexto do *grimoire*. Hegel não quer jogar jogos por si mesmos, quer encontrar as *Zauberworte* que lhe darão poder sobre a realidade. E nesse contexto o jogo não é a fuga que distrai da realidade que ele parece ao leitor crítico, mas o meio necessário para o fim de estabelecer o "conhecimento real" que permitirá a Hegel invocar o formato do futuro. Já que isso não pode ser alcançado na realidade, mas apenas num ato de imaginação metastática, e o imaginário do ato tem de ser consistente em si mesmo, a história tem de ser transformada num processo dialético de uma consciência que chegará à sua realização reflexiva na "consciência" metastática suspensa no vácuo da imaginação de Hegel. A fim de quebrar a corrente a que ele imagina estar ligado, Hegel tem de ligar a história à corrente imaginária do processo dialético. A metástase do amante da sabedoria no possuidor do conhecimento exige a metástase da história na dialética da *Phänomenologie*.

A interpretação de um *grimoire* é uma destruição violenta da realidade. Na realidade histórica, uma verdade do filósofo é a exegese de sua experiência: um homem real participa da realidade de Deus e do mundo, da sociedade e de si mesmo, e articula suas experiências por símbolos de linguagem mais ou menos adequados. Mas, por mais compacta, incompleta e necessitada de uma revisão posterior que possa ser sua experiência e simbolização de realidade, tem sua dignidade como uma imagem que o homem real faz da realidade divina do cosmos que o cerca e abrange. Além disso, o filósofo sabe que sua própria experiência noeticamente controlada de participação, embora obtenha iluminações mais diferenciadas para a verdade da realidade do que são possíveis no meio mais compacto do mito, é a mesma experiência de participação na mesma realidade que engendrou os simbolismos noeticamente menos controlados. Por mais importante que possa ser seu avanço de iluminação, como homem ele está tão longe, ou perto da *sophia* divina como seu predecessor mitopoético; avanços de iluminação podem afiar uma compreensão do homem acerca de sua humanidade, mas não podem abolir-lhe a condição humana. Por mais amplamente que possam diferir no que diz respeito ao estado histórico de sua iluminação, o *philomythos* e o *philosopho*, o crente na salvação por meio de Cristo, o gnóstico antigo, o alquimista medieval e o feiticeiro moderno são todos iguais quanto à equidistância da humanidade deles com relação a Deus. A equivalência de simbolismos como a expressão da busca do homem pela verdade sobre si mesmo e o fundamento de sua existência é o princípio, estabelecido por Aristóteles, que guia a inquirição do filósofo acerca do múltiplo histórico da verdade experienciada e simbolizada.[18]

Imaginar que a busca da verdade não é a essência da humanidade, mas uma imperfeição histórica do conhecimento que deve ser superado, na história, pelo conhecimento perfeito que porá um fim à busca, é um ataque à consciência que o homem tem de sua existência sob Deus. É um ataque à dignidade do homem. Esse é o ataque que Hegel comete quando substitui a consciência concreta do homem concreto pela "consciência" imaginária que vai por seu caminho dialético no tempo até a consciência absoluta do Eu em seu sistema. Mantém a interpretação, impondo uma rede fechada de relações sobre os símbolos Geist, história, tempo, espaço e mundo. Não há nenhuma história antes de o *Geist* começar a mover-se nos impérios asiáticos da China, Índia e Pérsia; não haverá nenhuma história depois de o *Geist* chegar à sua consciência de Eu no Império Napoleônico e no Sistema de Ciência de Hegel. "Este último formato do espírito (*diese letzte Gestalt des Geistes*)" dá a seus "conteúdos verdadeiros e completos, ao mesmo tempo, a forma do eu". "O espírito, *aparecendo*

---

[18] Acerca do princípio de equivalência de Aristóteles *cf.* meu *Anamnesis*. Munique, 1966, p. 297-99. [*Anamnese*. Trad. Elpídio Mário Dantas Fonseca. São Paulo, É Realizações, 2008, p. 444. (N. T.)]

neste elemento de consciência (ou, o que é o mesmo, produzido nela por ela) *é a ciência.*" "Este é o conhecimento absoluto" (*Ph* 556). Antes, no entanto, que o *Geist* tenha atingido sua forma conceptual (*Begriffsgestalt*), ele já tem existência (*Dasein*) como "o fundamento e conceito em sua simplicidade não movida, *i.e.*, como o interior do Eu do *Geist* que ainda não tem existência (*noch nicht da ist*)". Há uma experiência e conhecimento do *Geist* como substância, *i.e.*, como "uma verdade sentida, como um eterno revelado internamente, como um sagrado em que se crê, ou qualquer outra expressão que se possa usar". Mas esta experiência (*Erfahrung*) do *Geist* como substância por meio da "religião" tem o caráter de segredo (*Verborgenheit*) em vez de revelação (*Offenbarkeit*), porque a substância não está ainda inteiramente revelada como um momento no processo dialético, assim com ela pode ser revelada apenas em retrospecto, da posição de um conhecimento absoluto obtido. Este movimento do *Geist*, de sua forma conceptual em segredo como substância até a forma conceptual revelada na consciência autorreflexiva do conhecimento absoluto, é o conteúdo do processo dialético (*Ph* 557-58). O processo imaginário da consciência "imaginária" tem de, então, ser protegida contra a realidade da história pela transformação do tempo em uma dimensão interior da dialética. "*Tempo* é o próprio *conceito* em sua existência (*der da ist*), quando se apresenta à consciência como uma intuição (*Anschauung*) vazia; esta é a razão por que o *Geist* aparece necessariamente no tempo, e aparecerá no tempo enquanto ele não tiver concebido (*erfaßt*) o puro conceito de si mesmo, *i.e.*, enquanto não tiver abolido o tempo". O tempo é "o puro Eu, visto de fora, mas ainda não concebido pelo Eu". O conceito, ao conceber-se a si mesmo, "abole sua forma de tempo (*hebt seine Zeitform auf*)". Então, "o tempo aparece como o fado e a necessidade do *Geist* que ainda não encontrou sua realização em si mesmo". E não pode alcançar sua realização como "*Geist* autoconsciente" antes que tenha percorrido seu caminho como *Weltgeist*. "O movimento pelo qual ele traz de si a forma do próprio conhecimento é o trabalho que realiza como *história real*" (*Ph* 558-59). O significado da interpretação tornar-se-á claro se se verificar que Hegel aplica ao tempo do *Geist* na história o argumento que Platão e

Santo Agostinho aplicavam ao tempo do mundo: o tempo é uma dimensão interna à realidade do mundo; não há nenhum tempo em que Deus criou o mundo; não há nenhum tempo antes do tempo. A "história real" de Hegel do *Geist* é a história de um mundo com uma dimensão de tempo interna. Seu começo e fim estão diante de Deus que o fez; não havia nenhum tempo antes do tempo estabelecido por Hegel para seu começo; e não haverá nenhum tempo depois de Hegel, com seu sistema, ter abolido a forma de tempo. Hegel é o alfa e ômega da "história real".

Somente um mestre da técnica filosófica poderia ter divisado a interpretação de uma "consciência" há pouco analisada; mas, então, de novo, nenhum filósofo jamais se entregaria a tal interpretação. O autor da *Phänomenologie* sofre tão terrivelmente do conflito existencial entre seus dois Eus que quase não faz sentido perguntar o que Hegel *realmente queria dizer*. O intérprete tem de estar alerta aos jogos do Eu dividido. Tem de pôr Hegel entre aspas, porque nenhuma afirmação ligada às intenções "de Hegel" pode ser válida, a não ser que leve em consideração os movimentos intrincados de seus Eus. No parágrafo precedente, por exemplo, caracterizei categoricamente a interpretação de Hegel como um ataque à dignidade do homem. Mas será realmente? Se nos pusermos dentro da interpretação, não ocorre nenhum ataque ao homem e sua dignidade, porque "Hegel" exclui a consciência do homem real de sua interpretação imaginativa de "consciência". O movimento de conhecimento dialético "é o círculo que se fecha em si mesmo, pressupondo o começo que alcança no fim" (*Ph* 559). Uma vez que entraste no círculo mágico que o feiticeiro desenhou a seu redor estás perdido.[19] E, no entanto, o ataque à dignidade do homem realmente ocorre, porque "Hegel" pretende que sua interpretação seja, não uma brincadeira privada, mas uma proclamação eminentemente pública da verdade "científica" acerca da realidade do homem na sociedade e na história. Não se pode simplesmente dar de ombro ao "Hegel" da interpretação por ser ele um imaginador esquisito, porque há o outro "Hegel" que diz que sua interpretação é um tratado sobre a

---

[19] Alunos de Hegel notaram esse problema; em Jörg Splett, *Die Trinitätslehre* [A Ciência da Trindade].

aletheia. E então há o terceiro "Hegel" que compreende os outros dois, o feiticeiro poderoso que impõe seu *opus* numa "era" que está muito ansiosa por encontrar, através da feitiçaria, a saída de seu dilaceramento.

O jogo dos Eus tem de ser assistido com atenção particular se se quiser entender a declaração de "Hegel" de que Deus está morto. A questão está ainda viva, como atestado pela onda recente de revitalização da morte-de-Deus; e dificilmente poderia estar viva se seus viciados não tivessem passado pela disciplina reconhecidamente desprazerosa de ler Hegel atentamente. Pois no contexto da *Phänomenologie*, a morte de Deus é inseparável da vida de Deus que chega a sua plenitude no sistema de "Hegel". A questão tem de ser formulada, ao contrário, como a alternativa se Hegel se tornou Deus, ou se Deus era Hegel desde o princípio e apenas levou o tempo da "história real" para revelar-se plenamente no sistema. Passemos pelos vários movimentos do jogo:

1. A "consciência" é a realidade absoluta; seu processo é uma teogonia; quando é completada, o Deus é inteiramente real e presente. Na verdade, no final do Capítulo VI, Hegel apresenta o *Ich* (Eu) que está "confiante da certeza do *Geist* nele mesmo" como o *erscheinende Gott*, como o Deus que se revela inteiramente "no meio dos que conhecem a si mesmo como puro conhecimento" (*Ph* 472). O Capítulo VII, então, remove o Deus da revelação cristã, colocando-se a si mesmo no lugar dele como uma *Gestalt* de consciência agora obsoleta e morta; e no Capítulo VIII, finalmente, a consciência como "conhecimento absoluto" está só consigo. Já que esses capítulos foram escritos por Hegel, e presumivelmente ele não estava inconsciente quando os escreveu, temos de concluir que em 1807 Hegel se tornou Deus.

2. Esta conclusão, entretanto, não é mais do que a primeira palavra na questão. Tem-se de levar em consideração o problema do "círculo": o que é alcançado pelo círculo da interpretação no "final" é o "começo" que foi pressuposto (*Ph* 559). Se Deus se revela inteiramente no sistema de "Hegel" no "final", temos de concluir que Deus era "Hegel" mesmo no "princípio" – apenas um "Hegel" mais simples, mais substantivo, e menos autorreflexivo.

3. A questão se complica ainda mais por uma pequena incerteza acerca da posição de "Hegel" na Trindade. Não encontrei nenhuma indicação nas obras de Hegel que "Hegel" tivesse sido jamais o Deu Pai; este papel é reservado à "entidade primordial". Mas ele parece ter sido O Deus Filho. Na *Logik* (1812), não há dúvida de que Hegel é o Logos, o Filho de Deus, apenas maior e melhor – mas acerca desse problema, mais adiante. Na *Phänomenologie* (1807), pode-se encontrar uma insinuação definitiva de que "Hegel" não se considerava o Deus Pai, mas apenas Deus Filho: no final do Capítulo VI, o *erscheinende Gott* está presente, encarnado, entre nós que nos conhecemos como puro conhecimento (*Ph* 472). Sem dúvida, entretanto, por toda a *Phänomenologie*, Hegel é o Espírito Santo.

4. No final da vida, Hegel insistia em sua ortodoxia protestante; e ainda em 1830 fazia um discurso celebrando o tricentenário da Confessio Augustana. À primeira vista, o "Hegel" ortodoxo parece ser incompatível com o "Hegel" que declara que Deus está morto. Entretanto, as posições estarão em conflito apenas para intérpretes fundamentalistas que entendem a morte de Deus como um contradogma ateu ao teísmo do Credo. Para "Hegel", Deus estava muito vivo, como sugeri, revelando-se no sistema mais perfeitamente do que o fizera jamais antes em *Gestalten*, que, na interpretação hegeliana, são um "segredo" em vez de uma "revelação". Para o "Hegel" da consciência imaginária, a ortodoxia foi uma fase válida no processo dialético do *Geist*, embora atualmente superado, por meio do trabalho do *Weltgeist*, por seu último *Gestalt* no sistema. Deus está morto apenas em relação ao sistema de Hegel. Não se pode ter a morte de Deus hegeliana sem entrar no sistema, assim como não se pode ter a morte de Deus, e mesmo o assassínio, nietzschiano sem se transformar no *Super-homem*. Chafurdar-se na morte de Deus, ou tirar dela conclusões ateias, ou repará-la pela ação social teria sido condenado, tanto por Hegel como por Nietzsche, como passatempos menores.

5. A "morte de Deus", finalmente, é ininteligível sem a "morte de Hegel". No *Fortsetzung des "Systems der Sittlichkeit"*, Hegel postulara a especulação como a alternativa para a morte em

batalha. "Conhecimento absoluto" devia ser a forma "em que a consciência pura do infinito é possível sem a determinação de uma vida individual, independente" (D 314). Na introdução à *Phänomenologie*, escrita depois que o corpo principal da obra tinha sido terminado, Hegel resume o problema da especulação como a morte da vida individual:

> A *Ziel* é estabelecida para o conhecimento como tão necessário quanto o progresso em direção a ele; ela (*viz.*, a meta) é realizada (*es ist da*), onde ele (*viz.*, o conhecimento) já não tem de ir além de si mesmo, onde ele se encontra, onde o conceito corresponde ao objeto e o objeto ao conceito. O que está restrito à vida natural não pode, por si mesmo, ir além se sua existência imediata, mas é levado para além dela por outra coisa além dele mesmo, e esse ser empurrado para além dela (*Hinausgerissen werden*) é sua morte. A consciência, entretanto, é seu *conceito* por si mesma; é, em sua proximidade, o ser para além do limitado e, já que o limitado é parte de si mesmo, para além de si mesmo; com sua singularidade, é dado a ele o para além da singularidade, mesmo se ele fosse apenas um para além *pelo lado* do limitado, como na intuição espacial. Portanto, a consciência sofre a violência de sua satisfação limitada ser destruída (*verderben*) de si mesma (*Ph* 69).

Além disso Hegel reflete sobre a ansiedade criada pela morte da consciência limitada por meio do esforço de especulação. O homem recuará da "verdade" e tentará preservar o que ameaça ser perdido; mas não será fácil para ele encontrar sua paz de espírito na "inércia imprudente" ou na "sentimentalidade de encontrar todo o bem em seu caminho", pois a intranquilidade do pensamento perturba a inércia imprudente assim como a sentimentalidade. Conclui Hegel a lista com o medo da verdade que se esconde por trás de um zelo tão férvido pela verdade que não se pode encontrar nenhuma verdade, senão a verdade do *trockene Ich*,[20] sempre mais inteligente do que qualquer pensamento, seja

---

[20] Eu ressecado. (N. T.)

ele dele próprio ou de outro alguém (*Ph* 69-70). Deste catálogo de fugas, emerge a intranquilidade do pensamento, assim como a confiança em uma realidade que se mostrará receptiva à conceptualização autorreflexiva, assim como as qualidades existenciais do pensador que se esforça para ir além do limite natural da existência até a morte do conhecimento absoluto.

Com o último capítulo da *Phänomenologie*, morreu a "determinação hegeliana como uma vida individual, independente". Deus está morto; e agora Hegel está morto também. Algo como a última cena de uma tragédia elizabetana.

A morte de Hegel não deve ser separada da morte de Deus. Ambos, juntos são, no meio da feitiçaria especulativa, o equivalente de uma *theologia mystica*, que reconhece como válido o simbolismo da teologia positiva, enquanto conhece a experiência de participação meditativa no fundamento divino, a *unio mystica*, para além dela. Hegel foi um místico *manqué*.[21]

À guisa de *post-scriptum*: A morte de Deus é um jogo perigoso para intelectuais epigônicos e teólogos confusos.

IV

Ninguém pode curar a desordem espiritual de uma "era". Um filósofo não pode fazer mais do que exercitar-se para livrar-se dos cascalhos de ídolos que, sob o nome de uma "era", ameaça aleijá-lo e enterrá-lo; e pode esperar que o exemplo de seu esforço seja útil a outros que se encontram na mesma situação e experimentam o mesmo desejo de obter a humanidade deles sob Deus. Hegel, entretanto, queria tornar-se não um homem, mas um Grande Homem: o Grande Homem cujo nome marca uma época na história era sua obsessão. Além disso, não queria tornar-se apenas um Grande Homem qualquer

---

[21] Sobre o problema do misticismo e de sua reforma por Hegel, *cf.* a excelente nota em Alexandre Kojève, *Introduction à la Lecture de Hegel: Leçons sur La Phénoménologie de l'Esprit* [Introdução à Leitura de Hegel: Lições de A Fenomenologia do Espírito]. Paris, 1947, p. 296.

na história, precedido e seguido por outros, mas o maior deles todos e esta posição ele só poderia assegurar ao tornar-se o Grande Homem que abole a história, as eras e épocas pela sua invocação da Última Era que doravante terá a sua marca. O Grande Grande Homem na história é o Grande Homem para além da história. Obter poder sobre a história, colocando um fim na história com sua dilaceração e tédio foi a força motora da feitiçaria de Hegel.

É impenetrável o que induziu um filósofo potencial a ir na excitação de tornar-se o Grande Grande Homem. Assim como no caso dos grandes sucessores de Hegel na feitiçaria, Marx e Nietzsche, que queriam evocar o *Übermensch*,[22] a doença espiritual de recusar-se a aperceber a realidade, e de fechar a própria existência pela interpretação de uma Segunda Realidade imaginária é um segredo entre o homem e Deus. Não se pode fazer mais do que descrever o fenômeno. No caso de Hegel, os cinco ou seis anos que precederam a publicação da *Phänomenologie* foram o período crítico em que o projeto mágico se cristalizou. Embora alguém desejasse que a documentação do processo fosse mais completa, o que foi publicado dos manuscritos até agora é suficiente para permitir uma reinterpretação.

O que cristalizou nos anos críticos foi, primeiro de tudo, o simbolismo de *Geist* (espírito), *Gedanke* (pensamento), *Vorstellung* (concepção) e *Idee* (ideia) – o instrumento para eclipsar a realidade do Mito, da Filosofia e da Revelação. Sua natureza e função tornaram-se aparentes na crítica hegeliana aos mitos de Platão: os mitos têm fascínio e são úteis pedagogicamente, tornam atrativos de ler os diálogos, mas traem a inabilidade de Platão de penetrar certas áreas do *Geist* pelo *Gedanke*. "O mito é sempre uma apresentação que introduz imagens sensuais, apelando para a concepção, não para o pensamento; é uma impotência do pensamento que não pode ainda dominar-se. Na apresentação mítica, o pensamento ainda não é livre; o *Gestalt* sensual é uma poluição do pensamento pois não pode expressar o que o pensamento quer expressar... Frequentemente Platão diz ser difícil expor uma

---

[22] Super-homem. (N. T.)

matéria pelo pensamento e ele, portanto, o apresentará por um mito; mais fácil certamente isso é".[23]

A passagem soa como se Hegel nunca se tivesse dado conta, nem mesmo transitoriamente, de que a introdução que Platão faz do mito manifesta não sua falha como pensador, mas sua compreensão crítica da análise filosófica e os limites desta. O filósofo pode esclarecer a estrutura e o processo da consciência; pode estabelecer mais claramente a realidade da consciência e a realidade de que é consciente; mas não pode nem expandir a consciência do homem na realidade em que é um acontecimento, nem contrair a realidade até o acontecimento da consciência. Platão sabe muito bem que seu mito – de Eros, da psique como o sítio da busca que o homem faz do fundamento divino de sua existência, da imortalidade da alma, de sua pré e pós-existência, sua culpa e purificação, do juízo final, da origem demiúrgica do cosmos – simboliza a experiência do *Geist*, mas ele também sabe que o *Geist* do homem não é idêntico à realidade em que esse *Geist* participa conscientemente mediante a experiência. A experiência de participação num cosmos divinamente ordenado estendendo-se para além do homem só pode ser expressa por meio do mito; não pode ser transformada em processos de pensamento dentro da consciência. Além disso, Platão estava tão agudamente a par da consubstancialidade do homem, mas não identidade, com a realidade divina que ele desenvolveu um símbolo especial para a experiência que o homem tem de seu *status* entre o humano e o divino: ele chamou a consciência desse *status* de *metaxy*, o Entremeio da existência.

O Entremeio da existência não é um espaço vazio entre duas entidades estáticas, mas o terreno de encontro do humano e do divino numa consciência de sua distinção e interpenetração. Esta consciência do entremeio está em fluxo histórico. A diferenciação da consciência noética pelos filósofos é um acontecimento na história; e, quando ocorreu, avançou a iluminação do homem na

---

[23] Hegel, *Vorlesungen über die Geschichte der Philosophie* [Prefácio da História da Filosofia], v. II, Jubiläumsausgabe, ed. Glckner, p. 188-89. A preleção sobre a *Geschichte der Philosophie* [História da Filosofia] foi apresentada pela primeira vez no inverno de 1905-1806 em Jena.

consciência e no para além dela. O mito antigo fora adequado a uma experiência mais compacta do cosmos; quando a consciência se torna noeticamente luminosa, exige-se um novo mito. Platão opôs seu próprio mito agudamente ao mito homérico. Este avanço real de iluminação noética, com seu ajuste concomitante do mito, Hegel extrapolou no postulado de uma desmitologização metastática que absorveu o para além da consciência na própria consciência. Em que grau estava Hegel consciente de sua transformação do entremeio da existência na dialética de uma consciência imaginária tem de permanecer incerto; na natureza do caso ele não podia dar uma exposição plena de seu procedimento falacioso, ou teria de abandoná-lo. Não há falta de certeza, entretanto, acerca do propósito da postulação da metástase: somente se "a realidade fizer coincidir com o conceito, a Ideia virá à existência". "Reger significa determinar o estado real, agir nele de acordo com a natureza das coisas. E isso requer consciência do conceito das coisas (...). Na história, a Ideia deve ser realizada; Deus rege o mundo, a Ideia é o poder absoluto que se dá à luz".[24] O filósofo pode alcançar a identidade com o poder divino da Ideia que rege o mundo, se ele alcança a metástase da filosofia num "movimento em pensamento puro", se, na verdade, ele puder absorver a realidade no conceito.[25]

O filosofar de Platão tinha, na interpretação de Hegel, o mesmo objeto da dele: quando Platão quer que os filósofos sejam regentes, ele quer dizer que "o todo de uma sociedade deve ser determinado por princípios gerais".[26] Sob as condições retrógradas de uma pólis grega, isso era impossível; sob as condições progressistas do estado moderno o objeto do filósofo tem de ser modificado, porque a finalidade imediata de Platão foi realizada em grande escala. Pois desde o período de migração, quando o cristianismo se tornou a religião geral, tornou-se o propósito aceito de governo construir o *übersinnliche Reich*[27] na realidade da sociedade e da história. No estado moderno, porque é governado por princípios

---

[24] Ibidem, p. 193.
[25] Ibidem, p. 196.
[26] Ibidem, p. 195.
[27] Reino sobrenatural. (N. T.)

gerais, o programa platônico do rei-filósofo foi realizado, como, por exemplo, no reinado de Frederico II na Prússia. Com esse avanço do estado moderno para além da pólis antiga, mudou o papel do filósofo. O rei-filósofo se tornou tanto "um costume, um hábito" da cena política que "os príncipes já não são sequer chamados filósofos".[28] Portanto, o filósofo já não precisa preocupar-se em construir princípios gerais na ordem da sociedade; a tarefa de realizar a Ideia no processo da história do mundo pode ser deixada a salvo a figuras tais como Frederico II. O filósofo tem de avançar para além do mero reinado; ele tem de fundir-se com o poder absoluto da Ideia na história.

A obsessão de Hegel era o poder. Se queria ser o feiticeiro que podia evocar a forma da história, tinha de penetrar os acontecimentos políticos do tempo com o pensamento até que os acontecimentos e o pensamento coincidissem. Os acontecimentos dos anos que precederam a publicação da *Phänomenologie* foram mesmo impressionantes: em 18 de maio de 1804, Napoleão foi proclamado imperador dos franceses; em 11 de agosto, Francisco II reagiu, assumindo o título de Francisco I, imperador da Áustria; e então os novos imperadores reconheceram um ao outro. Em 1805 seguiu-se a Guerra da Terceira Coligação, com Trafalgar e Austerlitz, concluídos em 26 de dezembro pelo Tratado de Pressburg. O ano de 1806 trouxe a reorganização da Europa pelo Sistema Federativo; em 12 de julho, a Confederação do Reno foi organizada sob o protetorado; em 6 de agosto, Francisco abdicou da dignidade de imperador romano e declarou extinto o Império romano-germânico. Esses foram os acontecimentos a que Hegel respondeu em 18 de setembro de 1806, ao concluir seu *collegium* da assim chamada filosofia especulativa com a seguinte mensagem aos alunos:

> Cavalheiros, isto é filosofia especulativa, tanto quanto eu cheguei à sua elaboração. Considerai-a um começo de filosofar que deveis continuar. Encontramo-nos numa época importante do tempo, num fermento; o *Geist*, com uma guinada repentina, moveu-se para avançar para além de seu *Gestalt* prévio e assumir um novo. Toda a massa das

[28] Ibidem, p. 194-95.

concepções até agora aceitas (*der bisherigen Vosrtellungen*) e conceitos, as amarras do mundo, dissolveram-se e entraram em colapso como uma imagem de sonho. Um nova epifania (*Hervorgang*) do *Geist* está-se preparando. Está-se transformando em filosofia para saudar seu aparecimento e reconhecê-lo; enquanto outros, em resistência impotente, aderem ao que pertence ao passado; e a maioria já não é mais do que a massa inconsciente de sua aparição. Mas a filosofia, reconhecendo-o (o *Geist*) como o eterno, tem de prestar-lhe a devida honra. Recomendando-me à vossa lembrança terna, desejo-vos férias agradáveis.[29]

Quatro semanas depois, em 14 de outubro, vieram Jena e Auerstädt. No dia anterior à batalha, Hegel tivera o prazer de ver Napoleão em carne e osso. Anotou sua resposta ao acontecimento na famosa carta a seu amigo Niethammer, datada de "Jena, segunda, 13 de outubro de 1806, o dia em que Jena foi ocupada pelos franceses, e o imperador Napoleão adentrou-lhe os muros". Escreveu Hegel:

> Vi o imperador – a alma deste mundo – cavalgando pela cidade, e fora dela, para um reconhecimento; é, na verdade, um sentimento maravilhoso ver tal indivíduo que, concentrado num ponto, montado num cavalo, alcança o mundo e o domina.[30]

O trecho dá um bom retrato do estado mental de Hegel nos anos críticos. Há as observações sagazes sobre as massas que nunca sabem o que as atinge; sobre os tradicionalistas reacionários que não podem acreditar que uma casa que eles, durante séculos, deixaram decair, finalmente ruiu; sobre o dever que incumbe ao homem de entender o que está acontecendo ao redor dele, e orientar-se numa situação de mudança revolucionária. Contudo, a verdadeira resposta ao desafio trai a confusão pneumopatológica de um homem cujo eu de filósofo se está desintegrando

---

[29] *Aus Jenenser Vorlesungen* [Das Preleções de Jena] (D 335-52), p. 352.
[30] *Briefe von und na Hegel* [Cartas de e para Hegel], v. I, Ed. Hoffmeister, 1952, p. 120.

enquanto o seu eu de feiticeiro começa a cristalizar-se. A *thaumazein* aristotélica tornou-se o "sentimento maravilhoso" excitado pela vista de um imperador; Deus desapareceu por trás de uma alma de mundo neoplatônica, que, a seu turno, foi atraída por um montar num cavalo; o cavaleiro na garupa do cavalo, que poderia ter agitado memórias do apocalipse, então, tornou-se um novo *Gestalt* do *Geist*, alcançando o mundo para dominá-lo; e a honra dada pelo filósofo ao novo *Gestalt* não é exatamente o que se quer dizer quando se diz que se deve dar a César o que é de César e a Deus o que é de Deus.

Quando um filósofo se apressa em prestar suas homenagens a uma conquista imperial em andamento, provoca a suspeição de ser um oportunista insensato; quando declara ser dever da filosofia prestar ao novo *Gestalt* na história a devida honra, soa como se ele estivesse degradando a filosofia a uma *ancilla potestatis*;[31] quando aconselha seus alunos a seguir-lhe o exemplo, parece estar envolvido na própria corrupção da juventude que Platão considerava um crime somente ultrapassado em tolice pelo assassínio físico; e quando, depois de Waterloo, transfere as honras do conquistador derrotado do império para o estado prussiano, parece pôr o toque final no retrato de um caráter detestável. Embora nenhum retrato pudesse distorcer mais insidiosamente do que este a personalidade de Hegel, ele tem de ser feito, porque apresenta fielmente as aparências públicas da moderna deformação da existência. A doença espiritual não é um caso privado de um homem, mas tem consequências públicas; o homem que se deforma não vive num vácuo, mas numa sociedade; e a Segunda Realidade que ele criou para si mesmo se choca com a Primeira Realidade em que ele vive. Os traços de caráter juntados no retrato resultam da fricção entre a Segunda e a Primeira Realidades – distorcem maliciosamente a verdade como vista da posição do homem espiritualmente doente que se envolve em tais ações, mas são lamentavelmente consequências verdadeiras da existência na mentira.

A resposta de Hegel à *translatio imperii*[32] que ele testemunhou parecerá confusa se julgada pelos padrões de Mito, Filosofia

---

[31] Serva do poder. (N. T.)
[32] Transferência do império. (N. T.)

e Revelação, porque esses símbolos expressam a realidade como experienciada por um homem cuja alma está aberta para o fundamento divino do cosmos e de sua própria existência. Não parecerá confusa de maneira alguma, se julgada pelos padrões da existência do feiticeiro que Hegel desenvolve e arremessa em símbolos linguísticos durante esse anos em Jena. Se um homem vive na abertura para Deus, *l'âme ouverte*[33] de Bergson, sua consciência de sua tensão existencial será o cerne cognitivo em sua experiência de realidade. Se um homem deforma sua existência, fechando-a para o fundamento divino, o cerne cognitivo em sua experiência de realidade mudará, porque ele tem de substituir o polo divino da tensão por um ou outro fenômeno imanente do mundo. O cerne cognitivo deformado, então, vincula um estilo deformado de cognição pelo qual a Primeira Realidade experienciada na existência aberta é transformada numa Segunda Realidade imaginada em existência fechada. A escolha de Hegel de um polo absoluto imaginário era "império", entendido como a organização ecumênica da humanidade sob a Ideia na história; e a deformação do cerne cognitivo impôs o estilo deformado de cognição que produziu a história imaginária da Ideia. Este estilo, entretanto, tem uma razão fundamental própria. Embora a gênese da Segunda Realidade hegeliana pareça confusa, e mesmo sem sentido, se confrontada com os procedimentos cognitivos na Primeira Realidade, é inteligível em suas próprias premissas. As seguintes reflexões sobre este procedimento deformado de cognição são baseadas na seção "Aus Jenenser Vorlesungen" [Das Preleções de Jena], das quais já citei o discurso final aos alunos, nos *Dokumente* de Hoffmeister.

Hegel estava interessado não no poder político, mas no poder da Ideia. "A Ideia é o poder absoluto que se dá à luz". "A Ideia pura é o *poder do mistério divino*, de cuja completude sem problema (*ungetrübte Dichtheit*) a natureza e o *Geist* consciente são liberados para existirem por si mesmos" (*D* 348). "A dialética imanente do absoluto é a história da vida (*Lebenslauf*) de Deus" (*D* 348-49). "A criação do universo é a *fala* da Palavra absoluta, o retorno do universo a si mesmo é o *ouvir* [a Palavra],

---

[33] A alma aberta. (N. T.)

de tal forma que a natureza e a história se tornem o *Medium* entre o falar e o ouvir que desaparecerão como o *Outrem* (*Anderssein*)" (*D* 349). O *Medium* entre falar e ouvir a Palavra é, na linguagem de Hegel, o equivalente da *metaxy* de Platão, à consciência de existência no Entremeio do divino e humano. Para Hegel, entretanto, a filosofia não é a consciência do entremeio, sua exploração e a ordenação que o homem faz de sua existência pelas iluminações obtidas, como em Platão, mas a empresa de abolir o *Medium* pela mágica do ato de especulação. "A verdade como concebida pela religião revelada" tem de ser purificada pelo conhecimento (Erkennen). A consciência, "quando se eleva ao último ponto possível", arranjou-se "com as metamorfoses de seus *Gestalten*". Quando elabora o "Sistema da Ciência", a consciência obtém a igualdade de sua certeza com a verdade da religião revelada. Por sua realização da essência absoluta, o conteúdo da ciência se tornou para a autoconsciêcia (a) "a autoconsciência geral", (b) "toda a realidade ou essência (*Wesenheit*) em si mesma", e (c) "esta autoconsciência individual a si mesma" (*D* 329-30). Sob o título de ciência, então, a filosofia penetra o mistério divino e o converte na autoconsciência do homem individual que alcançou a penetração, *i.e.*, de Hegel. O *Medium* do mundo chegou a seu fim pelo acontecimento apocalíptico do ouvir a própria Palavra falada no Sistema da Ciência de Hegel.

Embora o universo retorne a si mesmo como um todo, nem todo participante na abolição do *Medium* age com o mesmo grau de consciência. No nível da política, o retorno é mais sentido do que refletido, permanece semiconsciente; a fim de elevar o significado apocalíptico dos acontecimentos ao nível da consciência plena, é necessária a filosofia. Napoleão é o Grande Homem, porque é o serviçal da história humana da Ideia quando esta se realiza; Hegel é o Grande Grande Homem, porque seu Sistema de Ciência põe o selo da consciência autorreflexiva na metástase da realidade. A expansão imperial napoleônica e a elaboração hegeliana da filosofia especulativa pertencem ambas uma à outra como dois níveis de consciência no retorno apocalíptico.

Como consequência desta interpretação imaginativa, Hegel não poderia ser, de sua própria posição, um oportunista político.

A deformação de seu cerne cognitivo o tinha cegado para a Primeira Realidade da história pragmática e para as vicissitudes da política do poder. Ele já transformara os acontecimentos da Primeira Realidade em acontecimentos simbólicos no drama apocalíptico de sua imaginação; ou, para ser mais exato, nos anos de Jena a transformação estava em curso. Este crescimento metastático pode ser diagnosticado na linguagem anteriormente citada do *die ganze Masse der bisherigen Vorstellungen* que agora rui como uma imagem de sonho" (*D. 352*). A frase não pode ser adequadamente traduzida para o inglês, porque a íngua inglesa não absorveu os símbolos apocalípticos modernos no mesmo nível que a alemã. O adjetivo *bisherige* amontoa todas as concepções de história e de ordem social até o escrito hegeliano como um sonho, que deve agora ser substituído pela verdade da realidade. Este adjetivo hegeliano entrou, como o símbolo apocalíptico em vigor, na primeira sentença do *Manifesto Comunista*: "*Die Geschichte aller bisherigen Gesellschaft ist die Geschichte von Klassenkämpfen*"; e em alemão mantém-se em vigor em frases como *das Ende der bisherigen Geschichte* (Alfred Weber) depois do cataclismo da Segunda Guerra Mundial. Traduções inglesas como "todas as concepções prévias", ou "a história de toda a sociedade existente até agora" não carregam o peso apocalíptico de *bisherige*. Ao transformar a história pragmática em drama apocalíptico, o imaginador transforma-se de um homem comum na existência aberta, de um "elo na corrente", no guia intelectual da humanidade em seu caminho para a liberação metastática.

Escolhi o símbolo *bisherige*, porque ele concentra o poder mágico de especulação sobre o reino da sociedade e da história. Sua sobrevivência nas combinações de *alle bisherige Gesellschaft* e *Geschichte* é prova de sua penetração. No entanto, os últimos simplificadores e vulgarizadores rasgam o símbolo de seu contexto especulativo do qual deriva seu poder mágico. Um feiticeiro de primeira ordem que conhece seu ofício não consideraria, nem por um momento, uma metástase da história sem a metástase do cosmos do qual a história é uma parte. Hegel apresenta o pano de fundo para seu *bisherigen Vorstellungen* ao pronunciar as *Zauberworte* que transformam o cosmos divino: o retorno do universo a si mesmo; o ouvir a palavra criativa que até então foi apenas falada; o relegar a história ao passado do *Medium* que deve agora ser abolido; a reconciliação da realidade dilacerada mediante o poder da Ideia agora obtendo a realização na consciência autorreflexiva; e a liberação das amarras do velho mundo, agora ruindo como uma imagem de sonho, através da entrada do homem no mistério divino. Somente numa Segunda Realidade, imaginada como um cosmos em mudança metastática, obtém as relações entre o império e a filosofia de que Hegel depende para sua operação mágica de evocar o *Gestalt* do novo mundo. Apenas se por um ato de especulação metastática a renovação do cosmos for imaginada como real, é que a "renovação" se tornará o fator comum pelo qual uma nova ordem de poder do conquistador será ligada à renovação meditativa da iluminação do filósofo.

Hegel estabeleceu uma "renovação" como o fator comum no império e na filosofia pelas duas reflexões fascinantes sobre a relação entre Alexandre e Aristóteles (*D 345-46):* O Grande Homem na história aparece em épocas de transição quando "a velha forma moral das nações" (*die alte sittliche Form der Völker*) deve ser ultrapassada radicalmente por uma nova. Sendo propício o tempo, "as naturezas perceptivas" que obtêm a transição têm "apenas de dizer a palavra e todas as nações as seguirão". Mas, a fim de serem capazes desse feito, esses "grandes espíritos" têm de purificar-se de "todas as singularidades do *Gestalt* precedente. A fim de perfazer a obra em *sua* totalidade, eles têm de tê-lo abrangido pela totalidade *deles*". Se um homem pode promover apenas parte da obra, a natureza o derrubará e trará outros homens para a linha de frente até que toda a obra seja feita. Se, entretanto, for a obra de *um* homem, este homem "tem de ter compreendido o todo e por esse entendimento tem de purificar-se de toda a limitação (*Beschränkheit*)". "Os terrores do mundo objetivo, todas as amarras da realidade moral e, juntamente com elas todas, *o auxílio exterior (fremde Stützen*) que estão neste mundo, assim como toda a confiança numa amarra firme dentro deste mundo, têm de ter caído dele, *i.e.*, ele tem de ter-se formado na escola da filosofia. Por força de sua formação nesta escola, ele pode acordar de sua modorra o *Gestalt* de um novo mundo moral, e pode apresentar as listas contra as formas antigas do espírito do mundo como Jacó lutou com Deus, com a confiança de que as formas que ele *pode* destruir são um *Gestalt* obsoleto e que o novo é uma nova revelação divina". Na busca desse propósito, ele tem o direito de "considerar toda a humanidade em seu caminho como uma substância (*Stoff*) para ser apropriada por ele e ser feita o corpo para sua grande individualidade, uma substância vivente que formará, mais inerte ou mais ativa, os órgãos da grande cidade". "Então Alexandre de Macedônia saiu da escola de Aristóteles para conquistar o mundo".

Hegel estava com seus trinta e poucos anos quando misturou as metáforas que tirara de *A Bela Adormecida* e o príncipe, Jacó lutando com Deus, e o corpo místico de Cristo, a fim de explicar a seus alunos o que acontece se alguém vai à escola de filosofia. Napoleão estava *ante portas*.[34] E o *grimoire* estava prestes a ser terminado.

A *Phänomenologie* "foi terminada na noite antes da Batalha de Jena". Numa carta a Niethammer de 29 de abril de 1814, Hegel lembra a seu amigo a noite histórica quando a alma do mundo preparou o clímax de sua revelação assim no império como na filosofia. Mas Napoleão não fora à escola de filosofia, ele não era nenhum Alexandre; em 11 de abril de 1814, tinha abdicado. "Aconteceram grandes coisas a nosso redor", escreve Hegel.

> É um espetáculo imenso assistir a um gênio enorme destruindo-se a si mesmo. Este é o *tragikotaton* que há. Toda a massa de mediocridade, com sua gravidade púmblea e absoluta, pressiona incansável e implacavelmente, até que tenha trazido abaixo, a seu próprio nível, e sob si mesmo, o que é mais alto. O ponto de retorno do todo, a razão pela qual a massa tem poder e permanece como um coro no topo, está no próprio grande indivíduo quando deu o direito a este turno e destruiu-se a si mesmo.

Hegel, então, "quer orgulhar-se" de ter predito toda "esta sublevação" na *Phänomenologie*. A empresa imperial fora viciada desde o começo pela liberdade absoluta de Iluminação, *i.e.*, por uma "liberdade abstrata" que se destrói a si mesma. Napoleão

---

[34] Diante das portas. (N. T.)

foi um dos grandes indivíduos, caracterizado na página sobre Alexandre e Aristóteles, que poderia cumprir apenas em parte a tarefa estabelecida pela época. Outros terão de executar o lado imperial de organizar a ecúmene. Por enquanto, Hegel é deixado sem par; o ônus de revelar a alma do mundo está apenas em seus ombros.[35]

A perspectiva da Segunda Realidade em que Hegel põe sua obra em 1814 reflete fielmente a perspectiva que ele na verdade desenvolveu nos anos em Jena e no próprio *grimoire* terminado. No prefácio da *Phänomenologie*, ele discorre sobre o propósito e técnica de sua feitiçaria metastática. Seu propósito é a abolição da *Zerrissenheit*, do dilaceramento. Enquanto em contextos previamente citados *dilaceramento* fora predicado de *eras*, é agora mais cuidadosamente concebido como uma característica fundamental da condição humana. Se o dilaceramento, presente em todos os tempos, for experimentado mais agudamente pelas pessoas em geral, pode tornar-se a característica de uma "era"; e tal "era", então, está madura para ser sobrepujada por um novo *Gestalt do Geist* na história. Mas Hegel, embora queira sobrepujar o dilaceramento de sua própria era, não quer ver o *Gestalt* Alexandre-Aristóteles, ou a igreja e império, agora seguidos por um *Gestalt* Napoleão-Hegel, que, a seu turno, teria de declinar; ao contrário, ele quer abolir o dilaceramento fundamental do homem, de maneira que a era inaugurada pela *Phänomenologie* será a última da história. Já que Hegel, entretanto, não pode reconhecer na linguagem da existência aberta que ele quer mudar a natureza do homem escrevendo um livro, neste ponto a afirmação de propósito tem de escorregar sobre sua execução através da feitiçaria. Ao efetuar a transição, Hegel emprega os princípios de interpretação que estabeleci antes neste ensaio: Deus e homem são eliminados do universo do discurso; seu lugar é tomado pela *Bewußtsein*[36] imaginária ou *Geist*; e os símbolos de filosofia desenvolvidos numa existência são transferidos para o campo de poder da nova Segunda Realidade. *Zerrissenheit*, então, já não precisa ser predicado do homem ou de sua alma, mas tornou-se

---

[35] *Briefe von und na Hegel* [Cartas de e para Hegel], v. II. Ed. Hoffmeister, p. 28.
[36] Consciência. (N. T.)

a propriedade do *Geist*; sua abolição é um processo imanente ao *Geist*; e evita-se o espetáculo embaraçoso de Hegel alterando a natureza do homem (*Ph* 29-30).

A fim de ser eficaz como um *opus* mágico, o Sistema de Ciência tinha de satisfazer a duas condições:

1. A operação na Segunda Realidade tinha de parecer que fosse uma operação da Primeira Realidade.

2. A operação na Segunda Realidade tinha de escapar ao controle e ao julgamento pelos critérios da Primeira Realidade.

Apenas se ele satisfizesse a essas duas condições é que o autor do sistema poderia esperar fazer aceitáveis como resoluções reais para os problemas reais na Primeira Realidade os resultados imaginários de sua operação. Hegel cumpriu a primeira condição pelo emprego de símbolos filosóficos como as unidades conceptuais de sua interpretação. O leitor de boa fé pode achar indigesto o livro, mas não duvidará de estar lendo uma obra filosófica quando é esmagado pelo vocabulário do intelecto, razão e espírito, ser e não ser, lógica, dialética e analítica, consciência, ciência, história, vida e morte, e assim por diante. Hegel cumpriu a segunda condição ao não apresentar nunca as experiências de realidade que tinham engendrado os símbolos com seus meios de expressão, e por raramente mencionar os filósofos que os criaram. Por essa técnica Hegel pode romper a amarra entre os símbolos e a Primeira Realidade em que eles têm seu lugar e significado. Não se pode fazer nenhuma pergunta relacionada à origem e ao significado dos símbolos empregados; eles estão de algum modo lá; constituem um reino autocontido, esperando que o *Geist* os organize num sistema. "O *Geist*, quando, desenrolando-se, passa a conhecer a si mesmo, é *ciência*"; e, inversamente, "a ciência é a realidade do *Geist*, e o reino que constrói para si em seu próprio elemento". "Autocognição pura", "este éter *como tal*" é o solo em que cresce a ciência. Quando a filosofia se torna ciência, não começa de nenhum lugar, mas de si mesma; seu começo é um no princípio do absoluto divino. "O princípio da filosofia pressupõe ou exige que a consciência se tenha colocado a si mesma (*sich befinden*) neste *elemento*" (*Ph* 24). "Porque este elemento, esta imediação do *Geist*, é a própria substância, a imediação é a essência transfigurada (*verklärte Wesenheit*); é reflexão pura, a imediação como tal para si mesma; é o ser que é reflexão em si mesmo". A ciência exige "autoconsciência de que se elevou até esse éter" (*Ph* 25). Toda crítica por apelo à realidade experimentada, finalmente, é proibida pela regra de que a "iluminação" de Hegel tem de justificar a si mesma por nada mais do que "a apresentação do próprio sistema" (*Ph* 19 e seguintes). Lá pelo fim da *Phänomenologie*, Hegel sumaria este círculo autocontido de reflexão na sentença: "O *Geist*, aparecendo neste elemento à consciência ou, o que é a mesma coisa, sendo trazido neste elemento pela consciência, *é a ciência*" (*Ph* 556).

A proteção contra o escrutínio cerrado é especialmente importante para o princípio mítico. O propósito da *Phänomenologie* é a abolição da *Zerrissenheit*; e o dilaceramento é predicado do *Geist*. Hegel apresenta o *Geist* como "o conceito mais sublime, que pertence à era moderna (*neuere Zeit*) e à sua religião" (*Ph* 24). A *Zerrissenheit* não é apresentada de maneira nenhuma; apenas acontece como a propriedade do *Geist* (*Ph* 30). Assim o *Geist* como a *Zerrissenheit* são "absolutos" (*Ph* 24, 30). Dessa informação insuficiente ninguém poderia concluir que *Zerrissenheit* é parte de um corpo neoplatônico de símbolos que se centram em torno do problema de *tolma*, *i.e.*, a inquietação audaz da alma que a faz esquecer sua origem divina. Como sem o conhecimento dessa fonte é impossível compreender ou a transmogrificação[37] do símbolo neoplatônico no conceito hegeliano, ou a resolução hegeliana do problema, citarei a passagem chave das *Enéadas* de Plotino acerca de *tolma*:

> O que realmente fez com que as almas esquecessem o Deus-Pai, embora elas sejam partes Dele provindas e pertencendo inteiramente a Ele, e já não se conheçam nem a si mesmas nem a Ele? Bem, a origem do mal para elas foi a inquietação (*tolma*), gênese (*genesis*), o ser outro primordial (*heterotes*), e a vontade de pertencer a si mesmas. Uma vez que tenham obtido semblante, gozam de sua

---

[37] *Jocoso:* metamorfose. (N. T.)

autorregência, fazem amplo uso de seu movimento próprio para correr para a direção oposta [de Deus]; e tendo alcançado uma distância afastada, já não sabem de onde vieram, como crianças que, tiradas de seu pai e criadas durante um longo tempo longe dele, já não conhecem a si mesmas nem a seu pai. (V.i.I)

Outras simbolizações de um estado original de tranquilidade (*hesychia*) no Um e um distúrbio da tranquilidade mediante a curiosidade pela ação (*polypragmosyne*) e um desejo de autorregência (*archein autes*) ocorrem em III.vii.II, onde Plotino tenta esclarecer a relação do tempo e da eternidade. Está inteiramente a par do desenvolvimento de um mito do tipo platônico quando conta a história de uma queda dentro da divindade, relacionada intimamente à queda da *sophia* nos textos gnósticos, a fim de tornar inteligível a experiência de inquietação em atividade autoassertiva, sendo o sentido da tranquilidade o estado próprio de existência, e o desejo de retornar a uma casa que foi perdida. A doença da existência, então, pode ser curada pela iniciação do contramovimento: a consciência da doença como um estado de desespero tem de ser despertada, de modo que a alma possa virar-se (*epistrophe*; a *periagoge* platônica) para o fundamento divino do qual ela se afastou; a recordação (*anamnesis*) do estado de tranquilidade perdida tem de ser despertada; até que esteja em marcha o movimento de retorno (*anagoge*) pela ascensão meditativa ao Um. Este ritmo de autoasserção de partida e o retorno meditativo, assim como a dinâmica de arrojo, curiosidade, descobrimento, e polipragmasia, de independência alegre e autorregulamento, de inquietação, desespero e alienação (*allotriosis*), de busca (*zetesis*), voltas, e assim por diante, são processos e estados de espírito da alma, endurecimentos e suavizações da tensão na existência do homem. Esta tensão de existência é a condição humana. Não há nenhum meio de aboli-la, senão a morte.

Hegel estava familiarizado com a experiência de tensão espiritual e com sua simbolização neoplatônica. Sua preocupação com o estado de desespero autoassertivo se prova pelo longo catálogo de símbolos que ele emprega para distinguir-lhes os vários aspectos: *Anderssein, für sich zu sein, eigenes Dasein, Bewegung des Sichselbstsetzens, selbstbewußte Freiheit, abgesonderte Freiheit, Entzweiung, Geschiedenheit, Verschiedenheit, Zerrissenheit, das Konkrete, Härte, Negativität, fremd, Entfremdung, Unwirklichkeit, Tod.*[38] A enumeração não pretende ser completa. Além disso, Hegel prova sua compreensão do problema ao rejeitar qualquer filosofia que desvia o olhar do "negativo" e não apresenta nada senão a "verdade positiva". Um filósofo tem de "olhar o negativo face a face"; tem de apoderar-se do terror da irrealidade (*Unwirklichkeit*), do horror da "morte, se isso é o que queremos chamar a não realidade" (*Ph* 29). Ao filósofo não é permitido estabelecer-se no polo positivo da tensão existencial; apenas a tensão em sua polaridade de real e não real e a verdade completa da realidade. O verdadeiro eu de Hegel foi, na verdade, de um grande filósofo místico.[39]

O sofrimento da existência na não realidade, o conhecimento de sua morte, é o túmulo do qual Hegel se eleva como o feiticeiro e ascende ao elemento do éter. O propósito é claro: não é a cura do desespero e da alienação pelo retorno ao Um, mas a metástase

---

[38] Ser outro, existir por si, o próprio existir, movimento de estabelecer-se a si mesmo, liberdade autoconsciente, liberdade apartada, o desavir-se, separação, diversidade, dilaceramento, o concreto, dureza, negatividade, estranho, estranhamento, irrealidade, morte. (N. T.)

[39] Um estudo crítico da *Phänomenologia* ainda é estorvado pelo estado ruim da *Sachregister* (índice de matérias) anexada à edição de Hoffmeister. Algumas das omissões podem ser explicadas por negligência, como, por exemplo, a omissão de algumas passagens importantes sobre a morte de Deus, ou do *Entfremdung* (estranhamento). Mas quando dos dezessetes símbolos de alienação enumerados acima apenas *Negativität* e *Tod* aparecem no índice, ou quando os símbolos *das Beschränkte* (pouca ineligência), *Jenseits* (Além), *Ruhe* (sossego), *Unruhe* (desassossego), *Trägheit* (indolência), *Gedankenlosigkeit* (descuido), *Angst vor der Wahreit* (medo da verdade), que Hegel emprega para caracterizar o estado existencial do intelectual iluminado, são totalmente omitidos, começa-se a perguntar se os que fizeram o índice tinham uma ideia clara dos problemas de Hegel. E quando, então, não se encontram de maneira nenhuma os símbolos-chave de *Äther* (éter), *Kreis* (círculo), *Zauberkraft* (poder mágico), *Zerrissenheit* (dilaceramento), ou *Element*, apenas nos exemplos que se referem ao ar, à água, ao fogo, mas não onde se refere ao elemento do éter; pergunta-se se essa supressão de todas as referências pelas quais o leitor poderia ficar a par do estado de alienação de Hegel é suficientemente explicada apenas por uma falta de compreensão. Qualquer que seja o caso, nas futuras reedições da *Phänomenologie*, a feitura do índice deve ser entregue a eruditos mais jovens, que estejam atualizados nos métodos da ciência, especialmente nos de religião comparada.

da tensão existencial como um todo. Já não haverá movimentos e contramovimentos dentro do Entremeio da existência; a própria tensão existencial, juntamente com seus polos de Deus e homem, tem de ser dissolvida no processo dialético. Hegel é um pensador vigoroso, e como os dados do problema são completamente familiares a seu próprio eu, a tarefa técnica de realizar a metástase não é muito difícil: (1) Já que o homem experimenta, de dentro, a tensão de existência, como a realidade pela qual ele tem de orientar sua humanidade, primeiro a tensão tem de ser transformada num objeto em que o feiticeiro pode operar. Para esse propósito ele cria a hipóstase de *Bewußtsein*[40] e *Geist*. (2) Tem de criar uma segunda realidade, uma base da qual a operação possa ser realizada. Já que ele não tem outros meios de construir a base, senão sua própria humanidade, seu próprio estado de desespero e alienação tem de ser transformado na posição absoluta da qual ele pode operar. Os símbolos neoplatônicos de inquietação, gênese, automovimento, autoasserção, e assim por diante, que expressam a distância do homem ou o afastamento da realidade, são agora empregados para simbolizar a realidade no sentido eminente. Em particular, Hegel transforma *Selbst* [si mesmo], *Ich* [eu] e *Subjekt* [sujeito], que no contexto da Primeira Realidade simbolizam a força portadora do movimento de alienação, nas hipóstases que pretendem substituir a realidade de Deus. Ainda mais, a "energia de pensar" que é uma propriedade do "ego puro" (*des reinen Ichs*) é reconhecida como o "imenso poder do negativo" e, nesta qualidade, elevado ao nível de "poder absoluto". (3) E terceiro, as hipóstases operacionais do *Selbst, Ich, Subjekt* têm de ser relacionadas à hipóstase substantiva do *Geist*. Isso é feito atribuindo-se ao *Geist* substancial a propriedade de *Werden* (vir a ser) do *Geist*. O *Geist*, então, é transformado numa *Substanz* no processo de chegar à consciência autorreflexiva como o *Subjekt*; e o *Subjekt* chega a seu autoconhecimento como a força operativa no *Werden* da *Substanz*.

A técnica de feitiçaria de Hegel é simples o bastante para ser reduzida às três regras enumeradas. Mas Hegel não formula essas regras pelas quais ele transforma o estado de alienação em

---

[40] Consciência. (N. T.)

realidade verdadeira; ele está envolvido no próprio ato metastático. Algumas passagens tornarão clara a verdadeira situação:

> Somente porque o concreto se separa e se faz o irreal é ele o automovente. A atividade de separar é a força e o trabalho do *intelecto* (*Verstand*), um dos mais maravilhosos e maiores, ou melhor, de poder absoluto (...). A morte, se é isso o que queremos chamar o irreal, é a coisa mais aterrorizadora (*das Furchbarste*), e segurar firmemente o que está morto exige a maior força (...). Mas não é a vida que teme a morte e quer manter-se livre de desolação, mas a vida que pode suportar a morte e manter-se, é a vida do *Geist*. O *Geist* pode obter sua verdade apenas se nesta *Zerrissenheit* ele se encontrar a si mesmo (...). Este é poder apenas se olhar para o negativo na face e demorar nele. Este demorar (*Verweilen*) é a força mágica (*die Zauberkraft*) que converte o negativo no ser. Esta *Zauberkraft* é o que antes chamamos o *Subjekt* (*Ph* 29-30).

O leitor que não sabe que os símbolos que aparecem nesta passagem são, na Primeira Realidade, os símbolos da existência alienada, dificilmente entenderá o que se está passando.

A força mágica do feiticeiro é, afinal, identificada como o *Subjekt*. Mas como o sujeito obteve sua *Zauberkraft*? A passagem seguinte dá a informação:

> Além do Eu percebido ou concebido pelos sentidos, é principalmente o nome como nome que denota o Sujeito puro, o Um não conceitual vazio. Por essa razão ele pode, por exemplo, ser útil para evitar o nome *Deus*. Pois esta palavra não é em si mesma conceito, mas nome propriamente, a tranquilidade firme do *Sujeito* desejado. Termos como *Ser*, ou *o Uno*, ou *Unidade*, o *Sujeito*, e assim por diante, imediatamente sugerirão conceitos (*Ph* 53-54).

A *Zauberkraft* dá origem ao *Subjekt*, porque o *Subjekt* é a metástase de Deus. E o que é feito de Cristo? Que ele tenha de ser lançado fora tornou-se claro pela página sobre Alexandre e

Aristóteles onde o Grande Homem é definido como o homem que renunciou a todo *o apoio exterior*. A frase *alle fremden Stützen*, sublinhada por Hegel, refere-se a todo apoio que não é imanente ao mundo (*D* 346). Agora este ponto é também esclarecido; pois o *Subjekt* é "a verdadeira substância, ser ou imediação em si mesmo, que não tem mediação fora de si, mas é em si mesmo a mediação" (*Ph* 30). O *Subjekt* tomou conta dos papéis assim do Um como do Mediador. O feiticeiro chamou para si o poder tanto de Deus quanto de Cristo.

Dos textos emergem os contornos de uma biografia espiritual. Por seu verdadeiro eu de místico, Hegel experiencia seu estado de alienação como uma perda aguda da realidade, e mesmo como morte. Mas ele não pode, ou não quer, iniciar o movimento de retorno; a *epistrophe*; a *periagoge* é impossível. O desespero da desorientação, então, transforma-se em estado de espírito de revolta. Hegel fecha sua existência em si mesmo; desenvolve um eu falso; e deixa seu eu falso envolver-se num ato de autossalvação que quer substituir a *periagoge* de que seu verdadeiro eu se mostrou incapaz. A alienação que, contanto que permaneça um estado de desespero em existência aberta, pode ser curada pelo retorno, agora se endurece num *acheronta movebo*[41] do feiticeiro que, pela operação mágica, força a salvação da não realidade de seu desespero. Já que, entretanto, a não realidade não tem nenhum poder de salvação, e o verdadeiro eu de Hegel sabe bem disso, o falso eu tem de dar o próximo passo e, pela "energia do pensamento", transformar a realidade de Deus na dialética da consciência: o poder divino advém ao *Subjekt* que está envolvido na autossalvação pelo alcançar do estado de autoconsciência reflexiva. Se a alma não pode retornar a Deus, Deus tem de ser alienado de si mesmo e levado para o estado humano de alienação. E, finalmente, já que nenhuma dessas operações na Segunda Realidade mudaria nada ao redor da Primeira Realidade, mas levaria apenas ao isolamento do feiticeiro diante do resto da sociedade, todo o mundo tem de ser levado para o imaginário da Segunda Realidade. O feiticeiro se torna o salvador de uma "era",

---

[41] Virgílio: "si nequeo superos, acheronta movebo". "Se não puder dobrar os deuses de cima, comoverei o Aqueronte" (Aqueronte simboliza os deuses infernais). (N. T.)

impondo seu Sistema de Ciência, como a nova revelação, sobre a humanidade em geral. Toda a humanidade tem de unir-se ao feiticeiro no inferno de sua danação.

Hegel pode evocar a forma da humanidade ecumênica para além do dilaceramento, porque esta última era está para além da história. O *Geist* se desenrolou no tempo da história do mundo para sua realização na penetração completa da *Substanz* pelo *Subjekt*. Antes de Hegel, esse processo não podia ser entendido porque ainda não tinha sido completado; mas agora "o movimento do conceito abarcará a mundialidade completa da consciência em sua necessidade" (*Ph* 31). O "*Geist* do mundo" incumbiu-se do "enorme trabalho" de dar à luz seus *Gestalten* na "história do mundo"; agora que esta tarefa está terminada, o "indivíduo", embora tenha de penetrar na mesma substância com o pensamento, pode fazer isso com "muito menos trabalho", porque "a imediação da realidade já foi conquistada e sua *Gestaltung* foi reduzida à abreviação de um termo simples de pensamento (*Gedankenbestimmung*)". O conteúdo da história do mundo é pensamento que foi pensado (*ein Gedachtes*) e portanto torna-se "a propriedade (*Eigentum*) da *Substanz*". Daí, já não é necessário converter a existência (*Dasein*) na forma de ser em si mesmo (*Ansichsein*); tudo o que é deixado para fazer é a conversão do "lembrar-se de si" na "forma de ser por si (*Fürsichsein*)" (*Ph* 27-28). Traduzidas em linguagem mais inteligível, essas passagens significam: O processo da história do mundo completou seu curso. Cada *Gestalt* na história é um pensamento no desenrolar do *Geist*; e cada pensamento do *Geist* se tornou *Gestalt*. O "indivíduo", *i.e.*, Hegel, que quer compreender a história hoje não tem de representar o *Weltgeist* e realizar a história toda de novo. A tarefa está acabada. No entanto, ele tem de rerrealizar a história no modo de anamnese, fazendo os acontecimentos da história inteligíveis como degraus no pensamento do *Geist*. Os acontecimentos têm de ser convertidos nas *Gestaltern* da consciência que se desenrola e que chegou a sua luminosidade autorreflexiva na consciência do "indivíduo" Hegel. Os homens e os acontecimentos na história perdem sua presença sob Deus: são transmogrifados em fases no processo de consciência, ou seja, o *Subjekt*, ou seja, Deus, ou seja, Hegel.

Até aqui Hegel continua explicando sua técnica de transformação mágica, mas não além. Demais disso, suas fórmulas explicativas exigem tradução para se tornarem inteligíveis. A *Phänomenologie* é, na verdade, um livro "ininteligível", porque Hegel não pode ir muito longe na exibição de seu *modus operandi*. No caso presente, não pode dizer simplesmente: vou falsificar a história na existência aberta até que ela se encaixe em minha história na existência fechada. Assim como na situação anterior, ele não podia dizer: tomo símbolos de alienação de vários neoplatônicos, gnósticos e místicos, e os empregarei com ponto de partida para minha empresa mágica, de autossalvação. A efetividade do *grimoire* depende da transformação da Primeira Realidade em Segunda Realidade como um *fait accompli*. O livro é escrito em código mágico que o leitor, se não quiser ser ludibriado, tem de decifrar. Este processo de decodificar a *Phänomenologie* é, entretanto, sempre difícil, e algumas vezes quase impossível, especialmente quando acontecimentos políticos foram postos em código. Como exemplo, darei uma passagem para a qual por sorte temos a própria decodificação feita por Hegel:

> Assim como o reino do mundo real refaz o reino da fé e da iluminação, assim a liberdade absoluta refaz, de sua realidade autodestrutiva, outra terra (*Land*) do *Geist* autoconsciente onde, em sua não realidade, ela (*viz*, a liberdade) é aceita como o verdadeiro, do qual o pensamento, contanto *que seja pensamento* e permaneça pensamento, edifica o *Geist* que conhece este ser, fechado em autoconsciência, como a essência completa e perfeita. O novo *Gestalt* do espírito moral (*des moralischen Geistes*) apareceu (*ist entstanden*) (Ph 422).

Na carta a Niethammer previamente citada, de 29 de abril de 1814, escreve Hegel nesta passagem:

> Quanto ao mais, quero orgulhar-me de ter predito toda esta sublevação. Em minha obra (terminada na noite anterior à Batalha de Jena), digo na p. 547: "A liberdade absoluta (previamente descrita; é a liberdade formal, abstrata da

República Francesa como ela emergiu, conforme mostrei, do Iluminismo) refaz, de sua realidade autodestrutiva, *outra terra* (quando escrevi isso, tinha em mente *país*) do *Geist* autoconsciente onde, em sua não realidade, é aceita como o verdadeiro, do qual o pensamento, contanto que *seja pensamento e permaneça pensamento*, edifica o *Geist* que conhece este ser, fechado em autoconsciência, como a essência completa e perfeita. O novo *Gestalt* do Espírito *moral* está presente (*ist vorhanden*).

Traduzindo a interpretação: a liberdade essencial do *Geist* autoconsciente foi viciada na versão da República Francesa por uma abstração que proveio do Iluminismo. Por causa dessa abstração, a liberdade degenerou em violência e terrorismo. Ainda assim, há uma verdade até na liberdade abstrata que o *Geist* apreciará contanto que permaneça um pensamento, um momento no processo dialético. Entretanto, este pensamento não deve ser traduzido em ação. Por causa de seu vício pela liberdade abstrata na França, o *Geist* se mudará para a Alemanha. A transição se torna eficaz pela inclusão que Hegel faz da liberdade francesa como um "pensamento" no processo de sua própria autoconsciência completada. Através da *Phänomenologie*, o *Geist* em sua forma *moral* (sublinhada por Hegel) apareceu (*ist entstanden*) em outro "país". Com uma ligeira variação do texto original, a carta pode, portanto, dizer que esta forma moral está agora presente (*ist vorhanden*) na Alemanha. Não vejo nenhuma razão para desconfiar da decifração hegeliana de 1814, mas, pela leitura da passagem, eu não teria conjeturado semelhante interpretação.

As dificuldades há pouco exemplificadas tornam impossível entender o propósito da *grimoire* sem um código à mão que permita a decifração página a página. Tal código, confrontando os "pensamentos" da Segunda Realidade com as pessoas e acontecimento na Primeira Realidade que foram convertidos em "pensamentos", foi elaborado por Alexandre Kojève ao longo de suas preleções sobre a *Phänomenologie* e publicado como apêndice em "Structure de La Phénoménologie" em sua *Introduction à la lecture de Hegel* (1947). Estou dando a decifração que Kojève deu a essa página crítica, onde Hegel formula sua relação com Napoleão. [42]

O texto de Hegel abre-se e fecha com as seguintes passagens:

> Os dois espíritos [*Geister*], certos de si mesmos, não têm nenhum propósito, mas precisamente este Eu puro. Mas são ainda diferentes; e a diferença é absoluta, porque é posta neste elemento de conceito puro (...). O sim reconciliante pelo qual os dois Egos (*Ich*) renunciam a sua existência (*Dasein*) oposta é a existência do Ego que se expandiu numa díade (*Zweiheit*); este Ego permanece, como diádico, o mesmo consigo mesmo; é o Deus manifesto (*der erscheinende Gott*) no meio daqueles que conhecem a si mesmos como conhecimento puro (*Ph* 472).

---

[42] Os cursos de Alexandre Kojève sobre a *Phänomenologie* foram ministrados entre os anos de 1933 e 1939, na Ecole Pratique des Hautes Etudes com o título de "La Philosophie Religieuse de Hegel" [A Filosofia Religiosa de Hegel]. As notas tomadas nesses cursos por M. Raymond Queneau, revistas por Kojève, foram publicadas em 1947, com o título de *Introduction à la Lecture de Hegel: Leçons sur la Phénoménologie de l'Esprit* [Introdução à Leitura de Hegel: Lições de *A Fenomenologia do Espírito*]. Às notas de Queneau foram acrescentados vários ensaios de Kojève, assim como o apêndice III, "Structure de La Phénoménologie", p. 574-95. A este índice, confrontando as seção na *Phänomenologie* com as pessoas e os acontecimentos na Primeira Realidade, refiro-me como o "código". O código é indispensável para todo leitor sério da *Phänomenologie*; deveria ser posto como apêndice a toda edição futura da obra – assim como o novo índice de matéria que eu sugeri como urgente na nota 39. Ao enfatizar a importância da obra de Kojève como a linha de frente para a compreensão de Hegel, não quero menosprezar o valor da tentativa comparável de Jean Hyppolite, em seu *Genèse et Structure de la Phénoménologie de l'Esprit de Hegel* [Gênese e Estrutura da Fenomenologia do Espírito de Hegel]. Paris, 1946. A obra de Hyppolite é a mais completa das interpretações "convencionais" da *Phänomenologie*. Por *convencional* quero dizer uma interpretação que coloca a obra de Hegel no contexto de seus predecessores e contemporâneos que lidavam com os mesmos problemas; em particular, quero dizer a apresentação dos problemas de Hegel como um desenvolvimento na filosofia idealista alemã. É indispensável também a apresentação da *Phänomenologie* como um desenvolvimento cheio de significado no contexto "convencional". Mas, à luz da obra de Kojève, ela inevitavelmente levanta problemas: até que ponto no passado da história ocidental tem-se de traçar o crescimento da feitiçaria, que chega a seu clímax na *Phänomenologie*? Tanto quanto sei, ninguém ainda ousou atacar a questão. Na *Introdução*, Kojève restringiu-se à decifração da *Phänomenologie* e à interpretação do código. Como ele era marxista, *i.e.*, o discípulo de outro grande feiticeiro, não estudou o problema da feitiçaria em Hegel. Ao contrário, em 1968, publicou uma obra de feitiçaria ele mesmo, o *Essai d'une Histoire Raisonnée de la Philosophie Paienne* [Ensaio de uma História Racional da Filosofia Pagã], Tomo I, *Les Présocratiques*. O volume é uma transmogrificação da filosofia pré-socrática. Recomendo ardentemente a todo estudante de feitiçaria contemporânea.

Na interpretação de Kojève, esta página tem o seguinte significado:

> Finalmente chega-se a uma dualidade: o Realizador – o revelador, Napoleão – Hegel, Ação (universal) e Conhecimento (absoluto). De um lado está a *Bewußtsein*,[43] de outro lado *Selbstbewußtsein*.[44]
>
> Napoleão não se volta para o mundo externo (social e natural): ele o compreende e, portanto, age nele com sucesso. Mas não compreende a si mesmo (Não sabe que *é* Deus). Hegel se volta para Napoleão: mas Napoleão é homem, é o Homem "perfeito" em virtude de sua integração total da história; compreendê-lo significa entender o Homem, entender-se a si mesmo. Ao entender (*i.e.*, justificar) Napoleão, Hegel alcança sua consciência do *eu*. É assim que ele se torna um sábio, um filósofo "consumado". Se Napoleão é o Deus revelado (*der erscheinende Gott*), é Hegel que o revela. O Espírito absoluto (...) realizado por Napoleão e revelado por Hegel.
>
> Todavia, Hegel e Napoleão são dois homens diferentes; *Bewußtsein* e *Selbstbewußtsein* estão ainda separados. E Hegel não gosta de dualismos. Essa díade final não tem de ser suprimida?
>
> Isso poderia acontecer se Napoleão "reconhecesse" Hegel como Hegel "reconheceu" Napoleão. Esperou talvez Hegel (1806) ser chamado por Napoleão a Paris, a fim de tornar-se o filósofo (o sábio) do estado homogêneo e universal, que teria de explicar (justificar) – e talvez dirigir – a ação de Napoleão?
>
> Desde Platão, tal associação tem tentado os grandes filósofos. Mas, neste ponto, o texto da *Phänomenologie* é (deliberadamente?) obscuro. Qualquer que seja o caso – a história chegou a seu fim.[45]

---

[43] Consciência. (N. T.)

[44] Autoconsciência. (N. T.)

[45] Kojève, *Introdução*, p. 153-54.

Como no caso da própria decifração hegeliana de *Ph* 422 na carta a Niethammer, tenho de dizer que esta interpretação provavelmente nunca me teria ocorrido. Na verdade, as notas a lápis na margem de minha cópia mostram que, antes de eu me inteirar da obra de Kojève, eu explorara a possibilidade de um equivalente hegeliano para a especulação trinitária.

Embora possa ser aceita em princípio, a interpretação não é convincente em todo pormenor. Permanece ainda a incongruência de uma díade na obra de um pensador que certamente "não gosta de dualismos". Kojève, é verdade, sente o quebra-cabeça, mas a solução que ele sugere não pode ser confirmada pela prova. Ainda mais: que Hegel tenha considerado uma *imitatio Platonis*[46] e brincado com a ideia de tornar-se o filósofo de corte de Napoleão contradiz não apenas a concepção de seu papel como o Grande Grande Homem da história, mas também tudo o que sabemos acerca de sua compreensão sagaz de processos políticos na Primeira Realidade. A sugestão do exemplo de Platão é particularmente infeliz, porque Hegel falou muito da tentativa de Platão de usar "o indivíduo como meio" de realizar seu "ideal de um estado", com a batida da escolha de Dionísio como pupilo.[47] Mas mesmo se se substituir Platão-Dionísio por Aristóteles-Alexandre como o modelo, não se faz melhor, porque Hegel enfatiza que Aristóteles se restringiu à formação da personalidade de Alexandre e não lhe influenciou a política – a expansão para a Ásia foi um plano da corte macedônica e de seu estado-maior sob Filipe.[48] E então, tem-se de respeitar a afirmação hegeliana de que ele predissera a derrocada de Napoleão na *Phänomenologie* com boas razões – ainda mais crível porque o ano de Austerlitz fora também o ano de Trafalgar e Hegel não estava sozinho em sua estimativa da situação. Não, Hegel não tinha nenhuma intenção de fazer o papel principal numa comédia de Shavian, *O Filósofo Imperador*.

---

[46] Imitação de Platão. (N. T.)
[47] Hegel, *Geschicchte der Philosophie* [História da fiolosofia], v. II, Jubiläumsgabe, v. 18, p. 302.
[48] Ibidem, p. 303 e seguintes.

A aparência de uma incongruência pode ser dissolvida pela leitura mais atenta do texto. Em primeiro lugar, a díade não é uma entidade estática, mas uma relação entre momentos na consciência de Hegel, no ponto de transição para a mônada do *Ich*. Os dois egos estão prestes a entregar suas existências opostas e a tornar-se, pelo "sim reconciliador", a existência do *Ich* único que se expandiu para a *Zweiheit*. Isso seria um feito impressionante na Primeira Realidade; mas, como é realizada na Segunda Realidade da consciência, que não é, de qualquer modo, a consciência de ninguém, um feiticeiro competente pode fazê-lo muito facilmente, ao pronunciar as palavras: "Das Dasein des zur Zweiheit ausgedehnten Ichs".[49] Mesmo assim, o resultado é extraordinário já que a mônada, reconciliada em sua expansão para uma díade, é o Deus revelado em nosso meio que nos conhece como puro conhecimento (*Ph* 472).

Sendo resolvida a questão técnica da díade pela mágica elementar, permanece ainda a questão de por que a díade importuna deveria, em primeiro lugar, ter aparecido. Para entender o aparecimento da díade, tem-se de lembrar a condição empírica, estabelecida pelo próprio Hegel, para a interpretação de seu Sistema de Ciência: a história do mundo tinha de ter chegado a seu fim; o *Geist*, conseguindo pelos próprios esforços as *Gestalten* da história, tinha de ter penetrado completamente sua *Substanz* por seu *Subjekt*; e a maneira das *Gestalten* é a maneira do *Anderssein* autoassertivo, do *Böse*, do *Härte* no *Geist*. O fim da história significa a reconciliação última do *Sein* e do *Anderssein* no *Geist* pelo reconhecimento mútuo e perdão (*Verzeihung*). Este fim da história, entretanto, tem de ter realmente acontecido, ou estar em processo de acontecer, reconhecível como um acontecimento na Primeira Realidade, ou o sistema seria uma fantasia sem relação com a Primeira Realidade em que sua mágica deve operar. Este acontecimento é para Hegel a Revolução Francesa e o Império Napoleônico. Todos os outros acontecimentos pertencem, com relação a seu *Anderssein*, ao passado; apenas sua memória precisa de conversão no "pensamento" da consciência. Entretanto, no presente em que a história chega a seu fim na revolução e

---

[49] A existência do eu dilatado para a dualidade. (N. T.)

império, a consciência autorreflexiva é confrontada com o *Anderssein* na realidade de seu *Härte*. Esta dureza do *Ich* em seu *Anderssein* exige reconhecimento pelo *Ich* que está envolvido na ação de conversão. No presente em que acontecem Napoleão e Hegel, a diferença entre os dois *Geister* se torna "absoluta, porque são postos no elemento de conceito puro". Ambos, juntos, em sua diferença e oposição, são a interioridade *do Geist* em sua perfeição (*das vollkommen Innre*) "como se confronta e aparece na existência (*Dasein*)" (*Ph* 472). "A palavra de reconciliação é o *Geist* existente (...). Entra na existência (*Dasein*) apenas na altura (*aufder Spitze*) em que o conhecimento puro de si mesmo se torna a oposição a si mesmo, e a troca mútua consigo mesmo" (*Ph* 471). A tensão de *Sein* e *Anderssein* chega a sua consciência como a estrutura diádica do *Ich* no presente metastático quando o *Geist* se confronta na díade de império e sistema.

A mônada diádica é o *Geist* no ato de metástase. "O *Geist* obteve seu conceito; neste éter de sua vida desenrola sua existência e movimento; torna-se ciência" (*Ph* 562). Sua profundidade foi revelada; e esta revelação é a abolição de sua profundidade (*Ph* 564). Ao elevar o *Anderssein* ao elemento do éter, Hegel curou o dilaceramento, não apenas da "era", mas da humanidade, e evocou o "novo mundo" da existência. O ato mágico está completo e Hegel está livre para mover-se como o filósofo no éter do conceito.

O que significa ser um filósofo que determinou o formato da história pode-se deduzir da seguinte passagem:

> Os filósofos estão mais próximos de Deus do que os que vivem das migalhas do Espírito; eles leem ou escrevem, no original, as ordens de gabinete de Deus; é dever deles escrevê-las. Os filósofos são os *mystai* que estiverem presentes na decisão, no santuário mais íntimo.[50]

A alusão desdenhosa à parábola do homem rico e de Lázaro em Lucas 16 revela, melhor do que explanações extensas, a

---

[50] Hegel, *Geschichte der Philosophie* [História da Filosofia], v. III, Jubiläumsausgabe, v. 19, p. 96.

direção para a qual a *libido dominandi* de Hegel se está movendo: a fim de ser o revelador das ordens do gabinete divino ele tem de substituir Cristo à mão direita de Deus. E a Cristo ele de fato o remove. Em *Wissenschaft der Logik* [Ciência da Lógica] (1812), podemos admirar o novo Cristo instalado em sua posição na forma devida, transmitindo o novo evangelho:

> A *Logik* deve ser entendida como o sistema de razão pura, como o reino de pensamento puro. Este reino é a verdade como é sem véu e por si mesma. Permite-se, portanto, dizer que seu conteúdo é a apresentação (*Darstellung*) de Deus como ele é em seu ser eterno, antes da criação da natureza e de qualquer espírito finito.[51]

No princípio era o Logos, e o Logos estava com Deus; e Deus era o Logos. O "No princípio" da interpretação hegeliana no elemento do éter tornou-se, afinal, o *en arche*[52] do Logos antes da criação no Evangelho de São João. O *erscheinende Gott*[53] acaba sendo o feiticeiro que se transmogrifou em Cristo.

---

[51] Hegel, *Wissenschaft der Logik*. v. I, Ed. Laason, p. 31.
[52] No princípio [grego]. (N. T.)
[53] O deus que se manifesta (alemão). (N. T.)

9. Dos estudos clássicos[1]

Uma reflexão sobre os estudos clássicos, seu propósito e perspectivas começará apropriadamente partindo da definição wolfiana de filologia clássica como o estudo da natureza humana conforme ela se tornou manifesta nos gregos.[2]

Hoje tal concepção soa estranhamente anacrônica, porque foi surpreendida por dois processos intimamente relacionados: a fragmentação da ciência pela especialização e a desculturação da sociedade ocidental. A filologia transformou-se em linguística; e o homem que manifestou sua natureza na língua grega tornou-se o objeto de histórias especializadas de política, literatura, arte, ideias políticas, economia, mito, religião, filosofia e ciência. Os estudos clássicos estão reduzidos a enclaves em imensas instituições de estudos adiantados em que o estudo da natureza humana não está altamente cotado nas preocupações do homem. Entretanto, esta fragmentação, assim como a redução institucional, não é percebida como uma catástrofe, porque o "clima de opinião" mudou nos duzentos anos passados desde a definição de Wolf. O interesse público mudou, passando da natureza do homem para a natureza da natureza e para as perspectivas de domínio que sua exploração abriu; e a perda de interesse tornou-se

---

[1] De *Modern Age* [Era Moderna], XVII (1973), 2-8. Reimpresso com permissão do Intercollegiate Studies Institute.

[2] Friedrich August Wolf (1759-1824) criou a ciência da "filologia". A obra em que ainda se assenta a sua fama são os *Prolegomena ad Homerum* [Prolegômenos a Homero] (1795).

até ódio quando a natureza do homem se mostrou resistente às mudanças sonhadas por intelectuais que querem adicionar o senhorio da sociedade e da história ao domínio da natureza. A aliança de indiferença e ódio, ambos inspirados pela *libido dominandi*,[3] criou o clima que não é favorável a um estudo institucionalizado da natureza do homem, seja em sua manifestação grega seja em qualquer outra. Os protagonistas do processo de desculturação ocidental estão firmemente estabelecidos em nossas universidades.

Mesmo assim, ainda não chegou o fim do mundo. Pois "climas de opinião", embora durem mais do que se poderia preocupar alguém além de seus ganhadores libidinosos, não duram para sempre. O termo foi cunhado por Joseph Glanvill (1636-1680); recebeu novo curso quando Alfred North Whitehead o resumiu em seu *Science and the Modern World*[4] (1925); e, seguindo a iniciativa de Whitehead, as mudanças deste clima moderno desde o século XVII se tornaram o objeto dos estudos penetrantes e amplos de *Background*,[5] começando em 1934. Pela iniciativa de Whithead, assim como por outras iniciativas, sabemos agora o que é o problema; Whitehead o afirmou categoricamente: "A filosofia moderna foi arruinada". Mais explicitamente, eu diria: a vida de razão, a condição ineluctável da ordem pessoal e social, foi destruída. Entretanto, embora sejam verdadeiras tais afirmações, deve-se distinguir entre o clima de opinião e a natureza do homem. O clima de nossas universidades certamente é hostil à vida de razão, mas nem todo homem concorda em ter sua natureza deformada pelo "clima" ou, como se chama algumas vezes, pela "era". Sempre há jovens com instinto espiritual suficiente para resistir aos esforços de "educadores" que querem forçar um "ajustamento". Daí o clima não ser estático; apesar da constelação de opiniões do momento emocionalmente determinadas, sempre há em ação a resistência da natureza humana ao clima. A iluminação nesta dinâmica sublinha os estudos de

---

[3] "Desejo de domínio". Fazemos aqui a distinção de Santo Agostinho entre desejo, guiado pelas paixões, e vontade, guiado pela razão. (N. T.)

[4] "Ciência e o mundo moderno". (N. T.)

[5] Pano de fundo. (N. T.)

Willey. Na verdade, nem as mudanças no clima, da indiferença para a hostilidade, nem o concomitante declínio do apoio institucional para a vida de razão, nem a destruição fanaticamente acelerada das universidades desde a Segunda Guerra Mundial puderam impedir o problema do clima de ser reconhecido, articulado e explorado à luz de nossa consciência da natureza humana. As reflexões em que estamos envolvidos aqui e agora são também fato na situação contemporânea assim como o "clima" notório. A liberdade de pensamento de novo está voltando à vida, quando o "clima de opinião" já não é uma realidade social maciça que impõe a participação em sua luta partidária, mas é forçada à possibilidade de uma deformação patológica da existência, a ser explorada pelos critérios da razão.

Este é o cenário em que a questão dos estudos clássicos deve ser colocada. De um lado, há um clima poderoso de opinião em nossas universidades oposto a que se lhes atribua qualquer função, porque os estudos clássicos inevitavelmente representam a natureza do homem tal como ela se tornou manifesta entre os gregos. Por outro lado, há sintomas inegáveis da rachadura do clima e da recomposição que de si mesma faz a natureza não deformada do homem. Se esse movimento em direção a uma restauração da razão conseguisse obter *momentum* suficiente para atingir o nível institucional, os estudos clássicos se tornariam um fator importante no processo de educação. Refletirei sobre dois pontos nesta ordem – embora possa insinuar-se alguma desordem por estarmos lidando não com alternativas que pertencem ao passado, mas com um processo em andamento.

O esforço dos gregos para chegar à compreensão de sua humanidade culminou na criação platônico-aristotélica da filosofia como a ciência da natureza do homem. Mais até do que com a sofística de seu tempo, os resultados estão em conflito com o clima contemporâneo de opinião. Enumerarei alguns pontos principais de desacordo:

1. *Clássicos:* Há uma natureza do homem, uma estrutura definitiva de existência que põe limites na perfectibilidade. *Modernos:* a natureza do homem pode ser mudada, seja pela evolução

histórica, seja pela ação revolucionária, de modo que um reino perfeito de liberdade possa ser estabelecido na história.

2. *Clássicos:* A filosofia é o esforço de avançar da opinião (doxa) acerca da ordem do homem e da sociedade para a ciência (*episteme*); o filósofo não é um filodoxo.[6] *Modernos:* nenhuma ciência é possível sobre tais matérias, apenas a opinião; todo o mundo tem direito a suas opiniões; temos uma sociedade pluralista.

3. *Clássicos:* A sociedade é o homem escrito em letra maiúscula. *Modernos:* O homem é a sociedade escrita em letra minúscula.

4. *Clássicos:* O homem existe na tensão erótica em direção ao fundamento divino de sua existência. *Modernos:* Não, ele não existe assim, porque eu não existo assim; e eu sou a medida do homem.

5. *Clássicos*: O homem é perturbado pela questão do fundamento; por natureza ele é um questionador (*aporein*) e buscador (*zetein*) do donde, para onde e do porquê de sua existência; ele levantará a questão: por que há algo, por que não nada? *Modernos*: Tais questões são ociosas (Comte); não as faças, sê um homem socialista (Marx); são sem sentido as questões a que as ciências das coisas imanentes do mundo não podem dar nenhuma resposta, são *Scheinprobleme*[7] (neopositivismo).

6. *Clássicos:* O sentimento de intranquilidade existencial, o desejo de saber, o sentimento de ser movido a questionar, o questionamento e a busca em si, a direção do questionamento rumo ao fundamento que faz ser buscado, o reconhecimento do fundamento divino como o movente, são o complexo experiencial, o *pathos*, em que a realidade da participação divina-humana (*metalepsis*) se torna luminosa. A exploração da realidade metaléptica, do entremeio platônico, assim como a articulação da ação exploratória pelos símbolos de linguagem, no caso de Platão, de seus mitos, são a preocupação central dos esforços do filósofo. *Modernos:* as repostas modernas a esta questão central mudam com o "clima de opinião".

---

[6] Amante da opinião. (N. T.)

[7] Problemas aparentes. (N. T.)

Em Locke, a realidade metaléptica e sua análise noética são transformadas na aceitação de certas "opiniões comuns" que ainda mantêm uma relação inteligível com a experiência de onde derivam. A redução da realidade à opinião, todavia, não é deliberada; Locke já está tão profundamente envolvido no clima de opinião que sua consciência da destruição da filosofia pela transição da *episteme* para a *doxa* está estupidificada. *Cf.* a apresentação de Willey do caso lockiano.

Hegel, ao contrário, está agudamente a par do que está fazendo quando substitui a realidade metaléptica de Platão e Aristóteles por seu estado de alienação como a base experiencial para a interpretação de seu sistema especulativo. Ele torna explícito o programa de sobrepujar a filosofia pela dialética de uma consciência alienada autorreflexiva.

No século XX, o "clima de opinião" avançou até as táticas do "tratamento de silêncio". Num caso como o de Sartre, a realidade metaléptica é simplesmente desprezada. A existência tem o caráter de *facticité* sem sentido; o atribuir a ela um significado é deixado para o livre arbítrio do homem. A escolha de um significado para a existência está na preferência da opinião de regimes totalitários que se envolvem em assassinato em massa, como o stalinista; a preferência foi desenvolvida com cuidado particular por Merleau-Ponty. A tática do "tratamento de silêncio", especialmente quando empregada depois da Segunda Guerra Mundial pela "ralé da liberação", contudo, torna difícil decidir, em casos individuais, se é deliberada a contraposição à realidade metaléptica, ou se a *libido dominandi* está atacando às cegas num clima de opinião que é dado como certo, sem questionamento como a realidade última. No todo, tenho a impressão de que a consciência de uma contraposição é distintamente menos viva do que ainda era no tempo de Hegel. O analfabetismo filosófico progrediu tanto que o cerne experiencial de filosofar desapareceu por baixo do horizonte e não é sequer reconhecido como tal quando aparece em filósofos como Bergson. O processo de desculturação o eclipsou tão completamente pela opinião que algumas vezes se pode hesitar até em falar de uma indiferença em relação a ele.

7. *Clássicos:* A educação é a arte da *periagoge*, de virar ao contrário (Platão). *Modernos:* a educação é a arte de ajustar as pessoas tão solidamente ao clima de opinião prevalecente ao tempo, que elas não sintam nenhum "desejo de conhecer". A educação é a arte de evitar que as pessoas adquiram o conhecimento que lhes permitiria articular as questões da existência. A educação é a arte de forçar os jovens a um estado de alienação que causará ou desespero quieto ou militância agressiva.

8. *Clássicos:* O processo em que a realidade metaléptica se torna consciente e articulada noeticamente é o processo em que a natureza do homem se torna luminosa a si mesma como a vida de razão. O homem é o *zoon noun echon*.[8] *Modernos*: A razão é razão instrumental. Não há tal coisa chamada racionalidade noética do homem.

9. *Clássicos:* Pela vida de razão (*bios theoretikos*) o homem percebe sua liberdade. *Modernos*: Platão e Aristóteles eram fascistas. A vida de razão é uma empresa fascista.

A enumeração não é nem remotamente exaustiva. Todo o mundo pode completá-la com itens maliciosos coligidos da literatura de opinião e da mídia popular, de conversas com colegas e estudantes. Ainda assim, eles tornam claro o que Whithehead queria dizer quando afirmou que a filosofia moderna foi arruinada. Ademais, os conflitos foram formulados de tal modo que se torna visível o caráter do grotesco, ligado à deformação da humanidade pelo clima de opinião. Contudo, o grotesco não deve ser confundido com o cômico ou o humorado. A seriedade da matéria será mais bem compreendida se se divisarem os campos de concentração de regimes totalitários e as câmaras de gás de Auschwitz em que o grotesco da opinião se torna a realidade assassina da ação.

O clima de opinião é desfavorável aos estudos clássicos; e o poder institucional de seus representantes nas universidades, na mídia popular e nas fundações não deve ser subestimado. Entretanto, notam-se rachaduras no *establishment*.

---

[8] O ser vivo que tem razão. (N. T.)

Em particular, a revolta estudantil internacional foi um abridor de olhos. Mesmo os desvalidos intelectual e espiritualmente que vivem somente do pão da opinião se deram conta de que algo está errado com nossas instituições de ensino superior, embora não saibam o quê. Poderiam ser, talvez, os professores, e não a guerra no Vietnã? Diverti-me cruelmente vendo o embaraço de vários professores em Frankfurt e Berlim quando seus alunos se voltaram contra eles, porque os professores não prosseguiram quando a "teoria crítica" (eufemismo para opinião niilista e irracional) deles foi traduzida pelos alunos em violência não crítica; e o mesmo espetáculo se dá na América pelos professores liberais que de repente se tornam conservadores, quando toda uma vida de esforços estrênuos para arruinar as mentes de uma geração de alunos após outra deu, afinal, frutos e as mentes estão realmente arruinadas. Um incidente de meu magistério prático iluminará o ponto crítico: em meados de 1960 dei um curso de política clássica numa grande universidade. Tudo correu bem enquanto os alunos acreditaram que lhes estava sendo fornecida a ração costumeira de informação sobre as "opiniões" de Platão. Seguiu-se uma gritaria quando descobriram que a filosofia da política tinha de ser levada a sério como ciência. A ideia de que algumas proposições referentes à ordem do homem e da sociedade tinham de ser aceitas como verdadeiras, outras rejeitadas como falsas, surgiu como um choque; eles nunca tinham ouvido tal coisa antes. Uns poucos, na verdade, foram embora do curso; mas a maioria, alegro-me em dizer, ficou, e se encantou com Platão, e no fim expressou profusamente a gratidão de terem ao menos aprendido uma alternativa para a idiotice de opiniões com que eles eram rotineiramente alimentados. Mas não quero descer mais profundamente neste aspecto da questão. Será suficiente dizer que os alunos têm boa razão para se revoltarem; e se as razões que eles apresentam são, na verdade, ruins, devemos lembrar que as instituições educacionais os separaram tão eficazmente da vida de razão que eles não podem nem mesmo articular as causas de sua intranquilidade legítima.

Pela violência irracional do ataque, a revolta poderia expor a flacidez e o vazio do clima institucionalizado e de seu pessoal, mas não se deve esperar que a vida de razão emerja da confrontação de dois vácuos. Mais importante do que os acontecimentos espetaculares é a erosão quieta do clima através das ciências históricas. A natureza do homem pode ser deformada pelas opiniões dominantes – outro dia ouvi um colega bem-intencionado, mas impotente, gritar angustiado: "Nosso mundo está fragmentado!" –, mas é indestrutível e encontra meios de reafirmar-se. A realidade metaléptica, que é posta de lado como tralha e tolice caso afirme em público ser a preocupação primeira do homem, insinuou-se tortuosamente de novo sob o disfarce respeitável de religião comparada, literatura comparada, história da arte, ciência do mito, história da filosofia, história intelectual, exploração de simbolismos primitivos na etnografia e na antropologia, estudo de civilizações antigas, arqueologia e pré-história, de hinduísmo, Islã e Extremo Oriente, de religiões de mistério helenistas, os textos do Corão e gnosticismo, de cristianismo primitivo e da Idade Média cristã, e, último, mas não menos importante, estudos clássicos. Na história cultural da sociedade ocidental, o avanço esplêndido das ciências históricas se tornou o subterrâneo da grande *resistência* ao clima de opinião. Em cada um dos campos enumerados, encontramos homens que dedicam sua vida a isso, porque aqui encontram a integridade espiritual e a totalidade da existência que, no nível dominante das universidades, foi destruído. Nenhum ataque crítico à insanidade da "era" pode ser mais devastador do que o simples fato de homens que respeitam sua própria humanidade, e querem cultivá-la como devem, terem de refugiar-se no xamanismo siberiano ou megalítico, ou nos papiros coptas, ou nos petróglifos nas cavernas de Ile-de-France, ou nos simbolismos de tribos africanas, a fim de encontrarem um lar espiritual e a vida de razão. Ademais, este subterrâneo se tornou o refúgio não apenas de eruditos, mas também de estudantes mais sensíveis, como se pode ver passeando por uma hora numa livraria de faculdade; a natureza do homem afirma-se mesmo se esses pobres coitados, privados do guiamento devido, buscam às apalpadelas apoio em coisas tão exóticas quanto o I-Ching.

Sob o disfarce histórico, então, o conhecimento substantivo concernente à natureza do homem se apresenta em nossas universidades. Graças ao alargamento fantástico do horizonte histórico no tempo e no espaço que ocorreu neste século, este conhecimento se tornou até mais abrangente e penetrante do que em qualquer outra época na história de nossas universidades. Ao mesmo tempo, tornou-se mais facilmente acessível a todos – basta eu comparar as dificuldades de acesso nos anos de 1920, quando eu era estudante, com a presente pletora de brochuras. Esta presença formidável, entretanto, demora até transformar-se numa força formativa em nossas instituições de ensino superior. Uma das razões para esse estado esquisito de coisas se tornará clara a partir de um incidente, alguns anos atrás, numa conferência sobre religião comparada: um dos participantes quebrou o grande tabu e disse categoricamente a seus confrades que a matéria de que estavam tratando era irrelevante pelos padrões de opinião a que a maioria deles parecia aderir; mais cedo ou mais tarde, eles teriam de decidir se a ciência da religião comparada era uma terapia ocupacional para pessoas, doutro modo não empregáveis, ou se era uma busca da verdade da existência que seu objeto continha substancialmente; não se pode explorar para sempre "os fenômenos religiosos" e fingir que são importantes, sem professar sem reservas que a busca que o homem faz do fundamento divino de sua existência, assim como a presença reveladora de Deus na motivação da busca, constituíam sua humanidade; em suma, ele os confrontou com a questão da verdade implicada nas façanhas admiráveis deles como historiadores. Nem todos os presentes ficaram contentes com tal indiscrição. O disfarce histórico, então, é um mecanismo sensível enquanto assegura um grau de liberdade para a vida de razão em instituições que são dominadas por um clima essencialmente autoritário, mas está em perigo de tornar-se ele mesmo parte desse clima, como mostra esse incidente, se o disfarce for empregado para esterilizar o conteúdo, evitando que se torne eficaz em nossa sociedade. O disfarce degenerará então na ideologia do positivismo histórico.

O avanço das ciências históricas referentes à natureza do homem nas várias formas de sua manifestação chegou a uma juntura crítica: em retrospecto de uma posição histórica futura, será ele a base maciça para uma restauração da vida de razão ou será um último suspiro da razão, exalado por homenzinhos que não tiveram a coragem de suas convicções antes de o clima totalitário o estrangular durante um longo período por vir?

Supondo que a primeira alternativa se concretize, os estudos clássicos terão uma função importante no processo, pois, em sua manifestação grega, a natureza do homem obteve a luminosidade da consciência noética e desenvolveu os símbolos para sua autointerpretação. A diferenciação grega de razão na existência estabeleceu padrões críticos para a exploração da consciência por trás da qual a ninguém se permite voltar. Esta realização, entretanto, não é uma possessão para sempre, algo como uma herança preciosa que entregar para gerações posteriores, mas uma ação paradigmática que deve ser explorada a fim de ser continuada sob as condições de nosso tempo. Mas, neste ponto, tenho de parar, pois a grande questão de como isso deve ser feito não pode ser respondida com a elaboração de um programa; seria necessária a ação concreta em si; e como a manifestação grega da natureza do homem cobriu a cadeia de uma civilização, essa proeza não pode ser realizada aqui e agora. Portanto, devo concluir essas reflexões com a designação de duas áreas gerais em que nenhum avanço maior de ciência para além de seu estado presente pareça possível sem recurso ao esforço noético grego e à sua continuação:

1. Se algo é característico do estado presente das ciências históricas, é a discrepância entre as montanhas de material de informação e a pobreza de sua penetração teórica. Sempre que tenho de tocar em problemas do mito primitivo ou do simbolismo imperial do Egito, do profetismo israelita, do apocalipse judaico ou dos evangelhos cristãos, da consciência histórica de Platão comparada com a do Deutero-Isaías, da consciência ecumênica polibeia comparada com a de Mani, da mágica ou hermetismo, e assim por diante, fico impressionado pelo trabalho filosófico e de crítica de texto nas fontes, mas sinto-me frustrado porque tão pouco trabalho se faz para relacionar os fenômenos desta classe com a estrutura de consciência no sentido de análise noética.

2. Uma das grandes realizações da luta grega, assim contra o mito mais antigo como contra o clima sofístico de opinião, por

iluminação na ordem da existência humana, é a exploração da deformação existencial e de suas variedades. De novo, pouco se faz para explorar essa realização, para desenvolvê-la e aplicá-la aos fenômenos modernos de deformação existencial. Não temos sequer um bom estudo sobre "alienação", conquanto este objeto muito atual devesse instigar qualquer erudito clássico a dizer o que tem para dizer acerca disso com base nas fontes que ele conhece melhor do que ninguém.

10. Razão: a experiência clássica[1]

Embora a Razão seja a constituinte da humanidade em todos os tempos, sua diferenciação e articulação pelos símbolos de linguagem é um acontecimento histórico. O gênio dos filósofos helênicos descobriu a Razão como a fonte de ordem na psique do homem. Este ensaio tratará da Razão no sentido da Nous platônico-aristotélica, com as circunstâncias e consequências de sua diferenciação como um acontecimento na história da ordem existencial.

Não lidarei com a "ideia" ou com uma "definição" nominalista de Razão, mas com o processo na realidade em que seres humanos concretos, os "amantes da sabedoria", os filósofos, como eles se denominavam, estavam envolvidos num ato de resistência contra a desordem social e pessoal de sua época. Deste ato emergiu a Nous como a força cognitivamente luminosa que inspirou os filósofos a resistir e, ao mesmo tempo, permitiu a eles reconhecer os fenômenos de desordem à luz de uma humanidade ordenada pela Nous. Então, Razão, no sentido noético, foi descoberta tanto como a força quanto como o critério de ordem.

Ademais, a ascensão da Razão para articular a autoconsciência foi acompanhada pela consciência que os filósofos tinham do acontecimento como uma época que tinha sentido na história. Uma vez que a humanidade do homem se tornara luminosa para

---

[1] De *Southern Review*, n.s, X (1974), p. 237-64. Reimpresso com permissão.

sua ordem, já não se podia retornar deste avanço significativo de iluminação para modos menos diferenciados de experiência e simbolização. O descobrimento da Razão dividiu a história num Antes e Depois. Esta consciência de época expressou-se na criação de símbolos que pretendiam caracterizar a nova estrutura no campo da história. O símbolo central foi o "filósofo" em cuja psique a humanidade se tornara luminosa para sua ordem noética; símbolos paralelos foram o "homem espiritual" (*daimonios aner*) de Platão, e o "homem maduro" (*spoudaios*) de Aristóteles. O homem que foi deixado para trás num estado menos diferenciado de consciência permaneceu o "mortal" (*thnetos*) da linguagem homérica; o homem que resistia insensivelmente ao avanço de iluminação se tornou o "insensato" ou "estúpido", o *amathes*. Na *Metafísica* de Aristóteles, *mito* e *filosofia* denotavam os dois simbolismos pelos quais, na sucessão histórica, a consciência cosmológica compacta e a consciência noética diferenciada expressavam as experiências respectivas de realidade. E acerca do mesmo avanço epocal, Platão desenvolveu nas *Leis* um simbolismo triádico da história em que as eras de Cronos e Zeus deviam agora ser seguidas pela era do Terceiro Deus – a Nous.

A consciência epocal dos filósofos clássicos, entretanto, não descarrilou em expectativas apocalípticas de um reino final por vir. Assim Platão como Aristóteles preservaram seu equilíbrio de consciência. Reconheceram a irrupção noética do acontecimento irreversível na história que isso era, mas também sabiam que a Razão fora a constituinte da humanidade antes de os filósofos terem diferenciado a estrutura da psique, e que sua presença na natureza humana não impedira a ordem da sociedade de cair na desordem a que resistiam. Teria sido absurdo supor que a diferenciação da Razão deteria a ascensão e queda de sociedades; não se esperava que a Hélade se desenvolvesse na federação de cidades paradigmáticas que Platão desejava. Ao contrário, Platão, na verdade, previu, e Aristóteles testemunhou a queda da pólis no novo tipo de sociedade imperial-ecumênica. Os filósofos clássicos então mantiveram aberto o campo da história para processos sociais num futuro que não poderia ser antecipado, assim como para a possibilidade de mais diferenciações de consciência. Especialmente Platão estava muito a par de que o homem, em sua tensão para o fundamento da existência, estava aberto a uma profundidade de realidade divina para além do estrato que se tinha revelado como a Nous; como filósofo, ele deixou a consciência aberta para o futuro da teofania, para as revelações pneumáticas do tipo judaico-cristão assim como para as diferenciações futuras do misticismo e da tolerância em matérias doutrinais.

A Razão no sentido noético, deve-se entender, não põe um fim apocalíptico na história nem agora nem num futuro progressista. Ao contrário, ela permeia a história que constitui com uma nova luminosidade de ordem existencial em resistência à paixão desordenante. Seu *modus operandi* não é revolução, ação violenta nem compulsão, mas persuasão, a *peitho*, que é central à existência de Platão como filósofo. Não abole as paixões, mas faz a Razão se articular, de modo que a consciência noética se torna uma força persuasiva de ordem através da luz intensa que deixa cair nos fenômenos de desordem social e pessoal. Ter elevado a tensão de ordem e desordem na existência para a luminosidade do diálogo noético e do discurso é a proeza epocal dos filósofos clássicos. Esta época estabeleceu a vida de Razão na cultura em continuidade de nosso próprio tempo; não pertence ao passado, mas é a época em que ainda vivemos.

O descobrimento da Razão como o acontecimento epocal na história da ordem existencial não pode ser exaurida por um ensaio. Tenho de ser seletivo. Como nossa própria situação de filósofos no século XX A.D. se assemelha intimamente com a situação platônico-aristotélica do século IV a.C., e como estamos hoje envolvidos no mesmo tipo de resistência contra a desordem da época, será útil concentrarmo-nos no descobrimento da Razão como a força ordenante na existência.

A *tensão de existência*

Em seus atos de resistência à desordem da época, Sócrates, Platão e Aristóteles experimentaram e exploraram os movimentos de uma força que estruturava a psique do homem e permitia que resistisse à desordem. A esta força, a seus movimentos e à estrutura resultante, eles deram o nome de Nous. Quanto à estrutura ordenadora de sua humanidade, Aristóteles caracterizou o homem como o *zoon noun echon*, como o ser vivo que possui Nous. A frase pegou. Mediante a tradução latina de *zoon noetikon* por *animal rationale*, o homem se tornou o animal racional e a Razão, a natureza do homem. No nível atual do discurso, a caracterização se desenvolveu em algo como uma definição de palavra.

O filósofo, todavia, não estava interessado em definições de palavra, mas na análise da realidade. A caracterização do homem como o *zoon noun echon*, ou *zoon noetikon*, não era mais do que um sumário abreviado de uma análise concernente à realidade da ordem na psique do homem. Se a análise não estivesse preocupada com a ordem pessoal do homem, mas com a ordem de sua existência na sociedade, chegaria à caracterização abreviada do homem como o *zoon politikon*. E se a análise da existência do homem na realidade histórica, da "historicidade" do homem como os modernos o chamam, tivesse sido levada adiante pelos filósofos clássicos mais do que realmente foi, eles poderiam ter chegado à caracterização do homem como o *zoon historikon*. Todas as três caracterizações são verdadeiras contanto que sumariem uma análise válida da realidade experienciada, mas cada uma delas seria falsa se excluísse as duas outras e quisesse ser a única definição válida da natureza do homem. Ademais, o homem não é uma psique sem corpo, ordenada pela Razão. Através de seu corpo, ele participa da realidade orgânica, tanto animal quanto vegetativa, assim como do reino da matéria; e em sua psique ele experimenta não apenas o movimento noético em direção à ordem, mas também a atração das paixões. Além de sua natureza específica de Razão em suas dimensões de existência pessoal, social e histórica, o homem tem o que Aristóteles chamou sua natureza "sintética". De natureza específica e sintética juntas podemos falar em natureza "integral" do homem. Esta natureza integral, compreendendo tanto a psique noética com suas três dimensões de ordem quanto a participação do homem na hierarquia do ser, partindo da Nous e descendo até a matéria, Aristóteles entende que é o objeto do estudo do filósofo *peri ta anthropina*, o estudo de coisas que dizem respeito à humanidade do homem.

No momento, temos apenas de estar a par deste campo abrangente de realidade humana como o campo em que a Razão tem seu lugar e suas funções como o centro cognitivamente luminoso de ordem na existência. Discutirei agora a experiência clássica e a simbolização desta força ordenadora na psique do homem.

A realidade experienciada pelos filósofos como especificamente humana é a existência do homem num estado de inquietação. O homem não é um ser autocriado, autônomo, levando consigo a origem e o significado de sua existência. Não é uma *causa sui* divina; da experiência de sua vida em existência precária dentro dos limites de nascimento e morte surge a questão espantosa do fundamento último, a *aitia* ou *prote arche*, de toda realidade e especificamente da sua própria. A questão é inerente à experiência de que surge; o *zoon noun echon* que se experiencia a si mesmo como um ser vivo é ao mesmo tempo consciente do caráter questionável que se anexa a seu *status*. O homem, quando experiencia a si mesmo como existente, descobre sua humanidade específica como a do questionador do de onde e do para onde, do fundamento e do sentido de sua existência.

Embora este questionamento seja inerente à experiência que o homem tem de si mesmo em todos os tempos, a articulação adequada e a simbolização da consciência questionadora como a constituinte da humanidade é, como afirmei, a proeza epocal dos filósofos. Na verdade, pode-se ainda discernir nas formulações platônico-aristotélicas o choque da transição dos modos compactos para os modos diferenciados de consciência. Com Platão estamos mais próximos do descobrimento. O Sócrates do *Teeteto* reconhece na experiência (*pathos*) de espantar-se (*thaumazein*) a marca do filósofo. "A filosofia não tem, na verdade, outro começo" (155d). Uma geração mais tarde, quando o impacto inicial já estava desgastado, Aristóteles pôde abrir sua *Metafísica* com a afirmação programática "Todos os homens por natureza desejam (*oregontai*) conhecer (*eidenai*)". Todos os homens, não apenas os filósofos; a empresa do filósofo se tornou humanamente representativa. A existência de todos é potencialmente perturbada pela *thaumazein*, mas alguns expressam seu espanto no meio mais compacto do mito, outros por meio da filosofia.

Ao lado do *philosophos*, portanto, está a figura do *philomythos* e "o *philomythos* é, num sentido, um *philosophos*" (*Metafísica* 982b18 e seguintes). Quando Homero e Hesíodo remontam a origem dos deuses e das coisas a Urano, Geia e Oceano, expressam-se no mesmo meio de especulação teogônica, mas estão envolvidos na mesma busca do fundamento que o próprio Aristóteles (*Metafísica* 983b28 e seguintes). O lugar na escala de compactação e de diferenciação não atinge a identidade fundamental da estrutura na humanidade do homem.

Todavia, ocorreu o acontecimento epocal de diferenciação, e os filósofos criaram o corpo coerente de símbolos de linguagem pelo qual significam as estações de sua análise. Há, primeiro, o grupo de símbolos que expressam a experiência de espanto inquieto: "espanto" – *thaumazein*; "procurar", "buscar" – *zetein*; "busca" – *zetesis*; "questionar" – *aporein, diaporein*. O questionar, então, é experienciado com um índice de urgência. Não é um jogo para ser ou não jogado. O filósofo sente-se movido (*kinein*) por certa força desconhecida a fazer perguntas; sente-se puxado (*helkein*) para dentro da busca. Algumas vezes a frase empregada indica o desejo urgente de questionar, como no *tou eidenai oregontai* aristotélico; e algumas vezes a compulsão de levantar a questão que surge da experiência é magnificamente desenvolvida, como na parábola da caverna, de Platão, onde o prisioneiro é movido pela força desconhecida para virar-se (*periagoge*) e começar sua ascensão para a luz. Nem sempre, entretanto, terá a força desconhecida de quebrar os grilhões da apatia. A inquietação numa psique humana pode ser luminosa o suficiente para entender a si mesma como causada pela ignorância quanto ao fundamento e ao significado da existência, de modo que o homem sentirá um desejo ativo de escapar desse estado de ignorância (*pheugein ten agnoian, Metafísica* 982b21) e chegar ao conhecimento. Aristóteles formula sucintamente: "Um homem em confusão (*aporon*) ou espanto (*thaumazon*) está consciente (*cietai*) de ser ignorante (*agnoein*)" (*Metafísica 982b18*). A análise então exige mais símbolos de linguagem: "ignorância" – *agnoia, agnoein, amathia*; "fuga da ignorância" – *pheugein ten agnoian*; "voltar-se" – *periagoge*; "conhecimento" – *episteme, eidenai*.

A parte da experiência articulada até este ponto apresenta a infraestrutura para as iluminações noéticas apropriadas. Apresentei-a com algum cuidado porque é menos conhecida do que deveria. Platão e Aristóteles tiveram tanto sucesso em desenvolver a exegese de suas experiências que o desenvolvimento pós-clássico da filosofia pôde anexar-se ao estrato mais alto de "resultados" noéticos, ao passo que a experiência diferenciada de existência que engendrou o simbolismo de "filosofia" foi relegada ao limbo do semioblívio. Contra tal negligência tenho de enfatizar que a infraestrutura foi o catalisador que trouxe ao foco a ocupação pré-socrática com problemas noéticos como uma preocupação com a ordenação da psique através de sua tensão em direção ao fundamento divino, a *aition*, de toda a realidade; em virtude de sua função catalítica, é a chave para a compreensão da Nous no sentido clássico.

A Nous atraiu a atenção de pensadores pré-socráticos, especialmente de Parmênides e Anaxágoras, juntamente com suas experiências de estrutura inteligível na realidade. Parmênides dera o nome de *nous* à faculdade do homem de ascender à visão do Ser, e o nome de *logos* à faculdade de analisar o conteúdo da visão. Ele concentrou o conteúdo pré-analítico de sua visão na exclamação não proposicional *É!* A experiência foi tão intensa que tendeu à identificação da Nous com o Ser, do *noein* com o *einai* (B3); no rapto da visão, o conhecedor e o conhecido se fundiriam na realidade verdadeira (*aletheia*), apenas para se separarem novamente quando o *logos* se tornasse ativo em explorar a experiência e em encontrar os símbolos linguísticos adequados a essa expressão. Do ímpeto parmenidiano a experiência clássica herdou o dom noético do homem (o *zoon noun echon* aristotélico) que faz de sua psique um *sensorium* da *aitia* divina, assim como a sensibilidade para a consubstancialidade da Nous humana com a *aition* que ela apercebe. Enquanto Parmênides diferenciava a faculdade noética de aperceber o fundamento da existência, Anaxágoras estava preocupado com a experiência de uma estrutura inteligível na realidade. Poderia a *aition* divina, na verdade, ser um dos elementos como pensaram os primeiros pensadores que ainda estavam mais próximos dos deuses do mito, ou não, teriam de ser mais do que um elemento, uma força formativa que poderia impor a estrutura na matéria? Anaxágoras decidiu pela Nous como a fonte de ordem inteligível no cosmos e Aristóteles o louvou muito por essa iluminação. Então, do lado tanto do conhecedor como do conhecido, as experiências de apercepção intelectual e de uma estrutura inteligível por aperceber, tendo tomado seus caminhos separados, estavam prontas agora para se fundirem no descobrimento da psique humana como o *sensorium* da *aition* divina e ao mesmo tempo como o lugar de sua manifestação formativa.

A diferenciação da psique expande a busca do fundamento pela dimensão da consciência crítica. Os símbolos mais compactos do mito ou dos pré-socráticos não podem permanecer indisputados uma vez que a fonte empírica da qual os símbolos derivam sua validade seja reconhecida como os processos experienciais da psique. O homem que faz perguntas, e o fundamento divino acerca do qual as perguntas são feitas, fundir-se-ão na experiência do perguntar como um encontro divino-humano e refundir-se-ão como os participantes no encontro que tem a luminosidade e a estrutura de consciência. Na experiência platônico-aristotélica, a inquietação questionadora carrega a resposta mitigadora dentro de si mesma contanto que o homem seja movido, em sua busca do fundamento, pelo fundamento divino do qual ele está em busca. O fundamento não é uma coisa espacialmente distante, mas uma presença divina que se torna manifesta na experiência de intranquilidade e de desejo de saber. O espantar-se e perguntar é sentido como o começo de um acontecimento teofânico que pode tornar-se totalmente luminoso a si mesmo se encontrar a resposta própria na psique de seres humanos concretos – como acontece nos filósofos clássicos. Daí, a filosofia no sentido clássico não é um corpo de "ideias" ou "opiniões" acerca do fundamento divino dadas por uma pessoa que se chama a si mesma um "filósofo", mas uma busca receptiva que o homem faz de sua inquietação questionadora à fonte divina que a levantou. Esta busca, entretanto, se quiser, na verdade, ser receptiva ao movente divino, exige o esforço de articular a experiência através de símbolos de linguagem apropriados; e este esforço leva a iluminações da estrutura noética da psique.

A consciência da inquietação questionadora num estado de ignorância torna-se luminosa a si mesma como um movimento na psique em direção ao fundamento que está presente na psique como seu movente. A intranquilidade pré-cognitiva torna-se uma consciência cognitiva, uma *noesis*, pretendendo o fundamento como sua *noema*, ou *noeton*; ao mesmo tempo, o desejo (*oregesthai*) de saber torna-se a consciência do fundamento como o objeto do desejo, como o *orekton* (*Metafísica* 1072a266 e seguintes). O fundamento pode ser alcançado neste processo de pensamento e ser reconhecido como o objeto desejado pela ascensão meditativa pela *via negativa*: o fundamento não será encontrado entre as coisas do mundo externo, nem entre os propósitos de ação política e hedonista, mas jaz para além deste mundo. Platão introduziu o símbolo do *Para Além*, o *epekeina*, na linguagem filosófica como o critério do fundamento divino criativo (*República* 508-509); e Aristóteles fala do fundamento como "eterno, imóvel, e separado das coisas de percepção sensível" (*Metafísica* 1073a3-5). Inequivocamente Platão identifica o Um (*to hen*) que está presente como o fundamento em todas as coisas como *sophia kai nous* (Filebo 30c-e); e Aristóteles identifica a atualidade do pensamento (*nou energeia*) como a eternidade divina "pois isso é que Deus é" (*Metafísica* 1072b27-31). O complexo dos símbolos da Nous cobre, então, todos os passos na exegese dos filósofos da tensão do homem em direção ao fundamento de sua existência. Há uma Nous assim humana como divina, significando os polos humano e divino da tensão; há uma *noesis* e um *noeton* para significar os polos do ato cognitivo buscando o fundamento; e há geralmente o verbo *noein* para significar as fases do movimento que leva da inquietação questionadora ao conhecimento do fundamento como a Nous. Embora o emprego tenha certas desvantagens, faz obrigatoriamente familiar a compreensão dos filósofos acerca do processo na alma como uma área distinta de realidade com uma estrutura própria. Esta estrutura pode ser desenrolada ou pela ascensão da intranquilidade existencial no fundo da Caverna até a visão da luz em seu topo, ou pela descida da consciência que se tornou luminosa embaixo: sem a *kinesis* de ser atraído de cima não haveria nenhum desejo de conhecer o fundamento; sem o desejo, nenhum questionamento em confusão; sem o questionamento em confusão, nenhuma consciência de ignorância. Não haveria nenhuma intranquilidade existencial movendo-se para a busca do fundamento, a não ser que a intranquilidade já não fosse o conhecimento do homem de sua existência a partir de um fundamento que não é ele mesmo. Compreende-se que os movimentos do encontro divino-humano formam uma unidade inteligível de significado, noético tanto na substância quanto na estrutura.

Esta é a unidade de significado a que me referi sucintamente como a tensão do homem em direção ao fundamento divino da existência. A *tensão* abstrata (teria de ser o *tasis* grego) não faz parte, entretanto, do vocabulário clássico; quando Platão e Aristóteles falam de movimento divino-humano, preferem os símbolos herdados de seus predecessores na exploração da psique, que denotam vários modos concretos da tensão, tais como *philia, eros, pistis* e *elpis*. Tenho agora de tocar nos problemas da existência do homem como um *zoon noun echon* que precisa dos vários níveis de abstração na análise.

Psicopatologia

A concentração platônico-aristotélica nos modos concretos da tensão é de importância decisiva para a compreensão do símbolo "Nous", porque põe o contexto experiencial em que a diferenciação de Razão ocorre para além de uma dúvida: a Razão é diferenciada como uma estrutura na realidade das experiências de fé e confiança (*pistis*) no cosmos divinamente ordenado, e de amor (*philia, eros*) pela fonte divina de ordem; é diferenciada do *amor Dei* no sentido agostiniano, não do *amor sui*. Então, a realidade expressada pelos símbolos da Nous é a estrutura na psique de um homem que está harmonizado com a ordem divina no cosmos, não de um homem que existe em revolta contra ele; a Razão tem o conteúdo existencial definitivo de abertura para a realidade no sentido em que Bergson fala de *l'âme ouverte*. Se este contexto da análise clássica for ignorado e os símbolos "Nous" e "Razão" forem tratados como se se referissem a alguma faculdade humana independente da tensão para o fundamento, estará perdida a base empírica da qual os símbolos obtêm sua validade; tornam-se resumos de nada, e o vácuo dos pseudorresumos está pronto para ser preenchido com vários conteúdos não racionais. O conceito da "tensão em direção ao fundamento", denotando tanto os modos pré-analíticos como os noéticos da tensão, serve para afastar certas más compreensões da Razão, enfatizando inequivocamente a *philia* existencial como a realidade que se torna noeticamente luminosa na *philosophia* e o *bios theoretikos* dos filósofos clássicos. Diante do colapso da filosofia na sociedade ocidental moderna, a ligação entre Razão e *philia*, entre Razão e abertura para o fundamento, tem de ser tematicamente explícita.

O conceito da tensão, como não deixa dúvida acerca da ligação entre Razão e experiência na abertura ao fundamento, é essencial para compreender a questão fundamental da psicopatologia: se a Razão é *philia* existencial, se é a abertura da existência elevada à consciência, então o fechamento da existência, ou qualquer obstrução à abertura, atingirá adversamente a estrutura racional da psique.

Os fenômenos de desordem existencial pelo fechamento em direção ao fundamento da realidade já fora observado e articulado pelo menos um século antes dos filósofos clássicos. Heráclito distinguira entre os homens que vivem num mesmo mundo comum (*koinos kosmos*) do Logos que é a ligação comum da humanidade (*homologia*) e os homens que vivem nos vários mundos privados (*idios kosmos*) de sua paixão e imaginação, entre os homens que vivem uma vida desperta e os sonâmbulos que tomam seus sonhos por realidade (B 89); e Ésquilo diagnosticara a revolta prometeica contra o fundamento divino como uma doença ou loucura (*nosos, nosema*). Na *República* então, Platão empregou ambos os símbolos, heraclitiano e esquiliano, para caracterizar os estados de harmonização e fechamento para o fundamento como estados de ordem existencial e desordem. Ainda assim, foram necessárias as experiências destruidoras do imperialismo ecumênico e, em seu começo, a desorientação existencial como fenômeno de massa, para deixar que a ligação entre a Razão e a ordem existencial chegasse à fixação conceptual. Apenas os estoicos criaram os termos *oikeiosis* e *allotriosis*, traduzidos pelos latinos como *conciliação* e *alienação*, para distinguir entre os dois estados de existência que respectivamente fazem possível a vida de razão ou condicionam desordens da psique.

Nas *Tusculan Disputations* [Disputas Tusculanas], Cícero trata das formulações estoicas principais:

> Assim como há doenças do corpo, assim há doenças da alma (*morbi animorum*); as doenças são geralmente causadas por uma confusão da alma por opiniões torcidas (*pravarum opinionum conturbatio*), dando ensejo a um estado de corrupção (*corruptio opinionum*); as doenças deste tipo surgem apenas por uma rejeição da Razão (*ex aspernatione rationis*); daí, como distintas das doenças do corpo, as doenças mentais não podem ocorrer nunca sem culpa (*sine culpa*); e já que esta culpa é possível apenas para o homem que tem Razão, as doenças não ocorrem nos animais.[2]

A análise por trás tais fórmulas pode ser compreendida numa passagem de Crisipo: "Esta mudança [da mente] e retraimento de si mesmo não acontece senão pelo desviar-se (*apostrophe*) deliberado do Logos".[3] A *apostrophe* é o movimento oposto em direção à *periagoge* ou *epistrophe* platônica. Ao desviar-se do fundamento, o homem desvia-se de seu próprio eu; então, a alienação é um retraimento da humanidade que é constituída pela tensão em direção ao fundamento.

Ademais, neste contexto aparecem as primeiras tentativas de expressar a experiência de "ansiedade". A *anxietas* de Cícero nas *Tusculan Disputations* é muito incerta em seu significado para ser identificada sem reservas com a *ansiedade* moderna: pode denotar não mais do que um estado da mente devido a medos irracionais.[4] Mas afirmações atribuídas a Crisipo tornam claro

---

[2] *Tusculans Disputations* IV.23-32; Arnim, *Stoicorum Veterum Fragmenta* [Fragmentos dos Velhos Estoicos], III, p. 103-105.

[3] *Stoicorum Veterum Fragmenta*, III, p. 125, 20-21.

[4] *Tusculans Disputations* IV.27; *Stoicorum Veterum Fragmenta*, III, p. 103, 10-17.

que a ansiedade é entendida como uma variedade de ignorância (*agnoia*). Um homem está delirando completamente, diz a passagem em questão, quando é ignorante (*agnoian echon*) de seu ser e do que concerne a ele; esta ignorância é o vício oposto à virtude da iluminação verdadeira (*phronesis*); deve ser caracterizado como o estado existencial em que os desejos se tornam incontroláveis ou incontidos, um estado de incerteza alvoroçada e superexcitação de paixões, um estado de ser medroso ou aterrorizado porque a existência perdeu a direção. A descrição é resumida no termo *agnoia ptoiodes* conforme a "definição" estoica da loucura (*mania*).[5] Ao *zoon noun echon* corresponde, como seu oposto patológico, o *zoon agnoian echon*.

A exploração estoica do contratipo patológico dá maior precisão ao sentido da existência noética. O ponto crítico que deve ser notado é o aparecimento da *agnoia*, da ignorância, como uma característica nos estados tanto de saúde (*sanitas*) quanto de doença (*insania*). A inquietação questionadora, como chamei neutramente a fase inicial da experiência noética, pode ou seguir a atração do fundamento e desenrolar-se em consciência noética, ou pode ser desviada do fundamento e seguir outras atrações. O descarrilamento patológico ocorre então na fase de inquietação questionadora, na atitude do homem para com a estrutura tensional de sua existência, não nos níveis mais altos onde o descarrilamento se torna manifesto em discrepâncias entre uma vida bem ordenada e uma existência desorientada, ou entre articulação racional de realidade e "opiniões divididas" igualmente articuladas, as *pravae opiniones*. Os sintomas manifestos de desorientação atrairão, é claro, atenção principal. Das *Tusculan Disputations* pode-se coligir uma lista de síndromes que soam absolutamente modernas: ganância inquieta, procura de *status*, garanhice, glutonaria, vício de guloseimas e lanches, bebericar habitual de vinho, irascibilidade, ansiedade, desejo de fama, teimosia, rigidez de atitude, e medos tais de contato com outros seres humanos, como a misoginia e a misantropia. Mas uma sintomatologia deste tipo, embora valiosa como tratamento inicial no nível do senso comum, não é, analiticamente, precisa o

---

[5] *Stoicorum Veterum Fragmenta*, III, n. 663.

bastante. Pois não há nada de errado com tais paixões, nem com o usufruto de bens externos e somáticos, nem com prazeres ou excessos ocasionais. A não ser que se desenhem mais claramente as linhas, chegar-se-ia à situação ridicularizada por Horácio na Sátira II.3. Cícero é cuidadoso, portanto, em distinguir entre manifestações agudas de paixão e os hábitos que se tornaram crônicos, como, por exemplo, entre *angor* e *anxietas*, *ira* e *iracundia*; e o hábito tem de ser de tal gravidade que desequilibre a ordem racional de existência, tem de chegar à rejeição da razão, a uma *aspernatio rationis*. Este último critério conecta-se com a preocupação anterior de Crisipo acerca do homem que é impermeável ao argumento porque considera seu deleite como a coisa racional por fazer. O fenômeno de argumento racional em defesa da fuga da existência ordenada noeticamente impressionou tão fortemente Crisipo que ele supôs que o próprio Logos era capaz de corrupção; Posidônio teve de rejeitar a falácia e retornar à força na existência do homem que pode empregar as paixões como meios de fuga da tensão noética e, ao mesmo tempo, a Razão como o meio de justificar a fuga da Razão.[6]

Os estoicos então reconhecem a doença mental como um distúrbio da existência noeticamente ordenada. A doença atinge tanto as paixões quanto a Razão, mas não é causada nem por uma nem por outra; origina-se na inquietação questionadora, *agnoia*, e na liberdade do homem de atualizar o significado da humanidade potencialmente contida na inquietação ou de remendar o significado.

A saúde ou doença da existência se faz sentir na própria tonalidade da inquietação. A inquietação clássica, especialmente a aristotélica, é visivelmente plena de alegria porque o questionamento tem direção; a inquietação é experimentada como o começo do acontecimento teofânico em que a Nous se revela como a força ordenadora divina na psique do questionador e do cosmos em geral; é um convite a perseguir-lhe o significado até a atualização da consciência noética. Não há nenhum termo para *ansiedade*; a tonalidade do estar em pânico ou com medo por uma

---

[6] Para esta controvérsia complicada tecnicamente, *cf.* Max Pohlenz, *Die Stoai* [A Estoá], I, 1971, p. 141-47.

questão a que não se pode encontrar nenhuma resposta está caracteristicamente ausente da experiência clássica; o "pânico" teve de ser introduzido pelos estoicos, como um fenômeno patológico, mediante o adjetivo *ptoiodes*. Na história ocidental moderna de inquietação, ao contrário, do "medo da morte" hobbesiano até o *Angst*[7] de Heidegger, a tonalidade mudou da participação plena de alegria numa teofania para a *agnoia ptoiodes*, para a alienação hostil da realidade que a esconde em vez de revelá-la. Um Hobbes substitui o *summum Bonum* pelo *summum malum* como a força ordenadora da existência humana; um Hegel faz de seu estado de alienação um sistema e convida todos os homens a tornarem-se hegelianos; um Marx rejeita completamente a procura aristotélica do fundamento e vos convida a juntar-vos a ele, como um "homem socialista", em seu estado de alienação; um Freud diagnostica como uma "ilusão", "uma sobrevivência neurótica" e um "infantilismo" a abertura para o fundamento; um Heidegger espera uma "parúsia do Ser" que não vem, reminiscente do *Esperando Godot* de Samuel Beckett; um Sartre sente-se "condenado a ser livre" e agita-se na criação de sentidos substitutivos do sentido que ele perdeu; um Lévi-Strauss vos assegura que não podeis ser cientista a não ser que sejas ateu; o símbolo "estruturalismo" torna-se o lema de um movimento de fuga da estrutura da realidade em moda; e assim por diante.[8]

Entretanto, como mostra esta lista de casos, há mais na matéria do que a mera diferença de tonalidade entre a inquietação clássica e a moderna, pois os representantes da moderna *agnoia ptoiodes* reivindicam agressivamente para sua doença mental o *status* de saúde mental. No moderno clima de opinião, o *zoon agnoian echon* substituiu o *zoon noun echon*. A perversão da Razão, através de sua apropriação pelos casos de doença mental que já tinham preocupado Crisipo, cresceu ao ponto de

---

[7] Medo. (N. T.)

[8] A enumeração refere-se a fontes bem conhecidas: Hobbes, *Leviathan* [Leviatã]; Hegel, *Phäbomenologie* [Fenomenologia]; Marx, *Nationalökonomie und Philosophie* [Economia Nacional e Filosofia] (Paris, 1844); Freud, *Die Zukunft einer Illusion* [O *Futuro de uma Ilusão*]; Heidegger, *Einführung in die Metaphysik* [*Introdução à Metafísica*]; Sartre, *L'Etre et le Néant* [O Ser e o Nada]; Lévi-Strauss, *La Pensée sauvage* [O Pensamento Selvagem].

chegar, no período moderno de desculturação, ao grotesco assassino de nossa época.

Ainda assim, o homem não pode viver apenas de perversão. Paralelamente à culminação do grotesco em Hitler, Stalin, e a orgia da "turba da liberação" depois da Segunda Guerra Mundial, cresceu também a consciência de seu caráter patológico. No século XIX, é verdade, Schelling já cunhara o termo *pneumopatologia* quando teve de lidar com o progressivismo de seu tempo, mas até há pouco seria impraticável tratar as "opiniões" que dominam a cena pública como fenômenos psicopatológicos. Hoje a "falácia reducionista", a criação de "segundas realidades" imaginárias e a função de filosofias da história na criação de uma ilusão de "imortalidade" tornaram-se amplamente conhecidas como sintomas patológicos; um autor como Doderer reconheceu em seu *Daemonen* [Demônios] a *Apperzeptionsverweigerung*, a recusa de aperceber, como a síndrome do *zoon agnoian echon*; e na psicologia existencial, como, por exemplo, na obra de Viktor E. Frankl, a "dimensão noológica" do homem assim como o tratamento de suas doenças pela "logoterapia" foram redescobertos. Não seria surpreendente se, cedo ou tarde, os psicólogos e cientistas sociais descobrissem a análise clássica da existência noética como a base teorética apropriada para a psicopatologia de nossa "era".

Vida e morte

A vida da Razão no sentido clássico é a existência em tensão entre a Vida e a Morte. O conceito da tensão aguçará a consciência deste caráter de Entremeio da existência. Por *Entremeio* traduzo o conceito da *metaxy* desenvolvido por Platão em *O Banquete* e no *Filebo*.

O homem experimenta a si mesmo como tendendo para além de sua imperfeição humana em direção à perfeição do fundamento divino que o move. O homem espiritual, o *daimonios aner*, quando é movido em sua procura do fundamento, move-se em algum lugar entre o conhecimento e a ignorância (*metaxy sophias kai amathias*). "Todo o reino do espiritual (*daimonion*) está, na verdade, a meio caminho entre (*metaxy*) deus e o homem" (*Banquete* 202a). Então, o Entremeio – a *metaxy* – não é um espaço vazio entre os polos da tensão, mas o "reino do espiritual"; é a realidade da "conversa do homem com os deuses" (202-203), a participação mútua (*methexis, metalepsis*) da realidade humana na divina, e da divina na humana. O entremeio simboliza a experiência da busca noética como uma transição da psique da mortalidade para a imortalidade. Na linguagem de Sócrates no *Fedão*, filosofar corretamente é a prática da morte (*melete thanatou*) que deixará a psique, na morte, chegar a seu *status* divino, imortal e sábio na verdade (*alethos*, 81a); na linguagem de Aristóteles, filosofar noeticamente é a prática do imortalizar (*athanatizein*, *Ética a Nicômaco* 1177b33). "Tal vida, entretanto, é mais do que meramente humana; não pode ser vivida pelo homem *qua* homem, mas apenas pela virtude do divino (*theion*) que está nele (...). Se então a Nous é divina comparada com o homem, assim também a vida noética é divina, comparada com a vida humana" (*Ética a Nicômaco*, 1177b27 e seguintes). Por causa da presença divina que dá à intranquilidade sua direção, o revelar-se da consciência noética é experimentado como um processo de imortalização. Com seu descobrimento do homem como o *zoon noun echon*, os filósofos clássicos descobriram que o homem é mais do que um *thnetos*, um mortal: ele é um ser inacabado, movendo-se da imperfeição da morte nesta vida para a perfeição da vida na morte.

Historicamente, a experiência de imortalização no desenrolar da consciência racional foi, e ainda é, o centro tormentoso de mal-entendidos, deturpações falaciosas e ataques furiosos.

Se o homem existe no entremeio, na tensão "entre deus e o homem", qualquer interpretação do homem como uma entidade imanente ao mundo destruirá o significado da existência, porque priva o homem de sua humanidade específica. Os polos da tensão não devem ser hipostasiados em objetos independentes da tensão em que são experimentados como seus polos. As deturpações podem assumir a forma de erros lógicos elementares, como a transformação, previamente rejeitada, do símbolo sumário *zoon noun echon* numa definição de palavra. Ou podem, mais elaboradamente, empregar mal a existência corporal humana para o propósito de reduzir a tensão metaléptica, mediante uma explanação causal, aos estratos orgânicos e inorgânicos do ser em que está fundada. Ou, já que o descobrimento da Nous e a simbolização do entremeio são fatos na história da humanidade, podem psicologizar os símbolos engendrados pela tensão nas projeções de uma psique imanente. Ademais, os autores das deturpações podem tornar explícito seu propósito através de um dos ataques diretos à estrutura noética da existência da qual dei exemplos representativos. Qualquer que seja o grau de elaboração ou consciência de propósito, as deformações do polo humano da tensão numa entidade imanente no mundo são ataques na vida de Razão, uma *aspernatio rationis* no sentido estoico. São fenômenos psicopatológicos. Já que esta classe mais crua de deturpações que dominam o período moderno de ideologização se tornou agora notável, já não é necessário dizer mais nada.

A análise clássica da ordem noética na existência foi mais sutilmente distorcida mediante uma concentração restritiva no conflito entre a Razão e as paixões. A distorção é de duração milenar. Mesmos os estoicos estavam desnorteados quando, em sua tentativa de uma psicopatologia, um excesso de paixão não explicava satisfatoriamente a síndrome de doença mental. Repetir enfadonhamente que as paixões eram a única fonte de desordem poderia levar ao impasse ridículo satirizado por Horácio; e, além disso, nenhum deleite das paixões poderia explicar a rejeição da Razão em nome da Razão que tinha preocupado Crisipo. Havia uma força misteriosa em ação, por trás das paixões, que perturbaria a ordem noética de existência e se tornaria manifesta na *agnoia ptoiodes*. O mistério foi causado, e ainda é, pelo isolamento tanto da Razão quanto das paixões de seu contexto na tensão entre vida e morte. Nas *Leis*, Platão desenvolveu o Mito do Jogador de Marionetes que puxa os bonecos humanos pelos vários cordões de metal, pelo cordão de ouro da Razão e pelos cordões mais baixos das paixões. Podia-se, e ainda se pode, referir-se a este mito para compreender a ação recíproca dos puxões na existência do homem, mas não se deve esquecer o drama cósmico em que ele acontece. O puxão (*helkein*) da Razão e o contrapuxão (*anthelkein*) das paixões são reais o suficiente, mas são movimentos experimentados pela psique em seu estado de sepultamento num corpo mortal. A razão pela qual o homem deve seguir um puxão em vez de outro não será encontrada na "psicodinâmica" do jogo de marionetes, nem em alguns padrões de "moralidade", mas na imortalidade potencial oferecida pela presença divina no entremeio. Na experiência clássica da existência noética, o homem é livre ou para envolver-se na ação de "imortalização", seguindo o puxão da Nous divina, ou para escolher a morte, seguindo o contrapuxão das paixões. A psique do homem é o campo de batalha entre as forças de vida e de morte. A vida não é dada; o Deus das *Leis* pode oferecê-la apenas pela revelação de sua presença; a vida, para ser ganha, exige a cooperação do homem.

A diferenciação da Vida e da Morte como as forças moventes por trás da Razão e das paixões exige refinamentos maiores na análise do entremeio. Platão deu-os no *Filebo*, ao simbolizar o mistério do ser como existência entre (*metaxy*) os polos do Um (*hen*) e do Ilimitado (*apeiron*) (16d-e). O Um é o fundamento (*aitia*) divino que está presente como força formativa em todas as coisas, que deve ser identificado com a sabedoria e com a mente (*sophia kai nous*) (30b-c). O Ilimitado é o Apeiron de Anaximandro, o fundamento (*arche*) cósmico do qual as coisas saem para o ser (*genesis*) e no qual perecem de novo (*phthora*), "pois elas pagam umas às outras a penalidade por sua injustiça (*adikia*) de acordo com a ordem do tempo" (B 1). Por trás das paixões existe em ação a concupiscência do profundo (*i.e.*, a injustiça em que a lei do cosmos estabeleceu a penalidade da morte no Tempo). Na psicologia cristã, esta concupiscência apeirôntica de existência transformou-se na *superbia vitae*, ou *libido dominandi*, que serve para os teólogos como a definição do pecado original. O conflito entre a razão e as paixões recebe então seu caráter específico da participação da psique no entremeio cujos polos são Apeiron e Nous. Na psique do homem, a tensão na realidade obtém o *status* de consciência. As consequências para o significado da existência do homem foram estabelecidas por Platão em *Timeu*:

> Agora, quando um homem abandona a si mesmo a seus desejos (*epithymia*) e ambições (*philonokia*), gozando-os incontinentemente, todos os seu pensamentos (*dogmata*) tornam-se necessariamente mortais, e como consequência ele tem de tornar-se inteiramente mortal, tanto quanto isso seja possível, porque ele alimentou sua parte mortal. Quando, ao contrário, ele cultivou seriamente seu amor ao conhecimento e à sabedoria verdadeira, quando ele exerceu primeiramente sua faculdade de pensar coisas imortais e divinas, ele se tornará – já que dessa maneira ele está tocando a verdade – imortal necessariamente, tanto quanto seja possível para a natureza humana participar na imortalidade (90 a-b).

Todavia, mesmo se um homem "mortaliza", ele não pode escapar de sua existência como um *zoon noun echon*; mesmo se ele rejeita a Razão, a rejeição tem de assumir a forma de Razão ou ele cairá nos humores de melancolia, *taedium vitae*, acédia, e assim por diante; quanto mais intensamente ele cede a sua *libido dominandi* mortalizadora, tanto mais é a morte que trabalha na necessidade de ser traçada na imagem da vida. Daí, uma *aspernatio rationis* radical, inteiramente consciente, como pode ser encontrada nas ideologias modernas, exige uma simbolização igualmente radical como um sistema racional, se possível como um *System der Wissenschaft* no sentido hegeliano. Na verdade, os sistemas radicais modernos, especialmente de história, ajudaram consideravelmente no esclarecimento da questão porque já no século XVIII seu propósito foi explicitamente afirmado e criticado. Em sua preleção sobre *História Universal* (1789), Schiller declarou o propósito de uma filosofia progressivista da história que deveria ser a obtenção da imortalidade do imaginário pela participação no significado do imaginário da história; o significado de uma história universal progredindo em direção a um reino de Razão substituiria o significado da existência que fora perdido com a perda da fé na imortalidade pessoal. Mas cinco anos antes Kant observara que a participação no significado da história não era substituto para o significado da existência pessoal, porque não oferecia nenhuma resposta para o problema da morte pessoal de um homem no tempo.[9] Hoje, quase duzentos anos depois, a observação kantiana se tornou notícia chocante para os marxistas do leste europeu que descobriram que a crença no dogma comunista não é uma grande consolação diante da morte.

Na passagem do *Filebo* há pouco transcrita, Platão articulou as implicações teoréticas da questão mediante a criação de conceitos analíticos que ainda estão em uso, ou antes, em mau uso, hoje. O homem existe na tensão entre a mortalidade e a imortalidade, entre a profundeza apeirôntica e a altitude noética. O Apeiron e a Nous chegam a sua psique e ele participa neles, mas não é idêntico a eles, nem os controla, nem a um nem a outro. Esta área de realidade metaléptica é o domínio próprio do pensamento humano – suas inquirições, aprendizado e ensino (*skopein, manthanein, didaskein*). Mover-se dentro do entremeio, explorando-o em todas as direções e orientando-se na perspectiva dada ao homem por sua posição na realidade, é a tarefa própria do filósofo. Para denotar este movimento de pensamento ou discussão (*logos*) dentro do entremeio, Platão emprega o termo *dialética* (17 a). Já que, no entanto, a consciência do homem é também consciência de participação nos polos da tensão metaléptica (*i.e.* no Apeiron e Nous), e o desejo de conhecer é apto a alcançar os limites de conhecimento participativo, haverá pensadores – "os que são considerados sábios entre os homens de hoje em dia" – que são inclinados a deixar a realidade do Entremeio (*ta mesa*) escapar-lhes (*ekpheugein*) na corrida libidinosa deles em direção à mestria cognitiva sobre o *hen* ou o *apeiron*. Para denotar este tipo de pensamento especulativo, Platão emprega o termo *erística* (17 a).

De novo as deformações radicais modernas da consciência contribuíram substancialmente para a compreensão do problema de Platão, ao dar lições objetivas de "erística". Os fenômenos no entremeio, de uma natureza econômica ou psicológica, são temerariamente fundidos num ato de transgressão libidinosa

---

[9] Schiller, *Was heisst und zu welchem Ende studiert man Universalgeschichte?* [Que Significa e com que Escopo se Estuda a História Universal?] (1789), último parágrafo. Kant, *Idee zu einer allgemeinen Geschichte in weltbürgelicher Absicht* [Ideia para uma História Geral do Ponto de Vista Cosmopolita] (1784).

com a profundeza apeirôntica em tais símbolos como o Ser marxista que determina a Consciência, ou no símbolo freudiano da Libido, com o propósito declarado de mobilizar a autoridade de Aqueronte contra a autoridade da Razão.[10] Como o símbolo desta revolta, além disso, aparece o inconsciente em contextos tão variegados quanto a psicanálise de Freud, o surrealismo de Breton, ou na psicologia de um inconsciente coletivo de Jung que transforma em arquétipos apeirônticos os símbolos encontrados pelo homem para expressar suas experiências no entremeio. Ainda mais instrutivo, entretanto, é Hegel, porque como pensador culto e consciencioso, vê-se obrigado a apoiar sua deformação da experiência noética dos filósofos clássicos com referências específicas. Há um trecho da *Metafísica* de Aristóteles que pode ser mal compreendido se alguém quiser mal compreendê-lo a todo o custo, porque é permeado pela alegria exuberante de tocar, por um momento, a imortalidade divina quando toca (ou apreende, *thigganein*) a Nous divina na participação cognitiva. Hegel coloca este passo (*Metafísica* 1072b18-31) como apêndice à sua *Enciclopédia*, indicando por esta colocação estratégica sua importância central para ele. A sentença crítica na passagem é a seguinte: "O pensamento (*nous*) pensa a si mesmo pela participação (*metalepsis*) no objeto do pensamento (*noeton*); pois ele se torna o objeto de pensamento ao ser tocado (*thigganon*) e pensado (*noon*), de modo que o pensamento (*nous*) e o que é pensado (*noeton*) são o mesmo" (*Metafísica* 1072b-20 e seguintes). Quando lida no contexto aristotélico, a sentença articula a dinâmica da igualdade e da diferença do conhecedor e do conhecido no ato de participação noética, a alegria da igualdade momentânea com o divino, apesar de tudo. Quando lida no contexto da *Enciclopédia*, a sentença expressa os primórdios de uma empresa filosófica que foi levada à sua conclusão exitosa por Hegel. Pois na concepção hegeliana, a filosofia começa como o "amor à sabedoria" no sentido clássico e se move deste estado imperfeito para sua consumação como "conhecimento real" (*wirkliches Wissen*) no sistema. Da participação clássica na Nous divina ele avança, pelo progresso

---

[10] "Flectere si nequeo superos, Acheronta movebo" [Se não posso dobrar os poderes de cima, moverei o Aqueronte; se não posso mover o céu, moverei o submundo] é o moto do *Traumdeutung* de Freud.

dialético do *Geist* na história, até a identificação com a Nous na consciência autorreflexiva. A tensão em direção ao fundamento da existência, considerada por Hegel como um estado de dilaceramento (*Zerrissenheit*) ou alienação (*Entfremdung*), deve ser suplantada por um estado de conciliação (*Versöhnung*) quando o fundamento se tornou encarnado na existência pela interpretação do sistema. O entremeio foi transmutado em imanência. A mágica especulativa (*Zauberworte, Zauberkraft*) pela qual o pensador traz para seu poder o fundamento divino é o que Platão chamou "erística"; Hegel, ao contrário, chama-o "dialética". Então, o significado dos termos foi invertido.

Ademais, sendo um pensador de primeiro plano, Hegel brinca com os símbolos paulinos do pneuma divino e da "profundeza de Deus" (1 Coríntios 2,6-13), usando o mesmo truque da Nous aristotélica. Pondo de novo sua inversão numa posição estratégica, na última página da *Phänomenologie* [Fenomenologia], ele traz o Pneuma divino para dentro do entremeio ao apresentar seu sistema como a revelação exaustiva da profundeza que tinha sido pretendida, mas apenas parcialmente obtida, por Cristo e Paulo.

Com um movimento impetuoso claro ele transfere a autoridade assim da Razão como da revelação para seu sistema e para si mesmo com seu criador. A direção libidinosa nesta revolta egofânica contra a realidade teofânica torna-se manifesta em sua convicção de que sua interpretação do sistema é o equivalente do não combatente à morte do combatente no campo de batalha da revolução; e de seus comentários sobre Napoleão ele até mesmo emerge como o Grande Homem do mundo histórico que deu à Revolução Francesa o sentido que fora malogrado pelo imperador.

O estilo imperial, desenvolvido à perfeição por Hegel, é, em geral, característico da revolta egofânica moderna contra a Razão em suas variedades ideológicas e subvariedades. Para além dos casos individuais de desordem existencial, o estilo torna-se um grotesco público, quando, com o lapso do tempo, a cena social se enche de pequenos imperadores, cada um afirmando ser o possuidor da única verdade; e torna-se letal quando alguns deles se levam a sério a ponto de se envolverem em assassinato em massa de quem quer que deles ouse discordar. Como caso instrutivo em que a transição do imperialismo intelectual para o apoio de assassínio em massa pode ser estudada, em seus pormenores bem fundados, recomendo *Humanisme et Terreur* [Humanismo e Terror], de Maurice Merleau-Ponty (1947). Assegurada pela situação social geral que favorece a expansão do estilo, em vez de seu esquecimento, esta evolução em direção a um fenômeno de massa grotesco e assassino é determinada por sua origem na destruição da vida de razão no entremeio. No caso de Hegel – e não se deve esquecer que apenas um pensador tecnicamente competente, da estatura de Hegel, poderia realizar tal proeza – pode-se observar como a consciência do homem de sua tensão em direção ao fundamento divino é transmogrifada, pela *Zauberworte* do sistema, num processo "dialético", interno a uma "consciência" imaginária que pode ser mantida sob controle pelo pensador especulativo. Já que "a consciência dialética", no entanto, não é a consciência de seres humanos concretos, mas um simbolismo que tem seu *status* na realidade como a fantasia erística de uma psique libidinosamente perturbada, o sistema não tem a autoridade da Razão que ele tentou usurpar. Uma vez que a Nous divina se submeteu à interpretação humana, Deus realmente está morto. O que veio à luz, em vez disso, é o apelo imperial do sistema à *libido dominandi*. Este apelo não se liga a nenhum sistema particular (como, por exemplo, o hegeliano ou o comtiano), mas à forma do sistema como tal à sua flexibilidade eminente. Pois a Razão pode ser eristicamente fundida com qualquer conteúdo mundano, seja ele classe, raça ou nação; uma classe média, a classe trabalhadora, a classe tecnocrática, ou, em suma, o Terceiro Mundo; as paixões de aquisição, poder ou sexo; ou as ciências da física, biologia, sociologia ou psicologia. A lista não pretende ser exaustiva. Pode-se até dizer que o apelo de um sistema particular está menos nos dogmas de seu criador do que na possibilidade de falseá-los, sob o título de "revisão", enquanto se retém o estilo imperial da verdade absoluta.

E, no entanto, há certa ordem que observar neste grotesco libidinoso. Torna-se visível quando a fantasia erística é exposta à pressão da realidade. Já que o significado da existência na tensão noética é o processo de imortalização, a pressão mortalizadora da profundeza apeirôntica torna-se cada vez mais sentida quando a Nous tiver sido deformada com sucesso pela fusão erística. Daí, na assim chamada interpretação moderna da existência, deve-se notar a mudança de acento da exuberante *aspernatio rationis* em nome da Razão que deu ao século XVII seu nome, para a preocupação contemporânea com a existência em nome da Profundeza, Morte e Ansiedade. Ademais, já que a fantasia erística mistura a Razão com um conteúdo mundano, a verdade do sistema se torna questionável quando o conhecimento do conteúdo do mundo avança para além do estado em que o pensador erístico o incorporou à sua interpretação. Daí, os adeptos epigônicos de um sistema desenvolverão a variedade bem conhecida de meios que pretendem proteger os sistemas respectivos contra a fricção inevitável com a realidade. Há o meio há pouco mencionado de "revisão", usado frequentemente para preservar a plausibilidade do sistema, embora possa levar à dissensão entre os simpatizantes e a redefinições irritadas da ortodoxia e dissensão. Há o tabu fundamental sobre questões concernentes às premissas da fusão erística, explicitamente exigido por Marx e conscienciosamente observado pelos seguidores da variedade marxista de erística. Há a tática majestosa de não tomar conhecimento da crítica fatal, e o processo menos majestoso de difamar pessoalmente o crítico. E, finalmente, onde os adeptos de um sistema obtiveram o poder governamental, eles podem resistir à pressão da realidade prendendo ou matando os dissidentes ou, sumariamente, construindo um muro físico ao longo do território sob sua jurisdição.

Tudo isso pode soar óbvio, e de fato é, quanto aos fatos. O que talvez seja menos óbvio é que acabei de descrever o processo social na história de uma doença mental, uma *kinesis* no sentido de Tucídides, sob a ótica das iluminações clássicas acerca da tensão da existência. Quanto a sua natureza e curso, a *kinesis* moderna pode-se tornar inteligível se as categorias desenvolvidas pelos filósofos clássicos e suas análises do entremeio forem usadas; e, inversamente, os fenômenos que podem empiricamente ser observados como os fenômenos de fricção entre uma fantasia erística e a estrutura noética da realidade confirmam a validade da análise clássica.

Apêndice

O desenrolar da consciência noética na psique dos filósofos clássicos não é uma "ideia", ou uma "tradição", mas um acontecimento na história da humanidade. Os símbolos desenvolvidos em seu curso são "verdadeiros" no sentido em que articulam inteligentemente a experiência da intranquilidade existencial no processo de tornar-se cognitivamente luminosa. Embora a análise clássica não seja nem a primeira nem a última simbolização da humanidade do homem à busca de sua relação com o fundamento divino, é primeira na articulação da estrutura da busca em si: da intranquilidade que oferece a resposta à sua pergunta, da Nous divina como o motor da busca, da alegria da participação luminosa quando o homem é influenciado pela teofania, e da existência que se torna cognitivamente luminosa por seu significado como o movimento no entremeio da mortalidade para a imortalidade. A articulação da estrutura teve tanto sucesso na verdade que mesmo a revolta egofânica moderna contra a constituição teofânica da humanidade do homem, se quiser ser inteligível, tem de empregar a linguagem da análise noética, confirmando, assim, a validade da articulação dos filósofos.

Iluminações verdadeiras concernentes à Razão como a força ordenadora na existência certamente foram obtidas, mas tiveram de ser obtidas como a exegese da resistência dos filósofos à desordem pessoal e social da época que ameaçava engolfá-los. Separar a "verdade" da iluminação do esforço de resistência tornaria sem sentido a iluminação na estrutura do Entremeio da existência. A vida da Razão não é um tesouro de informação que deva ser posto de reserva, é a luta no entremeio pela ordem imortalizadora da psique na resistência às forças mortalizadoras da luxúria apeirôntica do ser no Tempo. A existência no Entremeio do divino e humano, da perfeição e da imperfeição, da razão e das paixões, do conhecimento e da ignorância, da imortalidade e da mortalidade não é abolida quando se torna luminosa a si mesma. O que realmente mudou pela diferenciação da Razão foi o nível da consciência crítica concernente à ordem da existência. Os filósofos clássicos estavam conscientes desta mudança como um acontecimento epocal; estavam inteiramente a par das funções educacionais, diagnósticas e terapêuticas de seus descobrimentos; e estabeleceram as bases de uma psicopatologia crítica que foi depois desenvolvida pelos estoicos. Não podiam prever, no entanto, as vicissitudes a que sua proeza seria exposta uma vez que tivessem entrado na história e se tornado um fator integral nas culturas das sociedades helenística, cristã, islâmica e ocidentais modernas. Não podiam prever a incorporação da filosofia em várias teologias reveladoras, nem a transformação da filosofia em metafísica proposicional. E acima de tudo, não podiam prever a separação radical entre o simbolismo noético que tinham criado e o contexto experiencial, de tal modo que o vocabulário filosófico fosse deixado livre para permitir o ataque à Razão com a aparência de Razão. A dinâmica de sua resistência moveu-se da decadência do mito cosmológico e da revolta sofística em direção ao "amor à sabedoria"; não previram um futuro distante em que a revolta egofânica teria pervertido o significado dos símbolos noéticos, a *dégradation des symboles* considerável como chamou Mircea Eliade a este fenômeno moderno, de modo que a dinâmica de resistência teria de mover-se do sistema de pensadores num estado de alienação de novo em direção à consciência noética.

Apresentar as iluminações clássicas como relíquias doxográficas não apenas seria inútil, como lhes destruiria o próprio sentido como a expressão da resistência do homem à desordem mortalizadora da época. Não são as iluminações que devem ser relembradas, mas a resistência contra o "clima de opinião" (Whitehead) deve ser continuada, se se quiser manter realmente viva a vida de Razão. Este ensaio é obviamente um ato de resistência em continuidade ao esforço clássico. As táticas empregadas terão de tornar-se claras. Em primeiro lugar, o contexto experiencial, praticamente esquecido, de que o significado da Razão depende tinha de ser restaurado. Ademais, tanto quanto era isso possível no breve espaço, tentei estabelecer a coerência interna de análises que, nas fontes, estão espalhadas num vasto corpo de literatura. Da base da experiência restaurada, então, era impossível estender-se na psicopatologia de alienação e da *aspernatio rationis*. E desta base ampliada pela análise estoica, finalmente, era impossível caracterizar a revolta moderna contra a Razão assim como o fenômeno do sistema. Nesta caracterização crítica, entretanto, tive de concentrar-me seletivamente em casos flagrantes; não se tornou totalmente visível a importância geral da análise clássica como um instrumento de crítica. Será conveniente, portanto, apresentar um diagrama dos pontos que considerar em qualquer estudo das coisas humanas, da *peri ta anthropina* no sentido aristotélico.

	Pessoa	Sociedade	História
Nous Divina			
Psique – Noética			
Psique – Paixões			
Natureza animal			
Natureza vegetativa			
Natureza inorgânica			
Apeiron – Profundidade			

A coluna vertical da esquerda lista os níveis na hierarquia do ser desde a *nous* até o *apeiron*. O homem participa em todos eles; sua natureza é um epítome da hierarquia do ser. A flecha apontando para baixo indica a ordem de formação do topo para a base. A flecha apontando para cima indica a ordem de fundamento da base para o topo.

A coluna horizontal do topo lista as dimensões da existência humana como uma pessoa na sociedade e na história. A flecha apontando para a direita indica a ordem de fundamento.

Princípio de completude: Uma filosofia *peri ta anthropina* tem de cobrir a grade determinada pelas duas coordenadas. Nenhuma parte da grade deve ser hipostasiada numa entidade autônoma, negligenciando o contexto.

Princípio de formação e fundamento: As ordens de formação e de fundamento não devem ser invertidas, ou, de outra maneira, distorcidas, como por sua transformação numa causalidade, trabalhando do topo ou da base. Especificamente, todas as construções de fenômenos de um nível mais elevado como epifenômenos de processos num nível mais baixo, as assim chamadas falácias redutoras, são excluídas como falsas. Essa regra, entretanto, não atinge a causalidade condicionante que é a própria essência do fundamento. Nem são permitidas inversões da ordem de fundamento na coluna horizontal. Especificamente, todas as "filosofias da história" que hipostasiam a sociedade ou a história como absolutas, eclipsando a existência e seu significado, são excluídas como falsas.

Princípio de realidade do entremeio: A realidade determinada pelas coordenadas é a realidade de Entremeio, inteligível como tal pela consciência da Nous e do Apeiron como seus polos limitantes. Todas as "fantasias erísticas" que tentam converter os limites do entremeio, seja altura noética, seja profundeza apeirôntica, num fenômeno dentro do entremeio, devem ser excluídas como falsas. Essa regra não atinge simbolismos genuinamente escatológicos ou apocalípticos que expressam imaginativamente a experiência de um movimento dentro da realidade em direção a um além do entremeio, como as experiências de mortalidade e imortalidade.

O diagrama se mostrou de valor particular para os estudantes porque lhes oferece um corpo mínimo de critério objetivo para o "verdadeiro" e o "falso" em sua luta com a correnteza da literatura de opinião contemporânea. Com a ajuda do diagrama é possível classificar proposições teoreticamente falsas ao se lhes assinalar o lugar na grade. De vez em quando, torna-se um jogo emocionante para os estudantes colocar as ideias que gozam da popularidade do momento em um dos 21 quadrados. Para além de sua função como uma ajuda técnica em dominar os fenômenos contemporâneos de desordem intelectual, o diagrama teve o efeito psicológico importante de superar a sensação de desorientação e perda dos estudantes na correnteza incontrolável de opiniões falsas que os pressiona todos os dias.

11. Resposta ao artigo "Uma nova história e um Deus novo, mas antigo?", do Professor Altizer[1]

Prezado Professor Hart:

O Professor Altizer foi muito gentil em enviar-me seu ensaio-recensão de *A Era Ecumênica*. Em minha resposta extensa a sua cortesia, agradeci a ele pelo seu estudo de minha obra e tentei esclarecer alguns temas que pareciam preocupá-lo. Quando ele te comunicou esta carta, os três temas levantados nela te pareceram de interesse suficiente para publicares minha resposta com a recensão, contanto que minhas breves indicações dos problemas fossem elaboradas, de algum modo, mas não muito, que se

---

[1] Do *Journal of the American Academy of Religion*, XLIII, 19750, p. 765-72. Reimpresso com permissão da American Academy of Religion and Scholar Press. *Nota do editor do Journal of the American Academy of Religion:* O Professor Voegelin acedeu afavelmente a meu pedido para que respondesse publicamente ao ensaio-recensão de Thomas J. J. Altizer, que aparecera nessa edição do *JAAR*. A meu ver, a obra monumental do Professor Voegelin não recebeu na América do Norte a atenção que certamente merece, sobretudo entre eruditos de religião(ões). Minha solicitação do ensaio do Professor Altizer e a resposta do Professor Voegelin a ele representa um primeiro passo para remediar essa situação. No futuro, *JAAR* dedicará alguns de seus espaços de recensão a obras e autores cujo significado para os estudos religiosos, por quaisquer razões, só recentemente surgiram. E, como no caso presente, não seremos enfadonhos quanto ao formato. O Professor Voegelin queria que sua comunicação com os leitores de *JAAR* tivesse o formato de uma carta. Precisa ser justificada tão venerável forma a eruditos da religião? – Ray L. Hart.

tornassem inteligíveis a um círculo maior de leitores. A fim de cumprir tal condição, concordamos na forma de uma carta a ti que, na verdade, não faz mais do que explicar minuciosamente indicações indiretas que não precisam de explicação minuciosa numa correspondência privada entre eruditos que se conhecem bem. Bem, eis aqui a carta.

O primeiro dos temas surge do conflito entre a perspicácia admirável de Altizer em discernir o objeto de meu estudo e a dificuldade que ele experimenta em relacioná-lo "à linguagem comum" da teologia e da filosofia. Caracteriza meu estilo como provocador "pois é claro e obscuro ao mesmo tempo, e sua clareza é indistinguível de sua obscuridade"; "estou escrevendo de tal maneira", diz ele, "que torna virtualmente uma impossibilidade qualquer exegese teológica de minha obra, embora não se possa negar que 'minha busca principal seja a de desvelar a identidade de Deus'"; atribui este caráter de minha linguagem ao fato de o atual objeto de meu estudo ser "um mistério"; e supõe um conflito entre minha inquirição no "mistério" e a Cristandade da igreja. Vai adiante a ponto de encontrar implícita em meu estudo a crença de "que a falha principal da Cristandade é sua má identificação e má interpretação de Cristo".

Deixa-me repetir minha admiração pela perspicácia de Altizer em discernir os temas, ante de eu fazer os reparos que julgo necessários.

Estou empregando a linguagem neutra de temas levantados por meu estudo, porque não sou um ativista teórico que os levanta galhofeiramente; ao contrário, sou forçado a levantá-los pelo estudo amplo das fontes oferecidas pelas ciências históricas. Estou, na verdade, tentando "identificar" (embora não o considere a *mot juste*) o Deus que se revela, não apenas nos profetas, em Cristo e nos apóstolos, mas onde quer que sua realidade seja experienciada como presente no cosmos e na alma do homem. Já não se pode empregar a distinção medieval entre a revelação sobrenatural e a razão natural do filósofo quando quaisquer textos atestarão a consciência reveladora dos poetas gregos e dos filósofos; não se pode deixar a revelação começar com as experiências israelita e cristã quando o mistério da presença divina na realidade é atestado como experienciado pelo homem, remontando-se a *ca.* 20.000 a.C., pelos símbolos petroglíficos do paleolítico. Na verdade, o alargamento moderno do horizonte ecumênico à globalidade, e do horizonte temporal pelos milênios arqueológicos, tornou inelutável uma revisão da "linguagem comum" tradicional.

É necessária a revisão. Mas não acredito que a relutância contemporânea em enfrentar este problema possa, sem reparos cuidadosos, ser imputada à "cristandade" como uma culpa. O Professor Altizer, se o entendo corretamente, identifica "Cristandade" com o dogma cristão e está, portanto, inclinado a atribuir à minha busca do "mistério" uma originalidade que tenho de modestamente declinar. Sempre houve pensadores cristãos que reconheceram a diferença entre as experiências de realidade divina e a transformação das iluminações engendradas pela experiência em proposições doutrinais. A tensão entre *theologia mystica* e *theologia dogmatica* remonta aos *patres*. Domina a obra de Orígenes; e sua dinâmica é a força vivente em sucessores tão notáveis quanto Agostinho, Pseudo-Dionísio, Scotus Erígena, Anselmo de Cantuária e os místicos do século XIV. É definitivamente uma tensão intracristã.

Quanto a meu vocabulário, estou muito consciente de não fiar-me na linguagem de doutrina, mas estou igualmente consciente de não ir além da órbita da Cristandade quando prefiro a realidade divina do símbolo experiencial ao Deus do Credo, pois *a realidade divina* traduz o *theotes* de Colossenses 2,9. O *theotes*, um neologismo na época, é um símbolo que surge da exegese experiencial; seu grau de generalidade é tão alto que pode ser aplicado, não apenas à experiência específica da realidade divina que se torna encarnada em Cristo e nos crentes cristãos (o experienciado analisado em Colossenses 2), mas a toda instância de *theotes* experienciada como presente no homem e formando sua iluminação em sua natureza e sua relação com o fundamento divino de sua existência. Ademais, estou muito a par de que minha inquirição na história da experiência e simbolização generaliza a *fides quarens intellectum* anselmiana a tal ponto que inclui cada *fides*, não apenas a cristã, na busca de compreensão pela razão. Mesmo esta expansão da *fides*, entretanto, a cada uma das experiências da realidade divina em que a história constitui a si mesma não se pode dizer que vai além da "cristandade". Pois é o Cristo do Evangelho de João que diz de si mesmo: "antes que Abraão fosse feito, sou eu" (8,58); e é Tomas de Aquino que considera o Cristo como cabeça do *corpus mysticum* que abrange não apenas cristãos, mas toda a humanidade desde a criação do mundo até seu fim. Na prática, isso significa que se tem de reconhecer, e tornar inteligível, a presença de Cristo num hino babilônico, ou numa especulação taoísta, ou num diálogo platônico, assim como num Evangelho. Não posso admitir, portanto, um conflito com a "cristandade"; posso reconhecer apenas que a declaração tomásica, incluída como doutrina aceita no *Enchiridion* de Denzinger, pouco repercutiu entre teólogos e filósofos em suas obras sobre o processo de experiências reveladoras na história.

Tendo trazido à atenção um grande leque de pensamento cristão, posso agora concordar calorosamente com o Professor Altizer em sua atribuição de culpa à "Cristandade". É culpa dos pensadores cristãos e líderes da igreja terem deixado o dogma na consciência pública da civilização ocidental separar-se da experiência do "mistério" do qual depende a verdade dele. O dogma desenvolve-se como uma proteção social e culturalmente necessária de iluminações obtidas experiencialmente contra proposições falsas; seu desenvolvimento é secundário à verdade da experiência. Se sua verdade é fingida como autônoma, sua validade será atacada em qualquer situação de crise social, quando a alienação se torna um fenômeno de massa; o dogma será então confundido com uma "opinião" em que se pode ou não acreditar, e a ele se oporão as contraopiniões que dogmatizam a experiência da existência alienada. O desenvolvimento de uma concepção nominalista e fideísta de cristandade é o desastre cultural, com suas origens na Baixa Idade Média, que provoca a reação da existência alienada na forma dogmática das ideologias, nos século XVIII e XIX. O resultado é o estado de desculturação com o qual todos nós estamos familiarizados em nossas conversas diárias com alunos que são pegos na confusão intelectual de um debate que prossegue, não por recurso à experiência, mas pela posição e contraposição de opiniões. Uma vez que a verdade degenerou ao nível de doutrina verdadeira, o retorno da ortodoxia para o "mistério" é um processo que parece exigir tantos séculos de esforço quantos passaram até a destruição da cultura intelectual e espiritual.

O segundo tema surge da acusação do Professor Altizer de que estou "atacando" Hegel e interpretando-o de uma maneira "absurda e grotesca", embora eu seja de fato seu herdeiro. A acusação culmina na sugestão de que "O ódio de Voegelin a Hegel é uma tentativa de assassínio edípico de seu pai".

De novo tenho de admirar a sensibilidade de Altizer para os problemas de meu estudo antes de envolver-me em algumas emendas.

Acima de tudo, eu não "ataco" Hegel, mas submeto filológica e teoreticamente passagens-chave de sua obra ao mesmo tipo de análise a que submeto a obra de outros pensadores. Se o resultado é menos positivo do que no caso de meus estudos de Ésquilo ou Heráclito, aos quais Altizer elogia por sua força, pode-se, talvez, considerar a possibilidade de que a diferença de estatura espiritual entre os pensadores mencionados tenha alguma relação com a matéria. Quando li o acesso de Altizer, lembrei-me de acusações similares por ocasião de minhas várias análises das ideias marxistas; quando meu volume recente *From Enlightenment to Revolution* [Do Iluminismo à Revolução] foi lançado, fui mesmo acusado de falsificar as citações de Marx[2]. A *Ich-Philosophie*[3] alemã, e o prestígio de Hegel e Marx, tornaram-se a tal ponto parte do "clima de opinião", para usar o termo de Whitehead, que a mera confrontação com os textos, assim como seu tratamento por métodos comuns de análise, causarão supresa e ferirão sensibilidades de todos os tipos. Numa recente recensão de *A Era Ecumênica*, por exemplo, fui repreendido por meu viés alemão, causado por minhas origens alemãs, ao atribuir a Hegel tal lugar proeminente entre os filósofos modernos. Bem, tem-se de aguentar isso, mesmo se algumas vezes com um suspiro em vez de um esgar. Mas agora deixa-me retornar das opiniões para a realidade.

---

[2] Em edição brasileira: *História das Ideias Políticas*, vol. VIII, *A Crise e o Apocalipse do Homem*. Trad. Elpídio Mário Dantas Fonseca. São Paulo, É Realizações, 2018. (N. E.)

[3] Filosofia do eu. (N. T.)

Há uma anedota de minha relação com Hegel: por um longo tempo, diligentemente evitei uma crítica séria a Hegel em minha obra publicada, porque eu simplesmente não conseguia entendê-lo. Sabia que algo estava errado, mas não sabia o quê. Eis ali um pensador a quem eu admirava pela perspicácia de seu estudo sobre o Projeto de Reforma Inglesa de 1831 e por suas qualidades de homem alemão de letras, que ele mostrava em seu ensaio-recensão de *Hamanns Schriften*[4] (1828), como pensador a quem consultava a cada passo em minha própria obra por causa do vasto conhecimento histórico dele e de seu intelecto poderoso, e que, ao mesmo tempo, confundia todos os meus esforços de seguir o processo de pensamento de sua dialética ou de entender as premissas experienciais de seu sistema.

O primeiro alívio neste estado frustrante veio pelo meu estudo de gnosticismo e pelo descobrimento de que Hegel era considerado por seus contemporâneos um pensador gnóstico. A *Christliche Gnosis*[5] (1835), de Baur, mostrou-se de ajuda considerável neste estágio. Fiquei a par ao menos da declaração explícita de Hegel de que ele queria avançar para além da filosofia, para além do mero amor à sabedoria, em direção ao conhecimento real, uma passagem que eu lera muitas vezes na *Phänomenologie* sem compreender-lhe a importância. O descobrimento do componente gnóstico, entretanto, não dissolveu tudo o que estava obscuro para mim no pensamento de Hegel. Eu tinha ainda de ficar a par das origens de sua dialética no neoplatonismo, e especialmente na dialética triádica de Proclo, assim como da autointerpretação hegeliana de sua obra como uma realização das intenções proclianas na *Geschichte der Philosophie*.[6] Na busca posterior deste fator, o artigo de Diderot sobre *eclectisme* na *Encyclopédie Française* mostrou-se muito útil para a compreensão da conexão entre o neoplatonismo e o enciclopedismo; a *Encyclopaedie* de Hegel perdeu muito de sua estranheza como obra de pensamento moderno quando pôde ser posta em sucessão ao enciclopedismo neoplatônico dos filósofos do

---

[4] Escritos de Hamann. (N. T.)
[5] Gnose cristã. (N. T.)
[6] História da filosofia. (N. T.)

Iluminismo. Um terceiro descobrimento foi a autodeclaração de Hegel da *Phänomenologie* como uma obra de mágica. Como no caso do gnosticismo, eu lera muitas vezes as passagens sobre "palavras mágicas" e a "força mágica" na *Phänomenologie* sem me dar conta de suas implicações, embora eu devesse ter-me lembrado do aviso de Jacob Boehme, em seu *Mysterium Magnum*, precisamente contra o tipo de *magia* que Hegel buscava. A nova consciência foi estimulada, e materialmente apoiada, por um estudo mais aprofundado da *Introdução* de Kojève. Os resultados de minha inquirição sobre a mágica de Hegel, seus princípios e técnicas, eu os publiquei em meu ensaio "De Hegel: um estudo de feitiçaria" (1971). Deveria, talvez, acrescentar que descobri que a definição de Malinowski de mágica, desenvolvida para o caso dos ilhéus de Trobriand, também era adequada para o caso da *Zauberei* neoplatônica de Hegel.

Desde a publicação desse ensaio, as coisas começaram a entrar nos eixos. Graças à obra de Frances Yates sobre *Giordano Bruno* (1964), posso agora relacionar a mágica hegeliana com os neoplatônicos do século XV. A formulação de Marsílio Ficino, na introdução a sua tradução do *Corpus Hermeticum*, de que a Mente Divina "pode brilhar em nossa mente e podemos contemplar a ordem de todas as coisas como elas existem em Deus" chega tão perto da declaração de Hegel em sua *Logik* como escrita desde a posição do Logos perante a criação da natureza e a mente do homem como ela pode vir sem serem idênticos. A obtenção deste conhecimento é para os neoplatônicos a base para operações mágicas sobre a realidade, e especialmente sobre o futuro da humanidade na história. O programa hegeliano de mágica, eu diria agora, pertence à história contínua do hermetismo moderno desde o século XV. Festugière, por falar nisso, em seu *Hermès Trismégiste*, classificou o hermetismo como a variedade otimista do gnosticismo.

Um horizonte ainda mais amplo se abre com *The Forge and the Crucible: The Origin and Structure of Alchemy* [A Forja e o Cadinho: A Origem e Estrutura da Alquimia] (1956; edição inglesa de 1971, brochura) de Mircea Eliade. Com seu vasto conhecimento empírico como fundamento, ele assina à alquimia o lugar dela numa história da crença humana em sua habilidade de transformar magicamente a realidade que se estende desde os metalúrgicos do neolítico até os ideólogos dos séculos XIX e XX A.D. A fim de esclarecer um ponto que não me parece suficientemente claro na obra de Eliade, quero enfatizar que o crescimento de uma ciência natural não mágica nos séculos modernos atingiu as áreas da ciência em que as crenças alquímicas são ainda socialmente lícitas. Em nosso mundo contemporâneo, a mágica alquímica é primordialmente encontrada entre ideólogos que infestam as ciências sociais com seus esforços de transformar o homem, a sociedade e a história. Esta afirmação, entretanto, não pretende detrair a observação de Eliade de que os conceitos alquímicos sobrevivem também na inspiração das ciências naturais, reconhecíveis em fenômenos tais como os sonhos tecnológicos de um novo mundo, ou nos sonhos biológicos de produzir um homúnculo.

No presente contexto, não posso desenvolver essas indicações. É suficiente afirmar-lhes a implicação óbvia: a desordem contemporânea, ao contrário, aparecerá a uma nova luz quando deixarmos o "clima de opinião" e, adotando a perspectiva das ciências históricas, reconhecermos que os problemas da "modernidade" são causados pela predominância de conceitos gnósticos, herméticos e alquímicos, assim como pela mágica da violência como meio de transformação da realidade.

Resta ainda a tarefa de determinar com precisão o ponto em que Hegel errou. Qual é exatamente a desordem de existência que move um pensador, indubitavelmente de primeiro plano, como Hegel, a tornar-se um mágico? De novo posso louvar-me na astúcia filosófica do Professor Altizer, que viu a questão crucial. Imediatamente antes do passo sobre "assassínio edípico" que cometi, ele a formula sucintamente pela acusação crítica de que eu considero o *Geist* de Hegel simplesmente o seu ego. "Mas isto", continua Altizer, "é uma interpretação absurda e grotesca. Poder-se-ia dizer tão facilmente o mesmo acerca da *Nous* de Aristóteles". Está certo o Professor Altizer, poder-se-ia mesmo fazer isso. E de fato foi feito, muito facilmente, mas não por mim, mas pelo próprio Hegel. A autodeclaração de Hegel de seu sistema de ciência como a realização final da intenção noética de Aristóteles é o grande golpe no final da *Encyclopaedie*. O último parágrafo da exposição dialética de Hegel é seguido pela citação da *Metafísica* XII.7 de Aristóteles, que supostamente mostra a igualdade de intenção noética nas duas obras, ao confrontar o leitor que acabou de ler a *Encyclopaedie* com a ainda imperfeita identificação aristotélica da *nous* divina com a humana. De minha parte, considero a confrontação um fiasco. A suposição de Hegel concernente ao significado da passagem é uma incompreensão grosseira, pelas razões que dei alhures. Ainda assim, a confrontação é de importância, porque indica a desordem espiritual que induziu a ela.

No cerne das dificuldades de Hegel está a deturpação da relação entre Ser e Pensamento, de que ele precisa para sua deturpação de "Cristandade", de que ele precisa para sua deturpação da história, de que ele precisa se quer colocar-se no clímax da história como o Logos inteiramente revelado e revelante que completa a revelação que foi deixada incompleta pelo Logos que foi Cristo. Uma vez que Hegel é um pensador consciencioso, ele afirma cuidadosamente o princípio que permeia as séries de deturpações. Em sua *Geschichte der Philosophie* [História da Filosofia], chama-o "o princípio protestante" de realocar o intelecto divino na mente do homem, de modo que "se possa ver, conhecer e sentir na própria consciência tudo o que antes estava para além dela" (citado em *A Era Ecumênica*, p. 237).

O princípio não está de todo errado. Sua parte inegável é o esforço de Hegel de livrar-se do Para Além hipostático de um Deus puramente doutrinal, de modo que o pobre de espírito possa retornar ao "mistério" da realidade divina experienciada como presente no "coração" do homem, *i.e.*, em sua existência concreta como ser humano. Para Hegel, Cristo é a imagem da "identidade do *Geist* com Deus para o coração"; mas ele é ima imagem dada no nível de uma percepção (*Anschauung*). Desta imagem da identidade de Deus com o homem, entretanto, do simbolismo do Filho, o homem tem de avançar para a autoconsciência do Espírito que internalizará a imagem na concretude de sua existência. Mas da velha Cristandade do Filho até a nova Cristandade do Espírito, "há um longo caminho". Pois o homem tem de perceber que "o Ser absoluto" não é um "além de consciência finita". Ele tem de abandonar a distinção hipostática entre um Ser infinito e um homem finito, de forma que possa conhecer que tanto Deus quanto o homem têm a mesma natureza do *Ich*[7] autoconsciente. Ontologicamente, não há um Deus separado, mas apenas "o Ser absoluto, *i.e.*, *Ich=Ich*, autoconsciência pensante"; nem há um homem separado, mas apenas o "*Ich*, *i.e.*, todos os que pensam" como um "momento" na existência do Ser absoluto. Por mais repulsiva que esta linguagem construtivista possa parecer, e por mais intraduzível na linguagem da experiência comum, não pode haver dúvida acerca do esforço honesto de Hegel de restabelecer uma compreensão da existência do homem no Entremeio divino-humano, no entremeio no sentido platônico. Ademais, na interpretação do "Ser absoluto" (*das absolute Wesen*), pode-se discernir a experiência da realidade que compreende tanto Deus quanto a criação, a experiência do Todo cósmico como um processo em que ocorre o subprocesso da realidade que se torna luminosa a si mesma no Entremeio da consciência. Com tão grande bloco de experiência sólida por reconhecer, qual é então o defeito de pensamento que leva à sua deformação na interpretação estranha do Todo cósmico como o *Ich=Ich*?

O defeito é a transformação mágica da *fides quarens intellectum*, que pertence à realidade de Entremeio de existência num processo de pensamento que pode penetrar a realidade compreensiva do Todo cósmico. A luminosidade da consciência é expandida para uma luminosidade do Todo em que ocorre; e, a fim de tornar defensável esta expansão, o Todo tem de ser construído como consciência, como o *Ich=Ich*, no sentido hegeliano. Através desta expansão mágica da consciência, a ordem do Todo se torna uma realidade conhecível e manejável no "coração do homem", "em cada homem que pensa", no caso concreto na consciência de Hegel. O mistério da presença divina experienciado na realidade transformou-se no domínio de conhecimento real concernente ao Todo que compreende tanto Deus quanto o homem. A filosofia, a busca amorosa da *sophon* divina, chegou a seu fim no conhecimento absoluto do sistema de Hegel.

---

[7] Eu. (N. T.)

A expansão transformadora da consciência é proibida, porque ignora os limites estabelecidos pela estrutura da realidade a qualquer "procura de compreensão". Em seu *Proslogion*, Anselmo de Cantuária tomou conhecimento deste limite e o explorou. Na primeira parte de sua obra, ele leva a procura até o limite do argumento que mais tarde veio a ser chamado de a prova ontológica da existência de Deus. Na segunda parte, no *Proslogion* XIV, ele reconhece que o Deus encontrado pela verdade da razão não é ainda o Deus a quem o buscador experiencia como presente na formação e reformação de sua existência. Ele reza a Deus: "Dize a minha alma desejosa o que és além do que ela viu, que ela possa ver claramente o que deseja". E no *Proslogion* XV ele formula a questão estrutural com exatidão clássica: "Ó Senhor, és não apenas aquilo de que não se pode conceber algo maior, mas és também maior do que pode ser concebido". Este é o limite de concepção desconsiderado por Hegel. Deve-se notar que na seção sobre Anselmo de Cantuária, em sua *Geschichte der Philosophie*, Hegel trata considerável e competentemente da prova ontológica, mas não menciona a segunda parte do *Proslogion* com sua exploração analógica da luz divina para além da razão humana. Esta negligência, entretanto, não pode ser imputada como culpa exclusiva de Hegel, pois, a seu tempo, a concentração nos méritos silogísticos e deméritos da prova ontológica, negligenciando o mistério divino para além da razão, já se tinha tornado prática padrão entre pensadores ocidentais. Colocado neste pano de fundo, dever-se-ia, ao contrário, reconhecer a percepção filosófica de Hegel que o moveu a reconhecer a questão, deformando-a. Em nosso tempo, esta destruição bárbara das estruturas espirituais e intelectuais está em processo de reparação. Menciono apenas o bom estudo sobre *Fides Quaerens Intellectum* (1931) de Karl Barth, que preparou o autor para a revisão de sua *Dogmatik*. Esta atenção renovada atribuída por um importante teólogo protestante ao equilíbrio de Anselmo entre o mistério e a razão poderia também provocar alguma reconsideração sobre se o princípio hegeliano é tão "protestante" quanto ele pensava ser.

A destruição da estrutura fundamental do conhecimento e da verdade invalida o sistema de Hegel como uma obra de filosofia, mas não invalida a imensa gama de materiais históricos e problemas teoréticos abrangidos por sua mente verdadeiramente imperial. O grande representante do pensamento mágico moderno não pode ser desprezado. Mas já que ele não pode ser desprezado, não se permite desprezar a maneira em que sua mágica atinge sua linguagem e seu emprego. Quando ultrapassa a barreira da razão, o pensador pode dar aos resultados mágicos de sua expansão de consciência uma aparência de racionalidade somente se jogar o mágico jogo de confiança com a linguagem comum. Analisei um exemplo representativo, o caso do jogo de Hegel com os termos *Geist* e *Wesen*, em *A Era Ecumênica*, p. 334 e seguintes. Como este tipo de jogo de confiança se tornou um fenômeno todo permeante em nosso "clima de opinião", a análise dos truques em que um mágico brinca com a linguagem não é um "ataque" arbitrário a ninguém, mas o dever do filósofo, se quiser compreender a desordem contemporânea, e do educador, se quiser ajudar os jovens na miséria espiritual e intelectual causada pela exposição deles à pressão formidável desses jogos de confiança no ambiente deles.

Posso ser breve no terceiro tema. Foi levantado, pela observação do Professor Altizer, que negligencio o pensamento e a ciência do século XX. Se esta observação está ou não correta depende de que tipo de pensamento e ciência são considerados representativos de nossos tempos. Considero representativo, ao lado do trabalho em física teórica, o trabalho magnífico dos historiadores. Eles trouxeram à luz o pano de fundo da modernidade no gnosticismo, hermetismo, alquimia e mágica; restauraram nosso conhecimento da filosofia antiga e medieval; ofereceram-nos uma base sólida para nossa compreensão das experiências israelito-judaico-cristãs; estenderam nosso conhecimento até as sociedades indiana, chinesa, pré-colombianas e africanas; e expandiram nosso horizonte histórico até milênios pré-históricos. Esta imensa quantidade de conhecimento histórico acumulado tem agora o efeito histórico de deixar os sistemas ideológicos dos séculos XVIII e XIX, para não dizer nada de seu rescaldo epigônico, aparecerem como interpretações obsoletas e lamentavelmente inadequadas da realidade, por razões assim empíricas como teoréticas. Por outro lado, o Professor Altizer estaria certo se quisesse observar que o avanço maravilhoso da ciência que caracteriza o século XX ainda não atingiu o notório "clima de opinião" que domina o debate público. Mas não acredito que o fim do mundo tenha chegado se não chegarem ao fim os ideólogos que o projetaram. O mundo prosseguirá, e a restauração da cultura intelectual e espiritual nas ciências atingirá, afinal, um clima ideológico que hoje se tornou um força reacionária. Ajudar neste processo é um dos motivos de minha obra.

Em conclusão desta longa carta, deixa-me agradecer ao Professor Altizer ainda uma vez pela recensão simpática e generosa que provocou minha resposta, e a ti, meu querido Professor Hart, por esta oportunidade de desenvolver a resposta para um público maior.

Com minhas mais calorosas recomendações,
Sinceramente,
Eric Voegelin

12. Lembrança de coisas passadas[1]

Em 1943 cheguei a um beco sem saída em minha tentativa de encontrar uma teoria do homem, da sociedade e da história que me permitiria uma interpretação adequada dos fenômenos em meu campo de estudos escolhido. A análise dos movimentos de comunismo, fascismo, nacional-socialismo e racismo, de constitucionalismo, liberalismo e autoritarismo tinha tornado claro, para além de qualquer dúvida, que o centro de uma filosofia política tinha de ser uma teoria da consciência: mas as instituições acadêmicas do mundo ocidental, as várias escolas de filosofia, a variedade riquíssima de metodologias, não ofereciam os instrumentos intelectuais que fariam inteligíveis os acontecimentos e movimentos políticos.

Esta falha curiosa das filosofias escolares diante da realidade política esmagadora atraíra minha atenção desde quando, nos anos de 1920, eu era um aluno de graduação. A falha era curiosa porque assumia a forma não de uma falta, mas de uma superabundância de teorias de consciência e metodologias das ciências. E eu tinha de trabalhar sem parar com muitas delas como parte de meu treinamento formal, tais como o neokantismo da escola de Marburg; a filosofia do valor, da escola do sudeste alemão; a ciência livre de valores, de Max Weber; o positivismo da escola vienense, de Wittgenstein e de Bertrand Russell; o positivismo

---

[1] De Eric Voegelin, *Anamnesis*. Trad. e ed. Gerhart Niemeyer. Notre Dame, Ind: University of Notre Dame Press, 1978, p. 3-13. Reimpresso com permissão.

legal da teoria pura do direito de Kelsen; a fenomenologia de Husserl; e, claro, Marx e Freud. Mas, durante minhas leituras de história das ideias, tive de levantar a questão: por que pensadores importantes como Comte e Marx se recusam a aperceber o que eles percebem muito bem? Por que proíbem eles expressamente que alguém faça perguntas concernentes a setores de realidade que eles excluíram de seu horizonte pessoal? Por que eles querem aprisionar-se em seu horizonte restrito e dogmatizar sua realidade de prisão como a verdade universal? E por que eles querem trancar a humanidade na prisão que eles mesmos fizeram? – meu formidável equipamento escolar não oferecia nenhuma resposta, embora obviamente houvesse necessidade de uma resposta, se se quisesse entender os movimentos de massa que ameaçavam, e ainda ameaçam, engolfar a civilização ocidental em sua cultura de prisão política.

Uma escola é, na verdade, uma força formidável. Um tempo considerável teve de passar antes de eu entender a situação e suas implicações:

A falta das filosofias escolares era causada por uma restrição do horizonte similar às restrições de consciência que eu pude observar nos movimentos de massa políticos. Mas, se isso era verdade, eu observara a restrição, e a reconhecera com tal, com os critérios da observação provenientes de uma consciência com um horizonte mais amplo, que, neste caso, acontecia de ser a minha mesma. E se isso era verdade, então a interpretação escolar de um ego "intersubjetivo" como o sujeito de cognição não se aplicava a uma análise da consciência; pois a verdade de minha observação não dependia do funcionamento apropriado de um "sujeito de cognição" no sentido kantiano ou neokantiano, quando confrontada com materiais empíricos, mas da "objetividade" da consciência concreta de um homem concreto quando confrontado com certas deformações "subjetivas". Uma análise da consciência, tinha eu de concluir, não tem nenhum outro instrumento senão a consciência concreta do analista. A qualidade deste instrumento, então, e consequentemente a qualidade dos resultados, dependerá do que chamei o horizonte de consciência; e a qualidade do horizonte dependerá da vontade do analista de alcançar todas as dimensões da realidade em que sua existência é um acontecimento; dependerá de seu desejo de conhecer. Uma consciência deste tipo não é uma estrutura *a priori*, nem ela apenas acontece, nem seu horizonte é um dado. É, ao contrário, uma ação incessante de expansão, ordenamento, articulação e correção de si mesma; é um acontecimento na realidade, da qual ela participa como parte. É um esforço permanente de abertura receptiva ao apelo da realidade, de acautelamento contra uma satisfação prematura e, acima de tudo, de evitar uma fantasia autodestrutiva de acreditar na realidade da qual é parte como um objeto externo a si mesma que pode ser dominado ao trazê-lo na forma de um sistema.

O que eu descobrira era a consciência na concretude, na existência pessoal, social e histórica do homem, como o modo especificamente humano de participação na realidade. A esse tempo, entretanto, estava longe de conhecer o porte integral do descobrimento porque eu não sabia ainda muito dos grandes precedentes de análise existencial na Antiguidade, ultrapassando de longe, em exatidão e luminosidade de simbolização, os esforços contemporâneos. Eu não estava a par, por exemplo, da análise heraclitiana da consciência pública e privada, sob a ótica do *xynon* e do *idiotes*, ou de uma análise da existência profética feita por Jeremias, antes de aprender grego e hebraico nos anos de 1930.

No entanto, estava muito a par de que meu "horizonte mais amplo" não era uma idiossincrasia, mas me cercava de todos os lados como um fato histórico e social do qual podia obter alimento para minha própria consciência. Nas primeiras décadas do século XX, a revolta contra as deformações restritivas e a recuperação do conteúdo da consciência pela restauração histórica e a percepção original foi um movimento, embora difuso, maciço. Meu próprio horizonte estava fortemente formado, e informado, pela restauração da língua alemã por Stefan George e seu círculo, a compreensão renovada da literatura clássica alemã por Gundolf e Kommerell, a compreensão da filosofia platônica, e especialmente do mito platônico, mediante Friedländer, Salin e Hildebrandt, pelo impacto de Marcel Proust, Paul Valéry e James

Joyce, por Gilson e Sertillanges, cuja obra me introduziu na filosofia medieval, pelo existencialismo de Jaspers e, através Jaspers, por Kierkegaard, e pelo *Decadência do Ocidente*, de Spengler, que era baseado na concepção de ciclos civilizacionais desenvolvidos por Eduard Meyer cujas preleções ainda ouço como aluno em Berlim. A lista não é nem de longe exaustiva, mas eu a fiz longa o suficiente para sugerir a gama de revolta assim como a dificuldade de lidar com tal riqueza. Eu sentia a revolta, mas a sentia também como um começo que poderia ser curto-circuitado em novas formações restritivas de escolas. E se não me importava certamente em tornar-me um sujeito neokantiano de cognição, nem mesmo um intersubjetivo, também não me preocupava de tornar-me um neoplatônico ou um metafísico neotomista, ou um existencialista, cristão ou outro qualquer. Era grato, e ainda sou, a todo apelo a expandir o horizonte, de qualquer direção que ele possa vir; mas também sabia que a revolta tinha de ser consideravelmente mais radical para alcançar os problemas levantados pela desordem da época.

Acima de tudo, havia o problema profundo de resignação à verdade, e as várias formas que ele assumiu, que exigiam exploração. As razões pelas quais as várias ideologias deram errado eram suficientemente bem conhecidas nos anos de 1920, mas nenhum ideólogo podia ser persuadido a mudar sua posição diante da pressão do argumento. Obviamente, o discurso racional, ou a resistência a ele, tinha raízes existenciais muito mais profundas do que o debate conduzido na superfície. Nos anos entre guerras, a verdade realmente foi algo que não prevaleceu. A deformação restritiva de existência era uma força social que tinha, e ainda tem, um longo caminho por percorrer. Algumas formas desta resistência pude observá-las em meu ambiente mais limitado de metodologias neokantianas e positivistas. Um homem que aspirasse ao reconhecimento como filósofo tinha de basear sua obra em Kant e nos pensadores neokantianos; quem quer que quisesse aprender de uma obra anterior a Kant era historiador. Em consequência, fui classificado como historiador; e inevitavelmente estava sob suspeição como membro verdadeiro de escola por causa de minha "tolerância"; um acadêmico metodologicamente confiável tinha de defender intolerantemente a verdade como representada por sua escola e não podia flertar com horizontes mais amplos.

A essa época, não podia ainda desenvolver tais observações em iluminações bem fundadas quanto a sua significação. Precisamente por essa razão, entretanto, vale a pena evocá-las; pois em sua maneira de perplexidade natural, elas sentiam corretamente uma configuração de forças que cresceu, de seu começo humilde, até caracterizar este século. Durante os últimos cinquenta anos, o conflito entre a existência aberta e a restritivamente deformada endureceu até a grande *stasis* (no sentido aristotélico) que presenciamos em nosso tempo. Algumas observações sumárias sobre o rápido crescimento desta configuração numa ruptura ecumênica do discurso racional serão postas em ordem:

1. No nível da história pragmática, dos movimentos de massa, governos totalitários, guerras mundiais, liberações e matanças em massa, a deformação da existência produziu "uma história contada por um idiota, cheia de som e fúria, e que não significa nada"; revelou-se a si mesma como uma impotência febril que se espalha como câncer em sonhos sangrentos de grandeza e trouxe a maioria da humanidade à sujeição de grupos dominantes mentalmente doentes. Estou empregando o termo *doente mental* no sentido ciceroniano da *morbus animi*, causada pela *aspernatio rationis*, o desprezo pela razão.

2. No nível acadêmico das ciências do homem, o agravamento do conflito que experimentei nos anos de 1920 é particularmente surpreendente. As filosofias e metodologias restritivas das escolas estão mais dominantes do que nunca; e tenho ainda de observar uma repetição enfadonha da mesma situação em que cresci já que o debate metodológico contemporâneo na América vive, em grande parte, do renascimento das ideologias alemãs antigas, metodologias, teorias de valor, marxismos, freudismos, psicologias, fenomenologias, profundidades hermenêuticas, e assim por diante. Esta repetição peculiar, como se não houvesse americanos capazes de pensar, é parcialmente devida à influências dos intelectuais alemães que emigraram para

a América, mas a força social que ganhou provém da expansão populista das universidades, acompanhada pela inevitável entrada súbita de analfabetos funcionais em posições acadêmicas nos anos de 1950 e 1960. A qualidade intelectual do debate não melhorou pela repetição. Hoje, o mundo acadêmico está empesteado com figuras que não poderiam ter granjeado a atenção pública no ambiente da República de Weimar, por dúbia que fosse, com neo-hegelianos que combinam Marx e Freud numa teoria de repressão que assegura um monopólio de repressão a eles mesmos; com comportamentalistas megalomaníacos que querem manipular a humanidade suprimindo a liberdade e a dignidade humana; e com Holy Rollers[2] igualitaristas que querem redistribuir a justiça distributiva. É justo dizer ainda, entretanto, que no país de origem, na Alemanha, a qualidade do debate metodológico declinou ainda mais, se isso é possível. Mas tornou-se crescentemente mais difícil descrever este setor do mundo acadêmico, com sua mistura peculiar de *libido dominandi*, analfabetismo filosófico e recusa inflexível de entrar num discurso racional, porque a forma adequada teria de ser a sátira e, como já notou Karl Kraus nos anos de 1920, é quase impossível escrever sátira quando uma situação se tornou tão grotesca que a realidade ultrapassa o voo da imaginação de um satirista.

3. Por mais deprimentes que possam ser tais observações, ainda não chegou o fim do mundo. Pois o terceiro fator na configuração, a revolta, também ganhou *momentum*, para além de quaisquer expectativas que alguém poderia ter nos anos de 1920. Na natureza do caso, a revolta tem seu lugar acadêmico no estudo da vida normal do homem na existência aberta, e esse estudo abrange toda a história da humanidade com a exceção dos enclaves limitados. Um estudante de Homero ou Ésquilo, de Dante ou Shakespeare, do Antigo ou do Novo Testamento, de mitos de criação antigos ou das meditações dos *Upanixades*, ou de qualquer das grandes figuras na história da filosofia não pode

---

[2] Termo pejorativo para designar cristãos evangélicos. (N. T.)

chegar à compreensão da obra literária que está diante dele à mesa se insistir em interpretá-la por uma ou outra das metodologias limitadas ou ideologias, porque o autor que ele tenta compreender tem uma consciência aberta, autorreflexiva, cuja linguagem é incompatível com a linguagem de consciência limitada. E o mesmo se aplica ao estudante de história antiga, do medievalismo ocidental, de civilizações chinesa, indiana, persa, ou pré-colombiana, de seus ritos e mitos. Ele também logo descobrirá que não consegue interpretar sociedades tribais ou imperiais, impérios cosmológicos, ecumênicos ou ortodoxos na linguagem ideológica das "filosofias da história" sem transformar em tolices os seus materiais. Não que a necessidade da revolta tivesse sempre de tornar-se autorreflexiva e articulada. O pensamento é inerente ao enorme alargamento do horizonte histórico, cobrindo espacialmente a ecúmene global e estendendo-se temporalmente até os milênios arqueológicos, o que ocorreu no presente século; a forma que assumirá no caso individual dependerá das circunstâncias. Os departamentos em nossas universidades são algumas vezes tão rigidamente segregados que um estudante de história, de arte ou literatura, de religião comparada ou de mitologia pode muito bem passar uma vida de estudos sem ser forçado a notar formalmente o que ele considerará os inevitáveis lunáticos em sua universidade. E mesmo se for forçado a notar, ele não precisa fazer disso um problema.[3] Um verdadeiro acadêmico tem coisas melhores para fazer do que envolver-se em debates fúteis com homens que são culpados da *aspernatio rationis*. A revolta em geral

---

[3] Um incidente engraçado aconteceu na *História da Humanidade* (1963) da UNESCO, numa seção sobre do *Começo da Civilização*, escrito por Sir Leonard Woolley. Tudo ia bem numa obra dedicada ao progresso organizacional e material do homem no nível do *homo faber* até que Sir Leonard chegou ao capítulo sobre belas-artes. Como ele era um *connoisseur* de arte, ficou pasmado com o fato de que as obras de arte com que ele tinha de lidar tinham, em sua área, um qualidade tão alta como certas façanhas modernas que ele nomeava. Mas, se não houve nenhum avanço de qualidade, o que aconteceu então com o "desenvolvimento" limitado da humanidade em que ele tinha de pôr seu próprio estudo? Sendo um acadêmico consciencioso, ele teve de trazer o problema à baila, mas não se importou de segui-lo em suas posteriores ramificações teóricas. Estou mencionando o incidente como um exemplo da forma subjugada que o conflito normalmente assume.

não se tornou suficientemente vociferante, e talvez nunca se torne, para alcançar a agressividade paranoica dos casos mentais, mas tornou-se suficientemente considerável para não deixar dúvida de que os movimentos limitativos manobraram-se para fora do avanço empírico das ciências históricas e filosóficas.

Mas por mais considerável que se possa tornar a revolta e por mais sucesso que possa ter para forçar a deformação limitativa da existência na defensiva pelo simples peso da prova empírica, resta a tarefa do filósofo de encontrar uma teoria da consciência que enquadre os fatos da grande *stasis* que cresceu, desde o século XVIII, até suas proporções presentes.

A resposta que tentei em 1943 emergiu dos longos anos em que me ocupei com a fenomenologia de Husserl e dos igualmente longos anos em que a discuti com Alfred Schütz acerca de seus méritos e limitações. Ambos concordamos que a obra de Husserl é a análise mais abrangente e competente de certos fenômenos de consciência que, à época, estava à disposição, mas também concordamos quanto às insuficiências de suas análises que se tinham tornado muito óbvias nas *Meditações Cartesianas* de 1931 e tornaram impossível aplicar o método fenomenológico, sem maior desenvolvimento, aos fenômenos que eram de nosso interesse principal.

Nossas discussões culminaram quando, no verão de 1943, finalmente consegui obter uma cópia da *Krisis der Europäischen Wissenschaften* [Crise das Ciências Europeias], publicada em *Philosophia I* (Belgrado, 1936). Neste ensaio, planejado como uma "introdução à filosofia fenomenológica", Husserl desenvolveu as motivações de sua própria obra, ao colocá-la no contexto de uma história filosófica. Em sua concepção, a história da razão humana tinha três fases: (1) uma pré-história, de nenhum interesse particular, terminando com a fundação grega da filosofia; (2) uma fase começando com a *Urstiftung* grega, a fundação primordial da filosofia, que foi interrompida pelos pensadores cristãos, mas depois renovada por Descartes, chegando até Husserl; e (3) uma última fase, começando com o *apodiktische Anfang*, o "começo apodíctico" estabelecido por sua própria obra, e prosseguindo para sempre no futuro, dentro do "horizonte de continuação apodíctica" de sua fenomenologia. Ainda me lembro do choque que tive ao ler esta "filosofia da história". Estava horrorizado porque não podia deixar de reconhecer o tipo muito familiar de construções de fase a que se tinham entregado os filósofos do Iluminismo e, depois deles, Comte, Hegel e Marx. Era mais um dos simbolismos criados por pensadores apocalíptico-gnósticos, com o propósito de abolir uma "história passada" da humanidade e deixar que sua "verdadeira história" comece com a própria obra do autor respectivo. Tive de reconhecer que era uma das visões violentamente limitativas que, no nível da ação pragmática, me circundavam de todos os lados com sua história contada por um idiota, na forma do comunismo, nacional-socialismo, fascismo e Segunda Guerra Mundial.

Algo tinha de ser feito. Eu tinha de sair desse "horizonte apodíctico" o mais rápido possível.

A ação imediata se deu na correspondência com Alfred Schütz, continuando nossa discussão e esclarecendo a situação. A primeira carta que escrevi e a ele enviei era uma análise crítica ao ensaio da "Krisis" de Husserl. O leitor interessado nos pormenores de minha crítica vai encontrá-la publicada na edição alemã de meu livro *Anamesis* (Munique: R. Piper & Co, Verlag, 1966).[4]

Mas não era suficiente. Eu tinha de formular a alternativa para a concepção de Husserl de uma consciência constituída egologicamente; e a formulação mostrava-se possível agora, ao menos em princípio, porque sua interpretação conscienciosa do mecanismo de defesa contra todo criticismo potencial de sua apodicidade tinha dado a dica. A interpretação apocalíptica de Husserl tinha o propósito de abolir a história, justificando assim a exclusão da dimensão histórica da constituição da consciência do homem; a

---

[4] Também na edição americana, integral, *Anamnesis: on the Theory of History and Politics*, traduzida por M. J. Hanak, e editada como o volume 6 dos Collected Works de Eric Voegelin, da Missouri University Press, em 2002, p. 45-61. Desta edição foi feita a tradução em português, *Anamnese: Da Teoria da História e da Política*. Trad. Elpídio Mário Dantas Fonseca. São Paulo, É Realizações, 2009, p. 59-79. (N. T.)

alternativa, portanto, tinha de reintroduzir a dimensão histórica que Husserl queria excluir. Tal reintrodução não poderia, é claro, ser conseguida salpicando-se com problemas a assim chamada história das ideias como um substituto para o filosofar; nem poderia fazer sentido rejeitar a obra magnífica que Husserl fizera ao esclarecer a intencionalidade da consciência. A dimensão histórica em questão não era uma parte da "história passada", mas a presença permanente do processo de realidade em que o homem participa com sua existência consciente. A realidade, é verdade, pode mover-se na posição de um objeto de pensamento pretendido por um sujeito de conhecimento, mas, antes de isso acontecer, tem de haver uma realidade em que ocorram seres humanos com consciência. Ademais, em razão de sua consciência, esses seres humanos estão muito conscientes de uma realidade abrangente e expressam tal consciência pelos símbolos de nascimento e morte, de um todo cósmico estruturado por reinos de ser, de um mundo de objetos externos e da presença da realidade divina no cosmos, de mortalidade e imortalidade, de criação na ordem cósmica e de salvação de sua desordem, de descida à profundeza da psique e de ascensão meditativa em direção ao além. Dentro deste campo rico de realidade-consciência, finalmente, ocorrem processos de espanto, procura e busca, de ser movido e levado na busca por uma consciência da ignorância, que, a fim de ser sentida como ignorância, exige uma apreensão de algo valioso por conhecer; de um apelo a que o homem pode reagir com amor ou, não tão amorosamente assim, negar a si mesmo; da alegria de encontrar e do desespero de ter perdido a direção; do avanço da verdade, partindo das experiência e símbolos compactos para os diferenciados; e das grandes rupturas de iluminação através de visões do tipo profético, filosófico e apostólico cristão. Em suma, a existência da consciência do Homem é um acontecimento dentro da realidade, e a consciência do homem está muito consciente de ser constituída pela realidade da qual está consciente. A intencionalidade é uma subestrutura dentro da consciência abrangente de uma realidade que se torna luminosa por sua verdade na consciência do homem.

Reconhecer esta estrutura abrangente da consciência, entretanto, levantou uma questão fundamental na epistemologia filosófica. Se as afirmações abstratas acerca da estrutura de consciência devessem ser aceitas como verdadeiras, elas deveriam, primeiro, ser reconhecidas como verdadeiras no concreto. A verdade delas jazia nas experiências concretas da realidade por seres humanos concretos que eram capazes de articular sua experiência de realidade e seu próprio papel como participantes nela, e engendrar, assim, a linguagem da consciência. A verdade da consciência era tanto abstrata quanto concreta. O processo de verificação tinha de penetrar, portanto, pelos símbolos engendrados para a experiência engendrante; e a verdade da experiência tinha de ser avaliada por uma experiência receptiva que pudesse verificar ou falsear a experiência engendrante. Pior, o processo era ainda onerado pela impossibilidade de separar a linguagem e a experiência com identidades independentes. Não havia nenhuma experiência engendrante como uma entidade autônoma, mas apenas a experiência como articulada pelos símbolos; e, do outro lado do processo de verificação, não havia, tampouco, nenhuma experiência receptiva como uma entidade autônoma, mas apenas uma experiência que podia articular-se a si mesma nos símbolos de linguagem e, se necessário, modificar os símbolos da experiência engendrante, a fim de deixar a verdade dos símbolos apresentar mais adequadamente a verdade da realidade experienciada. A verdade da consciência, sua verificação e avanço, não poderiam ser identificadas nem com a verdade das asserções nem com a verdade da experiência; era um processo que deixava a verdade tornar-se luminosa na tensão procedimental entre experiência e simbolização. Nem as experiências nem os símbolos poderiam tornar-se objetos autônomos de investigação para um observador de fora. A verdade da consciência revelou-se pela participação no processo de realidade; era essencialmente histórica.

A iluminação num processo de realidade que deixa sua verdade emergir na luminosidade da consciência e de seus processos atingiu minha obra nos anos seguintes tão consideravelmente que tive de abandonar uma história das ideias políticas de muitos volumes quase completa, por ser filosoficamente insustentável, e substituí-la por um estudo da ordem que emerge na história a partir das experiências de realidade e sua simbolização, dos processos de diferenciação e deformação da consciência. Mas as consequências a longo prazo, por exemplo, para uma filosofia da linguagem, não se tornaram visíveis todas ao mesmo tempo. O que se impôs como imediatamente necessário foi a obtenção de alguma clareza sobre a razão por que uma consciência constituída pela realidade parecia-me preferível a uma realidade constituída cognitivamente por um ego transcendental. Fui confrontado com a questão de por que estava atraído por "horizontes mais amplos" e repelido, se não nauseado, por deformações limitativas. A resposta a essa questão não poderia ser encontrada pela oposição da verdade contra a falsidade no nível das "ideias". Pois esse procedimento teria apenas introduzido a apodicidade libidinosa da limitação no "horizonte mais amplo". As razões tinham de ser procuradas não na teoria da consciência, mas concretamente na constituição da consciência receptiva e comprobatória. E essa consciência concreta era a minha própria. Um filósofo, parecia, tinha de envolver-se numa exploração anamnésica de sua própria consciência a fim de descobrir-lhe a constituição pelas próprias experiências de realidade caso quisesse estar criticamente consciente do que estava fazendo. Esta exploração, além disso, não poderia parar logo nos enriquecimentos mais recentes de seu horizonte pelo aprendizado e observação dos acontecimentos políticos porque sua maneira de recepção ao aprendizado e aos acontecimentos era precisamente a questão por esclarecer. Tinha de remontar até onde permitisse sua lembrança de coisas passadas, a fim de alcançar os estratos de consciência de realidade que estavam ao menos sobrecarregadas por acréscimos posteriores. A *anamnese* tinha de recapturar as experiências de infância e deixá-las ser recapturadas porque eram forças viventes na constituição presente de sua consciência.

Os resultados de minha análise anamnésica constituíram a segunda carta que mandei a Alfred Schütz. Na edição inglesa [de *Anamnese*] está reimpressa como capítulo 3 sob o título de "Experiências anamnésicas".[5] Imediatamente depois, escrevi, de novo como parte de minha correspondência com Schütz, as

---

[5] Na edição integral americana, encontra-se no capítulo 4, *Anamnesis*, p. 84-98; na edição brasileira, capítulo 4, *Anamnese*, p. 107-25. (N. T.)

reflexões "De uma teoria da consciência", publicada [na versão inglesa de 1978] como capítulo 2, explicando a situação teorética como a entendia, à época.[6]

O leitor deve ter em mente que esses escritos eram parte de uma correspondência entre amigos. Não foram feitos para publicação e, portanto, algumas vezes parecerão abruptos no estilo. Deixei-os sem modificação a fim de preservar seu valor documental como uma análise da consciência.

Stanford, Califórnia,
Março de 1977

---

[6] Na edição integral americana, encontra-se no capítulo 3, *On the Theory of Consciouness*, p. 62-83-98; na edição brasileira, capítulo 3, *Da Teoria da Consciência*, p. 81-106. (N. T.)

13. SABEDORIA E A MAGIA DO EXTREMO:
UMA MEDITAÇÃO[1]

O tópico escolhido para esta Conferência é o Senso de Imperfeição.

A escolha é tão judiciosa quanto provocativa numa época em que todos nós somos ameaçados em nossa humanidade, se não em nossa existência física, pela força social maciça de sonhadores ativistas que querem liberar-nos de nossas imperfeições, prendendo-nos completamente na prisão perfeita da fantasia deles. Mesmo em nossas assim chamadas sociedades livres não se passa um só dia sem que sejamos seriamente molestados, em encontros com pessoas, ou na mídia de massa, ou na literatura supostamente filosófica e científica, pela imaginação utópica de alguém.

Não mais do que essas duas sentenças são necessárias para apresentar a questão da imaginação e simbolização ativista, de sua violência e efeitos destrutivos, como matéria destas conferências. A corrupção intelectual e linguística da época, introduzindo à força implacavelmente as atrocidades na vida de todo o mundo, é uma questão de conhecimento comum. Ademais, as

---

[1] De *Southern Review*, não especificado, XVII, 1983, p. 235-87. Preleção dada na Conferência Eranos de 1977, em Ascona, publicada em *Eranos Yearbook 46* (Frankfurt, 1977); também apresentada como a trigésima oitava das Conferências Edward Douglass White sobre cidadania, Louisiana State University, 22-23 de abril de 1980. Reimpressa com permissão. A sinopse, no final, é do *Eranos Yearbook 46*.

duas sentenças, refletindo-se na linguagem do dia a dia numa situação familiar, não apenas introduzem a corrupção ativista como o objeto que explorar analiticamente; elas também apresentam, na sua própria formulação, uma instância de corrupção em si mesma. Pois não podem ser, como foram, impecavelmente emboscadas na linguagem de realidade do filósofo, o que é incomum em nosso tempo; se quisessem obter seu propósito de estabelecer um consenso preliminar acerca do tópico sem longas explanações, elas teriam de fazer uma concessão à linguagem do ativista, o que é comum. Ao empregar o termo *Utópico* em seu significado ativista, como parte da linguagem do dia a dia, elas nos colocaram dentro da prisão do ativista. Como consequência, não temos de olhar muito longe do ponto em que tem de começar a análise. Temos de fugir da prisão e restaurar a liberdade do filósofo da razão, esclarecendo o significado de *Utopia*.

I

Utopia é um simbolismo criado por Thomas More para expressar o Nenhures de uma sociedade que não é desfigurada pela *superbia vitae*, pelo orgulho de vida no sentido de 1João 2,16. O autor da *Utopia* desenvolve seu sonho de uma sociedade supostamente perfeita, omitindo de sua estrutura um setor importante da realidade, mas ele sabe o que omitiu e está consciente de sua imagem truncada da realidade como um Nenhures. Em seu emprego contemporâneo por ativistas pensadores e não pensadores, o significado do símbolo foi transformado de uma maneira peculiar. Uma Utopia ainda significa o modelo de uma sociedade perfeita que não pode ser realizada porque um setor importante da realidade foi omitido de sua interpretação, mas seu autor e viciados suspenderam sua consciência de que é irrealizável por causa da omissão. Estou falando cautelosamente de uma suspensão de consciência, porque frequentemente é difícil, se não impossível, determinar no caso de um ativista individual se a suspensão é um ato de fraude intelectual ou de autoengano persuasivo; se é um caso de simples analfabetismo ou do analfabetismo mais requintado imposto por um sistema educacional; se é causado por um grau de insensibilidade espiritual e intelectual que vem sob a forma de estupidez; ou se é devido às várias combinações desses e outros fatores tais como o desejo de atrair a atenção pública e fazer uma carreira. Qualquer que seja o caso individual, a suspensão torna-se manifesta em público como a crença professada de que a imagem irrealizável de perfeição pode ser realizada. O Nenhures de Thomas More foi invertido para simbolizar o Em Todo Lugar dos muros que a *hybris* de um sonhador quer construir ao nosso redor; e a *libido dominandi* bem humana de todo homem que moveu um More a relegar sua ordem perfeita ao Nenhures de um sonho foi concentrada na *libido dominandi* do ativista que quer infligir seu sonho de perfeição pela violência contra a humanidade de cada homem. Na linguagem do ativista, o utopismo se tornou o grande símbolo que supostamente justifica qualquer ação, qualquer que seja seu custo, se pretende ultrapassar a imperfeição da existência do homem. Ademais, o significado transformado de Utopia irradia um mundo de significado que exige novos símbolos para sua expressão. Já que nossa imperfeição não faz sentido para sonhadores que sabem como obter a perfeição, ela adquiriu no mundo da fantasia deles o caráter de uma Absurdidade. No mundo imaginativo dos sonhadores, os símbolos de linguagem do utopismo e da Absurdidade são empregados para expressar os polos da tensão existencial deles, o que se supõe seja de cada homem. Os sonhadores não querem reformar esta ou aquela situação considerada como imperfeita e capaz de melhora; o móvel deles é uma revolta radical contra a agonia real da existência humana na tensão da imperfeição e perfeição. Ou, como T. S. Eliot descreveu o fantasiar dos ativistas:

> Constantemente tentam escapar
> Da escuridão exterior e interna
> Sonhando sistemas tão perfeitos que ninguém
> Precisará ser bom

– e seu conflito com a humanidade:

> Mas o homem que é obscurecerá
> O homem que finge ser

Um sonho ativista de fuga "da escuridão exterior e interior" não é um conto de fadas. É o primeiro ato de um projeto de ação que pretende suplantar a tensão existencial da imperfeição--perfeição. Como sonho, é verdade, o projeto imaginativo é uma interpretação autônoma, agindo de acordo com a lógica de uma revolta contra a realidade. O sonho de mundo não é o mundo real, nem realmente acontece a história de sonho contada pelo ativista. Como projeto de ação dentro da realidade que pretende transformar, entretanto, a história de sonho tem de referir-se inteligente e persuasivamente ao mundo real como o meio de sua ação. O sonho de revolta contra a realidade está estruturalmente preso à estrutura que pretende destruir. Temos de determinar o ponto crucial nesta estrutura ambígua e sua conexão com a *libido dominandi* do ativista.

Há "escuridão" suficiente na realidade para oferecer os ressentimentos dos quais pode começar a revolta. A vida do homem é realmente sobrecarregada das misérias bem conhecidas enumeradas por Hesíodo. Lembramo-nos de sua lista de fome, trabalho duro, doença, morte prematura, e o medo das injustiças que sofrerá o homem mais fraco nas mãos do mais poderoso – para não mencionar o problema de Pandora. Ainda assim, à medida que nossa existência não é deformada por fantasias, essas misérias não são experimentadas como sem sentido. Entendemo-las como o quinhão do homem, misterioso, é verdade, mas como o quinhão com que ele tem de lidar na organização e conduta de sua vida, na luta pela sobrevivência, na proteção de seus dependentes, e na resistência à injustiça, e em sua resposta espiritual e intelectual ao mistério da existência. O fardo da existência perde sentido, e se torna absurdo, apenas quando um sonhador acredita que ele possui o poder de transfigurar a existência imperfeita num estado duradouro de perfeição.

Seu rompimento, não com a realidade, mas com seu sentido, força o ativista a desenvolver uma história de sonho que dará a seu projeto a aparência de ação no mundo real. Ele é empurrado para dentro de sua história porque uma realidade cujo sentido ele rejeita não apresentará a aparência de que ele precisa. Nenhuma lista, por longa que seja, de sofrimentos reais, talvez acompanhados de uma lista de propostas realistas para seu alívio, irradiará por si mesma uma promessa de transfiguração. Karl Marx, o *connoisseur* astuto de sua própria história de sonho, vai ao ponto de sugerir que reclamações e propostas sobre o nível realista não apenas não mantêm tal promessa, mas até pioram as imperfeições que elas deveriam reformar. Ele insiste energicamente que a transferência dos meios de produção para a propriedade pública, *i.e.*, o "comunismo" do marxismo vulgar atual, agravará exponencialmente os males do capitalismo na forma de propriedade privada, a não ser que, sob a influência de outras causas que não reformas econômicas e políticas, a consciência da existência humana seja transfigurada. A ação contemplada pela história de sonho tem de parecer, portanto, atingir o centro da existência do homem de tal maneira que, do centro transformado, a estrutura do mundo renascerá na perfeição. Mas, de novo, a mera promessa de tal mudança parecerá fútil ao homem comum com seu conhecimento de realidade. Se o ativista quiser evitar o fado de ser desdenhado como um tolo, ele tem de tentar eclipsar nossa imagem de realidade por uma contraimagem que oferecerá uma base plausível para a ação de que ele necessita. A fim de servir a este propósito, tem de preencher duas condições: tem de encobrir a estrutura da realidade com suficiente abrangência para parecer, pelo padrão predominante ao tempo, discutível como imagem verdadeira; e tem de ser suficientemente obscura, do ponto de vista analítico, para não revelar, à primeira vista, seu caráter de uma imagem de sonho.

Como caso modelar, preenchendo ambas as condições, merece alguma atenção a contraimagem de realidade desenvolvida por Marx, a quem citei há pouco como o *connoisseur* de sua interpretação. Primeiro de tudo, é abrangente pelos padrões intelectuais que prevalecem ao tempo de sua criação à medida que tem algo que dizer acerca das dimensões pessoal, social e histórica da existência do homem, assim como acerca de suas inter-relações. Se articularmos o sonho marxista nas três fases correspondentes às três dimensões de existência, tornar-se-á imediatamente visível seu acobertamento magistral da realidade. Na primeira fase do sonho, a história como a conhecemos está chegando a seu fim; é reduzida a algo como uma pré-história em relação à verdadeira história de perfeição que está prestes a começar agora. Na segunda fase, dá-se a razão para essa transformação notável: a história conhecida como real pode ser reduzida a uma pré-história porque seu conteúdo, a luta por uma ordem social justa, deve ser abolido pelo estabelecimento da ordem social perfeita. E na terceira fase, a parte crucial do sonho, a ordem por estabelecer é declarada de perfeição modelar, porque oferece a todo o mundo a envergadura completa de sua humanidade, de tal modo que se tornou supérflua qualquer busca posterior de perfeição.

A abrangência do sonho é rivalizada pela obscuridade analítica. As fases do sonho tiveram de ser extraídas de suas formulações variegadas em lugares amplamente dispersos da vasta obra de Marx. E o sonho, é claro, não é nunca reconhecido como sonho, mas, no contexto da *oeuvre* que informa, deve ser o cerne teórico de uma imagem verdadeira da realidade. Deve-se notar o rompimento analítico com a intenção do ativista de que é necessário, se o sonho quiser tornar-se, de algum modo, um objeto de análise. Se aceitássemos a contraimagem do ativista como a "teoria" que ele diz ser, como uma teoria que pode ser verificada ou falseada no nível positivista, entraríamos no jogo do ativista, mesmo se nosso exame dos pormenores se mostrasse devastadoramente negativo. A contraimagem, é verdade, pode estar em desacordo com a realidade em numerosos pontos; ademais, pode-se descobrir que o ativista se entregou a falsificações flagrantes de fato a fim de proteger a verdade de seu sonho; e os fenômenos desta classe não devem, certamente, ser negligenciados em estudos especializados de tais contraimagens. Ainda, eles normalmente são fenômenos que trarão à atenção do observador a deformação peculiar da consciência do ativista – ao menos elas o fizeram nos casos que eu mesmo estudei. No entanto, elas são apenas de importância sintomática e não devem obscurecer analiticamente a obscuridade analítica pretendida do sonhador ativista. Somente se desenlaçarmos da contraimagem complicada a história de sonho é que poderemos focalizar a questão verdadeiramente teórica e o sonho imaginativo. Tive por certos, portanto, os fenômenos periféricos e concentrei-me na apresentação do sonho em si. Não será talvez supérfluo acrescentar que o mesmo problema de obscuridade analítica teria surgido se o exemplo escolhido não tivesse sido a interpretação de Marx, mas a de Comte, Hegel ou Freud.

Uma vez que o sonho é desenlaçado de seu contexto, seu conflito com a realidade é praticamente uma questão de autodeclaração. As três fases obtêm seus significados respectivos da lógica de transfiguração. Não há nem uma pré-história de perfeição, nem uma estrutura social pré-histórica, a não ser que a perfeição da humanidade do homem realmente ocorra. Mas ela realmente não ocorreu; sua ocorrência é uma expectativa no sonho do ativista. A expectativa de sua ocorrência real, no entanto, é apoiada por nada mais do que uma fórmula vazia de um "ser" que determina a "consciência" e a suposição igualmente vazia de que uma humanidade pecaminosa pode ser liberada de sua *libido dominandi* mediante a ditadura revolucionária de sonhadores libidinosos que arroga ser a vanguarda de um "proletariado" sem pecados. Em suma, não há nada na realidade para apoiar tal expectativa.

Focalizamos a dimensão pessoal da existência como a questão de que depende a diferença entre sonho e realidade. A concepção de um filósofo acerca da realidade, como, por exemplo, a de Platão, mesmo a melhor ordem da sociedade, supondo-se que se possa estabelecer de algum modo na história, ainda está sobrecarregada das imperfeições pessoais de seus membros. Está prestes a decair, desintegrar-se e cair sob a pressão contínua das forças que se chocam com a vida pessoal de um homem, a pressão de suas paixões, de circunstâncias mutáveis, de sua busca espiritual e intelectual, e de suas imagens mutáveis concernentes ao modo de vida desejável. Daí, na imagem platônico-aristotélica de realidade encontramos realmente homens maduros, os *spoudaioi*, que mantêm sua ordem de existência precariamente num mar de forças desordenadoras exteriores e interiores, mas não um "Homem escrito com letras maiúsculas" genérico, cuja existência transfigurada porá um fim ao *agon* social e histórico. Nos mundos de sonho, ao contrário, sejam eles progressistas, positivistas, comportamentalistas, marxistas ou fascistas, a *pièce de résistance* de desordem e imperfeição é eliminada pelo sonho de um Homem Maduro que, além da liberdade e da dignidade humana, já não levantará questões concernentes ao significado de sua existência. Que a dimensão pessoal seja, na verdade, o ponto crucial em que realidade e sonho divergem é reconhecido pelos próprios ativistas. Com a mesma frequência que encontramos no Utopismo e na Absurdidade, encontramos também na linguagem deles os símbolos de um Novo Humanismo e uma Nova Humanidade. Os mundos de sonho utópicos, então, são, na verdade, mundos com uma lógica interna e uma linguagem própria, correndo paralelamente ao mundo em que vivemos.

Se sonho e realidade fossem tão claramente diversos como sua distinção conceptual poderia tentar-nos a supor, a questão concernente ao sentido de imperfeição não apresentaria tanto problema. As imperfeições reais, poder-se-ia dizer, perdem tanto sentido quanto têm na realidade quando são transformadas no mundo de sonho e depois da transferência adquirem a absurdidade que irradia do sonho absurdo de perfeição. Tendo entendido o problema, alguém poderia então inclinar-se a deixar os sonhadores e, de sua parte, continuar com o trabalho de viver nossa realidade imperfeita.

Se, entretanto, adotássemos esta atitude, seríamos nós mesmos vitimados, teorética e praticamente, pelo emprego metafórico do termo *mundo*. Embora o "mundo" de sonho não seja um "mundo" real, o sonhador acredita que ele verdadeiramente é o mundo em que nós todos temos de viver. Desprezar este fato não fará desaparecer a questão teorética que enfatizei sob o título do "rompimento analítico" com a obscuridade analítica do ativista. Como todos sabemos, os sonhadores não apenas negam o caráter de sonho de seu simbolismo, mas, ao contrário, exigem para ele o *status* de uma iluminação superior na verdade da realidade. E mesmo se rejeitarmos essa asserção por ser tolice, o sonhador que a levanta com eficácia social ainda é muito parte da realidade em que vivemos – assim como muitíssimos, que, para próprio desencanto, não poderiam acreditar que os ativistas totalitários infligiriam sua tolice assassina a seres humanos reais. Na afirmação do ativista está em jogo algo mais do que o valor cognitivo do sonho; por trás da afirmação insustentável no discurso racional, surge a vontade de identificar sonho e realidade. Estamos diante da má vontade extrema de distinguir entre sonho e realidade.

Embora, pelos padrões de realidade, o sonho permaneça um sonho, a má vontade em distinguir exige descrição e interpretação como um fenômeno dentro da realidade.

Se a má vontade se torna um hábito que permeia e determina um comportamento do homem, terá de ser entendida como uma perturbação na ordem espiritual e intelectual da existência do sonhador. Na verdade, os pensadores gregos a diagnosticaram como uma doença da psique desde a época em que tiveram ocasião de observá-la na cidade ameaçada. Heráclito e Ésquilo, e acima de tudo Platão, falam do *nosos* ou *nosema* da psique; e Tucídides fala da expansão da doença para as desordens das Guerras do Peloponeso como uma *kinesis*, como um movimento febril da sociedade, obtendo sua concepção e linguagem da desordem, assim como também Platão fez posteriormente, da medicina hipocrática. Depois da conquista de Alexandre, no período dos impérios romano e helenístico, a doença parece ter-se espalhado largamente pela nova ecúmene, induzida pela destruição das culturas políticas mais velhas que tinham abrigado a existência humana, assim como é hoje um fenômeno social cada vez mais espalhado, através da revolução industrial e do crescimento da ecúmene global. Os estoicos, especialmente Crisipo, ficaram intrigados pelo fenômeno, e Cícero, sumariando os descobrimentos dos séculos precedentes, lida longamente com a doença em suas *Tusculan Disputations* (IV.23-32). Ele a chama *morbus animi*, a doença da mente, e caracteriza-lhe a natureza como uma *aspernatio rationis*, como uma rejeição da razão. Entre as manifestações variegadas da doença, enumera ganância inquieta, procura de *status*, garanhice, glutonaria, vício de guloseimas e lanches, bebericar habitual de vinho, irascibilidade, ansiedade, desejo de fama e de reconhecimento público, rigidez de atitude, e medos tais de contato com outros seres humanos como a misoginia e misantropia – um catálogo de sintomas iluminador, soando muito moderno.

Embora não se possa evitar sempre uma consciência incômoda da *morbus animi*, nossa psiquiatria contemporânea ainda está longe de seu reconhecimento profissional, e ainda mais longe do desenvolvimento de métodos terapêuticos. Ao menos nenhum caso me chamou a atenção [em que] um psicólogo tivesse recorrido à psicopatologia clássica e estoica como fundamento para entendê-las e construir uma terapia das variedades contemporâneas da doença mental. Para uma consciência mais séria dos problemas apresentados por imagens de sonho, cujos autores afirmam que são imagens da realidade, deve-se atribuir o crédito a certos romancistas e ensaístas. Robert Musil e Heimito von Doderer, por exemplo, desenvolveram o conceito de Segunda Realidade a fim de denotar as construções peculiares que pretendem eclipsar a primeira realidade em que vivemos. Ademais, Doderer diagnosticou a *Apperzeptionsverwegerung*, a recusa de aperceber a realidade, como o cerne patológico na estrutura da consciência que permite ao sonhador desprezar o argumento racional contra sua interpretação. Com o desenvolvimento da *recusa de aperceber* como um termo diagnóstico, Doderer praticamente reconquistou a *aspernatio rationis* ciceroniana. Neste contexto, finalmente, tem de ser mencionado o termo *consciência seletiva*. Lamentavelmente não sei quem é seu autor; noto apenas que está sendo cada vez mais empregado para sugerir o cerne patológico de um hábito mental que frequentemente é indistinguível de uma desonestidade intelectual patente.

Os processos de pensamento do ativista são deformados pela absurdidade que emana do sonho de perfeição, mas a mente doente é ainda a mente de um homem que quer compreender a estrutura da realidade, incluindo a estrutura de sua própria consciência da realidade. Temos agora de confrontar a análise do filósofo da *morbus animi* com a autocompreensão do ativista acerca de sua concepção de realidade, a fim de determinarmos, mais precisamente, o ponto de divergência.

A fim de determinar tal ponto, tem-se de reconhecer que o sonhador ativista e o filósofo não discordam quanto à existência das duas imagens da realidade. Como seres humanos, ambos estão conscientes de viver na tensão de sonho e realidade. O filósofo, em sua Primeira Realidade, sonha tanto quanto o ativista, se não mais; e o ativista está consciente de sonhar sua Segunda Realidade, e, agindo em seu sonho, dentro da Primeira Realidade. Não haveria sentido para o programa do ativista de ação transfigurante, a não ser que o sonhador aceitasse como real, ao menos por um tempo, a realidade que ele quer transformar; ele está bem ciente da diferença entre a Primeira e a Segunda Realidades. Quanto à tensão entre sonho e realidade, a consciência do ativista não difere da do filósofo. Uma vez que se reconhece a concordância, será possível identificar o ponto de divergência como a fé do ativista em seu poder de transfigurar a estrutura da realidade. Quando ele age, espera que tal ação forme a primeira realidade de acordo com a Segunda Realidade de seu sonho. O sonhador ativista tem de conhecer a ação maliciosa, como distinta da ação comum, que terá o resultado extraordinário de transfigurar a natureza das coisas. Ele tem de imaginar que é um mágico.

O caráter de um mágico não é imposto ao ativista pelos pensadores que não compartilham de seu sonho. O simbolismo pertence à linguagem de autointerpretação do ativista. As melhores mentes entre eles estão muito orgulhosas do caráter mágico de suas empresas e de sua posição como feiticeiros. Hegel fala de seu *System der Wissenschaft* como uma tentativa de encontrar as *Zauberworte* e a *Zauberkraft*, as palavras mágicas e a força mágica, que determinarão o curso futuro da história, levando a "consciência" até o estado de perfeição. Marx, que compreendeu muitíssimo bem o componente mágico no *System* de Hegel, retoma de Goethe o símbolo alquímico do Super-homem quando quer caracterizar a mudança na natureza do homem, que será obtida pela ação revolucionária. E Nietzsche, finalmente, empregando o mesmo símbolo, é orgulhosamente explícito sobre a força que assegurará o advento do Super-homem. Numa passagem famosa de *Der Wille zur Macht*[2] (749), escreve ele: "A mágica (*Zauber*) que funciona para nós, o olho de Vênus que fascina mesmo nossos antagonistas e os cega, é a magia do extremo (*die Magie des Extrems*), a força sedutora que radia de tudo o que é extremo (*das Aeusserste*)". No mesmo aforismo ele permite que sua perspicácia psicológica revele um estrato ainda mais profundo na consciência do mágico, quando nega a relevância da verdade como a fonte da magia. Pode haver verdade em sua visão, continua ele, "mas não precisamos

---

[2] A vontade de poder. (N. T.)

dela, chegaríamos ao poder e à vitória mesmo sem a verdade". O poder do extremo não deriva de uma fonte inconfessável; está contido dentro de si mesmo. O extremo do mágico é a *causa sui* da realidade, dispondo francamente da Primeira Realidade em que vivemos, estabelecendo vitoriosamente a segunda realidade quando irrompe de um para além da verdade. Não conheço nenhum outro pensador que traçou o sonho do mágico tão inequivocamente em sua origem na paixão do ativista de transformar a verdade da ordem divinamente criada no terror da mentira, se não antiverdade,[3] criada humanamente.

A mágica, é claro, não funciona – nem a dos pensadores do século XIX que expandiram a mágica progressista da Razão Iluminada e a mágica estética dos Românticos na mágica intelectual do *System*, a mágica política do Socialismo Científico, e a mágica psicológica do Extremo; nem a de seus sucessores, os assassinos do século XX, que, por sua ação, revelaram o terror no cerne do sonho mágico. Nem o gasto de espírito e intelecto na elaboração dos sonhos, nem o gasto de sangue e dinheiro nas tentativas de realizá-los, transfiguraram a realidade. As ondas de atos transfiguradores, as guerras mundiais para pôr fim à guerra, os regimes totalitários, e as liberações famosas, obviamente não aboliram as misérias de imperfeição que contraondas de desilusão começam a crescer entre vários aprendizes de feiticeiros. Mas todos sabemos mais do que nos importamos de saber acerca da política mágica e suas consequências. Não quero estender-me quanto ao óbvio.

No entanto, quaisquer que sejam as vicissitudes catastróficas do ativismo mágico no processo da história, o filósofo é confrontado com o fenômeno de uma consciência doente que entende

---

[3] Para a mágica de Hegel, ver meu "On Hegel: A Study in Sorcery" [De Hegel: Um Estudo de Feitiçaria], [reeditado aqui e em J. T. Fraser, F. C. Haber, G. H. Mueller (Ed.), *The Study of Time* [O Estudo do Tempo]. Berlim, Heidelberg, Nova York, 1972, p. 418-51. Para a mágica marxista, ver o capítulo sobre Marx em meu *From Enlightenment to Revolution* [Do Iluminismo à Revolução]. Ed. John H. Hallowell, Durham, N.C., 1975. [Sobre "De Hegel: um estudo de feitiçaria", ver, neste volume, p. 263 ss. O livro *From Englightment to Revolution* foi publicado também como o volume VIII da *History of Political Ideas*. Na edição brasileira, o capítulo sobre Marx encontra-se em *História das Ideias Políticas*, vol. VIII, *A Crise e o Apocalipse do Homem*. Trad. Elpídio Mário Dantas Fonseca. São Paulo, É Realizações, 2019, p. 361 ss. (N. E.)]

sua própria deformação como a posse de um poder mágico de transfigurar a realidade. A rejeição do mágico à razão é uma doença da mente; o aparecimento das duas imagens rivalizando-se pela afirmação da realidade é um sintoma da doença; e o sintoma obriga a perguntas quanto à sua patogênese. Qual é a estrutura peculiar de consciência que permitirá que ocorra de algum modo a confusão de sonho e realidade, e, quando ocorre, a permitirá com plausibilidade suficiente para fazer dela uma força na sociedade e na história? Como, da realidade, pode surgir o sonho de abolir a realidade em que participamos por nossa existência como seres humanos? Essas questões concernentes à estrutura da consciência exigem uma exploração mais profunda.

II

Os sonhadores ativistas afirmam como verdade a idealização da realidade que, pelos critérios da experiência e da razão, são inverdades; e os mais perspicazes dos feiticeiros chegam até a discernir na inverdade do extremo a causa do sucesso público que têm as idealizações. Tais deformações mágicas da verdade são possíveis, e podem ser plausíveis, porque o potencial de deformação é inerente numa forma que não existe senão no processo de formação. Pois a verdade da realidade não é o máximo de informação dada a um observador de fora, mas a realidade em si, tornando-se luminosa nos acontecimentos da experiência e da simbolização imaginativa. A verdade é uma perspectiva de realidade, surgindo da participação do homem, com sua existência consciente, na realidade da qual ele é parte. Daí, a consciência de uma realidade pretendida como seu objeto pelo desejo de conhecer ser acompanhada pela consciência da busca como um acontecimento dentro da realidade pretendida: a intencionalidade humana da busca é cercada pelo mistério divino da realidade em que ela ocorre. O mistério é o horizonte que nos puxa para o avanço em direção a ele, mas se afasta quando avançamos; pode dar direção à busca da verdade, mas não pode nunca ser atingido; e o além do horizonte pode fascinar como o "extremo" da verdade, mas não pode ser possuído, nesta vida, como verdade face a face.

De intencionalidade e mistério, podemos falar como "estruturas" da consciência com a precaução, entretanto, de que não são coisas fixas de uma consciência humana no sentido imanentista, talvez como uma estrutura *a priori*, mas forças móveis no processo de realidade, tornando-se luminosa. Platão e Aristóteles reconheceram tais forças nas experiências de um perguntar (*aporein*) e procurar (*zetein*) humanos na resposta a um puxão (*helkein*) misterioso e movente (*kinein*) do lado divino.

As forças de intencionalidade e mistério não são suposições especulativas e não operam como um *a priori* cego. São experimentadas como as forças moventes de consciência; e a experiência pode ser simbolizada na maneira insinuada pela referência aos *zetein* e *helkein* clássicos. Daí o processo da realidade que se torna luminosa ser ainda estruturado pela consciência das duas forças moventes, da tensão entre elas, e da responsabilidade de manter os movimentos delas em tal equilíbrio que a imagem resultante de sua interação não distorcerá a verdade da realidade. Nem deve o desejo de conhecer a realidade como o objeto pretendido da consciência degenerar num desejo intencionalista de conhecer o mistério do horizonte e de seu além como se este lado do horizonte fosse um objeto; nem deve a consciência do mistério onipresente frustrar o desejo de conhecer, supondo que objetos deste lado do horizonte pertençam à esfera do mistério. Ademais, o ato de equilíbrio não pode ser obtido de uma vez por todas; um pensador tem de continuar a par de sua consciência como permanentemente envolvida em equilibrar as forças estruturantes, nas dimensões pessoal, social e histórica do processo. E, finalmente, estar a par da verdade da realidade como uma imagem que emerge de um processo de equilíbrio significa permanecer a par da tensão entre a imagem equilibrada e um poder de imaginação que é necessário para obter de algum modo símbolos de verdade, mas é uma força neutra à medida que pode também produzir imagens desequilibradas e distorcidas da realidade. Este complexo de consciência chamarei o *equilíbrio de consciência* e apresento-o como a terceira estrutura que deve ser discernida na busca da verdade.

A questão de como arrancar o equilíbrio de consciência do potencial de desordem, assim como a análise dos perigos que lhe ameaçam a formação com deformação, ocupou as melhores mentes ocidentais desde a Antiguidade. Em nossa situação contemporânea, entretanto, dominada como é pela desordem imaginativa, esses esforços, seus problemas e sua linguagem foram tão intensamente obscurecidos que a questão já não está nos debates públicos. Se as tentativas de pensadores mais antigos de lidar com a questão devem tornar-se eficazes na situação de desordem mágica contemporânea, esses esforços têm de ser reintroduzidos numa cena da qual eles quase desapareceram. A fim de obter este propósito duplo, de apresentar as ferramentas e torná-las eficazes na compreensão da deformação mágica, persegui primeiro a autointerpretação dos mágicos até o ponto onde a linguagem deles está reconhecidamente em continuidade com a linguagem empregada pelos pensadores preocupados com o equilíbrio de consciência e, consequentemente, se torna inteligível como a rejeição deliberada do equilíbrio. Cumprida essa tarefa na primeira parte, devo agora voltar-me para as instâncias representativas do lidar com a tensão de realidade e imaginação. Elas estabelecerão a continuidade histórica da questão e, ao mesmo tempo, reviverão e desenvolverão a linguagem necessária para sua análise crítica.

A tensão entre sonho e realidade pode ser experimentada por qualquer um sob a pressão de paixões; a experiência não é privilégio de mentes perturbadas que acreditam possuir o poder de transfiguração. Uma primeira compreensão da "magia do extremo" pode ser obtida ao se confrontar a autointerpretação dos mágicos com a autoanálise conduzida por uma mente equilibrada, pelo mestre do sonho e da realidade, de sua tensão, e da linguagem de seus conflitos – por Shakespeare.

No soneto 129, Shakespeare reflete sobre o exuberante uso e mau uso de símbolos no louvor depositado no objeto amado do desejo. Nas linhas de abertura ele afirma a questão com uma precisão e concisão que dificilmente será suplantada por uma definição técnica:

> O gasto do Espírito numa perda de vergonha
> é luxúria em ação

Se alguém duvidar que a definição se aplica a uma série mais ampla do que os distúrbios causados pela paixão erótica, pode fazer a experiência de citar essas linhas a um sonhador ativista e depois ouvir-lhe a rejeição apaixonada da ideia de que o espírito e a inteligência gastos pelo ativista em seus sonhos seja uma gasto na terra devastada da vergonha, tendo nomes tais como luxúria de poder, desejo de autoengrandecimento e *libido dominandi*. O ponto crucial foi atingido. Se a experiência ainda deixar dúvida acerca da validade da definição, esse alguém pode, depois, olhar a lista de adjetivos que Shakespeare faz seguir às linhas de abertura. A lista caracteriza, à perfeição, as atividades de um ministro de propaganda totalitário:

> e até que ação, a luxúria
> é perjura, assassina, sanguinária cheia de culpa,
> Selvagem ao extremo, rude, cruel, não confiável

O espetáculo imaginativo da extravagância imaginativa enfatiza a fronteira entre loucura e equilíbrio. Um ativista cínico poderia aceitar os adjetivos como descrevendo corretamente as táticas necessárias para atingir seu objetivo, embora culpasse a necessidade mais pela natureza pecaminosa de suas vítimas do que por sua própria luxúria. Para Shakespeare, o extremo da busca indica uma desordem existencial na relação do buscador com seu objeto:

> tão logo gozada, mas desprezada imediatamente,
> caçada sem razão, e tão logo
> odiada sem razão como uma isca engolida,
> feita de propósito para tornar louco quem a apanha.

Há algo no sonho de amor, algum "extremo" que não será alcançado por sua busca através da paixão. O sonho de alcançá-lo, se buscado, ruirá quando diante da realidade de não tê-lo alcançado. Do colapso surge a iluminação equilibrada, a "razão" de Shakespeare, no desequilíbrio das expectativas do sonhador. Ainda mais, a consciência de desequilíbrio acompanha a própria ação; a vítima de sua paixão tem razão bastante para estar consciente de sua razão louca passada:

> Louca na caça e também no possuir,
> Teve, tendo, e na procura, de ter o extremo,
> Uma satisfação na prova e, provada, um verdadeiro pesar,
> Antes de uma alegria proposta por trás de um sonho

Partindo dos adjetivos que distanciam sua consciência da loucura desta, o auto-observador avançou para a rima perspicaz de "sonho" com "extremo". "Loucura" e "razão" não são simplesmente tipos alternativos de existência, nem sucederão necessariamente um ao outro no curso da vida de um homem; ambas estão sempre presentes na estrutura da consciência. A tentação do "extremo" sempre porá em perigo o equilíbrio, e o desequilíbrio não será nunca muito inconsciente de sua loucura. A alegria proposta transformar-se-á num pesar, quando o sonhador se der conta de que a dinâmica de sua alegria dependeu de alcançar o extremo. As tensões estão vivas e ameaçam, com a deformação, o equilíbrio. No dístico final, Shakespeare sumaria sua autoanálise:

> Tudo isso o mundo sabe bem, mas ninguém sabe bem,
> Evitar o céu que leva os homens para este inferno.

O céu do extremo continua a fascinar; o equilíbrio permanece em perigo, por mais que saibamos do inferno deste céu.[4] Tudo isso o mundo não sabe tão bem hoje; e perdido este conhecimento, perde a fala que conhece. Não estamos acostumados hoje a falar dos grandes sistemas do século XIX, na linguagem platônica, como fantasias erísticas ou a chamar as ações dos sonhadores empresas mágicas no mesmo sentido em que Malinowski define a mágica dos ilhéus de Trobriand. Apresentei a consciência de equilíbrio, de Shakespeare, com sua turbulência de adjetivos, com a linguagem de luxúria em ação, do sonho e do extremo, e da loucura da razão passada, para deixar que evocasse o conhecimento

---

[4] A fim de poupar ao leitor certas dificuldades de compreensão, apresentei o texto do soneto 129, quanto ao fraseio e pronúncia, na versão modernizada encontrada nas edições correntes de Shakespeare. Mas empreguei a edição de 1609 para a pontuação. A pontuação modernizada afeta o significado do soneto. O leitor interessado nesses problemas poderá consultar *A Casebook on Shakespeare's Sonnets* [Uma Ficha-clínica dos Sonetos de Shakespeare], Ed. Gerald Willen e Victor B. Reed (Nova York, 1964), especialmente o ensaio de Robert Graves e Laura Riding: "A Study in Original Punctuation" [Um Estudo de Pontuação Original], p. 161-72.

milenar de intoxicação pela mágica da Palavra. Deve permanecer uma evocação, mas pode-se apoiar com algumas lembranças de seu alcance temporal, selecionado para insinuar o significado analítico da mágica, assim como a relação entre os fenômenos de intoxicação da palavra e do vício em drogas.

Da profundeza da história, o Soneto 129 puxa anamnesicamente o *Encomium of Helen*, de Górgias de Leontini. A ocasião tópica para esta fala epidítica, a perturbação da realidade pela paixão erótica, é a mesma que a do soneto; também a mesma é reflexão do retor sobre a verdade (*aletheia*) como o esplendor de forma equilibrada (*kosmos*) para ser arrebatada dos movimentos sem forma (*akosmia*) da linguagem (*logoi*) imaginativamente desordenante. Em sua concepção de consciência, entretanto, Górgias está mais próximo da experiência cosmológica de realidade do que Shakespeare. Menos do que a "luxúria de ação", ele enfatiza em sua análise o poder da linguagem como fonte de desordem, o poder do *logos* como uma força cósmica que pode ser empregada pelo homem para propósitos bons e ruins de acordo com a ordem (*kosmos*) ou desordem (*akosmia*) de sua pisque. A fala (*logos*) é para Górgias um mestre poderoso e grande (*dynastes megas*); opera com força mágica (*goeteia, mageia*) no homem; o conjuro da linguagem inspirada (*entheoi epoidai*) pode dar uma guinada na alma quando está enfraquecida, por paixão ou falta de conhecimento, em direção à opinião (*doxa*) em conflito com a verdade; o poder do *logos* sobre a alma pode ser comparado ao de uma droga (*pharmakon*) sobre o corpo; assim como a droga pode curar ou matar, a persuasão maléfica pode drogar e enfeitiçar a alma.

No contexto do *Encomium*, a palavra *mageia* não se refere a nenhuma sabedoria da mágica, mas é empregada, pela primeira vez, tanto quanto eu saiba, como sinônimo corrente para *goeteia*, para feitiçaria.[5] A mágica da linguagem é entendida como

---

[5] Para a gama de significados de *mageia*, deve-se comparar o emprego da palavra *magos*. Os *magoi* em *Édipo Rei* 387 de Sófocles e no *Orestes* 1496 de Eurípedes parecem ser malabaristas ou saltimbancos – uma mudança de significado similar à vulgarização do termo em *Górgias*, de quem os tragediógrafos eram contemporâneos. Os *magoi* em Heráclito B14, no entanto, parecem ter sido praticantes de algum culto de mistério orgiástico numa cidade grega. Os "*magoi* e criadores de tiranos"

um poder independente que atinge a consciência do homem. Como é que a introdução desta força exterior deve ser entendida? E como é que ela se relaciona com a consciência, tal como entendida por Shakespeare?

A tensão shakespeariana entre a ordem espiritual e a desordem luxuriante não está ausente na consciência do *Encomium*. Ao contrário, sua presença está formalmente atestada pela seção de abertura: "A ordem (*kosmos*) de uma pólis é a coragem; de um corpo, a beleza; de uma alma, a sabedoria; da ação, a virtude; da fala, a verdade, e os opostos deles são a desordem (*akosmiai*)". Mas como mostra a coordenação de pólis, corpo, alma, ação e fala como entidades no mesmo nível de discussão, estamos ainda próximos da experiência compacta de todas as "coisas" que atraem a atenção do observador como iguais diante do mistério de *kosmos-akosmia*. Ademais, o mistério divino de formação permeia todas as "coisas", assim em sua existência individual como na emergência de um "todo" ordenado através de sua interação como partes. Especificamente, a fala, como seu movimento formativo em direção à verdade, e a existência consciente do homem em direção à sabedoria e à virtude têm de ser distinguidas como fenômenos dentro da realidade porque Górgias tem a experiência vívida da interação delas na rotina do debate público na pólis; a experiência do todo surgindo da interação forma a base para distinguir as partes interagentes. A fala é a coisa poderosa, o *dynastes megas*, que pode formar ou deformar a ordem do homem e suas ações, ao passo que, a seu turno, os movimentos da psique podem mover a linguagem, em direção à verdade ou à inverdade.

A experiência e as distinções são inteligíveis, mas o argumento do *Encomium* como um todo é excentricamente obscuro. Os problemas formidáveis implicados nos símbolos compactos de um Górgias tiveram de esperar por seu esclarecimento analítico por Platão e Aristóteles. O *Encomium* não dá as razões, por exemplo, por que Helena deve ser absolvida de toda culpa quando ela se deixa vencer pelo poder da linguagem, ao passo que Páris deve

---

na *República* de Platão, 572e, parecem ser apoiadores e promotores de jovens com promessa de uma carreira política, recorrendo aos magos que eram criadores de tiranos, de Smerdis.

ser declarado culpado quando a emprega. Quando o falante emprega a mágica da linguagem para satisfazer sua paixão, está ele inteiramente livre e, portanto, responsável por sua ação, ao passo que a destinatária da paixão não tem nada que ver com a vontade dela de submeter-se ao poder de persuasão? Devem-se notar esses veredictos não insensatos, mas irracionais, porque aqui tocamos nuamente os problemas que movem um Aristóteles a considerar uma pluralidade de éticas, *i.e.*, o guiamento de julgamento ético pela consciência de diferenças existenciais, entre homens maduros e imaturos, entre homens e mulheres, adultos e crianças, e por fim o problema dos casos marginais, os "escravos por natureza", que nem podem ordenar-se nem são receptivos à ordem dos homens maduros

Esta concepção de um campo pluralístico de éticas – em que as variedades de senso comum da habilidade do homem de ordenar a si mesmo estão relacionadas com a ética padrão do homem maturo, o *spoudaios*, assim como com a concepção de um todo social cuja ordem tem de ser produzida pela interação de uma minoria de homens maduros com o *plethos*, a massa dos imaturos – não foi possível antes de Platão discernir amor, *philia*, como a força que move formativamente as partes, e pela interação amorosa deles, o todo, em direção à ordem que pode ser chamada *kosmos*, e ter articulado sua iluminação pelos símbolos de linguagem. Talvez não seja um acidente que a formulação crucial de Platão, que soa como uma contraformulação à obscuridade de Górgias, seja colocada no diálogo *Górgias:* "Afirmam os sábios que o céu e a terra, os deuses e os homens são mantidos juntos em parceria (*koinonia*) e amor (*philia*), pela propriedade (*kosmiotes*), moderação e justiça; e esta é a razão, meu amigo, porque eles chamam o todo das coisas pelo nome de *kosmos*, não de desordem (*akosmia*) ou dissolução (*akolasia*)" (507e – 508 a). Através de Platão, a experiência da alma em seu "caminho ascendente" na resposta amorosa ao puxão do Além divino torna-se a base para simbolizar o movimento em direção à ordem das coisas, incluindo os deuses, e em direção à ordem do todo em que eles são parceiros.

A visão amorosa do amor faz mais do que oferecer uma fórmula indiferentemente alternativa para o simbolismo compacto de *kosmos-akosmia* no *Encomium*. A contraformulação de Platão cria uma nova situação analítica. Pois a visão de *philia* cósmica permite a Platão entender a ordem da alma como a busca amorosa da verdade em resposta ao puxão divino do Além; o movimento divino-humano e o contramovimento de amor é a fonte do conhecimento humano concernente à sua existência na verdade; e já que é a fonte de verdade, tem de tornar-se o centro noético do qual o filósofo pode explorar as ambiguidades da força contra-atuante de deformação que fora tersamente compactada pelo retor no símbolo impressionante do *dynastes megas*.

Quanto à própria força, Platão experimenta a mágica da fala como não menos real do que Górgias ou, quanto a isso, provavelmente todo o mundo na época; nem ele hesita em colocar juntamente com o emprego de drogas, que causam dano ao corpo, o emprego de conjurações, encantamentos, etc., que causarão prejuízo à alma de um homem. Na legislação sobre "drogas" (*pharmakeia*) nas *Leis*, ele subdivide a má ação em dois tipos: drogar o corpo com drogas corporais e drogar a alma com feitiçarias e encantamentos (932e – 933e). Mas o significado de "magia" deve ter ido, à época, já muito além deste emprego, no nível popular, pois, no *Górgias*, Platão faz Cálicles denunciar Sócrates como o representante de "encantamentos e feitiçaria" pelos quais a educação da pólis priva os mais fortes de seu direito natural de agir como querem, de maneira que, afinal, eles obtêm sua liberdade esmagando sob os pés essas prescrições (*grammata*) e artes mágicas (*magganeumata*) (484 a), ao passo que nas *Leis* Platão mesmo emprega o termo *magganeumata* para caracterizar os truques dos não crentes requintados dos quais surgem tiranos, demagogos e sofistas (908). A situação deve ter sido a mesma que a de hoje, quando os ideólogos chamam os filósofos de ideólogos e todo lavador cerebral reclama da lavagem cerebral dos próximos, enquanto todos concordam, embora não entendendo muito claramente os problemas, quanto à magia da linguagem.

A esta confusão de pensamento e linguagem Platão traz a ordem analítica por sua iluminação das relações entre a verdade da realidade, a verdade da linguagem, e a verdade da existência humana. Enquanto Górgias ainda tinha de coordenar pólis, corpo, alma, ação e fala como fenômenos que mostram, todos igualmente, a tensão entre *kosmos e akosmia*, Platão podia compreender a ordem (ou desordem) da pólis como a ordem (ou desordem) do homem escrito em letras maiúsculas, a ordem da existência do homem como sua harmonização com a ordem de amor no cosmos, a receptividade ou resistência à ordem tal como conectada com o conhecimento acerca da verdade da ordem, o conhecimento como dependente da realidade que se torna luminosa por sua ordem através do descobrimento dos símbolos de linguagem que expressam sua verdade, e o descobrimento da linguagem verdadeira como dependente da vontade de deixá-la emergir da busca (*zetesis*) amorosa da verdade em resposta ao puxão (*helkein*) iluminador e movente (*kinein*) do Além divino. Na *República*, portanto, Platão pode explicar isso e por que se pode estabelecer, preservar ou restaurar a ordem de uma pólis sem nenhuma quantidade de legislação especial que lide com os sintomas da desordem existencial: a não ser que a causa dos males especiais seja removida, tal pólis assemelhar-se-á a um doente que, sem renunciar a seu modo de vida, quer que o médico o cure, tratando os efeitos da dissipação (*akolasia*). Ademais, tal personagem odiará muitíssimo o homem que lhe diz a verdade: a não ser que renuncie a sua "bebedeira, empanturração e luxúria", no fundo, nem os meios físicos nem os conjuros mágicos e amuletos lhe curarão a doença (425-426). O desejo de drogas está agora relacionado ao cerne da desordem existencial, ao ódio à verdade que interferiria, na linguagem pascalina, nos *divertissements* da dissipação. E o que é essa verdade que é odiada porque curará? É o conto de imortalidade, de escolha humana e julgamento divino, o conto trazido de volta por Er do mundo dos mortos e contado por Sócrates no final da *República*. É "o conto que foi salvo e nos salvará se nos deixarmos persuadir por ele"; é o conto de que Sócrates faz sua própria palavra de persuasão; o conto que, se aceito, nos fará amados (*philoi*) por nós mesmos e pelos deuses.

A iluminação noética, longe de dispor da *dynastes megas*, faz mais visíveis as dimensões de seu poder. A mágica da palavras que pode causar a desordem existencial é também o poder de verdade que salva a ordem da existência no homem. Não há nenhuma verdade de *kosmos* e *akosmia* no homem senão a verdade que emerge como a Palavra do movimento divino-humano da busca amorosa. A Palavra da verdade, "o conto que salva" como contado por Sócrates-Platão, não é uma informação acessível a todo o mundo. O conto tem de ser encontrado pelo homem que está sofrendo a morte da realidade e, na caverna de sua morte, é movido para voltar-se para a luz divina. O voltar-se da morte para a vida, depois, não deve permanecer um acontecimento mudo na alma do homem que foi tocado pela graça, ou se perderá. Tem de tornar-se a Palavra na história da *periagoge*, na Parábola da Caverna, e o que é visto pela luz que dá vida tem de tornar-se Palavra no mito da imortalidade, julgamento e escolha. O conto que salva tem de, ele mesmo, ser salvo da morte da qual ele emerge, se quiser tornar-se a Palavra vivente com o poder mágico de salvação (*República* 621c). No entanto, mesmo quando a verdade experimentada é salva da perda, tornando-se o conto que salva, a verdade agora vivente na Palavra ainda é cercada pelas forças da morte. O homem que retorna da luz para a caverna transmitirá a Palavra àqueles que não podem ouvir o que ouvem; ele será escarnecido, perseguido e, como Sócrates, condenado à morte. Assim foi na época de Sócrates; assim foi no tempo de Cristo; e assim é hoje. A discórdia constante entre a Palavra que foi salva da morte e sua não aceitação pelo homem na sociedade e história pode ser experimentada tão intensamente que a realidade da discórdia, em vez da realidade da Palavra salvadora, será sentida como a verdade da "mensagem", como o foi por Karl Kraus, sob o impacto de acontecimentos contemporâneos. Em seu *Traumstück*[6] (1922), escreve ele:

> E sempre há o conteúdo desta mensagem:
> O mundo que deveria recebê-la
> Não a recebe, mesmo se pudesse.
> Um impulso mal orientado, levantando as almas para fora
> Gritando que estão fechadas.
> Porque são homens não os deixará ouvir
> Que não são homens.

---

[6] Peça de sonho. (N. T.)

A magia da Palavra salvadora é tão dependente da abertura do homem para a ordem do amor quanto a magia da desordem o é da inclinação a resistir e odiar a verdade.

Nem a discórdia nem sua origem no *mysterium iniquitatis* escaparam a Platão. A Palavra salvadora, como transmitida ao homem, não lhe transfigura a existência mundana num estado de perfeição. Ao contrário, ao revelar a direção do movimento em direção ao Além, o conto revela o estado de existência de Entremeio, a *metaxy*; revela a existência não como transfigurada nem não transfigurada, mas como envolvida num movimento transfigurante da imperfeição à perfeição. A realidade é experienciada como movendo-se para além de sua própria estrutura, e no homem é colocado o fardo de sua liberdade de participar no movimento ou de resistir a ele. Nas *Leis*, Platão simbolizou esta experiência do puxão (*helkein*) da Palavra e do contrapuxão (*anthelkein*) do homem como a "marionete dos deuses". Se o homem responde ao puxão da corda dourada flexível ou dá lugar ao puxão dos cordões de ferro rígidos, marca a linha divisória entre sua bondade [e] maldade (*arete kai kakia*) (*Leis* 644-45).

A interpretação deste mito famoso merece mais atenção do que convencionalmente recebe. Pois não é uma unidade simbólica autocontida. Platão inventou deliberadamente a "história verdadeira" como um mito compacto, colocado no Livro I das *Leis*, e desenrolou-lhe as implicações através de vários mitos diferenciadores nas partes seguintes do diálogo. Conceber um sequência de mitos, avançando da compactação à diferenciação, como os meios necessários para simbolizar a experiência de realidade é uma manifestação grandiosa do gênio imaginativo de Platão. É um mecanismo notável de fazer a verdade da realidade inteligível como realidade no processo de tornar-se verdade. A importância de grande alcance do mecanismo para uma filosofia da história para além da gama histórica da experiência de Platão será em breve considerada. No momento, temos de concentrar-nos na iluminação fundamental que governa o todo da sequência: que a verdade do processo é limitada pelo mistério do processo. Na análise platônica, o processo não põe termo a si mesmo, alcançando uma verdade com o poder de dissolver a desordem da inverdade (*akosmia*) que motiva a busca pela ordem verdadeira da existência (*kosmos*). A discórdia entre a verdade e a inverdade na existência não desaparece quando se torna consciente como a verdade da existência. Na linguagem de Karl Kraus, o homem continua o homem que não ouvirá que ele não é homem. E como a discórdia verdadeiramente não desaparece quando se torna luminosa por si mesma na consciência, a verdade da realidade provocará a pergunta do filósofo de por que o homem deveria ser colocado neste movimento inteiramente prazeroso da imperfeição à perfeição. É a pergunta que Platão faz conscientemente, no começo da sequência, no mito compacto do homem como a marionete dos deuses. Ao colocar o fardo da escolha inequivocamente no homem, Platão quer enfatizar o mistério do jogo e a mão questionável que os deuses têm nele – questionável, à medida que o puxão dos cordões de aço é tão divino quanto o puxão da corda de ouro. Mas por que deveriam os deuses fazer do homem sua marionete? Eles queriam um brinquedo (*paignion*) ou tinham um propósito sério? É inflexível a reposta de Platão: "Quanto a esta matéria, não sabemos nada" (644d-e). É a resposta que tem de ser dada pelo filósofo que está consciente de sua existência no entremeio. Por trás da verdade da discórdia está o mistério da realidade em que a discórdia se torna luminosa como sua verdade. A "verdadeira história" é verdadeira porque levanta a questão a que, na verdade, nenhuma resposta mais é possível.

Dificilmente se pode superestimar a importância crítica da "verdadeira história" e de sua relação com a resposta negativa que provoca. Pois a história dos cordões divinos em discórdia é a resposta espiritualmente imaginativa à pergunta a que a resposta noética tem de ser negada. A verdade da realidade, respondendo e perguntando, surge na consciência mediante a interação de visão e noese. Platão distingue entre a resposta imaginativa ao processo divinamente revelador mediante o mito e uma análise noética que deve ser conduzida dentro do entremeio constituído pelo mito. Não há nenhuma verdade noética autônoma, fora do entremeio; e a verdade do entremeio surge das experiências reveladoras. Para empregar uma formulação cristã mais tardia, a busca do filósofo é uma *fides quaerens intellectum*, exigindo clareza quanto à *fides* e quanto ao *intellectus*, assim como a clareza concernente à sua interação. No caso de Platão, a *fides* encontrou sua verdade simbólica na visão do amor como a fonte de ordem na realidade e pela visão da verdade na existência humana pela participação no movimento de realidade em direção ao Além divino; o *intellectus* é a ação noética de explorar as estruturas num processo de realidade cuja ordem fundamental e direção são reveladas pelas visões (*opsis*). A verdade do filósofo vem, então, da interação de noese e visão; e o resultado tem de ser cuidadosamente equilibrado para não violar nem a verdade da análise estrutural, nem a verdade da visão. Inaceitáveis, por exemplo, seriam as interpretações de empreendedores imperiais que, à maneira do Diálogo Melian, fingem que apenas o puxão dos cordões de aço é que são a verdade da realidade; ou de idealistas que acreditam na possibilidade de estabelecer uma ordem social permanente apenas sob o puxão do cordão de ouro; e igualmente inaceitáveis seriam os sonhos de um estado harmonioso sem tensões de existência vegetativa. A resposta às perguntas levantadas pelo processo de realidade não devem ser encontradas por sonho imaginativo; devem ser encontradas pela participação no processo, seguindo o puxão do cordão de ouro tanto quanto o permita o contrapuxão dos cordões de aço.

Mas a pergunta do por que a realidade deveria ter a estrutura que tem não será silenciada pela iluminação do filósofo de que é impossível uma resposta noética. Quanto mais claramente fale a palavra do "conto salvador" na história, mais obstinadamente o homem, ou ao menos alguns homens, levantarão a pergunta do por que a existência deveria ter uma estrutura da qual o homem tenha de ser salvo. E se é impossível uma resposta noética dentro da *fides* da visão, um sonho imaginativo tem de oferecer a resposta sem atentar para a verdade noética. Ao tempo em que a própria Palavra falou com toda sua clareza, em Cristo, pensadores gnósticos responderiam à pergunta com o mito de uma queda no reino da divindade e atribuiriam a criação do mundo, com a discórdia de sua tensão, a um demiurgo mau, a um demônio. Esta solução do problema platônico por uma visão satânica tornou-se uma força na história do mundo. É a resposta que acompanhou até hoje a história da Cristandade; e quaisquer que sejam as formas assumidas, tem o caráter de uma revolta contra a realidade.

Pois no cerne da visão está a recusa de participar no processo de realidade sob as condições de sua estrutura misteriosa. Em seus começos históricos, a recusa assumiu a forma pragmática de grupos sectários que expressavam seu desprezo para com a ordem da realidade mediante o ascetismo ou a licenciosidade, chegando, algumas vezes, ao extremo da não reprodução a fim de pôr um termo à miséria da existência. Uma disciplina não participativa prepararia a centelha divina do pneuma no homem para a salvação dela pela união com o pneuma divino na morte. Na forma moderna ativista, os sonhadores traduzem a discórdia platônica dos cordões divinos numa discórdia entre homens, com o ativista representando a verdade divina que porá termo à discórdia na realidade e seu oponente representando a força satânica que causa a discórdia e tem de ser exterminado, se se quiser que prevaleça a ordem harmoniosamente projetada pelo ativista.

O conceito errôneo de filosofia clássica como uma empresa para encontrar a verdade da realidade pela "razão natural"; a distinção doutrinária entre "razão natural" e "revelação sobrenatural" como fontes da verdade; o desenvolvimento resultante da distinção em duas empresas de "teologia" de um lado, e de "metafísica", "ontologia" e filosofia "crítica" de outro lado; o endurecimento dessas questões doutrinais na oposição popular de "religião" e "ciência"; os subconflitos entre "teologias" desde o século XVI e entre suas doutrinas sucessoras, as "ideologias", desde o século XVIII – toda esta abundância doutrinal e conflito, mais tarde agravado e complicado pelo crescimento dos movimentos gnóstico-satanistas e pela interação com eles, levantou tal montanha de debate incidental sobre os problemas de visão e noese que se tornaram raras entre pensadores modernos as reflexões incisivas sobre a forma que Platão deu a ele. No entanto, é possível apontar os poucos exemplos de tal reflexão que revelam a consciência de continuidade com o filosofar platônico assim como a gama de deformação que sofreu.

O caso mais importante é provavelmente a tentativa de dissolver a tensão platônica de visão e noese por um ato de conceptualização progressiva, a tentativa feita pelo mágico principal do século XIX, Hegel. Em sua *Philosophie der Geschichte*, ele caracteriza o filosofar de Platão como uma primeira tentativa ineficaz de estabelecer a filosofia como uma ciência sistemática do *Geist*. Platão ainda não estava intelectualmente maduro o bastante para penetrar a realidade pela análise conceptual; seu tempo ainda não estava pronto "para uma obra verdadeiramente científica". A prova de sua imaturidade é a tendência de apresentar um mito, um modo sensual de representar a realidade, quando falha o poder de análise conceptual. O mito, entretanto, é "uma poluição de pensamento através da forma sensual" numa época em que o pensamento ainda não obteve a liberdade de expressar-se. O mito tem seu lugar na infância, "na pedagogia da humanidade". "Mas quando o conceito se tornou adulto, já não precisa do mito. Platão diz frequentemente que acha difícil desenvolver uma matéria e, portanto, preferiria apresentar um mito; é mais fácil estar certo". Com um toque algo desdenhoso, Hegel descarta a tensão entre a análise noética e o mistério divino de uma realidade em que a busca da verdade ocorre como um problema na infância do pensamento. Agora, dois mil anos depois de Platão, o mistério foi penetrado pela lógica do "sistema de ciência" de Hegel. E ainda, a *hybris* hegeliana de iluminismo relega à infância do pensamento humano não apenas Platão, mas também Cristo. Na introdução de seu *Wissenschaft der Logik* [Ciência da Lógica], Hegel apresenta "o reino da verdade, como ela é, desvelada e em si mesma". O conteúdo de sua *Logik* é "a apresentação de Deus, como ele é em seu ser eterno, antes da criação da natureza e de uma mente (*Geist*) finita". Na infância da humanidade, o Logos não poderia ser mais do que Cristo; agora, em sua maturidade, pode tornar-se Hegel. O próprio Deus fala seu Logos nas páginas da obra de Hegel. O mistério divino, expresso pelo mito platônico assim como pelos símbolos reveladores cristãos, foram transformados numa consciência "dialética" que desenrola seu processo no "sistema".[7]

Hegel abole a tensão do entremeio e transfigura a consciência no próprio Logos divino, deixando a análise noética penetrar o mistério divino sob o título de "dialética". Estamos no centro do movimento satânico. Como um pensador, que sofreu sob as

---

[7] Hegel, *Vorlesungen über die Geschichte der Philosophie* [Preleção da História da Filosofia], Vol. II, Jubiläumsausgabe, vol. XVIII, p. 188-89; Hegel, *Wissenschaft der Logik* [Ciência da Lógica]. Ed. G. Lazsson. Hambrg, 1963, p. 31.

pressões do ambiente satanizado, mas se manteve intelectualmente a par da verdade da "história verdadeira", responderia à exuberância transfigurante dos mágicos? Uma geração após Hegel, encontramos uma resposta à pergunta na obra de Baudelaire. Em sua saudação "Au lecteur",[8] apresentando as *Flores do Mal*, Baudelaire pôde escrever:

> Sur l'oreiller du mal c'est Satan Trismégiste
> Qui berce longuement notre esprit enchanté,
> Et le riche métal de notre volonté
> Est tout vaporisé par ce savant chimiste.
>
> C'est le Diable qui tient les fils qui nous remuent.[9]

Que significado pretendia o poeta transmitir por esta variação notável no mito do homem como a marionete dos deuses? Certamente ele não concebia seu simbolismo como uma melhora da "história verdadeira". Pois Platão dificilmente teria concordado com a indicação do demônio para o cargo de puxar os cordões, mesmo que ele estivesse disponível para o propósito na cultura helênica de símbolos. Com o demônio como o único puxador dos cordões, não haveria nenhum Deus para puxar o cordão de ouro; e como pode haver um demônio se não há nenhum Deus? O demônio na sua presença única teria obscurecido as ambiguidades de uma psique que pode ser puxada em direções opostas; e, acima de tudo, o simbolismo teria desprezado o processo pessoal, social e histórico em que a revelação do "conto salvador" reintroduz a ordem à existência desordenada. O demônio, então, teria destruído o equilíbrio platônico da consciência; teria feito da "história verdadeira" uma mentira, ao isolar um componente da experiência complexa que o mito tinha para expressar.[10]

---

[8] Ao leitor. (N. T.)

[9] No travesseiro do mal é Satã Trismegisto / Quem embala longamente nosso espírito encantado / E o rico metal de nossa vontade / É vaporizado por este sábio químico. // É o Diabo quem segura os cordões que nos movem. (N. T.)

[10] Eugene Webb, autor de *The Dark Dove* (Seattle, 1975), chamou-me a atenção para essa passagem. [Em edição brasileira: Eugene Webb, *A Pomba Escura*. Trad. Hugo Langone. São Paulo, É Realizações, 2012. (N. E.)]

Longe de criticar o autor das *Flores do Mal*, as observações sobre a inconveniência do demônio deveria tornar claro, para além de qualquer dúvida, que Baudelaire não tentou, como Hegel, dar uma resposta superior à de Platão, mas quis expressar uma experiência bem diferente. Por sua variante, ele não simbolizava o equilíbrio de consciência, mas, ao contrário, as consequências de sua perda. Ele tinha experimentado o "homem moderno" de seu tempo como sendo uma mente doentia envolvida na feitiçaria da autodivinização; ele vivera mediante a situação satânica sem deixar que ela lhe prejudicasse a ordem intelectual; e ele poderia, portanto, compreender o desequilíbrio de consciência analiticamente pelos critérios de equilíbrio. Sua variante não critica Platão, mas conta a "história verdadeira" da desordem dos mágicos na linguagem platônica. Nos *Paradis Artificiels*,[11] ele desenvolve os meios mágicos empregados para o propósito de autodivinização e os identifica, como fez Platão, como drogas e palavras. Nos dois capítulos sucessivos sobre "Le Théâtre de Séraphin"[12] e "L'Homme-Dieu",[13] estuda primeiro a expansão da mente, "a introdução artificial do sobrenatural na vida e no pensamento", mediante o emprego do haxixe; e depois analisa a obtenção do mesmo estado de superioridade divina mediante a mágica das palavras: "Jean Jacques s'etait enivré sans hashish".[14] O vício em Rousseau, ou nas "doctrines allemandes modernes",[15] pode produzir o mesmo efeito do uso de drogas. Contra tal destruição proposital da humanidade do homem, Baudelaire apresenta a iluminação firme: "Um homem que não aceita as condições da vida, vende a alma". Se se recusa a ser a marionete dos deuses, torna-se a marionete de si mesmo e de sua imaginação; e os meios mágicos empregados para o propósito, sejam eles químicos ou verbais, aparecerão "para uma mente verdadeiramente filosófica como o instrumento perfeito de Satã". O demônio que toma posse do homem é o próprio homem quando entrega a imaginação ao extremo da autodivinização.[16]

---

[11] Paraísos artificiais. (N. T.)

[12] O teatro de Serafim. (N. T.)

[13] O Homem-Deus. (N. T.)

[14] "Joaquim ficava embriagado sem haxixe." (N. T.)

[15] "Modernas doutrinas alemãs." (N. T.)

[16] Para as citações no contexto, ver *Paradis Artificiels* (Pléiade), p. 353-87, especialmente p. 381-84.

A autodivinização dos mágicos perturba o equilíbrio de mistério e noese, com as consequências simbolizadas pela variação satânica de Baudelaire sobre o mito platônico. Se sentimos, no entanto, a negação da resposta noética como algo insatisfatório, não é porque a negação seja obscura ou mentirosa, mas porque é compacto o mito que a provoca. De uma inquirição platônica concernente à existência do homem esperamos mais do que um mito que não vá substancialmente além do grau de diferenciação já obtida por Homero na apologia de Agamenon a Aquiles (*Ilíada* XIX 78-144). Os deuses nomeados por Agamenon por tê-lo atacado com a cegueira (*ate*) – Zeus, Moira, Erínias, Ate –, é verdade, tornaram-se agora "os deuses" que puxam as cordas para cada homem, mas mesmo que se tenham tornado tão anônimos como o homem com quem eles jogam seu jogo enigmático, eles são ainda os deuses homéricos que põem o fardo de culpa no "Mortal" que deveria ter aprendido a não deixar-se cegar pelos "imortais".

Analisarei agora a consciência do processo histórico em que este mito aparentemente compacto tem seu lugar.

A compactação homérica do mito da marionete não é uma recaída. É cuidadosamente planejada. Nas *Leis*, como enfatizei, Platão apresenta o processo revelador como a fonte abrangente de verdade, deixando o mito compacto do Livro I ser diferenciado pelos mitos nas partes posteriores do diálogo. Neste contexto, a compactação não é candidamente homérica, mas tornou-se um "tipo" histórico de iluminação. O que antes era o "presente" homérico da experiência e simbolização é agora, em retrospecto desde um novo presente do processo revelador, conhecido analiticamente como um "passado" de iluminação; pois neste novo "presente" o homem já não é um "mortal" homérico, mas, embora tenha ainda de sofrer seu nascimento e morte corporais, um homem que está consciente de "imortalizar-se" (*athanatizein*) quando deixa sua psique seguir a visão do conto salvador que foi salvo da morte. O processo, como um avanço da iluminação compacta para a diferenciada, sobe até a consciência analítica quando a visão reveladora constitui um novo "presente" e, por seu entendimento noético, transforma o antigo "presente" num "passado" do processo. A antiga iluminação pertence ao passado, não porque seja datável como tal no tempo externo, mas porque sua "verdade" se tornou passado em relação a uma "verdade" diferenciada que está consciente como presente. Passado e presente recebem seu significado de acontecimentos internos do processo de verdade.

O presente que constitui um passado é ele mesmo constituído pela interação de visão e noese na parte de realidade que é conhecida pelo nome de Platão. Estou empregando tal linguagem distanciadora impessoal a fim de reproduzir a distância reflexiva que Platão coloca entre ele mesmo e sua existência, ao deixar, como o autor do diálogo, o estrangeiro ateniense relacionar o acontecimento da visão. O cretense Clínias cumprimenta o Estrangeiro por sua iluminação perspicaz sobre matérias históricas, e o Estrangeiro explica esta perspicácia como a da visão (*hora*) que cresceu durante uma vida: "Uma visão de homem concernente a tais matérias é bronquíssima quando ele é jovem, e afiadíssima quando é velho (*geron*) (*Leis* 715 d-e). A visão de Platão, então, não é um raio repentino de iluminação, mas uma claridade tardia de uma verdade apreendida apenas fracamente quando era jovem; a verdade da história cresceu historicamente em sua existência. Ademais, como fazem crer as referências do Estrangeiro a diálogos anteriores, Platão quer que este processo multifacetado seja compreendido como um todo cujo passado não deve ser descartado como irrelevante agora que culminou no presente das *Leis*. Não há nenhuma verdade *da* história senão a verdade que cresce *na* história. Esta concepção de verdade como um crescimento de luminosidade no processo de realidade impõe respeito no pensador e seu presente; ele tem de respeitar seu passado tanto quanto respeita seu presente que será um passado para um presente futuro. A existência do filósofo obtém sua verdade do aceitar a si mesma como um acontecimento de participação, mas nada mais que tal acontecimento, num processo de realidade que se está tornando luminoso; e, inversamente, a estrutura da processo histórico não se tornará luminosa por sua verdade a menos que se torne luminosa no ponto de sua ocorrência concreta no presente da consciência do pensador. Platão estava ciente da distância reflexiva entre sua existência como um acontecimento de consciência participativa, e a exegese do acontecimento pelos símbolos que ele desenvolveu em sua obra; e expressou sua consciência mais de uma vez, ao rejeitar o equívoco de sua palavra falada ou escrita como uma "verdade" que será possuída como doutrina informativa. A verdade dos símbolos não é informativa; é evocativa. Os símbolos não se referem a estruturas no mundo externo, mas ao movimento existencial no entremeio do qual eles emergem como a exegese do movimento em linguagem inteligivelmente expressiva. Pode-se dizer que o significado deles é compreendido apenas se evocaram no ouvinte ou leitor o movimento de consciência participativa correspondente. O significado deles, pois, não é simplesmente uma questão de compreensão semântica; tem-se de falar do significado deles como otimamente realizado quando o movimento que evocam na consciência recipiente é intenso e articulado o suficiente para formarem a existência de seu portador humano e de levá-lo, a seu turno, para a busca amorosa da verdade. Apenas o todo deste processo, sem nenhuma parte separada das outras, é a verdade da realidade quando se torna luminosa a si mesma.

Compreender a verdade na integralidade de sua estrutura, como faz Platão, é um componente essencial no equilíbrio de consciência que chamamos sabedoria. Se por uma razão ou outra a compreensão é perturbada, a verdade da realidade se desfará num vasto campo de simbolismos rivais, cada um exigindo para si a verdade "absoluta"; e como o campo dos simbolismos continuará a ser um fato histórico, mesmo se a consciência recipiente for perturbada, ele evocará as respostas desamparadas dos vários "relativismos" ou "historicismos" que dizem respeito à verdade da realidade. Entretanto, qualquer que seja a forma que assuma a resposta desequilibrada, em seu centro encontraremos o colapso da distância reflexiva dentro da identidade de uma consciência "autorreflexiva". O caso teoricamente mais bem articulado e o mais eficaz socialmente é a *Identitätsphilosophie* romântica. Desde que Hegel fez desse colapso o princípio de construção de um sistema que transfigurará a participação na realidade em sua possessão, a perturbação do equilíbrio de consciência se manteve um fator importante na desordem intelectual moderna. Na filosofia contemporânea, entretanto, não temos nenhuma terminologia para lidar com esses problemas de formação e deformação. Escolhi, portanto, a elocução *distância reflexiva* como um termo técnico para denotar a consciência de Platão acerca do problema. Pretende trazer para a clareza conceptual a diferença entre a realidade que se torna reflexivamente luminosa na consciência e o colapso da luminosidade reflexiva em identidade autorreflexiva.

A distância reflexiva entre os movimentos do encontro divino-humano e sua articulação através dos símbolos necessariamente chamará a atenção do pensador quando uma diferenciação da verdade no nível da experiência participativa não puder ser adequadamente articulada pelos símbolos disponíveis no ambiente social e histórico. Descobrir-se-ão novos símbolos, e símbolos mais velhos terão de mudar seu significado. Este é o problema de Platão quando encontra a si mesmo reflexivamente confrontado com sua "visão" participativa.

A "visão de tais matérias" de Platão (*Leis* 715 d-e) é sua experiência reveladora de uma força divina para além dos deuses olímpicos como a fonte verdadeira de ordem no cosmos. Obviamente, os deuses olímpicos não serão suficientes para articular esta verdade de divindade não olímpica. A distância reflexiva entre a recente consciência existencial diferenciada e sua exegese pelos símbolos faz-se sentir nas hesitações reflexivas acerca da nova linguagem. O *status* da força divina recentemente revelada é ambíguo porque está algumas vezes para além (*epekeina*) de todas as coisas, incluindo os deuses, e ao mesmo tempo presente neles (*pareinai*) como a fonte da realidade e forma ordenadora deles (*República*). Ademais, como pode o símbolo "ser" aplicar-se a algo que não é um ser? E que tipo de deus é o Deus do qual os deuses obtêm sua imortalidade divina (*Fedro*)? E, no entanto, por mais questionável que este Deus possa ser na linguagem convencional, ele está manifestamente presente nos movimentos amorosos da alma e esforça-se por perfeição para além da imperfeição experienciada dos seres. Ele está presente na consciência da ascensão da busca do homem em direção ao Agathon (*República*), ao Kalon (*Banquete*) e ao Sophon (*Fedro*), assim como na ascensão em direção ao Um para além dessas facetas da realidade divina, em direção ao Um que impõe a ordem dos Muitos no Infinito (*apeiron*) (*Filebo* 16d-e). E quando o Deus revela sua presença nos movimentos e contramovimentos divino-humanos da ascensão meditativa, ele se revela como o Uno por trás dos muitos deuses reconhecidos pelo povo como os fundadores e preservadores da ordem nas suas comunidades respectivas, como, por exemplo, Zeus de Creta, ou Apolo de Esparta (*Leis* 624 a). O cosmos platônico, então, permanece cheio de deuses, mesmo que os deuses agora devam ser compreendidos como manifestações da realidade divina verdadeiramente Una para além do cosmos. Para evitar equívocos convencionais: a visão não fornece aos filósofos progressistas um avanço do "politeísmo" ao "monoteísmo", mas, na verdade, diferencia uma consciência cosmologicamente compacta de "divindade", ao revelar o "uno" que esteve sempre presente como o "Além" divino, e, em consequência, os deuses do cosmos como as manifestações diversificadas de sua "presença" (*parousia*).

Através de sua visão Platão pode entender o processo histórico como um fluxo de presença divina. Cada fase do fluxo tem a estrutura de um encontro divino-humano; cada fase é um acontecimento da resposta do homem, ou da recusa em responder, à presença do apelo divino ordenador. A consciência da presença divina como o apelo formativo dota cada um desses acontecimentos de um caráter indelével de um "presente". Infelizmente, esta parte da visão nunca atraiu suficientemente a atenção para permitir que se desenvolvesse uma terminologia satisfatória para além dos próprios *pareinai* e *parousia* de Platão. Ao introduzir o termo *presente indelével* devemos ser capazes de falar mais fluente e inteligivelmente desta iluminação importante na estrutura da história. Ademais, o termo deverá ajudar a dissolver ao menos algumas das confusões acumuladas em torno do problema em nosso tempo pelo emprego analiticamente questionável dos termos *Ser* e *Parousia* em certas empresas hermenêuticas, como a "ontologia fundamental" de Heidegger.

O "presente indelével" no sentido aqui pretendido não pertence ao tempo externo do cosmos material. O passado, presente e futuro do tempo externo são recobertos de um "presente" que é constituído pela presença do "Deus" revelado na visão de Platão. A visão, então, revela modos de tempo cuja estratificação corresponde à estratificação do ser na existência do homem. Por seu corpo, o homem toma parte no cosmos material e orgânico; por sua psique, ele participa na imortalidade divina. Por sua vida corporal, ele é destinado a morrer; pela morte ao corpo, ele é destinado a viver. O homem está consciente de ser o "imortal-mortal" da visão de Heráclito (Heráclito B 62). Daí, enquanto os acontecimentos da história são datáveis no tempo externo, correspondendo à existência corporal do homem que tem a experiência, os acontecimentos mesmos ocorrem na intersecção do tempo externo com o fluxo da presença divina, *i.e.*, no tempo existencial do entremeio. No estudo do processo histórico nenhum dos extratos deve ser negligenciado. Por isso, Platão examina a evolução da sociedade humana no nível tecnológico, biológico e organizacional desde os assentamentos tribais até o mundo das pólis e suas federações ao tempo dele, e chega a enfatizar a necessidade de encontrar a forma confederada do *ethnos* helênico que pode manter-se militarmente contra o império persa (*Leis* III). Tal significado que o extrato tem deriva, entretanto, de suas funções como o substrato corporal e organizacional da consciência existencial. O processo como um todo tem seu centro de significado no fluxo de presença que foi diferenciado pela visão (*Leis* IV).

A visão revela o presente indelével como o centro de significado nos acontecimentos da história. Mas faz mais. Se os encontros divino-humanos fossem experienciados da mesma maneira por todos, em todas as sociedades, em todos os tempos, haveria ainda o fluxo de presença, determinando o significado no fluxo da consciência existencial, mas a estrutura do fluxo seria estática. Sem mudanças nos modos de experiência, a consciência existencial não teria história. Entretanto, a visão revela a dinâmica do fluxo revelando-se a si mesma como um acontecimento dinâmico dentro do fluxo. Enquanto Platão sabe, em sua distância reflexiva, que os acontecimentos são sempre estruturados pelo presente indelével, ele também sabe que as iluminações diferenciadas concernentes ao presente não estão presentes nos acontecimentos prévios; e, além disso, ele sabe que a força formativa da presença divina está exposta à deformação pela resistência do parceiro humano no acontecimento. O avanço da compactação até a diferenciação e a habilidade humana de deformar o acontecimento formativo tornam-se, assim, visíveis como duas estruturas que atingem o modo de experiência. Ao reconhecer essas estruturas, finalmente, a visão revela seu reconhecimento como um acontecimento no processo de realidade, que se torna iluminado por sua verdade. As variações experienciais não continuam como uma sequência sem sentido; o processo delas é inteligível à medida que é cognitivo internamente. O componente noético do processo irrompe, na visão das *Leis*, do *status* previamente compacto para sua articulação diferenciada como a Nous. O grande tema das *Leis* é a iluminação na verdade da realidade como uma luta não terminada pela verdade – uma luta que não deve ser observada de fora, mas comandada de dentro do processo histórico pelos homens a quem foi concedida, pela divindade desconhecida, a graça da visão e que respondem com a articulação dela.

O significado existencial da cisão de Platão é tão gravemente obscurecido hoje que seu conhecimento já não pode ser pressuposto. A razão global deste eclipse é a transformação da linguagem analítica de Platão em termos de metafísica proposicional desde a antiguidade helênica. A razão mais específica é o grande número de frentes em que Platão comanda sua luta pela verdade contra as deformações: as complicações nas várias zonas de combate podem divertir a atenção do centro da ação na visão. Uma exposição adequada dessas dificuldades preencheria um volume. No presente contexto, restringir-me-ei a reflexões sobre uma passagem-chave, a fim de indicar a origem de certos problemas que ainda infestam os existencialismos e hermeneuticismos do século XX.

A luta contra a deformação sofística do acontecimento, estruturalmente a mesma que temos de conduzir hoje contra a deformação ideológica, está envolvida pela pergunta de abertura das *Leis*: "Deus ou algum homem?" – quem é o autor (*aitia*) das *nomoi*, da ordem no homem e na sociedade? À concepção sofística de que o homem é a medida, Platão opõe sua visão de que "Deus é a medida de todas as coisas no mais alto grau, e certamente em mais alto grau do que qualquer homem de que as pessoas possam falar" (*Leis* IV, 716c). Estou citando a passagem na íntegra porque ela fornece um exemplar típico das dificuldades que surgem da situação da "luta". De um lado, Platão quer expressar a verdade da "medida" que ele experienciou; de outro lado, ele quer cunhar uma fórmula, notavelmente apontado contra um mote corrente que deforma a verdade com efetividade social. O resultado de seu esforço é uma fórmula notável, *i.e.*, "Deus é a medida", que obscurecerá a verdade da existência se for citada fora de contexto. Temos de notar, portanto, o comparativo qualificador ligado à medida nesta passagem. Deus, a medida, não é a alternativa dogmática do filósofo ao homem-medida, do sofista; assim Deus como o homem são as medidas das coisas, embora Deus num grau mais alto do que o homem; a visão não é uma revelação doutrinal, mas, na verdade, um acontecimento existencial em que o homem se torna consciente de sua parte como aquele que responde ao apelo divino. A situação da luta induz a uma "linguagem de luta", como chamarei tal fenômeno, sobrecarregando a formulação com o duplo significado de verdade e oposição à mentira; e pelo componente oposicional de significado algo da mentira oposta arrasta-se para a simbolização da verdade. A tensão da linguagem de Platão tem de ser relaxada se quisermos discernir os dois estratos de verdade e deformação.

O centro de formação existencial é revelado pela Visão como o movimento divino-humano e contramovimento no processo de realidade que se torna luminosa por sua verdade. O homem responde ao apelo divino ao deixar-se levar na busca a que o Além divino responde com a Visão garantida. Esta consciência existencial de viver na tensão de apelo-resposta é integral no sentido de que nem há um Entremeio tensional sem a realidade divina e humana como polos, nem há outros polos senão os experienciados na tensão existencial. O entremeio e os polos pertencem um ao outro como partes de uma realidade que se torna cognitivamente luminosa na experiência. Ademais, assim como os componentes na dinâmica da consciência existencial pertencem um ao outro, assim os símbolos de linguagem que articulam a experiência formarão um complexo integral. Nem o entremeio e seus polos têm de ser dilacerados em entidades autônomas, nem os símbolos articuladores que emergem da experiência têm de se interpretados erradamente como se se referissem a tais entidades separadas. A esta experiência integral, e sua simbolização igualmente integral, referir-me-ei como o *complexo meditativo*.

Somente se o complexo meditativo for reconhecido como integral é que os fenômenos de deformação se tornarão inteligíveis como um complexo integral correspondente. Estar a par da correlação entre os complexos é de suma importância para o filósofo, porque a ação deformadora fragmenta as partes do complexo meditativo em tópicos pseudoindependentes de discussão de tal maneira que não é sempre facilmente visível a conexão deles como partes do complexo integral correspondente de deformação. Pois um pensador não reconhecerá imediatamente a verdade da realidade no complexo meditativo e, depois, oferecerá uma verdade alternativa, ou seria óbvia a falta de sentido de sua empresa; ele continuará suspendendo sua consciência existencial de tal maneira que poderá reificar-lhe as partes. Falei antes da obscuridade analítica no sonho dos ativistas. Portanto, as relações entre as partes do complexo de deformação, assim como sua relação com as partes do complexo meditativo, têm de ser reinterpretadas pelo filósofo, dando ensejo a algo como uma lógica de deformação. Para ficar com os problemas mais imediatos da "luta" platônica em discussão, exigir-se-iam estas reflexões como um mínimo:

1. Somente se a realidade da consciência existencial foi suspensa, de tal maneira que a realidade do movimento no entremeio tenha sido eclipsada, é que os polos divino e humano da tensão podem ser hipostasiados em entidades autônomas. Entretanto, como, ao serem eclipsados, não desaparecem os problemas do entremeio, eles têm agora de ser reproduzidos no domínio da deformação.

2. Já que o entremeio existencial é o centro cognitivo em que a realidade se torna luminosa por sua verdade, e este centro está agora eclipsado, tem-se de analisar um novo tipo de cognição que permitirá as afirmações verdadeiras nas condições de deformação: se os polos da tensão devem tornar-se objetos de afirmações verdadeiras por um

sujeito não existencial, a luminosidade da consciência existencial tem de ser substituída por uma consciência intencionalista que pode apresentar proposições referentes às entidades autônomas. Estamos tocando na origem da metafísica proposicional, em particular nas antropologias e teologias autonomizadas.

3. Já que no complexo meditativo a verdade da realidade é a realidade da verdade, as novas análises da verdade exigem novas análises da realidade: se as ênfases de deformação caírem no polo humano, um sofista contrairá a realidade do entremeio numa consciência humana imanentista e negará a realidade divina; se as ênfases caírem no polo divino, um pensador eleata deformará a realidade, contraindo-a no Uno, e reduzirá qualquer outra realidade ao *status* de não ser.

4. Já que os movimentos divino-humano de consciência existencial são o centro de significado na dinâmica formativa da pessoa, da sociedade e da história, o próprio entremeio tem de ser transportado do complexo meditativo para o deformante se o ato de deformação não se expuser como conversa sem sentido. Esta última exigência, entretanto, encontra certas dificuldades porque a tensão do *entremeio* tinha sido eclipsada quando seus polos foram reificados em extremos de realidade. Como podem os extremos contraídos ser colocados juntos novamente como forças moventes com significado na realidade experienciada? Apenas se se deixar que suas identidades contraídas desmoronem na identidade de uma consciência fictícia que é tanto humana quanto divina. O Deus cuja presença é experienciada como a força movente na consciência existencial tem de morrer, de tal forma que o extremo de sua identidade hipostasiada possa fundir-se na identidade movente da consciência autorreflexiva de Hegel. No processo milenar de filosofar, a deformação alcança sua autodeclaração quando Hegel coloca a passagem da *Metafísica* XII.7 (1072b18-31) no final de sua *Encyclopaedie*, a fim de enfatizar o progresso histórico do mundo, desde

a revelação visionária de Aristóteles da direção imortalizadora nos movimentos noéticos, até a transfiguração obtida pela dialética de Hegel. A realidade transfigurante da resposta noética do filósofo à presença divina tem de tornar-se o poder humano-divino do feiticeiro que força a realidade, através da "magia do extremo", na transfiguração aqui e agora.

As reflexões precedentes, embora pudessem tocar apenas em questões básicas, terão sugerido a magnitude dos problemas envolvidos. A deformação fratura o complexo meditativo; os fragmentos se tornam zonas de combate na luta pela verdade; no curso milenar do filosofar, complicado pelas mudanças dos ambientes linguísticos e civilizacionais, as questões controversas se tornam ainda mais diversificadas; e este vasto campo de questões secundárias obscurece eficazmente o centro da luta na consciência existencial. Com o complexo meditativo fragmentado, os atos de deformação se tornam irreconhecíveis com partes de um complexo correlativo; com ambos os complexos obscurecidos, a luta pela verdade tende a degenerar numa guerra selvagem de "posições", articulando-se como "ismos", que são cegos por causa de seu próprio significado tendo em vista a consciência noética; a "posição" noeticamente vazia se torna uma forma de pensamento que se impõe como obrigatório numa sociedade; e a guerra de posições cria um "clima de opinião", como a este fenômeno chamou Whitehead, que se mostra quase impenetrável pelo argumento noético. A consciência existencial que deveria ser a força formativa da ordem pública foi substituída por um "inconsciente público" que resiste energicamente à análise de sua estrutura, assim como à do lugar desta estrutura no processo de realidade que se torna luminosa por sua verdade.

A consciência existencial não tem de ser noeticamente diferenciada para sofrer as provações da deformação. Na crise do Antigo Império egípcio, no terceiro milênio a.C., uma rica literatura de rebelião deformante e de resistência à deformação conduz o debate existencial na linguagem do mito cosmológico. Pode-se sentir a pressão de transcender o simbolismo da civilização imperial, mas não ocorre a revelação pessoal na clareza e liberdade da articulação noética. Sob as condições bem diferentes da civilização helênica não imperial, as adversidades críticas sofreram com agitações domésticas, as guerras genocidas entre as pólis, e as ameaças externas de civilizações vizinhas induzem respostas pessoais concernentes ao significado ou ao não significado da existência que são distinguidas por um desejo cognitivo de mover-se para além da linguagem de verdade representada pelas culturais míticas locais. Já que os gregos não tinham nenhum sacerdócio nacional, a autoridade para apresentar a verdade da realidade estava com os estadistas, os poetas e os filósofos, restringidos na expressão de sua busca apenas pelo conflito potencial, às vezes fatal, com o culto implacável da pólis. Na obras de Platão, esta cultura da busca pessoal chega a um clímax com o descobrimento da busca mesma como uma fonte de ordem e de desordem na existência, com a exploração de sua estrutura, e com a criação de uma linguagem que expressará o descobrimento. Platão, ao contrário das grandes figuras das civilizações egípcia, persa, hindu ou chinesa, está *en arche*[17] de nossos problemas presentes, porque sua Visão revelou o cerne noético da consciência que procura, e porque sua articulação da visão criou iluminações no cerne noético que permaneceu constante no processo ocidental de filosofar, mesmo se elas são honradas tão frequentemente pela ação deformante quanto pela repromulgação e desenvolvimento.

Uma das constantes milenares, que dura através dos contextos civilizacionais dos impérios helenístico, romano e cristão ocidental até o assim chamado período moderno, *i.e.*, o período do imperialismo ideológico, é a iluminação concernente às aporias que surgirão quando os polos da tensão existencial forem transformados em entidades hipostáticas. Algumas observações sugerirão que seu escopo histórico, ao mesmo tempo, ajudará a proteger a concepção platônica da consciência existencial contra as más compreensões ainda furiosas hoje.

Platão, como vimos, tem de conduzir sua luta pela verdade da realidade contra as contrações assim sofistas como eleatas.

---

[17] No princípio. (N. T.)

Os primeiros antissofistas, *Protágoras* e *Górgias*, e os últimos, antieleatas, *Sofista* e *Parmênides*, têm de ser entendidos como as manifestações correlativas de sua luta contra as contrações hipostáticas dos polos tensionais. Enquanto os pormenores técnicos do diálogo são bem explorados, a compreensão de sua correlação noética está ainda em desvantagem pela concepção de Platão como um filósofo que desenvolveu "doutrinas". As dificuldades resultantes deste preconceito são admiravelmente formuladas por H. N. Fowler em suas observações introdutórias do *Parmênides*. O diálogo, diz ele, "parece ser uma *reductio ad absurdum*[18] das doutrinas e métodos eleatas, colocados na boca do chefe da escola eleata". No entanto, "é difícil supor que todo o propósito deste diálogo seja o de mostrar as dificuldades inerentes na doutrina das ideias e as doutrinas eleatas do ser, já que essas são as doutrinas que Platão algures advoga ou, ao menos, trata com o mais profundo respeito. No entanto, este resultado negativo é tudo que aparece com alguma clareza (...). Num grau maior ou menor, o mesmo se aplica a vários outros diálogos que parecem pertencer quase às mesmas datas do *Parmênides*. Tais são o *Teeteto*, o *Crátilo*, o *Sofista*, o *Estadista* e o *Filebo* (...). Pode ser que resultados mais positivos fossem alcançados por Platão em seu ensinamento oral, ou que esses diálogos devessem ser seguidos por uma série de diálogos interpretados mais positivamente, os quais, na verdade, nunca foram escritos".

As suposições tópicas desta passagem refletem o "clima de opinião" corrente. Um filósofo tem de desenvolver doutrinas tais como a "doutrina das ideias", ou a "doutrina do ser", ou (como quer Heidegger), uma "doutrina da verdade". A declaração enérgica de Platão de que qualquer um que obtenha doutrinas ensináveis de seu filosofar não compreendeu o que ele está fazendo é simplesmente desprezada porque se tornou ininteligível no clima dogmatomáquico. Que Platão estime Parmênides como um companheiro no filosofar cuja obra é exposta ao mesmo tipo de equívoco que a dele, e expresse seu respeito pelo grande pensador fazendo-o o crítico dos "eleatas" que dilaceram a visão experienciada do Ser em doutrinas acerca do "ser" e do "não ser"

---

[18] Redução ao absurdo. (N. T.)

são pensamentos que não se devem nutrir. Pois, se esta relação fosse reconhecida, assomaria por trás do Parmênides do diálogo um Platão que censura a degradação de sua própria visão em "doutrinas" acerca disto ou daquilo. Tornar-se-ia bem visível o cabeça da Academia, incomodado pelas perguntas de estudantes dispostos à doutrina e críticos, respondendo a uma molestação constante com sua exposição feroz e incansável das aporias a que levará tal ambição possessiva. O *Parmênides* supostamente difícil é o documento soberbamente claro do conflito permanente entre a busca noética da verdade e a concupiscência não tão noética de verdade oficialmente proclamada. Tenho de confessar que leio frequentemente este diálogo pela alegria pura de assistir a Platão colocar no rolo compressor de sua mestria técnica as consequências do deformar de símbolos meditativos de um filósofo em afirmações proposicionais. Não há, é claro, nada "negativo" acerca da conclusão do *Parmênides* a não ser que se considere negativo o esforço positivo de esclarecer o significado da consciência existencial, e de proteger o complexo meditativo contra a destruição, analisando os fenômenos de deformação. Mas isso só pode ser feito quando a inconsciência pública tiver obscurecido a consciência existencial e sua simbolização ao ponto de um filósofo poder ser levado a escrever "tratados positivamente interpretados" sobre o nível proposicional dos deformadores e seja criticado se tiver coisas melhores para fazer.

Platão pode respeitar Parmênides como um pensador visionário sem aceitar identificações proposicionais do Um e do Múltiplo com o ser e o não ser. A Visão em que a realidade se torna luminosa é uma coisa, a proposição intencionalista que transforma um símbolo visionário numa entidade de predicação é outra. No nível da luminosidade, Platão pode reconhecer a afinidade da visão parmenidiana com a sua própria; no nível da intencionalidade, as identificações eleatas sofrem do mesmo defeito que as interpretações dos extremistas sofistas. Platão não é um intelectual moderno que opõe a ideologia que prefere àquela de que não gosta; é o filósofo que sabe que contrapor uma contração sofista a uma contração eleata faria dele um companheiro do sofista. A luta pela verdade não pode ser resolvida pela redução dela a uma luta entre doutrinas, como, por exemplo, as grandes dogmatomaquias ideológicas e teológicas dos séculos modernos ocidentais. O equilíbrio de consciência exige o virar ao contrário, a *periagoge*, não de uma doutrina falsa para uma verdadeira, mas da ação deformante de qualquer tipo para o centro de consciência formadora no entremeio.

Enquanto uma parte considerável da obra de Platão está preocupada com as reificações aporéticas do tipo "eleata", o principal ataque continua dirigido ao "sofista". Pois, afinal de contas, a verdade da realidade não é deformada pelo filósofo que reage à crise espiritual da época com a visão do Uno divino para além dos deuses, mas pelo Sofista que duvida, ou nega, a realidade dos deuses. A deformação tem sua fonte dinâmica no sofista que fragmenta o complexo meditativo: quando uma situação social é dominada por sofistas que negam a realidade divina, mesmo um pensador cuja consciência existencial está, de outro modo, intacta pode ser tentado a contrapor à negação uma asserção positiva de que Deus existe, e pode ainda ficar tentado a provar a verdade de uma proposição em que Deus se tornou o sujeito de predicação. As deformações "eleatas" são, então, secundárias. Platão tinha um olho agudo para a dinâmica social de deformação, tal como podemos chamar este fenômeno. Ele observou as operações proposicionais como entidades contraídas espalhando-se como uma doença infecciosa sobre todo o campo de pensamento uma vez que uma cultura mais compacta de experiência e simbolização tenha entrado na crise de diferenciação; e diagnosticou a origem do fenômeno na retirada do sofista da participação noética para a solidão anoética de seu eu contraído. Nenhuma discussão posterior sob a ótica da "alienação" melhorou a análise platônica de contração existencial sob a ótica de *anoia*. O homem que abandona Deus como parceiro no entremeio divino-humana, explica ele nas *Leis*, "é abandonado por Deus a sua existência solitária (*eremos*)", com todas as consequências de desordem pessoal e social (*Leis* 716 1-b). Já que abandonar Deus, entretanto, significa abandonar a visão noética do Para Além divino, ser abandonado por Deus significa ser abandonado pela Nous, pela "Razão". A retirada para a solidão existencial impõe um estado de *anoia*, de "sem-razão". O símbolo *anoia*, escolhido por Platão para expressar o estado de existência contraída (*Leis* 716a,

908e), caracteriza o estado de abandono mais claramente como uma deformação da consciência noética.

O símbolo *anoia* não sobreviveu na linguagem filosófica moderna. Estou reintroduzindo-o porque as traduções convencionais não farão justiça ao significado pretendido por Platão. Traduzir *anoia* por *sem razão*, como fiz, à falta de um termo melhor, obrigar-nos-ia a traduzir *nous* por *razão*, se se quiser preservar a relação platônica dos símbolos *nous-anoia*; e isso nos envolveria nas dificuldades que moveram um Santo Tomás a distinguir entre *intellectus* (razão noética) e *ratio* (razão dianoética), para não mencionar problemas posteriores como a razão matemática e pragmática. Linguisticamente é esta uma situação lamentável. E não nos arranjaríamos melhor adotando a convenção, preferida pelos classicistas, de traduzir *anoia*, ou a *amathia*, algumas vezes empregada por Platão por um sinônimo (*Leis* 886b), como *loucura* ou *disparate*. O campo conotativo de *loucura* tornaria o sentido de *anoia* praticamente irreconhecível como a deformação existencial da consciência noética. Ademais, a preferência classicista tem de contender com a tradução do *nabala* israelita e o *moria* cristão como *loucura*, tradução sancionada pelo emprego da Versão da Bíblia do Rei Jaime; e embora tanto *nabala* quanto *moria*, como símbolos de deformação intelectual, estejam intimamente relacionados com a *anoia* platônica, as visões israelito-judaico-cristã e a helênica da verdade da existência diferem amplamente o bastante para terem corroborado a distinção entre a verdade de revelação sobrenatural e a verdade de razão natural.

As dificuldades de traduzir o significado preciso de *anoia* numa língua moderna, neste caso, o inglês, apontam para as estruturas de consciência que as causaram. A civilização ocidental herdou o simbolismo não apenas da Hélade, mas também de Israel-Judá; e a revelação paralela em direção à consciência existencial assumiu, nas duas culturas étnicas, os modos especiais de enfatizar respectivamente os componentes noético e pneumático da nova visão de realidade. Os conflitos de simbolização que resultam dos modos especiais nunca foram suficientemente explorados e analiticamente decompostos pelos teólogos e metafísicos das civilizações imperial-ecumênicas em que as várias culturas étnicas interagiram e se misturaram, de tal modo que hoje, quando os conflitos se tornam evidentes com o avanço da ciência histórica nos séculos XIX e XX, não temos nenhuma linguagem filosófica comumente aceita que faça justiça analítica aos problemas que já não podem ser desprezados. O problema que não pode ser desprezado no presente contexto é a modalidade dos acontecimentos visionários e a relação dos vários modos com a cultura mais compacta de simbolização em que ocorrem os acontecimentos diferenciadores. Sob este aspecto de modalidade, terei, portanto, de esboçar a análise que Platão faz de sua visão e, então, confrontá-la com certos textos paralelos do Novo Testamento.

O modo de visão de Platão está relacionado com mais de uma margem na cultura helênica de símbolos. O mais arcaico é provavelmente a margem órfica. Imediatamente depois da passagem sobre a Visão (715d-e), apresenta-se como o velho ditado, o *palaios logos*, da ordem divina (*theios nomos*) em "todas as coisas": de todas as coisas que há, a realidade divina anônima, "*o deus*", contém o começo, o fim, e o que está entre (*mesa*), realizando o curso, assim como é sua natureza (*kata physin*), com uma direitura constante. As "coisas", entretanto, podem perturbar a direitura de seu curso divinamente ordenado. Na consciência do homem, por exemplo, a ordem divina está presente pela mediação da Dike, mas o homem pode ou harmonizar sua existência com a Dike mediadora ou cair dela e inventar sua própria ordem. Alguns homens estão envaidecidos de arrogância, ou empanturrados de orgulho de riquezas, *status* social e juventude atraente, de tal maneira que a alma deles ferve com a *hybris* de não precisar de nenhum guia, mas, ao contrário, de ser o guia de outros. Tais são os homens que são abandonados pelo "deus" e, quando abandonados, unir-se-ão com outros de tipo semelhante para espalhar a "doença" (906c) de sua existência pessoal na sociedade e na história. Para muitos, eles parecerão ser "alguém", mas cedo ou tarde ter-se-á de pagar a penalidade de arruinar os ninguéns que levaram para si e para seu país. Abandonar a Dike mediadora não a fará ineficaz; a Justiça, quando abandonada, tornar-se-á a Justiceira (*timoros*) do abandonado (715e-716b).

A passagem é notável pela parcimônia de sua linguagem simbólica: sem desenvolvimento imaginativo, não expressa senão a estrutura da própria realidade. Há as "coisas" anônimas cujo curso do começo ao fim é governado por uma força divina anônima, "o deus"; este processo anônimo de realidade se torna luminoso na consciência do homem pela Dike; as "coisas" humanas, então, são uma força própria que pode seguir a Dike ou afastar-se dela; finalmente, a resistência à Dike resultará na ruína autovingativa da ordem verdadeira, mas não pode criar uma ordem alternativa. Por conta da escassez de fontes,[19] não se pode decidir se essa avareza remonta ao orfismo micênico, talvez a um estrato anicônico de civilização primeva; ou se representa uma diferenciação de tal aniconismo primevo através dos mistérios órficos do período de Psístrato, no século VI a.C.; ou em que medida tais fases anteriores de simbolização foram diferenciadas por Platão.

Embora as questões que dizem respeito à diferenciação de Platão de uma margem arcaica, órfica, de simbolização permaneçam em suspense, o texto das *Leis* não deixa dúvida de que o *palaios logos* deve ser um avanço diferenciador para além da margem homérico-hesiodiana. Pois a passagem sobre a Visão (715d-e) é colocada deliberadamente entre um *mythos* teogônico do tipo épico (713b-714b) e o *logos* órfico (715e-716b); e o *mythos* que precede a passagem liberta da companhia dos deuses épicos o deus anônimo, pronto para ser entregue ao *logos* que segue a passagem.

De acordo com o *mythos* como transmitido pela "tradição" (*paradedegmetha*), na época de Cronos, a raça dos homens vivia num estado ditoso e próspero porque o deus estabelecera "uma raça mais nobre e mais divina de demônios" sobre eles como seus governantes, sabendo que se os homens fossem deixados a si mesmos encher-se-iam de "orgulho e injustiça" e a sociedade deles seria uma *stasioteia* em vez de uma *politeia*, um estado de contenda em vez de uma ordem comum. O *mythos* tem de

---

[19] Para o texto "órfico" do *palaios logos*, ver Diels-Kranz, *Fragmente der Vorsokratiker* [Fragmentos dos Pré-socráticos] (7. ed., 1954), *Orpheus B* 6. Para o movimento órfico, ver Martin P. Nilsson, *Geschichte der Griechischen Religion* [História da Religião Grega], I. 33. ed. Munique, 1967; e Robert Boehm, *Orpheus*. Berna, 1970, especialmente p. 240 e seguintes.

dizer uma verdade mesmo hoje, assevera Platão, a verdade de que uma pólis, quando é governada não por um deus, mas por um mortal, não terá descanso de males. Se esta verdade é difícil de ser entendida na sua época, o obstáculo é o racha do entremeio divino-humano em demônios "mortais" e "imortais" e deuses. Quando no clima socialmente dominante de opinião os "imortais" são hipostasiados em entidades cuja realidade pode ser questionada, em primeiro lugar, o significado do mito tem de ser reconquistado pelo reconhecimento no homem da experiência de participação na imortalidade divina que o moveu para a expressão dela no mito. A verdade do *mythos* de Cronos tem de ser recontada, portanto, como o *logos* da tensão no homem entre seu eu "mortal" e "imortal". Os demônios não são entidades fictícias, mas a presença divina experienciada pelo homem, o *daimonios aner* (*Banquete* 203a); e o *theios nomos* não é uma ordem imposta pelos deuses de fora da existência, mas uma presença divina na consciência. Esta presença do *nomos* divino na consciência existencial é o que Platão chama *nous*; a presença do *daimon-nomos* imortal tem, então, o efeito de *dianome*, de existência entremeada de *nomos*. Da associação fonética de *nomos-nous* e de *daimon-dianome*, então, Platão deixa a verdade do *mythos* deslizar para a verdade do *logos* existencial. O resultado é uma teogonia notável: a época de Cronos é seguida pela época dos imortais olímpicos, identificados no mito do *Estadista* como a época de Zeus, e essa época de Zeus deve agora ser seguida pela época da Nous. O deus do *logos* é a Nous em sua presença imortal, mas, pela sequência das épocas, este deus anônimo retém um toque de personalidade olímpica porque emerge na história como o terceiro deus depois de Cronos e Zeus.

O *mythos* e o *logos* lidos no contexto permitem-nos a reflexão sobre as características da consciência visionária de Platão que chamamos o modo dela. Acima de tudo, a Visão é compreendida não como uma informação inexplicável, uma "ideia" apanhada do nada por alguém, mas um acontecimento na história helênica de consciência existencial. Platão está a par tanto da ancestralidade órfica quanto da homérico-hesiodiana de sua própria Visão. Ademais, embora sua relação diferenciadora com o pano de fundo órfico não seja pormenorizada, Platão articulou tão perfeitamente a relação entre seu *logos* noético e a teogonia épica que sua análise existencial do *mythos* compacto de Cronos pode ser sustentada como um modelo de interpretação para os mitologistas contemporâneos. Contudo, enfatizar a continuidade leva a problemas perturbadores porque a visão noética rompe relações com a simbolização compacta a realidade e a este respeito é descontínua. Não soa muito bem uma teogonia épica em que Cronos e Zeus são seguidos pela Nous como o terceiro deus; há algo incongruente na mudança dos olímpicos pessoais para a impessoalidade anônima da Nous, mesmo se a visão noética diferenciar um componente na experiência da realidade divina que estava presente também nos símbolos compactos. Quanto a este ponto de anonimato, devem-se lembrar também os deuses épicos que se tornam anônimos no mito da marionete. No entanto, embora o problema permaneça perturbador, Platão não está perplexo quanto à sua causa. O *mythos* e o *logos* cercam a passagem sobre a Visão, e a passagem remete-nos de volta ao crescimento da Visão na própria existência de Platão. Esta terceira margem no modo, além do órfico e do épico, tem de ser agora considerada.

As dificuldades são causadas pelas mudanças no significado de *imortalidade*. No cerne do problema está a experiência de existir no entremeio de tensão erótica, formulada no *Banquete*. Quando a experiência do entremeio como a estrutura fundamental na existência é diferenciada, o homem, o "mortal", já não é totalmente mortal: há "algo nascido e imortal em nosso nascimento mortal", "uma coisa mortal participa da imortalidade" (206e, 208b). O Eros demoníaco no corpo e na alma revela a existência como um movimento da imperfeição mortal para a perfeição para a qual não há nenhum outro nome senão imortal; o desejo erótico, quando experienciado reflexivamente, é a fonte de cognição concernente a si mesmo como um *Entremeio* (*metaxy*), como um movimento em tensão entre imperfeição e perfeição (204a). O Entremeio, então, torna-se o símbolo padrão que caracteriza os vários aspectos do movimento tensional, como o Entremeio de bom e mau, de feio e bonito (202b), de *sophia* e *amathia* (202a, 204b), e inteiramente de "divino e mortal" (202e). Entretanto, se o entremeio é a estrutura autorreconhecedora da realidade, os símbolos tradicionais de mortalidade humana e de imortalidade divina perdem o significado. Se o homem já não é um "mortal" no sentido épico, mas uma coisa mortal movendo-se para uma imortalidade que está incoativamente presente em sua existência mortal, o que significa sua mortalidade? E o que é sua imortalidade? Se em sua existência mortal ele está eroticamente envolvido no processo de imortalização, tornar-se-á ele, quando morrer, um dos "imortais", no sentido épico, quiçá, outro Zeus? E se não, que tipo de divindade, experienciada como presente em seu movimento existencial, o está levando em direção a que tipo de imortalidade? Quem é "o deus" que dá direção ao movimento? "Quem é este deus?" é, na verdade, a pergunta que Platão faz a si mesmo, colocando-a estrategicamente nas *Leis* no começo das passagens que examinamos (713a).

"O deus" a cuja presença e apelo no entremeio eroticamente cognitivo o homem responde, o deus que muda o significado de mortal e imortal, é uma realidade divina mais alta do que a olímpica; ele é o Para Além (*epekeina*) divino de todas "as coisas que são", incluindo os deuses. Nos contextos mencionados previamente da *República* e do *Fedro*, Platão dá algumas indicações concernentes a seu grau e presença. Na *República*, o Para Além é imaginado como o fundamento criativo último, o Agathon, do qual todas as coisas que são recebem sua existência, sua forma, e sua verdade; e já que por sua presença (*pareinai*) ele é a forma original de realidade e a luminosidade ensolarada de sua estrutura, o Agathon-Para Além é algo mais bonito (*kallion*) e mais alto em grau (*hyperechontos*) de dignidade e poder do que a realidade que simbolizamos por tais termos como *ser, existência, essência, forma, inteligibilidade* e *conhecimento* (508-509). No mito do *Fedro*, então, o Para Além é a divindade verdadeiramente imortal de cuja presença em ação contemplativa os deuses olímpicos obtêm sua divindade e os homens sua imortalidade humana. No mito da marionete das *Leis*, finalmente, "o deus" se torna a força divina que puxa o cordão de ouro da Nous que deve mover o homem em direção à imortalização, a ordem noética de sua existência. Nesta última imagem do "puxão" (*helkein*) noético, Platão aproxima-se tanto do *helkein* do Evangelho de João (6,44), que é difícil discernir a diferença.

A terceira margem deixa outras características aparecer no modo da Visão. A simbolização do "deus" tem de continuar com cuidado avaro porque ele é experienciado como o Para Além não presente de sua presença experienciada na realidade. Estamos tocando o paradoxo fundamental de toda a simbolização nestas matérias: o pensador noético tem de simbolizar a experiência de algo que ele experimenta como estando para além da simbolização das coisas que são. A estrutura paradoxal aparece na Visão de Platão e reaparece sempre que um pensador de nível tem de lidar com esta questão noética. No contexto cristão, torna-se o tópico de *De nominibus Dei*. Um Pseudo-Dionísio, quando quer falar do Deus-Para Além, resolve o problema combinando grande número de símbolos filosóficos com o prefixo *hyper*; na tradição do *hyperechontos* platônico, o método produz tais símbolos como *hypertheos, hypersophos, hyperagathos, hyperkalos, hyperousios, hyperagnostos, hyperarchios*, e assim por diante. Um Santo Tomás articula a estrutura da divindade em profundidade, partindo do deus cujo nome é Ser (*qui est*), para o deus cujo nome é Deus, até o deus tetragamático sem nome para além do Deus pessoal (ST I.xiii,II).

Partindo do paradoxo podemos distinguir as seguintes facetas na estrutura do que Platão chama Visão (*opsis, hora*):

1. A Visão é a experiência participativa do homem de "ver" o paradoxo de uma realidade que depende, para sua existência, ordem formadora e luminosidade, da presença do "deus" que, distinto dos deuses olímpicos, é um Para Além não presente dos seres em que está presente.

2. A Visão é a possibilidade experienciada de levantar o "olhar", que em vários graus de compactação está sempre presente como a força formadora na existência do homem, partindo da compactação para um estado de diferenciação reflexiva, assim como de encontrar os símbolos de linguagem que expressarão a estrutura paradoxal da consciência diferenciada.

3. A Visão é o corpo de símbolos de linguagem que expressam a verdade da realidade e os estágios de sua emergência,

tais como o entremeio demoníaco com seus movimentos humanos de questionamento e procura em resposta ao puxão divino, "o deus" que está igualmente presente e Para Além, a *doxa alethes* compacta e a *episteme* diferenciada, ou os símbolos Nous e Visão.

4. A Visão é reflexivamente consciente de si mesma como a verdade de uma realidade no processo de tornar-se luminosa. A verdade da Visão não se refere a uma estrutura na natureza do homem que esteve lá todo o tempo, pronta para ser descoberta por um observador astuto; nem é um descobrimento da ordem verdadeira por uma mente brilhante, agora ensinável aos homens que antes não sabiam nada; nem é uma declaração da ordem correta revelada desde cima por um deus que, por razões próprias, nada revelou dela antes. Verdade no processo de tornar-se luminosa é uma estrutura na própria realidade; é o mistério da realidade que Platão expressa pelo símbolo *anamnese*. A alma do homem "recorda-se" da verdade da realidade da qual, como parte, ele participa; e a Visão não é nunca um acontecimento de "recordação" tornando-se luminosa através da articulação diferenciadora. A realidade é experienciada como um "Ele" anônimo em que ocorrem tais acontecimentos como o encontro divino-humano. A experiência do "Ele", um problema muito negligenciado na filosofia, lamentavelmente não pode ser buscado mais profundamente no presente contexto.

5. A Visão é verdadeira porque é real. Na existência do filósofo, a Visão cresce da obscuridade da "recordação", através do estudo (*melete*) perseverante da realidade e a prática incessante (*ephexes*) bem ordenada da ação contemplativa, àquela "certa iluminação" (*episteme mia*) para além da pluralidade de todas as iluminações particulares, a uma visão repentina (*exaiphnes katopsetai*) do Para Além que puxou e moveu o pensador em sua ascensão meditativa (*Banquete* 208a, 210d-e). Como em outras ocasiões, a assonância de *ephexes-exaiphnes* parece enfatizar a conexão íntima entre a obra de toda uma vida do pensador e o

repentino da iluminação visionária que a guia. O trabalho constantemente guiado é uma catarse existencial; sob a presença formadora do Para Além, as ilusões e opiniões têm de ser estancadas, o conhecimento suposto tem de ser modificado por mais experiência, linhas de trabalho têm de ser abandonadas e esquecidas quando se fazem novos descobrimentos, até que o próprio Para Além brilhe como a luz que guia o processo meditativo. A formação noética pela obra noética, o crescimento do velho homem de "recordação" obscura para o novo homem da consciência noética, é a compreensão de Platão do mortal que toma parte do Para Além imortal, formador (*Banquete* 207-208). A conexão íntima é ainda enfatizada pela maneira notável com que certos símbolos, como *melete* e *lysis*, têm de mudar seu significado. No *Banquete*, *melete* significa "obra perseverante", ao passo que no *Fedão* tem de significar a prática de morrer do filósofo; na *República*, *lysis* significa o soltar ou separar-se do erro e mentira, e no *Fedão* torna-se o abandonar ou cortar da alma do corpo, pela morte. Não se deve esquecer, no curso deste processo que o pensador produz a obra literária em que a palavra meditativa cresce da obscuridade para a maturidade visionária da Palavra que fala a presença do Para Além neste mundo.

6. A Visão é real, mas há mais no "Ele" da realidade do que na Nous formadora. Quando a alma de um homem responde ao chamado do Para Além, é verdade, ele morrerá para sua mortalidade; na linguagem aristotélica, ele se tornará imortal (*athanatizein*) e então se torna nesta vida mortal de um homem maduro (*spoudaios*). Esta resposta, entretanto, é uma possibilidade do homem; não ocorre por necessidade. Pode ser muito ignorantemente estúpido (*amathes*) para ser sensível a qualquer apelo; ou ele é talvez um intelectual sagaz (*sophos*) que não tem de perseguir a sabedoria (*philosophein*) porque já a possui como os imortais (*Banquete* 204a); ou ele pode estar tão imerso na escuridão da Caverna que apenas pelos esforços de um educador filosófico é que pode ser forçado (*anagkoito*) a voltar-se em direção à luz (*República* 515e). Se um homem

não sente a falta de algo em sua ordem existencial, não se esforça por algo de que não sente falta (*Banquete* 204 a). Dos fardos hesiodianos da vida mortal, parece, Platão quer diferenciar uma estrutura peculiar de realidade, algo que está por trás do catálogo de males da existência, compactamente formulado, algo como um Para Além mortal que resiste ao Para Além imortal. Em sua última obra, Platão tenta, na verdade, encontrar a linguagem que expressará o fator comum nas manifestações variegadas do que chamei há pouco o "Para Além mortal". Indo ao lado da matéria misteriosa em que o demiurgo do *Timeu* tem de impor a ordem noética do cosmos, ele fala nas *Leis* X de uma pluralidade de forças psíquicas, boas e más, cujo amálgama na alma de um homem fornece o material em que a força formadora do "deus" tem de trabalhar (896-97, 903). No contexto das *Leis*, este novo simbolismo de uma psique assim flexível como resistente tem de preencher várias funções. Em primeiro lugar, tem de exculpar os deuses anônimos do mito da marionete; na análise diferenciadora de *Leis* X, a "psique" tem de assumir a culpa de puxar na direção errada, ao passo que os deuses e demônios, como ministros do "deus", todos puxam na direção correta. Em segundo lugar, não deixa dúvida de que a Nous é a força divina ordenadora num "Ele" de realidade que também contém outras forças. A Nous não é um criador do mundo *ex nihilo*; a despeito de sua superioridade sobre os olímpicos como fonte da imortalidade deles, ela ainda está relacionada a eles à medida que os olímpicos também não são os criadores do mundo, mas têm de submeter-se à sua *moira*. O simbolismo, além disso, coloca no homem como o possuidor de tal psique a responsabilidade de fazê-la seguir o puxão (*helkein*) da Nous e não o contrapuxão (*anthelkein*) do componente resistente na psique. Ele não deve deixar-se seduzir por sonhos de ser mais do que uma força que é, não deve exceder-se (*pleonexia*) pela fantasia do ser como uma fonte de ordem alternativa à noética, ou perturbará a ordem do Todo (*to pan, to holon*) em que tem seu lugar (903, 906). E, finalmente, o símbolo atinge o significado da verdade transmitida pela Visão. A ascensão noética revela a verdade da ordem, mas a verdade da ordem não é toda a verdade. A verdade do Todo é a luta imorredoura (*mache athanatos*) entre o Indestrutível (*anolethron*) e o Eterno (*aionion*) na realidade, sendo o Indestrutível identificado como corpo e alma, o Eterno como a divindade imortal (904a). A visão, então, revela a verdade da realidade como uma luta imorredoura em que o homem é fadado a participar por sua existência. Desta luta não há nenhuma salvação (*psyches soteria*, 909a) senão o movimento noético participativo na existência, do Para Além mortal para o para Além imortal.

A Visão platônica é tão abrangente, e sua articulação tão minuciosa, que sua realidade não apenas é luminosa a si mesma, mas ilumina a estrutura e a modalidade de verdade visionária em geral. Ao confrontar os símbolos platônicos com os cristãos, será possível discernir mais claramente a estrutura noética nas visões cristãs menos diferenciadas noeticamente, assim como as limitações pneumáticas na visão platônica. No presente contexto essas reflexões têm de ser rigidamente confinadas a uma ou duas questões que têm um aspecto direto em nosso problema da Palavra, o extremo, e a magia delas.

Primeiro, a estrutura geral que as visões helênica e judaico-cristã têm em comum: os visionários cristãos não estão em desacordo com a verdade fundamental revelada pela Visão de Platão, *i.e.*, com a verdade do *mache athanatos* na existência, com o êxodo de uma luta pela ação imortalizadora nesta vida, ou com a revelação divina da verdade através do conto salvador que foi salvo da morte. Nem estão em desacordo com o desenvolvimento imaginativo do grande problema incidental para a verdade fundamental, o problema de um Para Além intermediário. Na visão platônica, o homem que se torna imortal não se torna o Para Além divino que o levou a sua imortalidade, ele nem sequer se torna um deus olímpico, mas tem de satisfazer-se com o *status* de imortalidade derivada ou intermediária, ao juntar, por exemplo, outras almas imortais nas Ilhas dos Bem-Aventurados. Nas visões cristãs, este grande reino imaginativo de imortalidade intermediária, de deuses estrelas, deuses olímpicos, demônios, almas imortais nos vários estados de catarse, é confrontado por um reino igualmente bem populoso de anjos de vários graus e função, de dominações e potestades, demônios, e homens imortais em seus vários estados de salvação e danação.

O que Platão e os visionários cristãos têm em comum é a experiência da realidade existencial que tem de ser expressa por um complexo de símbolos, pelo complexo "revelação visionária" – "luta" – "salvação". A origem da diferença modal dentro da estrutura comum pode ser mais bem discernida nas diferentes questões centrais às respectivas visões.

Platão tem de fazer a pergunta "Quem é este deus?" – quem é "o deus" que se levanta do Para Além de um cosmos que está cheio de deuses, "o deus" que emerge de uma tradição de presença divina, mas não é um dos deuses tradicionais. Os visionários cristãos não têm de fazer esta pergunta porque sabem quem é seu deus: ele é o Deus dos pais, o Deus de Moisés, de Israel e seus reis, o Deus dos profetas. Ao contrário, têm de fazer a pergunta: "Quem é este Filho de Deus?" – quem é este Messias, este Cristo, este vaso de presença divinamente imortal, este Verbo vivente da verdade. Isso não quer dizer que os pensadores cristãos pudessem escapar para sempre da pergunta de Platão, ou que a procura de Platão não tinha nada que ver com o equivalente helênico de um "Deus dos pais". Como mostra a história da teologia cristã, o Deus incontestado do período do Novo Testamento teve de submeter-se a um sério questionamento noético, já no século II A.D., sob a pressão dos movimentos marcionitas e gnósticos. Os efeitos deste desenvolvimento noético secundário, entretanto, com o passar do tempo, não foram sempre dos mais felizes, como o provou o grito visionário do *Mémorial* de Pascal: *"Dieu d'Abraham, Dieu d'Isaac, Dieu de Jacob"* *"non des philosophes et des savants"*. Pascal está certo; o deus do teologizar e filosofar discursivos em seu tempo não é, na verdade, o Deus dos pais. Há alguma substância experiencial num "deus dos pais" que se perde no debate discursivo, especialmente quando o debate é baseado numa doutrina teológica que, a seu turno, é baseada numa filosofia doutrinalizada, de tal modo que a visão noética original se tornou uma iluminação de "razão natural". O deus dos "philosophes et savants" tampouco é "o deus" de Platão. Mais ainda, Platão já estava a par desses problemas traiçoeiros. Como vimos, ele se esforçou muito para deixar a verdade de sua visão aparecer como uma verdade por encontrar em forma menos articulada nas várias margens da tradição; e quando a novidade do que ele tinha para dizer não podia ser desprezada, ele a escondia com cuidado especial em histórias de sabedoria helênica pré-existente. No *Banquete*, por exemplo, ele deixa o mito de Eros ser revelado a Sócrates por Diotima, a honrada por Deus; ao passo que no *Filebo* ele faz a nova análise do "Um e Múltiplo", e do "Limitado e Ilimitado" ser obtidas de uma tradição deixada para nós pelos antigos que viveram mais perto dos deuses do que vivemos agora, pelos *palaioi* que a receberam como um "presente dos deuses aos homens", talvez trazidos para baixo, partindo da fonte divina "por algum Prometeu juntamente com o fogo brilhante" (16c). Platão bem sabia que o deus de sua visão era o mesmo Deus dos pais, dos *palaioi*; e já que ele era o mesmo deus, tinha de haver para ele mais do que apenas a divindade da salvação noética; ele também tinha de ser, quanto aos antigos, o deus da criação e ordem no cosmos. A revelação do Para Além salvador do cosmos deu copiosas razões para fazer a pergunta: "Quem é este deus?"

Os visionários judaico-cristãos encontraram-se numa cultura bem diferente de experiência e simbolização. Através de mais de um milênio de luta política, pneumática e noética, na competição com as culturas cosmológicas dos impérios vizinhos, o Deus tribal dos pais tinha vindo revelar a verdade de sua divindade como o deus criador do cosmos assim como da ordem humana na existência pessoal, social e histórica; além disso, ele crescera até tornar-se uma figura de exclusividade imperial, relegando todos os outros deuses, com o seu o domínio de Israel, a um *status* de "deuses falsos" ou "não deuses"; em suma, ele se tornara suficientemente Um para ser experienciado como o Para Além divino de cuja presença criativamente amorosa toda a realidade dependia para sua existência, a verdade de sua ordem, e a verdade da Palavra que salva do fardo da mortalidade. Mesmo se o significado dos símbolos Um e Para Além não tivessem sido diferenciados, os visionários poderiam experienciar pneumaticamente o Deus dos pais com o Um-Para Além divino sem fazer mais perguntas. O que eles tinham de ver, e viram de fato, foi a presença de Deus no homem cuja palavra dizia a verdade do sofrimento e da salvação, no homem Jesus; e o conteúdo da visão reveladora inevitavelmente levantou perguntas concernentes aos critérios de sua verdade. Essas perguntas não foram postas de lado; ao contrário, quando se leem os textos do Evangelho sempre se fica estupefato com a astúcia noética das visões pneumáticas. No episódio a caminho de Cesareia de Filipe (Mateus 16,13-20), Jesus pergunta aos discípulos quem as pessoas dizem que ele é. Tendo recebido a resposta que as pessoas acreditam que ele é um dos profetas, um João Batista, um Elias, um Jeremias, ele pergunta aos discípulos quem *eles* acreditam que ele é; e quando Pedro irrompe: "Tu és o Cristo, o Filho de Deus vivo", responde Jesus: "Não foi a carne e sangue quem to revelou, mas sim meu Pai que está nos céus". A passagem distingue cuidadosamente entre pessoas comuns que experienciam a presença divina no homem sob o símbolo tradicional do "profeta"; os discípulos que ficam silentes porque estão conscientes de mais do que "profetismo", mas não sabem bem o que esse mais é; e um, Pedro, que pode "ver" o Filho de Deus, não porque recebeu a informação de Jesus ou de qualquer outra pessoa, mas porque a presença divina nele move-o para ver até a presença mais completa do "Deus vivo" em Jesus. A mesma consciência crítica inspira a passagem previamente citada em João 6,44: "Ninguém pode vir a mim, se o Pai, que me enviou, o não trouxer", e a observação que conclui o episódio (6,67): "Desde então se tornaram atrás muitos de seus discípulos e já não andavam com ele". Não há nenhum Filho de Deus a não ser que haja um Deus cujo filho pode ser um homem sem se tornar falso à verdade da existência; e o Filho de Deus não pode ser reconhecido por outros homens a não ser que eles "vejam" nele a presença completa do Deus a cuja presença eles respondem nos movimentos ordenadores de sua existência. Este problema da consciência noética na visão pneumática foi formulado com precisão admirável pelo autor dos Colossenses: "Porque nele [em Jesus] habita toda a plenitude da realidade divina corporalmente (*pan to pleroma tes theotetos*). E nele é que vós estais cheios" (2,9-10). O Deus de quem as visões pneumáticas são verdadeiras tem de ser o *theotes* anônimo, o Para Além imortal que pode salvar da luta por sua participação sofredora na existência mortal. Os visionários apostólicos eram melhores filósofos do que alguns dos teólogos doutrinários de nosso tempo.

Mas não se deve exagerar o componente noético nas visões cristãs. O *theotes* anônimo ocorre apenas duas vezes no Novo Testamento (Colossenses 2,9; Romanos 1,20); e o famoso Deus Desconhecido do discurso do Areópago, que se oferece como prova noética, é provavelmente um mecanismo retórico para a situação ateniense. O símbolo dominante que expressa a força reveladora nas visões cristãs não é a *nous*, mas a *pneuma tou theou*, o espírito de Deus.

O *pneuma* não é um sinônimo, mas simboliza um estrato no apelo-resposta do encontro divino-humano que não fora suficientemente diferenciado nas visões noéticas, *i.e.*, o significado completo da presença divina salvadora na existência. Essa ascensão da compreensão pneumática para a consciência diferenciada não invalida a iluminação noética, mas muda radicalmente a dinâmica do complexo experiencial "revelação-luta-salvação", deixando a ênfase da "revelação" recair na "salvação", em vez de na "luta". O significado da revelação pneumática foi paradigmaticamente desenvolvida por São Paulo no capítulo 2 da Primeira Epístola aos Coríntios. Guiado por sua exegese visionária, enumerarei os pontos principais em que a revelação pneumática atinge a busca noética da verdade da realidade:

1. Na visão noética, as ênfases recaem sobre a estrutura no movimento da mortalidade para a imortalidade. Na visão pneumática, a ênfase recai sobre o movimento na estrutura. Experiencialmente, confrontamo-nos com uma realidade em movimento desde sua estrutura de mortalidade até a imperecibilidade de um Para Além imortal. A realidade se move para além de si mesma; está envolvida num processo de transfiguração. Este é o cerne do que é chamado a experiência de mover-se para um *eschaton*, uma experiência escatológica.

2. Na visão noética, a ênfase experiencial recai sobre o homem que se move da mortalidade para a imortalidade através de sua resposta à presença divina no entremeio. Na visão pneumática a ênfase muda da participação do homem na imortalidade divina para a participação de Deus na mortalidade humana.

3. Mas quem é realmente esta pessoa do Cristo? – a questão central das visões, incluindo as visões atribuídas ao próprio Jesus, como, por exemplo, em Mateus 3,16-17. Ele não é nem um homem, movendo-se na luta do entremeio em direção à imortalidade, nem a realidade divina para além do entremeio. As visões veem em Cristo o acontecimento histórico da presença pleromática de Deus num homem, revelando a presença sofredora do Deus em cada homem como a força transfigurante que fará a realidade mortal ascender com Deus até sua imortalidade. O entremeio pleromático visto no Cristo revela sofrimento mortal como participação no sofrimento divino. Algumas pessoas talvez se choquem com a linguagem de um "entremeio pleromático", mas não há nenhuma razão para ficarem chocadas uma vez que o simbolismo transmite tão exatamente quanto possível a concepção do Cristo na Definição de Calcedônia, 451 A.D. A definição fala de duas naturezas, a divina e a humana, na pessoa única do Cristo, não sendo, por sua união, anuladas as duas naturezas, mas preservadas em suas características quando aparecem juntas na formação da pessoa única (*prosopon*) e da subsistência (*hypostasis*) do Cristo. Na linguagem filosófica do século V A.D., que é menos sutil do que a linguagem experiencial de Platão ou do Novo Testamento, a definição tenta apresentar a verdade visionária da existência do Cristo num entremeio que é distinto do entremeio noético pela presença pleromática da realidade divina.

4. Como um acontecimento no processo da realidade que se torna luminosa por sua verdade, a visão da presença pleromática no Cristo agrava certos problemas na interpretação da história que já se fazem sentir por ocasião da

Visão de Platão. A revelação noética da presença divina no entremeio é sentida como descontínua com todas as revelações prévias a tal grau que aos deuses mais velhos não se pode atribuir mais do que uma imortalidade derivada; ao mesmo tempo, este senso de descontinuidade é perturbado por um sentimento de que a Visão é um acontecimento, e talvez não o último, num fluxo contínuo de presença divina. É ao senso de descontinuidade num processo contínuo que estamos acostumados a chamar a consciência de uma época. A Visão, enquanto revela a verdade noética da consciência existencial em oposição à inverdade anoética da Caverna, revela-se como um acontecimento epocal no fluxo revelador de presença; e o acontecimento é epocal porque o visionário está consciente de que a verdade da transfiguração imortalizante através dos movimentos divino-humanos no entremeio, quando "vista", transfigura. O conto salvador é mais do que um conto de salvação; é o conto que salva. É real a transfiguração na realidade. A revelação visionária revela então a revelação como um acontecimento de transfiguração; a realidade realmente está-se movendo em direção ao *eschaton* da imortalidade. No contexto de 1 Coríntios, os mesmos problemas se manifestam no emprego equívoco do símbolo *pneuma*. O *pneuma* não é apenas o Espírito de Deus, o *pneuma* que está pleromaticamente presente em Cristo e menos inteiramente nos homens quando podem ver o Cristo (2,10-11); há também um *pneuma tou kosmou*, um espírito do mundo (2,12), dificilmente distinguível do espírito da Caverna platônica, embora São Paulo nele inclua copiosamente todas as empresas filosóficas de seu tempo; e este *pneuma* do mundo é, além disso, a *sophia tou aionos*, a sabedoria do *aeon* agora chegando a seu fim (2,6). A realidade tornou-se uma batalha dos *pneumata* em que a visão pneumática marca de novo uma época porque a verdade revelada na vida, paixão e ressurreição do Cristo, o conto salvador do evangelho, não é apenas um conto por examinar em sua precisão histórica, mas a visão da salvação transfigurante que irrompe no Mundo para salvar. A revelação esmagadora da presença pleromática como um acontecimento no curso transfigurante da história, no entanto, seduz os visionários pneumáticos a expandir sua consciência de época por expectações imaginativas de uma transfiguração pleromática da realidade no novo futuro, *i.e.*, no tempo da vida. A consciência imaginativamente expandida tende a deformar o acontecimento epocal dentro da história em um acontecimento que abolirá a história. O sentimento de descontinuidade é tão intenso que, no imaginário de transfiguração, a estrutura da história passada é deformada num *aion* que chega a seu fim; a *mache athanatos* desaparecerá, para ser substituída por uma sociedade de crentes imortalmente transfigurados. Seria errado traduzir o *aion* por *alle bisherige Geschichte?*[20] Por quase dois mil anos até agora a transfiguração pleromática ainda não aconteceu; mas deve-se ficar atento a que nossa contagem óbvia dos acontecimentos históricos em anos "antes e depois de Cristo" não é o que os visionários pneumáticos, em seu humor expansivo, tinham em mente.

III

O que terminou é uma *meditação*, um esforço filosófico para explorar as estruturas da consciência existencial. Meditações têm uma dimensão histórica: tentam esclarecer o centro formador da existência, o entremeio, e proteger este centro noético contra as forças deformadoras prevalecentes no tempo. Será conveniente, em conclusão, uma breve reflexão sobre a estrutura histórica de meditações. Portanto, farei um resumo de como as características históricas do processo meditativo emergiram na presente ocasião.

Um movimento noético através do entremeio de consciência existencial quer encontrar o equilíbrio da verdade entre o desejo intencionalista de conhecer a realidade como um objeto, e o

---

[20] Toda a História até agora. (N. T.)

mistério de uma realidade em que ocorre tal desejo de conhecer sua própria verdade. Esse movimento tem de lidar com as forças de imaginação e linguagem que emergem misteriosamente na resposta experiencial do homem à realidade da qual ele é parte. Da resposta experiencial surgem, dentro da realidade, imagens de realidade e símbolos de linguagem para expressar as imagens. Entretanto, nem as imagens nem os símbolos são a última palavra. O imaginário da consciência intencionalista está sujeito a correção pelos avanços do conhecimento concernente à estrutura da realidade como objeto; e a visão abrangente do mistério encontra seu imaginário corrigido por esses acontecimentos diferenciadores como as revelações noéticas e pneumáticas. A realidade revela sua verdade não de uma vez, parece, mas deixa-a tornar-se luminosa num processo de história. A história, então, acaba sendo um processo não apenas de verdade tornando-se luminosa, mas também de verdade tornando-se deformada e perdida pelas mesmas forças de imaginação e linguagem que deixam a verdade irromper em imagem e palavra. A resposta imaginativa pode causar a inverdade de uma Segunda Realidade: e a *dynastes megas*, a palavra que deve falar a verdade, pode tornar-se a palavra que desordena e destrói. Ainda mais, os avanços diferenciadores da verdade podem tornar-se a fonte de novos tipos de inverdade quando visões são mal empregadas para obscurecer áreas de realidade fora de seu campo mais imediato ou quando símbolos visionários são sujeitos a processos deformadores de doutrinamento e literalização.

Não escapará ao leitor que o resumo das características históricas emergiu de uma meditação a que deve aplicar-se. Estou enfatizando esta relação de distanciamento reflexivo, interno ao processo. Não há nenhum ponto arquimédico fora da história do qual uma exploração da consciência existencial pudesse ser empreendida; não há nenhuma verdade de existência senão a verdade que emerge do fluxo de presença. A história é, na verdade, mais do que um objeto de consciência intencionalista; o mistério de seu processo é uma dimensão da própria consciência.

Já que a realidade se torna luminosa por sua verdade no fluxo de presença histórico, a situação concreta em que o homem tem de encontrar as imagens e símbolos de sua ordem existencial muda com o curso da história. A situação do filósofo no século XX A.D. da civilização ocidental não é a situação de Platão na Hélade do século V ou IV a.C. Um Platão tinha de ver, articular e simbolizar o Para Além do cosmos e de seus deuses como a divindade imortal que o puxava irresistivelmente para a busca e perseguição da ordem verdadeira na existência. A resposta amorosa ao Para Além puxando amorosamente revelou-se experiencialmente como a verdade que, sozinha, como o centro analítico, tornou possível a análise da realidade e de sua estrutura. Mas, se a visão noética aconteceu em Platão e através dele, por que tivemos de voltar a ela em nossa própria meditação como se fosse desconhecida hoje, mais de dois mil anos depois? Com esta pergunta tocamos o grande problema da situação contemporânea, o fenômeno social do que chamei uma "inconsciência pública" que se mostrou notavelmente resistente ao apelo do equilíbrio noético. Temos de enfrentar não apenas uma perda, mas uma rejeição do equilíbrio, o *morbus animi* no sentido ciceroniano de *aspernatio rationis*. Sua síndrome é o racha entre o desejo intencionalista de conhecer e a consciência do mistério da realidade. Quanto à dimensão histórica da consciência, somos confrontados, de um lado, por um enorme avanço das ciências históricas; de outro lado, pela rejeição do *alle bisherige Geschichte* pelos sonhadores socialmente dominantes que estão obcecados com a fantasia de serem os possuidores pleromáticos e realizadores da verdade. A presença pleromática da verdade nos segundos Cristos do século XIX – [em] Fourier, Saint-Simon, Comte, Hegel, Marx – é seguida por sua realização pleromática mediante seus executores do século XX. Estar a par desta situação e não fazer concessões à *anoia* de consciência fragmentada e desequilibrada é a obrigação do filósofo hoje. Não se lhe permite, como Nietzsche tentou há um século, retrair-se na *mache athanatos*, para glorificá-la como o eterno retorno nos jogos da vontade de poder, e desprezar-lhe o movimento imortalizado em direção ao Para Além – embora se deva admirar a perspicácia filosófica de Nietzsche em reconhecer esta possibilidade de escapatória. Nem lhe é permitido repetir uma meditação cartesiana, retraindo-se numa *res cogitans* e desprezando o mistério experienciado de uma realidade em que ocorre esta *res* – embora se deva admirar-lhe a sensibilidade de concentrar-se em uma estrutura importante numa consciência existencial ainda por explicar. Ele é obrigado a reconhecer a *mache athanatos* como o movimento em direção ao *eschaton* experienciado de imortalidade e mesmo assim não se entregar à fantasia do sonhador de uma transfiguração escatológica que deve ser obtida pleromaticamente por seus próprios sonhos e ações. No cumprimento desta obrigação tentei reconquistar, pela meditação anamnésica, certas estruturas de consciência cuja repressão pela inconsciência pública é uma das causas da desordem contemporânea.

Sinopse

I. O Sonho de Perfeição

O sonho utópico – A suspensão da consciência – Absurdidade – Revolta contra o Agon da existência

A história de sonho do ativista – Transfiguração – A contraimagem à Realidade – A contraimagem marxista – Novo humanismo

Sonho e realidade – Perturbação da mente – A *morbus animi* de Cícero

A autocompreensão dos ativistas – O sonhador como mágico – A magia do extremo

II. Meditação

Estruturas de consciência – Intencionalidade humana – Mistério divino – Equilíbrio

Sonho e Extremo (Shakespeare)

Magia da palavra (Górgias) – Intoxicação – A *dynastes megas*

A visão amorosa do amor (Platão) – Nova situação analítica –

Drogar-se por química e discurso – Doença e verdade – O conto salvador – A verdade da discórdia (Karl Kraus)

A marionete dos deuses – Os cordões divinos em discórdia – Verdade da visão e verdade noética – Discórdia divina e discórdia dos homens

A visão satânica – Hegel – Baudelaire

A visão de Platão – Presente e passado – O processo histórico – A distância reflexiva – Identidade

Para além do ser – Parousia do Para Além – O fluxo da presença divina – O presente indelével – Modos de tempo – Dinâmica da visão e dinâmica do fluxo – O processo cognitivo internamente

O complexo meditativo – O complexo de deformação

A deformação eleata

O centro de deformação sofista – Abandono – Anoia – Componentes noético e pneumático da visão – Tipos helênicos e judaico-cristãos

A visão noética de Platão – A margem órfica – A margem épica – A nous como o terceiro Deus – O significado da imortalidade – O paradoxo: a presença do Para Além não presente – A estrutura da visão de Platão – Revelação-luta-salvação

A visão pneumática – Imortalidade intermediária – O Para Além intermediário – O Filho de Deus – O Deus dos pais – O Pai na visão pneumática – A presença pleromática – Pneuma e Nous – O entremeio pleromático do Cristo – Definição de Calcedônia – A luta dos pneumata – Transfiguração pleromática

III. Conclusão

Verdade-imaginação-linguagem – Luminosidade e deformação – Tipos de meditação – Nietzsche-Descartes-Meditação anamnésica

14. QUOD DEUS DICITUR

A questão levantada pelo título desta preleção recebeu sua forma específica com Tomás de Aquino em sua *Summa Theologiae* I.2.3.

---

¹ Do *Journal of the American Academy of Religion*, LIII, 1985, 569-84. Republicado com permissão da American Academy of Religion and Scholars Press.
Dedicatória: Não fosse a compreensão e devoção de Paul Caringella, que anotou o ditado de uma voz quase inaudível, em circunstâncias das mais tristes, esta última obra de Eric Voegelin não teria nunca alcançado a forma de ensaio. Por causa disso, meu marido queria agradecer a ele, dedicando-lhe a obra; infelizmente entraram o fado e a morte, impedindo-o de fazer o de que tanto gostaria. Mas, conhecendo-lhe o coração e mente tão bem, posso falar por ele agora, para agradecer a nosso amigo Paul pelo amor que nos dedicou desde que o conhecemos. (Lissy Voegelin)
Prefácio do editor do Journal of the Academy of Religion: (...) Quando convidei o Professor Voegelin para apresentar uma conferência plenária no encontro de aniversário da American Academy of Religion, ele aceitou relutante e timidamente, devido a seu estado precário de saúde. E, quando se tornou evidente que ele não poderia estar presente, pedi-lhe que preparasse o discurso para publicação. Disse-me a esposa dele, Lissy, e seu amigo e assistente, Paul Caringella, que, fiel até o fim à sua resolução de ferro, ele saiu do hospital (1) para morrer em casa e (2) para finalizar sua última obra. A primeira e a última obra de Eric Voegelin, assim como aconteceu com Platão, foi a ascensão da alma até Deus.
Sobre essas páginas escreveu Caringella: "Eric Voegelin começou a ditar 'Quod Deus Dicitur' em 2 de janeiro de 1985, um dia antes de seu octogésimo quarto aniversário. Revisou as últimas páginas em 16 de janeiro; revisões adicionais foram feitas em 17 de janeiro e na tarde de 18 de janeiro, seu último dia completo antes da morte, ocorrida no sábado, 19, por volta das oito da manhã.
"Quando o ditado chegou à prece de Anselmo, Voegelin inseriu provisoriamente páginas pertinentes de um manuscrito anterior, com pequenos ajustes. Igualmente adaptou no começo da Sec. 5 um parágrafo de sua 'Resposta ao Professor Altizer' [*JAAR* XLIII, 1975, p. 770 e seguintes]. Sua discussão da *Teogonia*, de Hesíodo, e do *Timeu*, de Platão, nas últimas páginas e na conclusão planejada, é baseada

Esta questão não permite uma resposta simples como se seu tópico divino fosse uma entidade com propriedades acerca das quais se podem aventar proposições das que se aplicam a coisas no mundo exterior. Não estamos encarando Deus como uma coisa, mas como um parceiro numa expedição de busca que se move dentro de uma realidade formada pela linguagem de participação. Ademais, nós mesmos somos partes da realidade buscada que estamos almejando linguisticamente, como se fosse um objeto externo acerca do qual pudéssemos falar como se fôssemos sujeitos cognitivos diante de objetos de cognição. A busca noética pela estrutura de uma realidade que inclui a divindade é ela mesma um acontecimento dentro da realidade que estamos questionando. Por isso, em cada ponto no processo, somos confrontados com o problema de uma inquirição acerca de algo experienciado como real, antes de ter começado a inquirição sobre a estrutura de sua realidade. O processo de nosso *intellectus* em busca de nossa *fides*, um processo que também pode ser formulado como nossa *fides* em busca de nosso *intellectus*, é um acontecimento primordial.

O acontecimento da busca é um processo histórico. O mundo de símbolos que compactamente simbolizam a realidade em qualquer ponto histórico dado tem de submeter-se à pressão da análise noética, com o resultado de que o fundamento da realidade até aqui simbolizado como "os deuses" tem de morrer em sua forma simbolizada, para ser substituído pelos novos símbolos que simbolizam o "Deus" cuja presença para além dos deuses os dota de sua reivindicação ao ser necessário.

---

no tratamento analítico completo nas últimas trinta e poucas páginas do volume quinto, inacabado, de sua *Ordem e História*.

"Voegelin falara em ditar três ou mais páginas (o que normalmente significava sete ou oito páginas manuscritas) para concluir o ensaio. Incluí os cinco textos que ele pretendia comentar e que marcam a direção que ele queria seguir".

Até o final do ensaio, o material em parênteses contém as notas de Paul Caringella sobre a direção do comentário que Voegelin pretendia fazer de cada um dos cinco textos.

À dedicatória da Sra. Voegelin, gostaria de acrescentar minha mais profunda gratidão a Paul Caringella pela ajuda em publicar as últimas palavras de Voegelin. Expresso também meus mais profundos agradecimentos à assistência de Gregor Sebba, Professor Emérito da Emory University, que, ai de mim, também morreu pouco depois de rever este manuscrito. Ele e sua esposa, Helen Sebba, eminente tradutora, eram amigos queridos e de toda a vida dos Voegelins. (Ray L. Hart)

Os dois grandes contextos civilizacionais na história ocidental representativos desta estrutura da busca são (a) a emergência do "Deus" do simbolismo politeísta na cultura helênica e (b) a emergência do "Deus" da tensão entre a teologia doutrinal e mística nas sociedades cristãs, desde a Antiguidade.

As complicações linguísticas que surgem da estrutura paradoxal do processo nunca foram suficientemente analisadas. A linguagem do discurso supostamente analítico sobre as questões da divindade estabilizaram-se, por consenso cultural, num nível de compactação que, de um lado, não distingue suficientemente entre a estrutura paradoxal do encontro divino-humano na busca e, de outro lado, os símbolos que surgem na reflexão sobre a expressão culturalmente concreta da busca. Este estado insatisfatório de análise faz que o debate seja conduzido sob a ótica das bem conhecidas dicotomias reflexivas do discurso teológico. Os símbolos que dominam a linguagem reflexiva na orla da compactação e diferenciação podem ser resumidos na lista de:

1. Filosofia e religião
2. Filosofia e teologia
3. Teologia natural e teologia reveladora
4. Fé e razão
5. Razão e revelação
6. Ciência e religião
7. Teologia natural e teologia sobrenatural

Cada uma dessas dicotomias dá ocasião a um debate infinito no nível compacto, sem nunca penetrar na estrutura fundamentalmente paradoxal de pensamento que é peculiar à relação de participação entre o processo de pensamento e a realidade em que ele segue.

No artigo da *Summa* sobre a pergunta se Deus existe, ao qual o título desta preleção se refere, Tomás atingiu certo grau de clareza acerca de sua estrutura paradoxal. A pergunta concernente *quod Deus dicitur* não é levantada arbitrariamente, mas pressupõe um artigo de fé escritural. Este artigo é a fórmula do *ego sum qui sum* de Êxodo 3,14. Se já não houvesse na existência histórica nenhum símbolo de fé, não haveria nenhuma questão. Este artigo de fé é parte do procedimento de questionamento noético quanto a seu significado. A "questão de Deus" não pode fazer-se inteligível a não ser que a questão de Deus seja parte da realidade por explorar. O símbolo do *ego sum* divino é parte da consciência exploratória que se aproxima do símbolo de fé como a resposta a uma inquirição que surge das experiências particulares da realidade. Pois o *ego sum* da Escritura simboliza o polo necessário de uma realidade que em sua particularidade fenomênica é experienciada apenas como contingente. A tensão experiencial entre contingência e necessidade é a estrutura da realidade que está em debate na questão da divindade.

Esta estrutura é, então, perseguida por Tomás nas cinco bem conhecidas experiências de realidade contingente. Na primeira das tensões experienciadas, a realidade está em movimento e o movimento exige um motor. Neste nível particular pode-se prosseguir de um movimento particular para seu motor particular e prosseguir-se-ia indefinidamente sem alcançar uma explanação do fenômeno do movimento. A fim de se tornar inteligível, o processo de movimento particular exige um primeiro motor (*primum movens*). E neste processo noético de análise, Tomás identifica o primeiro motor como algo (*hoc*) em que "omnes intelligunt *Deum*", como algo, o *hoc*, que todos entendem ser Deus. O *Deus* desta proposição é a resposta que responde à estrutura da questão noética.

O mesmo tipo de argumento é então aplicado à *causa efficiens*. Numa série de causas eficientes tampouco faz sentido prosseguir ao infinito; chega-se ao sentido apenas pelo simbolismo de uma primeira causa não causada; e aqui de novo Tomás formula esta primeira causa como algo "quam omnes *Deum* nominant", a causa que todos chamam Deus. O mesmo procedimento de simbolização aplica-se às outras assim chamadas provas da existência de Deus. A causa necessária de todas as coisas é "quod omnes dicunt *Deum*"; e quando uma causa última do bem e da perfeição em todas as coisas tem de ser simbolizada, de novo "hoc dicimus *Deum*". Finalmente, aplica-se tal procedimento à finalidade de toda a realidade: há algo inteligivelmente inteligente (*intelligens*) pelo qual todas as coisas naturais são ordenadas para uma finalidade, e esse inteligivelmente inteligente (*intelligens*) é o *hoc* que "dicimus *Deum*". Não há nenhuma outra divindade senão a necessidade em tensão com a contingência experienciada na questão noética.

A análise tomásica toca na estrutura paradoxal da tensão entre os símbolos de fé e a operação do intelecto noético. Entretanto, é embaraçada em sua formulação clara pela compactação dos símbolos reflexivos que Tomás tem de empregar em sua situação histórica. Eles são os símbolos de uma verdade de revelação na tradição da fé judaico-cristã e os símbolos filosóficos que derivam do contexto culturalmente diferente da civilização helênica. A fim de esclarecer algumas dessas complicações, será útil referir-nos brevemente aos avanços da análise nas empresas cartesiana e pós-cartesiana.

Considerai, por exemplo, a formulação dada ao problema por Leibniz em seus *Principes de la Nature et de la Grâce* [Princípios da Natureza e da Graça]. A análise "metafísica" de Leibniz adota o princípio da razão suficiente (*raison suffisante*) como a explicação para tudo o que acontece na realidade. A busca da razão suficiente culmina em duas questões: (a) Por que há algo em vez de não haver nada? e (b) Por que são as coisas como são? Neste nível de simbolização, Leibniz chega a formulações muito parecidas com as de Tomás. A experiência da realidade contingente implica uma razão não contingente para o que é experienciado como contingente. "Et cette dernière raison des choses est appelée *Dieu*".[2]

Embora a formulação de Leibniz lembre a de Tomás, deve-se ficar a par de sua aura pós-cartesiana. O que vem à tona é a inerência da resposta no acontecimento da questão. E essa característica imaginativa que vai além da simples adoção de um símbolo revelador é devida à iluminação cartesiana da resposta como contida no ato de duvidar e de desejar. A transição experienciada de um *cogito ergo sum* evidentemente certo para um ego imaginativamente duvidoso e desejoso é a fonte meditativa

---

[2] E essa última razão das coisas é chamada *Deus*. (N. T.)

da compreensão de que não há nenhum ego sem uma realidade abrangente que deve ser simbolizada como a perfeição em direção à qual luta o ego imaginativo. Um ego que duvida e deseja ir para além de si mesmo não é o criador de si mesmo, mas exige um criador e mantenedor de sua existência duvidante, e essa causa é o "Deus" que aparece nas análises da *Third Meditation* [Terceira Meditação] e dos *Principles* [Princípios]. Não há nenhuma contingência duvidante sem a tensão em direção à necessidade que torna a dúvida evidente como tal.

No entanto, este avanço para a estrutura imaginativa da questão noética é ainda estorvado por outro elemento compacto na análise tomásica, ou seja, pela interpretação de uma análise meditativa como uma prova silogística. Mesmo Descartes e Leibniz ainda querem entender a análise como uma prova para a existência do Deus da revelação, uma suposição que Kant mostrou ser insustentável na *Crítica da Razão Pura*. Já que, no entanto, a análise positiva de Kant acerca da questão imaginativa era insuficiente, coube a Hegel reconhecer, contra o criticismo de Kant, "as assim chamadas provas da existência de Deus como descrições e análises do processo do próprio *Geist*. (...) A ascensão do pensamento para além do sentido, o pensamento que transcende o finito e o infinito, o salto que é feito pela quebra das séries do sentido no suprassentido, tudo isso é o próprio pensamento, a transição é *apenas o próprio pensamento*" (*Encyklopaedie*, 1830, § 50).

Nesta passagem de Hegel, podem-se discernir os estratos de análise. Eles são (*a*) o argumento tomásico (com seu fundamento último em Aristóteles), (*b*) o avanço cartesiano para o argumento como um acontecimento imaginativo, (*c*) o criticismo kantiano de sua estrutura silogística, e (*d*) um novo esclarecimento acerca do processo de análise noética. Entretanto, o que torna a iluminação hegeliana ainda insatisfatória é a tendência de levantar a estrutura paradoxal, como revelada na dimensão reflexiva da consciência, numa solução última do problema da divindade. Esta hipostatização da consciência reflexiva obscurece o fato de que o próprio movimento noético, o encontro divino-humano, é ainda um processo ativo na tensão em direção aos símbolos de fé. A hipostatização dos símbolos reflexivos leva à interpretação deformante do processo de pensamento para o pensamento fechado de um sistema de ciência conceptual.

As dificuldades que os pensadores modernos têm com suas análises positivas inadequadas da consciência de realidade provêm da distinção inadequada entre o processo da análise noética e os símbolos reflexivos que descrevem o processo histórico de análise. O ponto experiencial de confusão é formulado por Tomás (*ST I*.2) como a diferença entre o *Deus in se* e o *Deus quoad nos*.[3] Na fé, estamos vivendo na tensão entre a contingência e a necessidade divina, ao passo que, nos símbolos reflexivos, os polos de tensão necessários e contingentes são reflexivamente hipostasiados em entidades transcendentes e imanentes. Que a necessidade divina não é uma coisa conhecida por suas propriedades é claramente visto por Tomás como a fonte das dificuldades, mas ele não determina com igual clareza a dificuldade, já vista por Platão no *Fedro* e no *Timeu*, que surge da estrutura de linguagem intencionalista: nossa inclinação a pensar em proposições coisificadas acerca de experiências que não são experiência de coisas. A estrutura principal do encontro divino-humano tem de ser distinguida da simbolização reflexiva dos polos do encontro tensional como entidades coisificadas. Tomás vai apenas até o ponto de distinguir entre o *a priori* da necessidade divina e o *a posteriori* de sua prova, tirada do efeito nas experiências contingentes, perdendo, portanto, certas qualidades da análise conseguida por Anselmo de Cantuária, assim como pelos filósofos helênicos. Será apropriado, portanto, formular o problema reflexivo da interpretação silogística em seus pontos principais.

A "prova ontológica" rejeitada por Tomás não existia ainda em seu tempo nesta forma simbólica. A palavra *ontologia* aparece no século XVII em *Elementa Philosophiae sive Ontosophiae* (1647), de Clauberg (ou talvez em *Lexicon Philosophicum*, de Goclenius, em 1613), e encontra aceitação entre os filósofos através de seu emprego no século XVIII por Leibniz, Wolf e Kant. As *Meditações* de Descartes não estão ainda estorvadas pelo

---

[3] Deus em si e Deus quanto a nós. (N. T.)

termo, e essa talvez seja a razão pela qual elas ainda podiam estar próximas da busca anterior de Anselmo (a qual Descartes pode não ter conhecido) porque elas se louvavam, para a dinâmica do movimento de busca, na tensão de perfeição-imperfeição. Na *Crítica da Razão Pura*, Kant aplica o símbolo *prova ontológica* às *Meditações* cartesianas como um termo já com uso geral.

Os dados apresentados há pouco apontam para uma área do discurso que se move, na verdade, na orla da análise experiencial exata; sugerem a tentativa de estabelecer a *ontologia* como um sinônimo mais preciso de *metafísica* e, portanto, de estabelecer a metafísica como a alternativa polêmica à teologia. O próprio termo *metafísica* foi apresentado por Tomás à filosofia ocidental em seu comentário da *Metafísica* aristotélica com base no desenvolvimento do termo pelos filósofos árabes. Estamos tocando no problema da deformação reflexiva da realidade experiencial através dos simbolismos reflexivos condicionados pelas situações históricas concretas.

Isso não quer dizer que não há um problema experiencial real na base da deformação, nem que este problema não foi visto e formulado pelo próprio Tomás. A distinção dos *priora simpliciter* da fé a partir dos *posteriora* de sua realidade obtida por seus efeitos torna possível negar os *priora* que não permitem que as propriedades dela sejam conhecidas como se fossem propriedades de uma coisa. E já que as propriedades coisificadas não são conhecidas, exceto por seus efeitos, os *priora* da fé podem ser negados quanto à sua realidade. A base experiencial dessa consequência é apresentada por Tomás no simbolismo escritural "Dixit insipiens in corde suo: Non est Deus".[4] A confusão deformante no "coração" do *insipiens* (na tradução inglesa: do tolo) é a fonte experiencial que traz à atenção o problema da estrutura não coisificada dos simbolismos divinos. É o *cor suum* no homem que é o lugar experiencial de uma posição hipostasiada ou da negação da divindade.

A análise de Hegel, a despeito da interpretação reflexiva deformante, chega perto da compreensão do processo noético

---

[4] Disse o tolo em seu coração: não há Deus. (N. T.)

como foi experienciado por Anselmo de Cantuária no começo da escolástica. No *Proslogion*, a análise de Anselmo é explícita acerca dos limites da busca noética. Na segunda parte de sua obra, no *Proslogion* XIV, ele reconhece que o Deus encontrado pela verdade da razão ainda não é o Deus a quem o buscador experienciou como presente na formação e reformação de sua existência. Ele reza a Deus: "Fala com minha alma desejosa o que és, outra coisa além do que ela viu, de modo que ela possa ver claramente o que deseja". E no *Proslogion* XV formula a questão estrutural com exatidão clássica: "Ó Senhor, tu és não apenas aquilo de que não se pode conceber nada maior, mas és também maior do que o que pode ser concebido". Este é o limite da análise conceptual noética desconsiderada por Hegel. Deve-se notar que na seção sobre Anselmo de Cantuária em sua *Geschichte der Philosophie* [História da Filosofia], Hegel lida considerável e competentemente com a "prova ontológica", mas não menciona a segunda parte do *Proslogion* com sua exploração analógica da luz divina para além da razão humana. A busca noética de Anselmo assume então a forma de uma prece para a compreensão dos símbolos de fé através do intelecto humano. Por trás da busca, e por trás da *fides* que a busca deve entender, agora fica visível a verdadeira fonte do esforço anselmiano no vivo desejo da alma de mover-se em direção à luz divina. A realidade divina deixa a luz de sua perfeição cair na alma; a iluminação da alma desperta a consciência da existência do homem como um estado de imperfeição; e esta consciência provoca o movimento humano em resposta ao apelo divino. A iluminação, como Santo Agostinho chama esta experiência, tem, para Anselmo, na verdade, o caráter de um apelo, e mesmo de um conselho e promessa, pois, a fim de expressar a experiência, ele cita João 16,24: "Pedi e recebereis, para que o vosso gozo seja completo". As palavras joaninas do Cristo, e do Espírito que aconselha em seu nome, palavras que devem ser entendidas em seu contexto, expressam o movimento divino a que Anselmo responde com o contramovimento cheio de alegria de sua busca (XXVI). Daí, a última parte do *Proslogion* louva coerentemente a luz divina na linguagem analógica da perfeição. A prece de Anselmo é uma *meditatio de ratione fidei* como ele formula a natureza da busca no primeiro título do *Monologion*. A busca que ora responde ao apelo da razão na *fides*; o *Proslogion* é a *fides* em ação, em busca de sua própria razão. Temos, portanto, de concluir que Santo Anselmo compreendeu claramente a estrutura cognitiva como interna à *metaxy*, o Entremeio da alma no sentido platônico.

O sentido do entremeio neste contexto pode ser, talvez, mais claramente compreendido no mito do *Fedro*. Neste mito, Platão enfileira os deuses olímpicos juntamente com seus seguidores humanos como seres dentro do cosmos que são dotados de almas e, portanto, estão preocupados com sua imortalidade. Os olímpicos, que já gozam do *status* de imortais, têm apenas de preservá-lo pela ação apropriada; ao passo que as almas humanas que desejam a imortalidade têm ainda de ascender até ela por um esforço que é, em vários níveis, estorvado por seus corpos mortais cujas paixões os arrastam para baixo. Nem as ações preservadoras dos deuses, entretanto, nem os esforços desejosos de seus servidores humanos podem alcançar seu objetivo através de processos dentro do cosmos. Pois a força da imortalidade é a realidade divina extracósmica para além do céu (*exo tou ouranou*) que cerca o cosmos, e os seres intracósmicos que têm almas devem ascender a esta fonte por meio de "asas" noéticas que lhes permitam ascender à verdade do Para Além. Esta ascensão das almas não é uma coisa do dia a dia. Ordinariamente, assim deixa Platão o mito contar-nos, os deuses e seus seguidores se encarregarão de seus negócios intracósmicos, e apenas em ocasiões festivas é que ascenderão para a região do supracéu (*hyperouranios topos*). E aí, do teto do cosmos, eles contemplarão o *ousia ontos ousa* que é visível apenas à *nous*, o guia da alma.

Mas em que sentido pode Anselmo ligar o termo *prova* à busca noética em resposta ao movimento do Espírito, uma busca que ele reconhece corretamente como uma prece? A chave para a resposta é dada no fato de o termo não ocorrer no próprio *Proslogion*, mas apenas na discussão com Gaunilo. Não há nenhuma razão por que o termo deva ser empregado no *Proslogion*; pois quando um fiel explora a estrutura racional de sua fé, não está em questão a existência de Deus. No entanto, em sua resposta, Anselmo tem de empregar o termo *prova* porque Gaunillo faz o papel do insensato, do *insipiens*, que diz "não há nenhum Deus" e supõe que o explorador da fé está envolvido numa "prova" para a asserção de que Deus existe. Somente quando confrontada pelo *insipiens* que emite a proposição negativa de que Deus não existe é que a reflexão noética do espiritualista alcança o caráter de uma proposição afirmativa concernente à existência de Deus. O simbolismo da busca noética ameaça descarrilar numa discussão acerca da prova ou ausência de prova de uma proposição quando entra na discussão o insensato. A existência de Deus pode tornar-se duvidosa porque, sem dúvida, existe o insensato.

O insensato não pode ser facilmente descartado. A insensatez de responder ao apelo divino com uma negação ou evasão é uma possibilidade humana tanto quanto a resposta positiva. Como uma potencialidade, está presente em cada homem, incluindo o fiel; e em certas situações históricas sua atualização pode tornar-se uma força social maciça. Mas quem, ou o quê, é o insensato?

É clara a situação filológica. Quando Anselmo e Gaunilo falam do *insipiens*, a linguagem deles recorre ao Salmo 13 (14) na tradução da Vulgata: "O insensato (*insipiens*) disse no seu coração: Não, não há Deus". O *nabal* do texto hebraico é traduzido pela Vulgata como *insipiens* e posteriormente traduzido, assim pela versão padrão como pela Bíblia de Jerusalém, por *insensato*. Esta última tradução talvez não seja a melhor, porque a palavra inglesa *fool* deriva do latim *follis*, significando um fole ou gaita de fole, e manteve de seu original uma aura de gaita de foles, tolice, falta ou fraqueza de julgamento, que nem sugerirá a corrupção fundamental da existência, nem o espectro de sintomas corruptores, representados por *nabal*. O insensato do salmo não é certamente um homem falto de perspicácia intelectual ou de julgamento mundano. Tais traduções alternativas como *o ímpio, o profano, o imprudente* ou *o homem sem valor*, todas as quais foram tentadas e têm seus méritos, mostram a dificuldade de traduzir a riqueza de significado peculiar a um símbolo tão compacto como *nabal*. Entretanto, já que me parece impossível uma tradução mais satisfatória ou mais adequada no emprego contemporâneo, manterei o *fool* estabelecido e apenas tomarei o cuidado de tornar-lhe claro o sentido.

No Salmo 13 (14), o *nabal* significa o fenômeno de massa de homens que fazem o mal em vez do bem porque não "buscam Deus" e sua justiça, que "comem meu povo como comem pão" porque não acreditam na sanção divina por atos de injustiça. O desprezo pessoal a Deus manifestar-se-á em comportamento implacável para com o homem mais fraco e criará a desordem geral na sociedade. A situação enfrentada pelo salmo parece ser a mesma do desprezo a Deus e as seus profetas caracterizado por Jeremias 5,12 e seguintes, e, já no século VIII a.C., por Isaías 32. Nesses contextos israelitas, o desprezo, *nebala*, não denota necessariamente um fenômeno tão diferenciado como o ateísmo dogmático, mas, ao contrário, um estado de estupidez espiritual que permitirá a satisfação de ganância, sexo e poder sem medo do julgamento divino. A insensatez insolente, é verdade, pode subir até o "Não há nenhum Deus" radical, mas a frase não parece ter sido experienciada como desafio noético. O insensato está contra o Deus revelado, ele não está contra uma *fides quarens intellectum*. Este componente acrescido, característico do debate de Anselmo e Gaunilo, tem de ser procurado, em vez disso, na tradição dos filósofos, a qual entrou na teologia cristã. É Platão quem descreve o fenômeno da insensatez existencial, assim como o desafio que apresenta à busca noética, para o caso da insensatez sofística, a *anoia*, na *República* II e nas *Leis* X.

Na sociedade grega, a potencialidade de responder ao apelo divino, rejeitando-o, expressou-se numa série de proposições negativas que cobrem cautelosamente toda a série da experiência. Assim na *República* (365b-e) como nas *Leis*, Platão apresenta essas proposições como um conjunto triádico:

1. Parece que não existem nenhuns deuses.

2. Mesmo se existirem, não se importam com os homens.

3. Mesmo se se importarem, podem ser aplacados com presentes.

Embora Platão não dê uma fonte específica para o conjunto, mas se refira a ele apenas como sendo de emprego geral em seu ambiente intelectual, provavelmente é um produto da escola sofística, pois tem a mesma estrutura do conjunto de proposições preservado no ensaio de Górgias, *Do Ser:*

1. Nada existe.
2. Se algo existe, é incompreensível.
3. Se é compreensível, é incomunicável.

O conjunto sugere que, nas escolas sofísticas, o desprezo dos deuses cresceu até uma perda geral do contato experiencial com a realidade cósmico-divina. Os padrões triádicos de proposições negativas parecem ter-se desenvolvido como uma expressão para a contração resultante da existência do homem. A aceitação maciça deste padrão estimulou tão fortemente Platão como um desafio a sua busca noética do fundamento divino, que ele dedicou todo o Livro X das *Leis* à sua refutação. Os pormenores da refutação, levando às proposições positivas de que existem deuses, de que eles se importam com o homem e de que não podem ser feitos cúmplices na criminalidade humana, oferecendo-se-lhes subornos pelos lucros de crimes, não são de nosso interesse, no momento. Mas temos de considerar a análise que Platão faz do desafio noético e da linguagem desenvolvida para sua articulação.

O argumento sofístico para as tríades negativas fundara-se aparentemente numa negação radical da realidade divina experienciada como presente seja na ordem do cosmos, seja na alma do homem. A fim de ser plausível na cultura helênica do século IV a.C., a negação teve de ser expressa na forma de um contramito para a simbolização da ordem divina na realidade pelo mito cosmogônico do tipo hesiodiano. A forma de fato assumida pelo argumento aparentemente era uma cosmogonia em que os deuses do mito são substituídos pelos elementos no sentido material como a realidade criativa "mais velha". De qualquer maneira, Platão considera as tríades negativas invalidadas em princípio, se ele puder refutar a suposição de que toda a realidade se origina no movimento de elementos materiais. Contra esta suposição, argumenta ele: não há nenhuma matéria automovente; todos os movimentos materiais são causados por movimentos de outra matéria; a rede padrão de causa e efeito tem de ser causada, a seu turno, por um movimento que se origina fora da rede; e a única realidade que sabemos ser automovente é a psique. Daí, numa interpretação genética do Ser, os elementos não podem funcionar como a realidade "mais velha"; apenas a Psique divina, como experienciada pela psique humana, pode ser "a mais velha" no sentido do automovimento em que se origina todo o movimento ordenado no mundo. Em seu recurso à realidade da psique e de suas experiências, contra interpretações que expressam a perda da realidade e a contração do eu, soa muito moderno o argumento – embora os intérpretes modernos não tenham de deformar um mito hesiodiano para o propósito deles, mas tenham de substituir o fundamento divino do Ser por um item da hierarquia imanente do mundo de ser como o "fundamento" último de toda a realidade. Mas o argumento não é nem moderno nem antigo; é, na verdade, o argumento que voltará sempre que a busca da realidade divina tiver de ser retomada numa situação em que a "racionalização" da existência contraída, a existência do insensato, se tiver tornado um fenômeno de massa. O argumento, é claro, não é uma "prova" no sentido de uma demonstração lógica, de uma *apodeixis*, mas apenas no sentido de uma *epideixis*, de um apontar para uma área de realidade que o construtor das proposições negativas escolheu desconsiderar, ou desprezar, ou recusar a perceber. Não se pode provar a realidade por um silogismo; pode-se apenas apontar para ela e convidar o cético a olhar. A confusão mais ou menos deliberada dos dois significados da palavra *prova* é ainda um truque padrão empregado pelos negadores nos debates ideológicos contemporâneos; e, desde o tempo de Anselmo, exerceu um papel importante na gênese das "provas" da existência de Deus.

Que as proposições negativas não são uma sentença do filósofo concernente a uma estrutura na realidade, mas expressam uma deformação do "coração", é a iluminação obtida por Platão. A insensatez sofística, a *anoia*, não é meramente um erro analítico, é uma *nosos*, uma doença da psique, exigindo a terapia psicológica que nas *Leis* ele assegura num espaço de cinco anos. Na *República* II, ainda desenvolve a linguagem que descreverá a doença existencial à medida que distingue entre a falsidade em palavras e a falsidade, ou mentira (*pseudos*), na própria alma.

A "ignorância dentro da alma" (*en te psyche agnoia*) é "verdadeiramente a falsidade" (*alethos pseudos*), ao passo que a falsidade em palavras é apenas "a imagem após a ascensão" (*hysteron gegonon eidolon*). As palavras falsas, portanto, não são uma "falsidade não misturada" como é a "falsidade essencial" (*to men de to onti pseudos*) na alma. A falsidade verbal, a "racionalização", podemos dizer, é a forma de verdade em que se expressa a alma doente (*República* 382). Como mostram as distinções, Platão está lutando para encontrar a linguagem analítica que se adequará ao caso sob observação, mas ainda não completou a tarefa de desenvolver os conceitos de uma "pneumopatologia", que é como Schelling chamou essa disciplina. Ele não tem ainda, por exemplo, um conceito como a *agnoia ptoiodes*, a "ignorância assustadiça" de Crisipo que se tornou a "ansiedade" dos modernos; nem tem a *apostrophe* crisipiana, denotando a inversão do movimento, a *epistrophe*, que leva o prisioneiro na Caverna em ascensão para a luz; nem a caracterização de Cícero para a doença da mente, da *morbus animi*, como uma *aspernatio rationis*, uma rejeição da razão. Ainda assim, ele viu o ponto crucial de que as proposições negativas são a síndrome de uma doença que atinge a humanidade do homem e destrói a ordem da sociedade.

Na análise da doença e de sua síndrome, Platão criou um neologismo de consequências históricas mundiais: quando, ao lidar com os conjuntos proposicionais, empregou, pela primeira vez na história da filosofia – tanto quanto sei –, o termo *teologia*. Na *República*, Platão fala das proposições negativas como *typoi peri theologias*, como tipos de teologia (379a), e opõe a elas as contraproposições positivas como tipos verdadeiros. Ambos os tipos, assim o negativo como o positivo, são teologias, porque ambos expressam uma resposta humana ao apelo divino; ambos são, na linguagem de Platão, respectivamente, a mimese verbal da existência do homem na verdade ou na falsidade. Não é a existência de Deus que está em jogo, mas a ordem verdadeira da existência no homem; não são as proposições que estão umas contra as outras, mas a resposta e a não resposta ao apelo divino: as proposições, positivas ou negativas, não têm nenhuma verdade autônoma. A verdade das proposições positivas não é nem autoevidente, nem uma matéria de prova lógica; seriam apenas tão vazias como as negativas, se não fossem apoiadas pela realidade do movimento e contramovimento divino-humano, da prece que responde ao apelo na alma do proponente; e Platão fornece esta verdade mediante sua magnífica análise e simbolização das experiências. Daí a mimese verbal do tipo positivo, por não ter nenhuma verdade própria, não poder ser mais do que uma primeira linha de defesa ou persuasão numa confrontação social com a mimese verbal do tipo negativa. Ainda mais, as proposições positivas obtêm uma parte essencial de seu significado a partir de seu caráter como uma defesa contra as proposições negativas. Como consequência, os dois tipos de teologia representam juntos a mimese verbal da tensão humana entre as potencialidades de resposta [e] não resposta à presença divina na existência pessoal, social e histórica. Se for esquecida a parte do insensato nas proposições positivas, haverá sempre o perigo de descarrilamento na insensatez de acreditar que seja definitiva a verdade dessas proposições. Mas a suposição de definitividade fá-las-ia, na verdade, tão vazias da verdade experiencial no pano de fundo quanto os insensatos fingem que elas são.

A verdade experiencial no pano de fundo da análise de Platão não é matéria de afirmações simples. Teria de incluir as próprias realizações de Platão em sua luta para esclarecer os problemas iniciados pelos predecessores assim como os significados que permaneceram compactos na obra de Platão. Uma apresentação adequada das questões exigiria, por conseguinte, mais de um volume de filosofia helênica, literatura e arte, estendendo-se de Homero e Hesíodo até o neoplatonismo. No presente contexto, não posso mais do que apontar algumas fases importantes no processo de experiências diferenciadoras e simbolizações.

Uma questão central é a transição diferenciadora da linguagem politeísta dos deuses para a linguagem da divindade além dos deuses. A tensão experiencial na situação cultural de Platão é sugerida por mudanças nas invocações dos deuses, precedendo uma análise de estrutura na realidade. No *Timeu*, por exemplo, Sócrates convida Timeu a ser o próximo orador a envolver-se numa criação imaginativa da linguagem semelhante que simbolizará a estrutura e abrirá seu discurso com uma invocação dos deuses. Que a análise imaginativa deva ser uma prece é algo pressuposto. Na sua resposta, Timeu concorda que todo o mundo que tenha algum senso evoca "Deus" antes de uma empresa, pequena ou grande. Um discurso semelhante concernente ao Todo (*to pan*) terá de invocar os deuses e as deusas (a não ser que sejamos totalmente dementes): pede que tudo o que digamos seja, em primeiro lugar, aprovado por eles e, em segundo lugar, por nós mesmos. Tenhamos como certo, portanto, que invocamos adequadamente as divindades, e deixemos invocar-nos a nós mesmos de tal forma que exponhamos o mais claramente possível nossas visões acerca do Todo (27 c). A invocação restringiu-se em sua linguagem e não nomeia o "Deus" invocado. O desenvolvimento simbólico que invoca o "Deus" uno é reduzido a uma invocação mental implicada no ato de começar. Os "deuses" não desapareceram e não foram totalmente substituídos pelo "Deus" único.

A fim de sentir a tensão cultural nesta invocação mental de "Deus", sem nomeá-lo, deve-se estar a par do declínio da *fides* em muitos deuses, como aparece, por exemplo, na invocação paródica de Aristófanes em seu *Thesmophoriazusae* com seu toque feminista: Reza aos deuses e deusas, aos olímpicos e olímpicas, ao Pítios e Pítias, aos Délios e Délias (330-33). O "Deus" uno platônico é a divindade experienciada como presente para além dos muitos deuses que, como mostra a invocação de Aristófanes, estão morrendo experiencialmente. A análise noética cria uma forma recém-diferenciada de prece para além das invocações anteriores de musas e deuses. O que está diferenciando na experiência noética é a Unidade da divindade para além da pluralidade dos deuses.

Esta diferenciação da Unidade da divindade, então, exige uma mudança na linguagem de realidade, partindo dos seres no plural para o singular de um "Ser". Na linguagem anterior de Hesíodo, a realidade das coisas é ainda expressa pelo plural *ta eonta*, sendo os deuses coisas compactamente abarcadas pelo mesmo termo das coisas do mundo externo. Na linguagem de Parmênides, esta revelação experiencial da Unidade é marcada pela transição do plural *ta eonta* para o singular *to eon*. Por esta mudança de linguagem, os "seres" começam a ser diferenciados de um "Ser" que abrange todas as coisas. Na obra de Parmênides, a transição é tão radical que os "seres" perdem algo de seu *status* como reais em relação ao "Ser" ofuscante no singular. A pressão reveladora do Ser para além dos seres foi aparentemente experienciada tão intensamente que a estrutura de um todo cósmico de realidade na tensão do Ser e das coisas só poderia ser insuficientemente simbolizada na linguagem. Daí, no *Timeu*, Platão teve de ir além do *to eon*, ao cunhar o símbolo *to pan* no sentido de um Todo que abrange (*periechein*) os seres. O *to pan*, a ordem inteligível do universo, é agora simbolizada como o cosmos em tensão entre a ordem (*taxis*) imposta por um demiurgo e a desordem (*ataxia*) de um *chora* espaçotemporal em que é imposta. A realidade torna-se uma unidade ordenada acessível à análise matemática.

Entretanto, a simbolização desta experiência não redunda, para Platão, num sistema. Permanece misteriosa a estrutura da divindade experienciada. Há um demiurgo que ordena uma realidade desordenada, mas ordena-a de acordo com um paradigma de ordem que em si mesma é um deus; ademais, o cosmos organizado de acordo com o paradigma, a seu turno, é a cópia divina única ou unigênita (*monogenes*) do paradigma. A ordem do paradigma é a realidade última, abrangendo todos os seres no cosmos único. Na experiência de Platão, esta unidade do Todo era de importância reveladora tal que ele cunhou para ela o termo *monosis* (31b), um termo que desapareceu da linguagem filosófica posterior. O símbolo *ordem* adquire o significado diferenciado de unidade que exclui uma pluralidade de universos, deixando aberto o mistério da desordem na ordem do Todo.

Um componente importante na luta de Platão por uma linguagem do Deus único para além dos deuses – negligenciado muito frequentemente – são as experiências de divindade que se revelam nas invocações da *Teogonia* de Hesíodo. Para Hesíodo, a fonte da verdade acerca da realidade, certamente, são as figuras divinas, as Musas. Mas as Musas não são deusas olímpicas; são geradas por Zeus, longe do Olimpo, em sua união com Mnemósine. A fonte da verdade é transolímpica e o Zeus que gera as Musas é ele mesmo um deus que nasceu, mas que não morre. Ademais, o que as musas cantam da realidade que inclui os deuses é cantado principalmente não para os homens, mas para os próprios deuses, e especialmente para um Zeus que parece não estar bem consciente de sua posição e de seus poderes como força divina ordenadora na realidade. Para Hesíodo, Zeus não é deus, a não ser que exista uma realidade divina Para Além dos deuses. Nessas simbolizações hesiodianas reconhecemos as primeiras sugestões do Para Além abrangente (*periechon*) que finalmente se torna a *epeikeina* de Platão.

[1. O "divino" que tudo envolve de Anaximandro e como se deve falar dele segundo Aristóteles em *Física 4, 203b7*]

> Do *apeiron* não há nenhum começo (*arche*) (...) mas isso parece ser o começo de todas as outras coisas e envolver (*periechein*) todas as coisas e governar tudo, como todos aqueles que dizem que não postulam outras causas, como a mente e o amor, acima e além do *apeiron*. E este é o divino (*to theion*); pois é imortal (*athanaton*) e indestrutível (*anolethron*), como diz Anaximandro. (*The Presocratic Philosophers*. Trad. Kirk, Raven e Schofield. 2. ed., 1983, p. 115).

[2. A prece em Plotino V.1.6 invocando Deus antes de tentar a busca da linguagem própria em que falar do Uno e do mistério de sua emanação, o que só pode ser dito em metáforas irreais como a metáfora do perfume que Plotino escolhe ("coisas perfumadas"):]

> Falemos disso desta maneira, primeiro invocando o próprio Deus, não em palavras faladas, mas estirando-nos com nossa alma numa prece a ele, capaz, desta maneira, de rezar sozinha para ele apenas. (*Plotinus*. Trad. H. A. Armstrong. Loeb's Classics, Vol. IV, 1984.)

[3. A prece no *Timeu* de Platão, desta vez invocando o *theos soter*[5] (48d) é como Platão começa a tentativa de encontrar a linguagem própria para falar do polo não coisificado na tensão entre o divino formador e o *chora* (espaço) receptivo, mas resistente e não formado:]

---

[5] Deus salvador. (N. T.)

> E, como antes, também agora, no começo de nossa exposição temos de invocar Deus, o Salvador, para nos levar salvos através de uma exposição nova e desusada a uma conclusão baseada na semelhança, e então começar nossa exposição ainda uma vez. (*Plato.* Trad. R. G. Bury. Loeb's Classics, Vol. IX, 1929, p. 111, 113.)

> [De novo a linguagem tem de tornar-se irreal e metafórica. (Timeu 48e-53c, esp. 51 b-c)]

[4. A "prece mental" (*das mentale Gebet*) de Goethe:]

> Das mentale Gebet, das alle Religionen einschliesst und ausschliesst und nur bei wenigen, gottbegünstigten Menschen des ganzen Lebenswandel durchdringt, entwickelt sich bei den meisten nur als flammendes, beseligendes Gefühl des Augenblicks; nach dessen Verschwinden sogleich der sich selbst zurückgegebene unbefriedigte, unbeschäftigte Mensch in die unendlichste Langeweile zurückfallt.

> A prece mental que abrange e exclui todas as religiões e que apenas nuns poucos homens favorecidos por Deus lhes permeia todo o modo de vida, se desenvolve na maioria dos homens apenas como um sentimento ardente, arrebatador, do momento; uma vez que desapareceu, o homem, voltando a si mesmo, insatisfeito, desocupado, cai de novo no tédio mais interminável. (Goethe, "Ältere Perser". In: *West-Östkichger Divan, Noten und Abhandlungen.* Leipzig, 1912, p. 142)

[5. A manifestação da experiência cristã equivalente e a expressão do "divino":

(a) O *pleroma* e *theotes* em Colossenses 2,9:]

> "Porque nele habita toda a plenitude (*pleroma*) da Divindade (*theotes*)[6] corporalmente."

---

[6] Realidade divina, tradução preferida por Voegelin. (N. T.)

[(b) O nome "tetragramático" do "divino" em Tomás, *Summa Theologiae* 1.13.11.1:]

> Dicendum quod hoc nomen *Qui est est* magis proprium nomen Dei quam hoc nomen *Deus*, quantum ad id a quo imponitur, scilicet ab esse, et quantum ad modum significandi et consignificandi, ut dictum est. Sed quantum ad id ad quod significandum, imponitur nomen est magis proprium hoc nomen Deus, quod imponitur ad signficandum naturam divinam. Et adhuc magis proprium nomen est *Tetragrammaton*, quod est impositum ad significandam ipsam Dei substantiam incommunicabilem, et, ut sic liceat loqui, singularem.

> Deve-se dizer que o nome *Aquele que é* é um nome mais próprio de Deus do que o nome *Deus*, em razão da origem, a saber, vem *de ser*, e em razão do modo de significar e de cossignificar, como foi explicado. No entanto, quanto ao que se propõe significar, o nome *Deus* é mais apropriado, pois o que se propõe significar é a natureza divina. Mais próprio ainda é o nome Tetragrama, dado para significar a substância divina incomunicável, e, se é lícito dizer, singular. [Tomás de Aquino, *Suma Teológica*. Direção dos Padres Gabriel C. Galache e Fidel Garcia Rodriguez, e coordenação geral do Padre Carlos Josaphat Pinto de Oliveira. São Paulo, Edições Loyola, 2001, Volume 1, Parte I, Questões 1-43, p. 311.]

ÍNDICE REMISSIVO

A

Abertura: de uma alma bem-ordenada, 17; de Bergson e de William James como exceções, 208

Abraão, 139, 218, 358

Academia americana e o declínio metodológico, discutido, 373-74;

Adorno, Theodoro, *O Jargão de Autenticidade*, citado, 59

Adversus Haereses de Irineu, citado e analisado, 248-49

Agnoia ptoiodes (ignorância assustadiça), 339, 465

Agostinho, Santo: e *amor sui, amor Dei*, e razão, discutido, 334; e *civitas Dei* e *civitas terrena* e filosofia da história, 104-05; *Enarrationes in Psalmos* 64.2 de, citado e analisado, 110; estrutura da história e da existência pessoal são a mesma para, 110; êxodo e filosofia da história de, 139-41, 143; mencionado, 159, 280, 314, 459

Aitia (causas): em Aristóteles, 68, 73; que significa *derivações* (em vez de *causas*). Explicado, 74

Além como símbolo do Ser divino transcendente representado por imaginação mítica, 235

Aletheia (verdade, realidade): como no tópico tratado no livro de Hegel, *Phänomenologie*, analisado, 274-75; em Platão-Aristóteles, 159

Alethes logos e a verdade do Conto Salvador e o mito, discutido, 235

Alexandre, o Grande, 294-95

Alienação (*allotriosis*) e o gnosticismo, 118-20; mencionado, 299; termo definido e o vocabulário de variantes explicado, 115-18

Alma, aberta e fechada, de Bergson, discutido, 291

Alquimia e ideólogos nas ciências sociais, discutido, 361-62

Ambiente ideológico nos anos de 1920, discutido, 373

Analfabetismo filosófico, 255

Analfabetismo, sentido de, 39, 43

Análise da existência profética de Jeremias, 371

Analogia Entis, 78

Anamnesis (recordação): de um narcisista (Humboldt), 46; mencionado, 299

Anaxágoras, 270, 331

Anaximandro, 343, 469

Anima mundi no *Timeu* de Platão, um mito de filósofo, 164-65

Anselmo de Cantuária como *fides quaerens intellectum*, 13; e misticismo da luz, 21; *Proslogion*, citado e analisado, 365, 459-60; mencionado, 357-58

Ansiedade como experiência-símbolo, da *agnoia ptoiodes* dos estoicos ao medo da morte de Hobbes, à *Angst* de Heidegger, e ao "condenado a ser livre" de Sartre, analisado, 338-39

Antigo e Novo Testamentos, 374

Antissemitismo e Niemöller, 34 n10, 36

Antologia, origem e intenção do termo, analisado, 457

Apeiron (ilimitado): como *infinito* no argumento aristotélico da causa final, 73; em Anaximandro como fundamento cósmico (*arché*), discutido, 343; na psicologia cristã isso se transformou em concupiscência da existência (*supervia vitae*, *libido dominandi*), discutido, 34344

Apercepção: como modo de experiência-simbolização característica da noesis, discutido, 18-20, 332; rejeição de e síndrome das perguntas proibidas, discutido, 369

Apocalipse de Daniel, 137

Apocalipse de Milton (imanentista) relacionado ao de Hegel, Comte e Marx, 197

Apocalíptico: de Daniel e de São João. Discutido, 142; simbolismo da vida após a morte, 114; símbolos em Hegel e problemas de linguagem, discutido, 292-93

Aporein (questionador), 316

Aquino, Santo Tomás: e a verdade representativa, 17; e visão de Cristo como cabeça de toda humanidade, analisado, 358; mencionado, 74-75, 159. Mudança na linguagem de *Intelecto* para *Razão*, significância de, 79; sobre a verdade e o ser, 67; sobre Cristo como o cabeça do homem (citando *Summa Theologiae* III.8.2.), 110; sobre os nomes de Deus, 434-35; *Summa contra Gentiles* e debate racional da, 65-66, 79-80; *Summa Theologiae* sobre a existência de Deus, 451-57, 470; *Veja também* Aristóteles, Realidade; Razão; Verdade

Argumento racional e realidade, 36

Aristóteles: Alexandre, o Grande, como apresentado por Hegel, analisado, 294-95; ciência política de, nomeado o estudo do filósofo *per ita anthropina*, 326; comparado e contrastado com *Begriffsspekulation* de Hegel e o "sistema", 122-23; e a verdade da existência, 67; e ações humanas, 71-74; e Nous, 16; e o *spoudaios*, 17; e Paulo comparado, 239-40; *Ética a Nicômaco*, citado e analisado sobre a imortalidade, 121-122; *Ética a Nicômaco*, citado e símbolos Nous e "imortalizando" (*athanatizien*), analisado, 341; *Física*, citado, 469; mencionado, 15, 76, 86, 159, 220, 294, 316, 318, 373, 396, 401; *Metafísica* e *Ética a Nicômaco*, citados e discutidos, 230-31; *Metafísica*, citado e analisado em partes pertinentes juntamente com *Encyclopaedie* de Hegel sobre Nous e as Identidades, 345-346;

Metafísica, citada e analisada, 329-30, 333-34; *Metafísica*, citada levando em consideração a cadeia etiológica que leva à *prote arche*, 245; *Metafísica*, discutida, 69-70, 74; *philia politique*, discutida, 92-93; sobre a verdade e o ser, 68; sua *Metafísica*, citada, 362, 363
Arnold, Thomas, 202
Arte simbolista, contrastado como o drama esquiliano, 192
Aspernatio rationis (rejeição ou abandono da razão) como modo da pneumatologia, discutido, 338, 342, 344, 349, 351, 373, 391, 447
Assíria, 134
Ateísmo, 462
Athanatizien como símbolo que significa *imortalizar* em Aristóteles, discutido, 122-23, 341
Austerlitz, 288, 309
Autodivinização ou divinização do homem em Humboldt, Marx e Rousseau, 45, 46
Autoritarismo, 369
Autossalvação, tipos de, adumbrada, formas de metástase, 108-09

B

Babilônia, 110, 134
Balzac, Honoré de, *Séraphita*, citado, 211
Barth, Karl, *Fides Quaerens Intellectum* e *Dogmatik*, citados, 365
Baruch, 142
Baudelaire, Charles Pierre: e *Paradis artificiels*, 87, 412-13; discurso introdutório "Au lecteur" a *Fleurs du Mal*, citado e analisado, 411-12; mencionado, 210
Baur, Ferdinand Christian, sua *Christliche Gnosis*, citado e discutido, com referência a Hegel, 360

Beckett, Samuel: *Esperando Godot*, comparado a "parúsia do Ser" de Heidegger, 339-340; mencionado, 192
Beethoven, Ludwing van, "Ode à Alegria", contrastado com *Leverkuehn* de Mann em *Doutor Fausto*, 42-43
Bem, natureza do, em Aristóteles, 73
Bergson, Henri: e *As Duas Fontes da Moral e da Religião*, 17; "Sociedade Aberta" contrastada com a de Popper, 103-104; *L'ame ouverte*, e o equivalente *Nous*, 156-57, 334-35; mencionado, 86, 159, 209, 291, 317
Bíblia: base de pressupostos do Velho e do Novo Testamentos, 79;
- Salmo: 13 (14), citado e *nabai, insipiens* (tolo) e analisado, 461;
- Isaías: 40,12-25, citado e analisado, 245; 40,12, 18-20, citado, 247; 40,13, p. 246; 42.4-7, citado, 246-47;
- Jeremias: 45,4-5, citado como Conto Salvador, 233;
- Malaquias: 3,1, citado, 253;
- Mateus: 4,10, citado e discutido, 259; 7,34, citado e discutido, 259; 8,29, citado, 252; 10,23, citado e discutido, 256; 10,39, 227; 11 e 16, citado e discutido, 253-254; 11,7, citado, 252; 11,25-30, citado, 252; 11,25-27, citado, 248; 11,27, citado e discutido, 255-56, 259; 11,28-30, citado e analisado, 252; 16, citado e discutido, 259; 16,13-20, citado e analisado, 250-51, 441; 16,21-23, citado, 255; 16,24-26, citado, 256; 16,25-26, citado, 225; 16,25, citado, 227; 26,33-34, citado e discutido, 256; 26,69-75, citado e discutido, 256
- Lucas: 2,29-32, *Nunc dimittis* de, citado, 247; 12,49, 51, citado, 244; 14,26, citado, 228; 17,33, citado, 228
- João: 1, citado, 246; João 1,1 ss,

citado, 246; 1,5, citado, 247; 6,24, citado e analisado, 459; 6,44, citado, 236, citado, 441, citado e analisado, 441; 6,66, citado e analisado, 441; 8,58, citado e discutido, 358; 9,5, citado, 247; 12, citado, 227, citado, analisado e comparado com *Fedro* e *República* de Platão e *Metafísica* de Aristóteles, etc., 227-301; 12,32, citado, 236; 17,3, citado, 237; 17,25-26, citado, 237; 20,30-31, citado, 237-38

- Atos: 8,26-40, citado, 246; 17,16-34, citado, 247

- Romanos: 1,18-32, citado e analisado, 241-43; 1,20, citado e analisado, 442; 1,20, citado e analisado, 442; 1,28, citado, 221; 9-11, citado, 243

- 1 Coríntios: 2,6, discutido, 347, 444; 2,10-12, analisado, 444; 8,1-3, citado, 238-39

- 2 Coríntios: 3,18, citado, 238; 4,6, citado, 238

- Gálatas: 4,8-9, citado, 239

- Colossenses: 1 e 2, citado e analisado, 240-42; 2,9, citado, 340; 2,9-10, citado e analisado, 441-42

- Hebreus: 11,1, citado, 81, 141

- Tiago: 1,27, citado, 226

- 2 Pedro: 3,14, citado, 226

- Apocalipse: 19,11-16, citado, 253-255; 20, citado, 257

Bios theoretikos (vida de razão) e sociedade contemporânea, discutido, 318-19

Blake, William, *Casamento do Céu com o Inferno*, citado, 198-99

Bloch, Ernst e o *Prinzip Hoffnung*, 202

Boehme, Jacob, 164

Breton, André, 269, 346

Bruno, Giordano, 164

Budismo, 135

Bullock, Alan, 37

Busca: a *zetesis* platônica e o *aporein* aristotélico, analisada, 220; a *zetesis* dos filósofos se desloca da questão da Vida e da Morte para a resposta no Conto Salvador, analisada e comparada com o evangelho, 229-31

C

Calcedônia, Definição de, 443

Canção do Harpista, 89

Caringella, Paul, 12, 23 n2, 451n, 452n

Catecismo holandês (*De Nieuwe Katechismus*), citado, e "O homem, o questionador" no, discutido, 219-20

Categorias do fenômeno histórico como êxodo, objetificação, apocalíptico, escatológico, império, *oikonmene* (Mundo habitado), humanidade representativa, discutidas, 139-48

Celso, 245

Cesareia de Felipe, como recontado em João 16,13-20, analisado, 250

Ceticismo, do Pirrônico ao gnosticismo vulgar, analisado, 83-85

China e historiografia chinesa como no trabalho de Ssŭ-ma Ch'ien e pai, 133-34

Cícero, Marco Túlio: *Tusculan Disputations*, citado e analisado, 336-338; *morbus animi* e *aspernatio rationis* de, discutido, 373-74; mencionado, 391, 465

Ciência aristotélica das ações humanas: esquematicamente exemplificada e resumida, 351-353; Princípios de completude, formação e fundamento, e realidade do *Entremeio*, declarados e discutidos, 352-53

Ciência filosófica, 14

Ciência social, inadequações do positivismo, discutidas, 18
Ciência: e o estranhamento da realidade, "ciência objetiva", 47-48; em contraste com a ordenação noética do conhecimento, 49-50; Contato alemão com o Ocidente, perda como resultado da destruição da sociedade pelo Nacional-Socialismo, 57; como *Das absolute Wissen* nos escritos de Hegel, analisada, 270; da filologia clássica, discutida, 313; florescimento da, na história, na literatura, e nas esferas filosóficas do século XX, discutido, 320-22, 366
Cientificismo, relação do, com a ideologia alienante e o problema da estratificação histórica na experiência, 128
Cipião Africano, o Velho, e Políbio do império ecumênico, 145
Ciro, 135
Civilização: como unidade inteligível de significado em *A Study of History* de Toynbee, 131-32; perda de significado na, 84
Clima de opinião (termo de Glanvill): contemporâneo, discutido, 314-18, 320; mencionado, 339, 351, 359, 362, 366-67.
Cogito ergo sum, significância teórica do, discutido, 223, 455
Comte, Auguste: e a era de Comte (positivismo), discutido, 267; mencionado, 132, 197, 249, 266, 316, 370, 377, 389, 447; *philosophie positive* de, 100; sobre o significado de história, 131-32; substituição da era de Cristo pela era de Comte em 1854, 148
Comunidade, destruição da, discutido, e *philia politike* egípcia e aristotélica, 92

Comunismo Marxista, reino perfeito do (reino de liberdade), como objetificação do apocalipse do *milenium*, 142
Comunismo, 19, 369, 377
Concretude mal colocada, falácia da, discutida, 160
Condição humana: como existência no Entremeio, 21; estrutura duradoura da, como o Entremeio impermeável às tentativas de transformação mágica, discutida a propósito de Hegel, 276-77. Veja também *Metaxy*; Realidade
Condicio humana: e a verdade da existência, 78; e a estrutura noética comum, ou sua ausência, 80
Condorcet, Marquis Marie Jean Antoine Nicholas de Caritat de, e opiniões progressistas sobre o sentido da história, 131
Configuração definida tal como se aplica à teoria da história, distinguido de sentido da história, 131-32
Confucionismo, 135
Conhecimento-desejo de saber em Aristóteles comparado com Leibniz, 71. Veja também Epistemologia; Realidade; Razão; Ciência; Verdade
"Conhecimento absoluto" como troca do amor pela sabedoria na versão da filosofia de Hegel aperfeiçoada como ciência sistemática, 278-81
Conhecimento-consciência-virtude, mistério do bem e do mal em relação a, o cerne de, 174
Consciência aberta: as grandes obras literárias do passado só são compreensíveis com uma, analisada, 387-88; da humanidade normal, 374-75
Consciência existencial, a área de, como eminente em grau, mas é apenas um

área, e um problema de equilíbrio, discutido, 258-59

Consciência pública: e o Nacional-Socialismo, ambivalência nas expressões emigração e revolução na, 54; e o esforço para superar o estranhamento e a pneumopatologia, 61-62

Consciência reflexiva, 14

Consciência, como *Geist* em *Phänomenologie* de Hegel, analisada, 274-77; concreta, do homem individual, 17; deformação da, 11; e a experiência aperceptiva, 20; e a fé como experienciada na, como realidade engendradora, 81-82; e problema de Identidades na manipulação do símbolo *Geist* em Hegel, analisada, 280-82; equilíbrio de, e sua manutenção, analisada, 396; expansão transformadora da, ignora os limites estabelecidos pela estrutura da realidade, discutida, 365; filosofia da, e teoria de política e história, 18; horizonte restrito da, em predominância das filosofias escolares e em ideologias de movimentos de massa semelhantes, discutida, 370; recuperação do horizonte aberto da, discutida, 370-76; reflexiva, 15; teoria da estrutura abrangente da, na qual a intencionalidade é somente um elemento, analisada, 377-78; teoria da, central para uma filosofia da política, discutido, 369-81

Constantes: estrutura de existência no tempo sendo ela mesma constante e possivelmente caracterizada como proposicional, 156-57; proposições fundadas em experiências participativas, 157

Constitucionalismo, 369

Conto Salvador, como experiência-símbolo, analisado, 233-34

Contração extracósmica da existência, possibilidade de, relacionado ao evangelho como verdade da realidade e aos novos Cristos, 261

Cooper, Barry, 16

Coragem, a necessidade do homem de, assim como resistir à deformação da realidade por climas hostis de opinião, discutido, 321-22

Corpus mysticum, 358

Corrupção na Alemanha de Hitler, 37

Crisipo: o termo *apostrophe* contrastado com *periagoge* e *epístrofe*, discutido, 336, 338, 339; mencionado, 342, 391, 465

Cristandade da igreja como criada através da absorção do evangelho da razão na forma de filosofia Helenística, 218

Cristandade judaica, 218

Cristandade: significado de, discutido, 34; e sectarismo, discutido, 266-67, 268-69; na defesa da verdade contra os maometanos, 65; mito e filosofia no, 128; na apresentação de Voegelin sobre, discutida, 356-57; perda da vitalidade experiencial, explicada pela separação da teologia escolar da teologia mística, 247-48; separação do dogma "*autônomo*" do mistério, do qual depende, criando concepções nominalistas e fideístas de, um desastre cultural, 358-59

Cristo: a realidade do Mediador e a realidade intermediária da consciência têm a mesma estrutura, 112; apocalipse de, em Marcos 13, seguido da Paixão, assim transformado em escatologia, 143; como Filho de Deus, 237-39; como representado nos

Evangelhos, analisado, 236-42; como revelação do Deus Desconhecido no drama da revelação, analisado, 246-47; como símbolo no pensamento de Agostinho e Tomás de Aquino, analisado, 110-12; Definição de Calcedônia, citada, 112; e a Paixão de, como parte do drama revelador e ao proclamar-se Filho de Deus, 252; e Hegel, 112; mencionado, 56, 265, 267, 357, 358, 363, 408, 443, 444; morte sacrificial de, discutido, 228-29

Cromwell, Oliver, 257

D

Daimonios aner: Termo de Platão para homem espiritual, em contraste com *thnetos* ou mortal, discutido, 123-24; comparado com o Cristo de Colossenses, 242

Dario, 135

Debate, pressuposições do racional, 80

Deformação da existência e a condição do homem moderno e sua "era", discutida, 154-55

Deformação existencial, exploração da, uma grande conquista da filosofia Grega, discutida, 322-23

Deformação literalista da realidade, analisada, 107-08

Deformação: da razão na filosofia contemporânea e na Cristandade, discutida, 223-24; deformações específicas no romance, 193-98; e a resposta de James ao Éden como Inferno, 214-15; hipóstases dos polos de tensão existencial, uma constante milenar da, analisada, 423-24; insensatez sofística (*anoia*), analisada, 462-67, 468-69; recusa sofística de aperceber a forma principal em

Platão, analisada, 429-31; sintoma geral do fechamento da existência em *O Giro do Parafuso*, 192-93; sistemas especulativos da pseudociência identificados como comtiano, hegeliano, e marxista, 235

Delírio linguístico e estranhamento da realidade, 45

Delp, Alfred, S.J., sobre o estranhamento do espírito e a desumanização, 36

Democracia, admiração anglo-americana da, 21

Der Spiegel e a crise política no gabinete de Konrad Adenauer, 52

Descartes, René: *Meditações*, discutidas, 85; mencionadas, 376; *Terceira Meditação* e *Princípios*, citados, 456; uma fonte para a destruição imaginativa da realidade em Sartre, 222-23

Desculturação: clima de, e problema de imaginação mítica, examinado, 234-35; em contraste com a grande proeza da aculturação por meio da qual os *patres* introduziram a filosofia na igreja, 223; da civilização Ocidental, discutida, 221-22; e as universidades, discutidas, 313-14; grande fenômeno que se estende por séculos na modernidade, 223-24

Desordem: comparação da antiga e a do século XXI, 95-96; de uma "era" e a tarefa do filosofo, discutido, 284-85

Deus Desconhecido: análise do processo revelador pelo qual se separa das divindades cosmológicas, 244-47; como o Deus revelado por meio de Cristo no drama histórico da revelação, 246-47; movimento existencial da diferenciação do, relacionado ao gnosticismo, 260

Deus: Bíblico, comparado com a experiência-simbolização de Platão em *Teeteto*, etc., 241-42; como a Realidade além da existência, 77; como *Nous* em Platão e Aristóteles, 121; como o invisível além do *theotes* visível que – como realidade divina – entra na *metaxy* em Cristo (Romanos 1), 241; como símbolo no estado de alienação, da antiguidade em diante, 115-17; consciência da unidade divina de, presente no começo do mito compacto, 244; da razão e da experiência mística, como discernido por Anselmo, analisado, 365; diferenciação do Deus Desconhecido das divindades cosmológicas, analisado, 244-47; e a *epekeina* de Platão, analisado, 433; e ordem no homem e na sociedade, 95, 96; Jesus simbolizado no Evangelho de Mateus pelo apóstolo Pedro, como Messias-Cristo e Filho de Deus, 254; mencionado, 16, 17, 18, 175, 177, 213, 215, 218, 220, 230, 231, 287, 290, 357, 363, 451, 452; morte de, através da deformação erística da *Nous*, discutida, 286; na estrutura da realidade, 63; no relato de Hegel, 264-65; o *a priori* da necessidade divina e o *a posteriori* de sua prova apresentado em Tomás, estrutura silogística, analisados, 457-58; prova da existência de, proposta e analisada, 454; tensão em direção a, e fé existencial (citando Hb 11,1), 141; verdade experiencial de, em Platão, analisada (última *declaração de Eric Voegelin*), 466-68

Deutero-Isaías, discutido e comparado aos Hinos a Amon, 245-46

Dialética na filosofia de Platão, contrastada com *erística*, analisada, 347-49

Diálogo de Justino, o Mártir, citado e discutido, 218

Diderot, Denis, artigo sobre *eclectisme* na *Encyclopédie Française*, citado e discutido, 360

Diferenciação: da experiência da realidade divina na Escritura e na filosofia, analisada, 241-43; a Verdade requer que toda simbolização da realidade seja filtrada e torne-se compatível com a verdade eminente da consciência existencial, analisada, 256

Dilaceramento (*Zerrissenheit*), análise das causas e da cura do, por Hegel, analisado, 265-66

Dilthey, Wilhelm, 86

Dinastia Han, 134

Direção na existência como estrutura que, se seguida, leva à vida, se não leva à morte, discutida, 226

"Disputa de um Homem que Contempla o Suicídio com Sua Alma": texto analisado, 88-90, 97-99; e a divindade dos deuses, 126-28

Distância reflexiva como termo técnico relacionado aos movimentos do encontro divino-humano e sua articulação através dos símbolos, analisada, 416

Doderer, Heimito von, *The Demons* (Os demônios), *Merowinger* (Merovíngios), e o termo *Apperzeptionsverweigerung*, discutido, 40, 340, 392

Dogma: distinto dos símbolos como verdade secundária (doutrina), 82; cristão, discutido, 357-58

Dogmatomaquia: batalha da luta entre doutrinas, discutida, 153; era da, moderna, 1750-1950, 155; futilidade de lançar doutrina contra doutrina, discutida, 224; origens da moderna, na separação medieval das concepções de nominalismo e fideísta de cristandade, discutidas, 358-59

E

Édipo, 214

Educação: verdadeira definida como a arte platônica da *periagoge*, 47; e o surgimento do Nacional-Socialismo, 40; *Bildung* de Humboldt como fechamento ao espírito, 51; moderna e clássica, comparada, 318-21

Egito, experiência-simbolização da imortalidade no, discutida, 88-95

Ekklesia tou theou, como primitiva comunidade Cristã (igreja), 218

Eliade, Mircea: *La Coincidentia Oppositorum et le Mystère de la Totalité*, citado, 214; *The Forge and the Crucible: The Origin and Structure of Alchemy* (A Forja e o Cadinho: A Origem e Estrutura da Alquimia), citado e discutido, 361-62

Elias, 218

Eliot, T. S.: *Terra Desolada*, citado, 83; *Quatro Quartetos*, discutido, 109; "East Coker" de, citado, 112-13; "Little Gidding" de, citado, 196; "Os homens ocos", citado, 201; *Choruses from "The Rock"* (Coros de "A Rocha"), citado 385

Emberley, Peter, 16

Enchiridion de Denzinger, citado, 83, 358

Epekeina (Para Além) na filosofia de Platão, discutido, 69

Epifania (*Hervorgang*), nova, do *Geist*, proclamada por Hegel, analisada, 288-89

Epistemologia que engendra a experiência-símbolo da estrutura abrangente da consciência, analisada, 378-79

Equivalências: teoria das, na experiência-simbolização, 14, 151-71 *passim*; João 12 equivalente da *Apologia* de Platão, 226. *Veja também* Experiência-simbolização; Realidade

Era ecumênica como período da história identificado por fenômenos definitivos que formam um padrão distinto na história, discutida, 132-39

Era Pós-Cristã como deformação da história ou, alternativamente, como tentativa emblemática de recuperação da realidade, 105-07

Escatologia, transformação do apocalipse numa, no Novo Testamento, 143

Escola do sudeste alemão da filosofia do "valor", 369

Escotose, como deformação da verdade que obscurece a realidade, discutida, 154

Especulação marxista e símbolos da vida após a morte, 114

Espírito, definido como abertura do homem para o fundamento divino, 30

Ésquilo: e a revolta Prometeica, discutido, 335; mencionado, 359, 391

Estoicos: símbolos da desordem existencial listados e discutidos, 335-39; mencionados, 282, 391

Estranhamento da realidade: como pneumopatologia, 29; os casos de Heidegger, Niemöller e Schramm na Alemanha de Hitler, 31-37; o caso de Humboldt, 45-46

Estrutura noética da existência: a experiência da transcendência e o início e o fim da existência, 70; identificada em textos de Aristóteles e Aquino, 78-79

Estruturalismo, 339

Estudos clássicos, discutidos, 313-23 *passim*

Eurípides sobre o duplo sentido da vida e da morte, 225

Evangelho: caráter do, como simbolismo, identificado e discutido, 251-52; níveis no momento revelador do, discernidos e apresentados, 253-254; tendência da realidade do, de ruir em um Jesus histórico e de um Cristo doutrinal, crítica do, 249-50; tensão da narrativa no, não com a razão, mas com a doutrinação, 219

Exegese da existência, processo exemplificado, 70-71

Existência doutrinária das deformações, listada e discutida, 101-112 *passim*

Existência humana como estruturada pela busca de entendimento da ordem dos tempos mais antigos, 152-53

Existência; em tal sentido não é um fato explicado em termos de Entremeio, 221-22; direção na, observada, 226

Exôdo e a revelação do EU SOU, 15, 453-54

Experiência pneumática no Êxodo e no Evangelho de João, 14

Experiência: aperceptiva, 20; como *Miterleben* e a compreensão do fenômeno Hitler, 24; compacta-diferenciada, ilustrada, 91-94; do transcendente na filosofia clássica, 69-70; mítica, noética e reveladora, discriminada, 91; modos e escopo da, discutidos, 20; moral, estética e religiosa como aperceptiva, 20; noética e pneumática, 15; símbolo motivador do Primeiro Motor, 68-69

Experiência-simbolização: a fé judaico-cristã e a *noesis* helênica apresentam problemas para a claridade da, por causa da compactação em Aquino. Analisada, 454-55; aperceptiva da realidade divina transcendente, 17; como fé, engendrada em consciência, 81-82; da era ecumênica, 12; da história, 12; da filosofia, analisada, 331-33; da Razão (*Nous*) na filosofia helênica, analisada, 325-53 *passim*; do Conto Salvador na filosofia e na escritura e, 231-34; do Ser divino transcendente como engendrado pela Visão do filósofo, analisado, 433-35; e teoria das equivalências, 15; escritos de Voegelin sobre, generalizam a *fides quaerens intellectum* de Anselmo, discutidos, 357-58; estudo de caso da *imortalidade* em fontes egípcias antigas e, 87-95; *monogeneses* do Deus Desconhecido, de Platão e do evangelho, comparado, 257, 468; na metafísica cristã, 68-69; na exegese da existência humana, 70-71; no modelo paradigma da moderna deformação de Hegel, identificada, 270-71; teoria das equivalências e, 151-71 *passim*

Experiência-símbolo: *intellectus* em busca da *fides* e *fides* em busca do *intellectus*, é um acontecimento primordial da, analisado, 407-08; *psyche* definida como *sensorium* de transcendência (*aition* divina), 331-332

Exploração anamnésica, discutida, 380-81

Ezequiel, sobre o atalaia (33,7-9), citado, 62

F

Falácia reducionista como evidência da pneumopatologia, discutida, 340

Falácia: hipóstase da experiência como absoluto, 160; reducionismo como, 353

Fantasias erísticas identificadas como falsas, discutidas, 353

Fascismo, 369, 377

Fé cristã, perda de significado na, 84-86

Fé metastática, formas e fundamento lógico da, analisada, 108-09

Fé: e razão, relacionamento de, 15-16; e razão, tensão entre, como um mistério, 96; em busca do entendimento, como paradigma do filosofar, 14; existencialmente definida em Hb 11,1, 81-82; no começo da filosofia, 16

Fechamento, contra o fundamento do ser em Humboldt, 45

Feitiçaria, no pensamento de Hegel como projeto imaginativo, 272-73, 300-01. Veja também Hegel; Gnosticismo

Fenomenologia de Husserl, 370

Festugière, A. J., *Hermès Trismégiste*, citado e discutido, 361

Feuerbach, Ludwing, *Essência do Cristianismo*, discutido (psicologia de projeção), 99-100

Fichte, Johann Gottlieb, 249, 266

Ficino, Marsílio, tradução do *Corpus Hermeticum* por, citado e discutido, 361

Fides quaerens intellectum: como paradigma do filosofar, 13; generalizou *fides* para todas experiências da realidade divina, implicações discutidas, 357-58; transformada pelo mágico Hegel e deformada, discutida, 364; sentido de, em Anselmo, analisada, 459-61. *Veja também* Anselmo de Cantuária

Filho de Deus: como autodeclaração de Cristo no evangelho, analisado, 251-52; mencionado, 254

Filologia, definição wolfiana da clássica, citada e discutida, 313

Filosofia da história: definida como estudo científico dos padrões na história, 129; mudando a teoria da história, 12; preocupa-se com as equivalências de experiência-símbolo, 152

Filosofia: como doutrina, 83-84; como *grimoire* do mágico na visão de Hegel, analisada, 274-84; como terceira religião que sucede o Catolicismo e o Protestantismo tendo Hegel como fundador, analisada, 265-67; criação grega da, como a ciência da natureza do homem, discutida, 315-316; de Platão e de Hegel são a mesma, já que os filósofos deveriam reger, visão de Hegel da, discutida, 287-88; definida experiencialmente, como uma busca receptiva que o homem faz de sua inquietação questionadora à fonte divina que a levantou, 332. *Veja também* Consciência, Realidade, Verdade e a história, 9; e a transformação mágica da realidade em Hegel, discutida, 271-72; e a realidade não existente, 84; especulação jônica do cosmos e Aristóteles na, 64

Filosofias e metodologias restritivas da escola, do século XX, discutidas, 373-74

Filósofo; ofício do e as condições de um debate racional, 65-66; duas regras para os modernos, 95-96; busca do, caracterizado, 152-53; e a verdade representativa, 226

Filósofos escolásticos, e sua articulação no ser contingente e no ser necessário, discutido, 243

Filósofos místicos: e a biografia espiritual de Hegel, 303. *Veja também* Anselmo; Visão; e Voegelin, 18; Heráclito e Platão, 14; o verdadeiro eu de Hegel como, explicado, 299-300

Física e astronomia: na filosofia clássica e escolástica, 68; Aristóteles e Aquino sobre a infinitude do tempo e do espaço, 75

Flaubert, Gustave, *Tentation de Saint Antoine*, citado, 210

Fluxo de Presença e *Presença*, como símbolos da realidade divina experienciada do filósofo, discutido, 109, 113-14

Forster, E. M., 86

Fourier, François Marie Charles, 249

França, 306

France, Anatole, *Thais*, citado, 210

Francisco II (Imperador Francisco I da Áustria), 288

Frankl, Victor E., e a psicopatologia de nossa "era", discutido, 340

Frederico II da Prússia, 288

Freud, Sigmund: *O Futuro de uma Ilusão*, discutido, 100; *Traumdeutung*, citado e discutido, 345-46; mencionado, 346, 370, 374, 389

Friedländer, Karl, 371

Fundamentalista protestante, 83

Fundamento Divino, distúrbios na tensão em direção ao, diagnosticado, 39

Fundamento: como Ser divino; divino, do Ser, 316. *Veja também* Experiência-simbolização; Deus; Realidade

G

Geist (espírito) em Hegel: como mônada diádica na metástase dialética de Hegel, analisado, 310-12; e *Gestalt* no uso de Hegel, 304; e mito em Hegel, discutido, 270-71, 285-86; e a *Nous* na interpretação de Hegel, 362-63

George, Stefan, 371

Gilson, Etienne, 372

Glanvill, Joseph, 314

Gnosticismo: análise sumária do, como ligado à alienação, 118-19; autoridade do espírito transferida para, de nossos tempos, 55; como fonte do dogmatismo e perda da realidade, 87; como um descarrilamento do movimento evangélico, 259; de Hegel, discutido, 360; deus na crença do, 260; e apocalíptica, com a objetificação da perfeição no futuro ou no além, 142-43; e o problema do Deus Desconhecido, analisado em relação ao ataque de Irineu ao, 248-249; mencionado, 11, 298, 408; símbolos de alienação do, 115

Goethe, Johann Wolfgang von: sua *Dichtung und Wahrheit*, citada, 37; "prece mental" de, citada, 470; mencionada, 61, 383

Górgias de Leontini: *Encomium of Helen* (*Helogio de Helena*), citado e discutido, 400-403; *Do Ser*, citado e analisado, 463

Graça e o fechamento de Nietzsche contra o Ser divino, 206

Gundolf, Friedrich: como autor do *motto* da Universidade de Heidelberg, "Ao espírito vivente", 54-56; mencionado, 371

Gütersloh, Albert Paris, 40

H

Haeckel, Ernest, 37

Hallowell, John H., 11

Hart, Ray L., 355 n, 367, 452 n

Hegel, G. W. F.: a obsessão por poder de,

analisado, 288-90; aquela destruição da estrutura fundamental do conhecimento e da verdade invalida o sistema de, como filosofia, discutido, 365-66; *Aus Jeneser Vorlesungen*, citado e discutido, 288-89, 290-93 *passim*; como Deus e Cristo, sua feitiçaria, analisado, 302, 311; como filósofo de corte de Napoleão, noção discutida, 309; como um pensador caracteristicamente moderno, analisado, 267-68; e a articulação de história, 10; e a *metaxy*, discutidos, 3363; e a questão do novo messias que sucede Cristo e Lutero, analisados, 263-65; e a religião, discutidos, 268-70; e ataque à consciência que o homem tem de sua existência sob Deus, detalhado, 278-80; e deformação da experiência-símbolo da *Nous* de Aristóteles no sistema, analisado, 115-18; e *Die Langeweile der Welt* como símbolo de tédio após os deuses estarem mortos para uma sociedade, 263; e o exemplo do Império Persa, 137; *Encyclopaedie*, citada e discutida, 360-63, 422; *Encyclopaedie*, citada, 360; estudo de, sobre o Projeto de Reforma Inglesa de 1831 e o ensaio-recensão de *Hamanns Schriften* (1828), citado e discutido, 359; feitiçaria, analisada, 299-312 *passim*; *Filosofia da História* e a teoria do império de, 102; *Filosofia da História*, citada e analisada, 270, 286-88; filosofia das Identidades de, 21; *Fortsetzung des "Systems der Sittlichkeit"* e *Phänomenologie*, citados e discutidos, 263, 271-72; *Geschichte der Philosophie*, citado e analisado, 358-59; *Geschichte der Philosophie*, citado e discutido, 360; *Geschichte der Philosophie*, sobre Anselmo, discutido, 301; *História da Filosofia*, citado e discutido, 311; *Ich-Philosophie* e o clima de opinião, discutido, 359; *Logik* sobre o *sistema*, citado e analisado, 410; *Logik*, citado, discutido, 282-312; megalomania analisada como um desejo de tornar-se o Grande Grande Homem, uma forma de doença espiritual, 285; mencionado, 115, 159, 164, 223, 235, 249, 257, 339, 344, 377, 389, 393, 409; o que ele explica sobre sua magia e o que deixa sem explicação para ser decodificado, discutido, 304; *Phänomenologie*, citado e analisado, 274-84, 295-311 *passim*; *Phänomenologie*, citado, com referência a "palavras mágicas" e à "força mágica", discutido, 359, 360; *Phänomenologie*, discutido, 85; *Philosophie der Geschichte* sobre o *mito*, citado e analisado, 409-10; *Philosophie des Rechts*, citado e discutido, 197-200; problemas terminológicos criados por seu trabalho, discutido, 296 n; Protestantismo de, discutido, 281-82; relato do desenvolvimento de, como pensador, 270-73; ressurreição dos mortos como feiticeiro, analisado, 300-01; sobre as Épocas de Tédio e dilaceração, analisadas, 263-68; sobre Cristo como consciência, 112; sobre Deus e Cristo, e o Ser absoluto (*Ich=Ich*), discutido, 363-64; tratamento de Voegelin de, na *A Era Ecumênica*, esclarecido à luz da crítica de Altizer, 357-66;

Heidegger, Martin: e *Geworfenheit* como termo defeituoso

metodologicamente, 76; mencionado, 339, 417; pneumopatologia de, e o uso da linguagem (seu *Ser e Tempo*, citado), 32-33; sobre a metafísica de Leibniz, 71-72

Heilman, Robert B., 190

Hélade: e a experiência-simbolização da fé e da razão, 16; ascensão da historiografia com Heródoto, 133

Helkein: linguagem do puxão divino analisada e comparada em Platão, Aristóteles e Evangelho de João, 131-33, 236-38; puxão e *anthelkein* (contrapuxão) da Razão (*Nous*) divina no Mito do Jogador de Marionetes de Platão, nas *Leis*, discutido, 343

Hen (um) como fundamento (*aitia*) divino em *Filebo* de Platão (seguindo Parmênides), analisado, 343

Heráclito: como filósofo místico, 14; e fé, 16; e os símbolos *xynon* e *idiotes*, 30, 371; mencionado, 157, 159, 161, 218, 335, 359, 418

Hermetismo, 322

Heródoto e a mais antiga historiografia abrangente na Hélade, 133

Hesíodo: *Teogonia*, citada e analisada, 468; mencionado, 214, 330, 386, 466, 467

Hildebrandt, Kurt, 306

Hinos a Amon no Egito do século XIII, discutido, 244, 245, 246

História deuteronômica dos Reis como a maior parte da historiografia do Antigo Testamento, de Davi à queda de Jerusalém, 133-34

História: associada às especulações ideológicas dos séculos XIX e XX (Condorcet, Kant, Comte, e Marx, mencionado), 131; busca noética pelo divino nas dimensão do tempo, analisado, 452-53; busca por constantes nos problemas abertos das equivalências da experiência-simbolização, 151, 155; caráter da, 154-55; como configuração dela mesma (enigma do sujeito da predicação histórica – não os seres humanos mas o Ser? – ou somente relações?), 149-50; como Cristo escrito em letra maiúscula, 111; de Deus e de Hegel, comparado, 273; "fim" da, no pensamento de Hegel, discutido, 285-86; descritiva *versus* crítica, 24-30; e o campo de tensão da ordem-desordem, 97-98; e o espírito na Alemanha, 26-28; em constante na, não é um dado, mas um símbolo da experiência do coletivo como um traço deixado pela presença movente do processo, 170-71; leis de ferro da, no pensamento dóxico (ideológico), 104; na deformação, analisada, 103; paradoxo e sentido da, 22; perda de sentido da, experienciada em dois ciclos na civilização Ocidental, 84-85; qualquer pronunciamento sobre o sentido da, impossível porque o futuro é desconhecido, 130-31

Historiografia, ascensão da, como um elemento identificador na era ecumênica, três instâncias diferentes; Hélade, Israel e China, 133-34

Hitler, Adolf: *Mein Kampf*, 12, 35; *Table Talks* (Conversas de Mesa), 37; e a consequência do estranhamento do Nacional-Socialista, 53-54; mencionado, 12, 23-62 *passim*, 340

Hobbes, Thomas, *summum malum* de, discutido, 339

Hofstatter, Hans H., *Symbolismus und die Kunst der Jahrhundert-wendle*, citado, 211

Holy Rollers, variedade igualitatista de, discutida, 374

Homem: o tempo e a eternidade na experiência do, e símbolos assim engendrados, 113; como questionador em Platão e Aristóteles, 221; como *zoon noun echon, zoon noetikon, animal rationale, zoon politikon, zoon historikon*, discutido, 205-19. Veja também História; Razão; Realidade

Homero: *Ilíada*, citada, 413; mencionada, 330, 374

Homúnculo, 362

Horácio, Quintus Horatius Flaccus: *Sátira*, citado, 338; mencionado, 342

Humanidade e como ser bom Cristão, mas um homem questionável, discutido, 219-21

Humanidade representativa: problema da, exemplificado quando uma única personalidade recebe uma iluminação válida para o todo da humanidade, analisado, 146-47; tensão criada entre uma nova iluminação e as antigas convenções, 147; Vico, Comte e ideólogos nas funções de, analisado, 148

Humboldt, Wilhelm von: e a teoria da educação (*Bildung*), analisado, 43-43; individualidade narcisista de, resumido, 58-59; plano de, para uma universidade para o homem do antiespírito, analisado, 47-50

Husserl, Edmund: "começo apodíctico" da fenomenologia como a filosofia final, analisado como "interpretação apocalíptica", 376-77; hipostatização da consciência reflexiva em Hegel, analisado, 456-57; *Méditations Cartésiennes* e "Krisis der europaischen Wissenschaften", citado e discutido, 377-78, mencionado, 370

I

I-Ching, 320

Identitätsphilosophie, 415

Ideologia: e dogmatismo, 84; experiências da realidade não existente como sendo ilusões, 98; objeções à verdade doutrinal, discutido, 98. *Veja também* Gnosticismo; Hegel

Ideologias gnósticas da Alemanha de Hitler e da U.S.S.R. de Stálin, 17

Ideologias, 344

Ideólogo, caráter do, analisado, 107-08

Ideólogos, debate com, como possível referente a áreas periféricas à pessoa, mas não de áreas centrais à pessoa, 63-64

Idiotes: como o homem privado na linguagem de Heráclito, da existência fechada, 30; contrastado com o tema político, 52

Igreja que reintroduziu o equilíbrio entre a ordem secular e a espiritual, 146

Ilhéus de Trobriand, 361

Iluminação através da *noesis* e da transcendência, 76

Ilusão e pensamento ideológico, ilustrado por Feuerbach, Marx e Freud, 98-100

Imaginação metastática no pensamento do Hegel, discutida, 277

Imago Dei: como o destino do homem, 30; e distúrbios da consciência, 39; e *Doutor Fausto* de Mann e *Ecce-Homo*, 42; natureza do homem como, 95; tão destorcida através da desculturação e deformação contemporâneas, discutido, 224

Imortalidade: como símbolo de linguagem engendrada pele experiência religiosa, 81; como símbolo em tensão com a mortalidade, resumo, 120; dois modos de experiência-simbolização, 126-28

Imortalização como experiência, 15;
como experiência-símbolo que emerge
no desenrolar da consciência racional,
historicamente o centro de mal-
entendidos e ataques, discutido, 341

Império Alexandrino, 135

Império Aquemênida, 135

Império Médico, 138

Império Napoleônico e o Sistema da
Ciência de Hegel, analisados, 278

Império Persa, 136

Império Romano, teoria do, como
desenvolvida ecumenicamente por
Políbio, 144

Impérios ecumênicos – emersão como
parte da configuração de característica
triádica da era ecumênica – *império,
historiografia, irrupção espiritual*,
134-35

Impérios que se estendem do Atlântico
ao Pacífico, por volta de 200 a.C., 144

Incesto em *O Giro do Parafuso* e no mito
de Henry James, 213-14

Índia, 135

Indivíduo autônomo como personalidade
desordenada, 17

Inferno, 110

Início: Comportamentalistas e suas
megalomanias, discutido, 373;
do mundo no tempo, rejeitado
por Aristóteles e Aquino, 74,
75; experiência-símbolo em
representações cosmológicas, bíblicas
e filosóficas do plano divino, 245-46

Intelecto e Razão, 80

Intelecto, propriedades do (Iluminação,
Transcendência, Ideação, Razão), 79

Interpretação moderna da existência
como fantasia erística esmagada pela
profundeza apeirôntica, ansiedade,
analisado, 349

Irrupção divina simbolizada em
Jesus como o Cristo por Paulo em
Colossenses, analisada, 240-41

Irrupções espirituais: característica
do padrão que identifica a era
ecumênica da filosofia na Hélade, de
profetismo em Israel, discutida, 238; de
confucionismo e taoísmo na China, de
budismo na Índia e de zoroastrianismo
na Pérsia, analisadas, 135-39

Islã, 135

Israel: e a experiência-simbolização
da fé e da razão, 15; e historiografia
de, no Antigo Testamento cuja
maior parte está contida na história
deuteronômica dos Reis, 133. Veja
também Israel Bíblico e Judá, Reinos
de, 137; "Ele" da realidade, discutido,
437-38

J

James, Henry, *O Giro do Parafuso*,
considerado, 173-215

James, William: *Variedades da
Experiência Religiosa*, discutido, 86;
análise e concepção da "experiência
pura", 169; carta a Bertrand Russel,
citada referente à perda de contato
com a realidade induzida pela
intelecção periférica à pessoa, 209

Jaspers, Karl: o "eixo do tempo" da
história, 10, 136; *Origin and Goal
of History* (Origem e Finalidade da
História), citado, 136; mencionado,
138, 372

Javé: diferenciação entre, do Deus da
tribo de Israel e o Deus universal de
toda a humanidade, 246

Jena, Batalha de, 295

Jesus: comparado com Sócrates, 226-27;
identificado por Pedro como o Cristo,

relato do evangelho analisado como drama da revelação divina, 250-51; mencionado, 136, 267
João Batista, 253
Jogador de Marionetes (Títere), das Leis, 342
Joyce, James, 371-372
Judeus: e Niemöller, 34-35, 36; mencionado, 61
Julgamento dos mortos, mito de Platão do, e o Último Dia no Evangelho de João, comparado, 228-29
Jung, Carl J., sobre mito, 128, 346

K

Kafka, Franz: *In der Strafkalonie*, citado, 206; *Schloss e Prozerss*, 207
Kant, Immanuel: *Crítica da Razão Pura*, discutida, 99-100, 456; mencionada, 131
Kierkegaard, Sóren, 372
Kojève, Alexandre: *Introduction à la Lecture de Hegel*, citado, 284 n; interpretação da *Phänomenologie* de Hegel, discutida, 284-85; mencionada, 361
Kommerell, Max, 371
Kosmos: e a experiência da imortalidade, discutido e resumido em dois modos, compacta e diferenciada, 126-28
Kraus, Karl: *Traumstück*, citado e analisado, 405; mencionado, 207, 374

L

Lamentações de Jeremias, comparado a *Doutor Fausto* de Thomas Mann, 41
Lao-tsé, 147
Lázaro, 226
Leibniz, Baron Gottfried Wilhelm von: *Principes de la Nature et de la Grâce*, discutido, 71, 455; na filosofia de Heidegger, 72; e a estrutura experiencial da realidade, 78
Lévi-Strauss, Claude, 339
Liberalismo, 369
Liberdade de pensamento, 314-15
Liberdade: nas considerações de Hegel do *Geist*, discutido, 306; do homem, enfraquecida pelas deformações existenciais e patologias, analisado, 338-39
Libido dominandi: na revolta egofânica, 17; variedades de, explorado, 108; e Hegel, discutido, 267-69; mencionado, 269, 317, 343, 348, 374, 385-86, 389, 398. Veja também Deformação
Linguagem: a, comum da teologia e da filosofia como usada por Voegelin, discutida, 356-57; e a deformação espiritual (em Heidegger), 31-34; o vocabulário de Voegelin não é de doutrina mas está dentro da órbita da cristandade, 357; estruturas paradoxais no processo de busca noética do apresentam complicações linguísticas, dicotomias listadas e analisadas, 453
Literatura alemã, mérito da, em contraste com a desorientação espiritual da sociedade no século XIX, analisado, 39-43 *passim*
Literatura Purana, 135
Locke, John, 317
Logos: como Verbo encarnado, 15; No Princípio em Hegel e no Evangelho de João, discutido, 312
Logos spermatikos: o Verbo da filosofia é o mesmo do Evangelho, este em um estado de perfeição (Justino), 218
Loucura, contemporânea, definida no sentido esquiliano de *nosos*, 85
Löwith, Karl, *Sentido na História*, aludido, 131

M

Ma'at: ordem divina canalizada por Faraó no Egito antigo, 94-95; mencionado, 126

Mache athanatos (luta imorredoura): a luta imorredoura (de Platão) e a imortalidade, 22; discutido, 438

Magia do extremo – paixões e tensão entre sonho e realidade (ilustrado por Shakespeare), analisado, 397

Mágica: como invocada por Hegel para alcançar o domínio (*Herrschaft*) sobre a história e a realidade, discutido, 272-74; e sistema, 276; da fala e da linguagem, relação entre intoxicação da palavra e vício em drogas, analisado, 399-403. Veja também Deformação; Hegel; Marx; Razão; Feitiçaria

Mágico: parte da designação da autointerpretação do ativista sonhador, como em Hegel e Nietzsche, analisado, 393-94; desprezo pela razão e doença mental (*morbos animi*), analisado, 394-95

Mahabharatad, 135

Mahmud, império de, 135

Malak (mensageiro), 253

Malinowski, Bronsilaw Kasper: e a mágica em Hegel. Discutido, 361; mencionado, 399

Maneirismo, 192

Mann, Thomas: no meio intelectual de Munique nos anos de 1920, 27-28; *Doutor Fausto*, discutido como uma grande lamentação, 27-28, 41-43; *Waelsungenblut*, citado, 211; mencionado, 356

Maometanos e *noesis*, 79

Marx, Karl: como ativista do mundo de sonho, cujo sonho é tanto abrangente como analiticamente obscuro, analisado, 387-89; e fantasia erística, discutido, 349; e gnosticismo, 11; e o processo social da história como doença mental (*kinesis*), analisado, 349; escritos antigos de, 45; *Manifesto Comunista*, citado em comparação com a terminologia de Hegel (i.e., *bisherige*, etc.), 293-294; relacionamento de, com Feuerbach, e crítica à religião, 100; sobre o sentido da história, 130-131; mencionado, 115, 197, 235, 285, 316, 339, 346, 359, 370, 374, 377, 393. Veja também Deformação; Hegel; História; Gnosticismo; Realidade

Meditação, estrutura de, analisado, 445-48. Veja também Experiência-simbolização; Visão

Merleau-Ponty, Maurice: *Humanisme et Terreur*, citado e discutido, 348; mencionado, 317

Messias, 254-55

Messiasgeheimnis como o grande segredo de Cesareia de Filipe (Mateus 16,13-20), explorado, 251

Metafísica: de Aristóteles e de Tomás de Aquino, 67; origem do termo, discutido, 458

Metalepsis (participação), 316, 320

Metástase: da tensão existencial como um todo por Hegel, analisado, 299-301; quando a tensão da existência estala, 113; a mônada diádica como o *Geist* no processo de, analisado, 311

Metaxy (entremeio): como estrutura tensional da existência humana, entre a vida e a morte, a imortalidade e a mortalidade, etc., 159-60, 353; como realidade do Entremeio, 20; dialética e erística na, como um levantamento das modernas deformações erísticas da realidade, discutido, 345-46; e paradoxo da existência, 22; estrutura cognitiva como externa à, na busca noética de Anselmo, analisada, 460; falácia da divisão dos pares tensionais (hipostatização), discutida, 156; gama de significados atrelados à experiência-simbolização da, analisada, 341; os símbolos presença e fluxo de presença, explicados, 109; perspectiva do homem na, analisado, 345; tensão abolida da, consciência transfigurada no próprio *Logos* divino por Hegel, analisado, 410-11; tentativa de Hegel de reconstituir a, discutido, 364; Vida e Morte diferenciadas como forças moventes por trás da Razão e das paixões na, analisadas, 343-44; mencionado, 316, 342, 407. Veja. também Equivalências; Experiência-simbolização; Entremeio; Verdade

Metodologia kantiana, defeito da, discutido, 372

Meyer, Eduard, 372

Milênio: do Apocalipse de João, discutido, 142; objetificado como reino perfeito da razão, ciência positiva, Comunismo Marxista, utopia, etc., no período moderno, 142

Milton, John: *Paraíso Perdido* e satanismo, 194-199; mencionado, 215

Misticismo da luz: de Anselmo, 22; 459; simbolizado, 169; e Visão em Platão, 431-38

Mito Andrógino em Henry James, Swedenborg, Eliade, et al., e o motivo do incesto, 210-12

Mito e Filosofia como linguagens da verdade por Aristóteles, 163-64

Mito: problemas em simbolizar diferenciando experiência e, discutido, 127; andrógínico, discutido, 211-13; o símbolo do puxão (*helkein*) em Platão, 225-31, 342; teoria do, como linguagem em que a experiência da participação humana-divina no Entremeio se torna articulada, 236-37; teoria do, analisada, 410-16

Modernidade: encarnada em Hegel e seu sistema, características discutidas, 269-70; o caso paradigmático de Hegel da, 269-70; moldada pelo gnosticismo, hermetismo, alquimia, e mágica da violência, discutida, 362. Veja também Deformação; Hegel; Verdade

Modos de existência na verdade e na mentira, que afetam o debate racional, 63-64

Modos noéticos e pneumáticos da verdade – verdades filosóficas e do Novo Testamento comparadas e contrastadas, 236-38

Moisés, 136, 139, 242

Monogênese no *Timeu* de Platão, o cosmos como a cópia divina única do paradigma, analisado, 468

Morbis animi (doente mental): e a *aspernatio rationis* de Cícero, 391, 392; mencionado, 353, 373. Veja também Deformação

More, Thomas, 384

Mortal (*thnetos*), 341

Morte de Deus e morte de Hegel como equivalentes de uma *theologia mystica*, analisada, 283-84

Morte: como irrealidade (*Unwirklichkeit*) na linguagem de Hegel, analisada, 299-301; de Sócrates e de Jesus, comparada, 233

Movimentos de massa e governos totalitários, discutidos, 373
Musil, Robert: sobre a Segunda Realidade, 63; *Mann ohne Eigenschaften*, citado, 211
Nacional-Socialismo: e a ciência social defeituosa, 19; e a universidade alemã, 23-62 *passim*; mencionado, 365-377

N

Napoleão, 137, 271, 288, 307, 309
Narcisismo romântico, e a reforma de Humboldt da educação alemã, 49
Natureza do homem, teoria da, discutida, 314-16, 320-21. Veja também Realidade; Verdade
Natureza humana como epítome do ser, discutida, 352
Neokantismo da escola de Marburg, 369
Neoplatonismo: e a dialética triádica de Proclo relacionada a Hegel, discutido, 360-61; renascimento do, no século XV e a *Corpus Hermeticum*, discutido, 361; mencionado, 298-99
Niemöller, Martin, relacionamento de, com Hitler e o Nacional-Socialismo, 34-36
Niethammer, F. I., carta de Hegel de 1814 a, citado e analisado, 289, 305, 309
Nietzsche, Friedrich: *Of the Uses and Abuses of History for Life* (Dos Usos e Abusos da História para a Vida), 24, 25; três tipos de história em, 25; a degradação dos símbolos e, 50; e os símbolos da autossalvação, 108-09; e o Eterno Retorno, 201; recusa de, em participar do cosmos divinamente ordenado acaba na proclamação do Übermensch, 205-06; *Wille zur Macht*, citado e analisado, 393-94, mencionado, 285

Niilismo como delineado por Hegel, 87-89
Noesis: como busca noética pela compreensão do Todo, 14; e os padrões críticos da filosofia Grega da exploração racional da consciência, discutido, 322; limites da, 22; comum à filosofia e ao evangelho, 239; *logion* de Mateus 11,27 explorado no contexto noético, principais questões enumeradas, 256-61; ordem simbolizada (diagrama com explanações), 350-353; utilidade da, em iluminar a existência moderna, sugerido, 318-319;
noética grega resumida e justaposta aos problemas contemporâneos de análises, 322; participação na realidade não existente e os problemas do "pós", 109-10; significado de, como experiência-símbolo na antiguidade clássica, analisado, 331-32; significado do termo disputado, discutido, 315-16; vitalidade renovada da, no século XX, 87-88;
Norden, Eduard, *Agnostos Theos*, citado, 248
Nosos como doença espiritual esquiliana, 85
Nosos ou *nosema* da psique em Heráclito, Ésquilo e Platão, 391
Noun echon – um homem que tem razão no uso de Aristóteles, 73
Nous (Razão): de Anaxágoras como adaptada por Hegel, analisada, 270. Veja também Razão; em Aristóteles, 16; na experiência da existência do homem, 75-76; significado em Aristóteles como racionalidade no mundo e na ação humana, 45;
Novos Cristos e o messianismo moderno, em Hegel, 265-266

O

O Giro do Parafuso, 173

O Giro do Parafuso, porque que não é suscetível à análise filosófica alguma, discutido, 200-03

Objetivo-subjetivo e estranhamento, 50-51

Observador arquimédico sendo possível somente ao deformar a realidade, e.g., Descartes, 222-23

Ordem humana, busca das constantes na, e equivalentes, 151

Ordem, pessoal e social, dependente da existência do Homem na proximidade de Deus, 95

Orígenes: *Contra Celsum*, citado, 245; mencionado, 357

Originalidade: falta de, como o teste da verdade, 159; e simbolizações equivalentes, analisada, 159-60

P

Pandora, 386

Pantocrator de Apocalipse 19 comparado ao Jesus de Mateus como Messias, 255

Papel dos historiadores dependente da ordem e desordem pessoal, 29

Paradoxo da história e a condição humana, 21-22

Parafuso girado, discussão dos aspectos do romance de Henry James, 187-88, 189

Parmênides, 16, 159, 331, 467

Participação reflexiva no Entremeio, no cerne das equivalências de experiência-simbolização rastreável através da história, discutido, 159-60

Participação: experienciada como tensão, 14; noética e pneumática, 14; linguagem de, comum à filosofia e à Escritura (problema da revelação e da "razão natural"), analisada, 234-235;

mencionado, 316. Veja também Aristóteles; Experiência-simbolização; Entremeio; *Metaxy*; Platão; Visão

Pascal, Blaise: e a modernidade, 75; e o tédio no século XVII, comparado com o período depois da Revolução Francesa, 263; *Mémorial*, citado, 439; mencionado, 157, 206, 268

Paulo, e o gnosticismo, 119; e a teoria do *oikoumene*, a Segunda Vinda de Cristo depois de o evangelho ter penetrado, 145-146; escritos citados, discutido (Epístolas aos Coríntios e aos Gálatas) e comparado com a *Metafísica* de Aristóteles, 237-239; discurso do Areópago proclamando o Deus Desconhecido (*agnostos theos*), 247; conversão de, 252; 1 Co 2,6-13, analisado, 347; mencionado, 86, 91, 159

Pecado original, 343

Pedro, 250

Peitho (persuasão) no sentido platônico, 61, 327. Veja também Filosofia; Platão

Pensadores cristãos sobre o eterno e as dimensões de tempo da realidade, discutido, 109-10

Peras (limite): em Aristóteles, 72-73; significado na filosofia, 76

Pergunta: sobre a origem e o fim da existência, 76-78: o homem, o questionador, discutido e relação com a, para responder, analisado, 220; proibição contra o questionar, por Comte e Marx, discutido, 369-70; *quod Deus dicitur* (de Tomás de Aquino) pressupõe um artigo de fé escritural (Êxodo 3,14), analisado, 453-54

Periagoge: na República de Platão, 20; como símbolo platônico de conversão, 231; e *epistrophe*, 299

Personalidade humana individual de integridade irrevogável, 16-17; e Razão, 350-53
Perturbação na ordem espiritual e intelectual da existência do sonhador, listado e analisado, 391
Philia politike de Aristóteles, discutido, 92
Philosophes do Iluminismo, 377
Pilatos, 251
Piranesi, Giambattista, *Cárceres*, citado, 206
Pistis (verdade, fé) na realidade como ordenada inteligivelmente (i.e., como um Cosmos), 165. Veja também Experiência-simbolização; Fé; *Fides quaerens intellectum*; Razão
Platão: *Apologia*, discutido, 226; *Banquete*, *República* e as simbolizações das experiências aperceptivas (*periagoge*, *Agathon*), 20; citado e analisado, 462; como filósofo místico, 14; deformação do pensamento de, pelas ideologias, 103; e a educação, 47; e o *peitho*, 61; e a *Nous* como o Terceiro Deus depois de Cronos e Zeus nas Leis, 16; e a simbolização da filosofia como prática da morte, 70; e o Mestre Titereiro das Leis, 22; *Epinomis* e o mito dos filósofos comparado ao mito tradicional, 128; *Fedro* e o significado de *metaxy* em, analisado, 460; *Fedro* e *Timeu*, citados, 457; *Fedro*, citado e analisado, 125, 258; *Filebo*, 333, 343, 345; *Górgias*, 116, 124, 244, 403-04; jogo das atrações em, analisado (*helkeini*, puxar, etc.), 231; *Leis* IV, citado e analisado, 419-20; *Leis*, discutido, 403; mito de Er, o Panfílio (*República*), discutido, 226; mito do titereiro de sua *Lei*, analisado, 413-16; *O Banquete* e *Filebo*, citados como fontes do símbolo *metaxy* (q.v.), discutidos, 340; *O Banquete*, citado, 211; *Parmênides*, citado e analisado, 425-27; princípio antropológico de, se estabeleceu e se restabeleceu para incluir a história, 66; princípio de, que a sociedade é o homem escrito em letras maiúsculas, 97; *República* (621 b-c), citado como paralelo à passagem em Tiago 1,27 e 2 Pedro 3:14, analisado, 225; *República* II e *Leis* X, *República*, citado e analisado, 333-34; *República*, citado e analisado, 465; *República*, 230, 404-05; *Teeteto* e *Timeu*, comparado com João, Colossenses, na simbolização da tensão em direção à realidade divina, 241-242; *Teeteto*, citado, 329; teoria do mito de, contrastado com o tratamento hegeliano do mito e do *Geist*, 285-86; *Timeu*, citado e discutido, 164-65, 343-44, 466, 467, 469; mencionado, 83, 86, 91, 121, 157, 159, 216, 220, 279, 298-99, 309, 315, 318-19, 335, 391, 396, 466
Plotino: *Enéadas*, citado e discutido, 258; sobre a alienação, 115-16; relação de, com o pensamento de Hegel, analisado, 298; prece de, citado, 469; mencionado, 261
Pneuma (espírito), significado de, no Novo Testamento, analisado, 444
Pneumopatologia: como doença do espírito (Schelling), 29; fechamento da, pode ser quebrada, 56; e a consciência pública alemã, 61; e a megalomania de Hegel, discutida, 289-90; mencionada, 340, 465
Poder como obsessão de Hegel, discutido, 288-90

Politeísmo, a questão do, 122-23
Popper, Karl, "Sociedade Aberta" de, comparada com a de Bergson, 103-04
Positivismo da escola vienense (Wittgenstein e Russell), 369
Positivismo e o estranhamento da realidade, 49-52; mencionado, 148, 316. Veja também Comte; Deformação; Ciência
Praeparatio evangelica, 252
Praz, Mario, *Romantic Agony* (Agonia Romântica), citado, 211
Preces em Plotino, *Timeu* de Platão, e por Goethe, citado, 469
Presença divina na realidade, mistério da, atestado desde o paleolítico, discutida, 356
Presente Indelével introduzido como termo técnico para designar a presença do "Deus" revelado na visão de Platão (*Leis* IV), discutido, 417-19
Prima causa: e o problema do regresso infinito, 74
Primeiro motor na metafísica antiga e moderna, 67-68
Princípio protestante em Hegel, discutido, 363
Pritchard, James B., edição de ANET (Ancient Near Eastern Texts Relating to the Old Testament) (Textos Antigos do Oriente Próximo Relacionados ao Antigo Testamento), citado, 244
Processo da consciência: encontrado tanto nas equivalências de símbolo histórico como nas experiências de profundidade na *psyche* como continuidade, 167; no modo de presença, 168; totalidade de presença da experiência expressa pelo símbolo "luminosidade", 169
Profundidade: como uma além da experiência articulada na filosofia helênica (*apeiron*), 161; *anima mundi* em *Timeu* de Platão, 163-64
Protestantismo, 265
Proust, Marcel, 371
Provas da existência de Deus: em Aristóteles e Aquino, significado das, 77; não é uma *apodeixis*, mas uma *epideixis*, analisado, 464
Pseudo-Dionísio, 357, 434
Psicopatologia, variedades de, resultante da fragmentação da tesão experienciada da existência, analisadas, 335-40
Psyche (alma), diferenciação da, expande a busca do fundamento pela dimensão da consciência crítica (questionadora), discutida, 332

R

Rabelais, François, 211
Razão e ser, relacionamento entre, 73-74
"Razão Natural" como concepção medieval errada, baseada na distinção doutrinária entre razão e "revelação sobrenatural", resultando em uma série de consequentes deformações, analisado, 409
Razão: como busca noética, 14-15; não há isso de meramente "natural", 22, 234-35; história da, em Justino, 218; critérios pelos quais as análises não deformadas deformaram a, tornados explícitos, 223; somente a vida milenar da, pode dissolver sua deformação secular, assim restaurando a questão dos filósofos, analisado, 225; problema da revelação e da, analisado, 234-35; como a constituinte da humanidade em todos os tempos, analisado, 327-53; como a *Nous* descoberta pelos filósofos

helênicos para ser a fonte de ordem
na *psyche* do homem, 325; relação
com o homem espiritual (*daimonios
aner*) de Platão e com o homem
maduro (*spoudaios*) de Aristóteles,
analisada, 326-27; descoberta de uma
época marcada na história, esta em
que ainda vivemos, analisada, 326-27;
como a força ordenante na existência,
analisada, 327-52; o vocabulário da
investigação no modo da, analisado,
329-30; consubstancialidade da *Nous*
com a *aiton* que ela percebe, discutida,
331; o complexo dos símbolos da
Nous desenvolvido por Platão e
Aristóteles, discutido, e o abrangente
relacionamento identificado
experiencialmente como a tensão
da existência, analisado, 333-34;
linhas experimentais concretamente
identificadas que conduzem a sua
diferenciação na filosofia helênica,
discutidas, 334-35; relacionada a
fé e a verdade (*pistis*) no Cosmos,
analisada, 334; e o amor (*philia, eros*)
pela fonte divina de ordem, 334;
importância decisiva do contexto
tensional da, enfatizado e discutido,
334-35; abstração da, dos contextos
resultam em muitas psicopatologias,
analisada, 335-40; ansiedade como
patologia resultante da perda da,
pesquisada e analisada, 338-39; "o
homem não pode viver apenas de
perversão", assim resiste às patologias
formando o grotesco assassino,
discutido, 340; e a pneumopatologia
de Schelling, discutida, 340; vida de,
no sentido clássico (*bios theoretikos*)
está em tensão entre a Vida e a Morte,
discutida, 340-50; experiência da
imortalização (*athanatizien*), o centro
tormentoso de mal-entendido, 341-42;
a distorção da ordem noética resulta
da concentração no conflito entre, e as
paixões, analisado, 342-43

Realidade do Entremeio (*metaxy*):
participação noética e pneumática
na, 10, 22; caracterizado, 156-59;
o significado da vida procurado
na busca meditativa na, 221-22;
pergunta-resposta e o Conto Salvador
em busca na, analisado, 229-35; e
a irrupção divina extraordinária de
Cristo como *theotes* em Cl 2,9, 240;
com referência a dialética de Hegel,
analisado, 285-87; mencionado,
316. Veja também Equivalências;
Experiência-simbolização; *Metaxy*;
Realidade; Verdade; Visão

Realidade histórica, estruturação triádica
da, na era ecumênica, 7. Veja também
Experiência-simbolização; Realidade

Realidade humana substituída pelos
símbolos de estranhamento "objetivo-
subjetivo", 50-51

Realidade não existente, simbolização e
perda de significado da, 81, 82

Realidade: simbolização pela analogia da,
além da existência (Deus), 77; perda da,
através de endurecimento doutrinal,
analisada, 220; destruição imaginativa
da, identificada, por Sartre, 222-23.;
diferenciação da, na experiência-
simbolização, 241-42; dinâmicas
do processo da, imperfeitamente
entendidas, ilustradas pelos símbolos
de Antes-e-Depois, 243-44; do
evangelho e a tendência de ruir em
um Jesus histórico e em um Cristo
doutrinal, analisado, 249-51; destruição
e deformação da, através do *grimoire*

de Hegel, discutido, 277-78; Primeira e Segunda, relacionadas com a discussão de Hegel, 290-92, 393; dilacerada, reconciliada através das palavras mágicas (*Zauberworte*), analisada, 293-94; como participativa no Entremeio (*metaxy*) e a deformação moderna da, discutida, 315-18; mistério da presença divina na, atestado como experienciada desde o paleolítico, discutido, 356; como experienciada e dogmatizada, discutido, 357; violação dos limites da estrutura da, pela expansão transformadora da consciência de Hegel, discutida, 364; nenhuma ciência adequada da, existiu no primeira metade do século XX, discutida, 369; reciprocidade da existência da consciência do Homem como um acontecimento dentro da, e a consciência do homem está consciente de ser constituída pela, da qual está consciente, 378; contrastado com o mundo de sonho, 386; imagem platônica-aristotélica da, discutida, 389-94; "mundo" do mundo de sonho, examinado, 390-91; do sonhador ativista e do filósofo, comparada e analisada, 392-95; estrutura da, noeticamente buscada em parceria com Deus cuja divindade, como um acontecimento na realidade, é procurada, analisada; 452; em *Timeu* de Platão torna-se uma unidade ordenada acessível à análise matemática, discutida, 468

Rebelião deformante, analisada, 423-24

Rebelião: egofânica, das ideologias, analisada, 105-08; reformativa, contra a deformação ideológica e a desculturação de meados do século XX, analisada, 374-76

Reforma, 264-65

Rei Ch'ien, 134

Religião: e imortalidade, discutida, 81; sucedida pela filosofia no antigo Hegel, e absorvido pela filosofia no novo Hegel, discutido, 269

Resistência: à corrupção como motivadora dos filósofos, discutida, 19; à deformação da consciência através do clima de opinião, discutida, 320-21; dos filósofos, contra a desordem social e pessoal como um processo na realidade nomeado Razão (*Nous*) por Platão e Aristóteles, 325; sendo tanto como a força como o critério de ordem, 325

Revelação, análise da relação entre, e razão na filosofia platônica, discutida, 234-35

Revolta egofânica: como deformação e *libido dominandi*, 17; exemplificada pela deformação erística da Razão de Hegel, analisada, 347-51; Análise de Merleau-Ponty da, citada e discutida, 348-49

Revolução Francesa: consequência do tédio, significado para o começo do século XIX e Hegel, discutida, 263, 270-71; e os novos Cristos, análise, 266

Romantismo, 192

Rousseau, Jean Jacques, *Reveries du Promeneur Solitaire*, 45; mencionado, 412

Russel, Bertrand, 209, 369

S

Salin, Edgar, 371

Sapiens, dever do, debater questões cruciais da existência humana, 65. Veja também Aquino; Aristóteles

Sartre, Jean Paul: *Huis-Clos*, citado, 197; perda da realidade e asserção do Ego (*moi*), discutido, 222; e a *facticité* sem sentido da existência, discutida, 317; mencionada, 338-339

Satanás, 213

Scheinprobleme (problemas ilusórios) no positivismo, discutido, 316

Scheler, Max, distinção de, entre áreas da realidade periféricas à pessoa e áreas centrais à pessoa, 64

Schelling, F. W. J.: sobre a pneumopatologia ou doença do espírito, discutida, 29; o problema de um absoluto na especulação teogônica de, 168; mencionado, 164, 340, 465

Schiller, Friedrich: *Die Braut von Messina*, citado, 28; *Raeuber*, citado, 199; História Universal, discutida, 344-45

Schramm, Percy E., caracterização por, de Hitler nas *Hitlers Tischgespräche*, 36-38

Schütz, Alfred, 376, 380

Scotus Erígena, Johannes, 357

Sebba, Gregor, 452 n

Sebba, Helen, 425 n

Segunda Guerra Mundial e a crise europeia, 18

Segunda Realidade: como mundos de sonho políticos das ideologias, 21; como o símbolo de deformação de Musil, 40; na versão de Humboldt, 59-60; ideologias e debate racional, 64; como fenômenos recentes, 65-66; e sua perversão das partes da experiência da realidade, 72; definida como deformação da verdade da existência, 78; a deformação hegeliana da realidade na *Phänomenologie* analisada como, 296-311; mencionada, 158, 285, 291

Senso comum como fundamento do filosofar, 18

Ser: Aristóteles e Tomás de Aquino sobre, 67-69; como assunto da predicação histórica? Uma filosofia do cosmos emerge, 50, 149; Etiologia de Aristóteles das (quatro causas), 70; hierarquia do, e natureza humana como seu epítome, 18; hierarquia do, 73

Sertillanges, A. D., 372

Sexto Empírico, 84

Shakespeare, William: *Macbeth*, citado para ilustrar a pneumopatologia, 29-30; Soneto 129, citado e analisado, 397-401; mencionado, 374

Sheol, como símbolo imortalidade, discutido, 125

Shih Hung Ti, 134

Simbolismo cosmológico desatualizado na metafísica moderna, 68-69

Simbolismos gnósticos da imortalidade, 114

Simbolismos: do mito, da filosofia e da revelação comparados com a deformação destes por Hegel, 290-92. Veja também Experiência-simbolização; Realidade

Simbolização, modos de e crise na, discutidos, 127

Símbolos do inferno, purgatório, e paraíso de Dante, 125

Símbolos evocativos e o problema da consciência e a perda da realidade, 81-82

Símbolos: de existência aberta e fechada, 46; distinguidos de conceitos, 81; se tornam opacos ao engendrar a verdade ao longo do tempo, consequentemente na teologia

doutrinária e na metafísica, 154;
    Antes-e-Depois, analisado, 242-44
Sinopse da "Sabedoria e a Magia do
    Extremo: uma Meditação", 448-49
Sistema: como alienação da experiência-
    símbolo aperfeiçoada por Hegel,
    analisado como um tipo de
    especulação ideológica modernista
    par excellence, 123-25; da ciência em
    Hegel, analisado, 165; criação do,
    por Hegel assim como afirmação da
    certeza científica em sua filosofia,
    analisado, 267-68; como perversão da
    experiência do mistério da presença
    divina na realidade, discutido, 364;
    mencionado, 349, 468, 469
Sociedade Aberta de Popper e Bergson,
    103-04
Sócrates e Jesus: comparados, 226-27;
    mencionados, 218
Solzhenitsyn, Aleksandr, e as ideologias
    gnósticas, 16
Sonhos dos ativistas totalitários, 316-17,
    390
Spengler, Oswald: ciclos da história, 10;
    Decadência do Ocidente, 372
Spoudaios, como o homem maduro de
    Aristóteles, 17
Ssŭ-ma Ch'ien, como o grande
    historiógrafo chinês, 134
Stálin, 340
Stasis, a grande, de meados do século
    XX, como conflito entre a existência
    aberta e a restritivamente deformada,
    analisada, 373-76
Strauss, Leo, discordância entre, e
    Voegelin sobre o lugar da fé na
    filosofia, 15
Stromateis de Clemente de Alexandria,
    citado em pontos de discussão de
    Marcião e gnosticismo, 119

Suméria, 138
Summum Bonum: em Aristóteles e
    Aquino, 73; contrastado com a
    experiência-símbolo de ansiedade de
    Hobbes, *summum malum*, discutido,
    339
Superbia vitae, 343
Super-homem (*Übermensch*): advento
    do, descrita por Nietzsche na *Wille zur
    Macht*, analisado, 393-94
Surrealismo, 192
Swedenborg, Emanuel, 211

T

Taoísmo, 135
Tasis (tensão): como experiência-
    símbolo, discutida, 14, 327-34; como
    campo de definição do filosofar, 96
Tédio (*ennui, Langeweile*) e a análises
    de dado de Hegel, levando ao
    dilaceramento (*Zerrissenheit*), 265-66
Teologia: comparação com a do Novo
    Testamento, Platão, e os Hinos
    Egípcios a Amon, 242-34; escola cristã
    e mística (experiencial), separada na
    Idade Média, um desenvolvimento
    crucial, 247-48; separação gnóstica
    do Deus do princípio com o Deus do
    Além, anteriormente mau, 248-49;
    contraste entre t*heologica mystica* e
    theologica dogmatica, discutido, 357;
    neologismo platônico na *República*
    (379a) na frase *typoi peri theologias*,
    analisado, 465
Teoria de Políbio do império ecumênico,
    discutida, 144-45
Teoria pura do direito (positivismo legal
    de Kelsen), 370
The Divided Self (O Eu Dividido): o título
    do livro de R. D. Laing indicado na
    discussão de Hegel, 217n; e "Jogo dos

Eus" na dialética de Hegel, analisado, 280-81

Theotos (realidade divina) como símbolo para o Cristo cunhado por Paulo em Cl 2,9, 239-40, 358

Thesmophoriazusae de Aristófanes, citado e analisado, 467

Tirania como revolta egofânica, 17

Tolma (inquietação) em Plotino, comparado com o *Zerrissenheint* em Hegel, analisado, 298

Topoi, não questionado, e o problema do debate racional, discutido, 79

Toynbee, Arnold J., citado, 129; *Um Estudo de História*, citado, 132; crítica do conceito de eixo do tempo de Jaspers, 136; civilizações como unidades inteligíveis de significado na teoria da história de, 137; mencionado, 10, 217

Trafalgar, 288

Translatio imperii, 290

Truques: de ideólogo na proposição "A experiência é uma ilusão" como um mecanismo polêmico, 101; como desempenhados nos modos de erísticas por Hegel sobre Aristóteles e São Paulo, analisado, 346-49; e a mágica em Hegel e a perversão da dialética erística e em um sistema de ciência, 347-48; o jogo de Hegel com os termos *Geist* e *Wesen* como, discutido, 366

Tucídides, 391

U

Übermensch (super-homem), em Hegel, Nietzsche e Marx, discutido, 285

Universidade alemã e o Terceiro Reich, 23

Universidades Alemãs e a era Hitler, 23-62 *passim*

Universidades: na Alemanha moderna, analisadas, 23-62 *passim*; papel de promover a desculturação, analisado, 313-23

Upanixades, 135

Utopia (Nenhures): como um simbolismo criado por Thomas More, discutido, 384-90; no pensamento dos ativistas do sonho de mundo, 383; e a Absurdidade como polo oposto à consciência dos sonhadores, discutido, 385

V

Valéry, Paul, 371

Valores: e o estranhamento, 50; e a ciência livre de valores como deformações, 103; como terminologia ultrapassada, 151-52

Verdade da existência definida, 78

Verdade eminente, 257

Verdade: caráter representativo da, no filosofar, 14; como apresentada no debate racional, 65; em Aquino, a finalidade última do universo como o bem supremo de um intelecto, 66; em Aristóteles, a ordem do ser é ao mesmo tempo a ordem da, 67; da existência, 72; em Aquino, relação do debate racional com a, 79; e os símbolos da realidade não existente, 81; reconstituição meditativa da, 82; na deformação, analisada, 101; proposicional, na filosofia, discutida, 153-54; teste de validade afirmado é a falta de originalidade, analisado, 159-60; não última ou absoluta, mas representativa, emerge do processo meditativo além da constância e equivalência, 170-71; obtida representativamente pelos filósofos para a humanidade, 226; e resistência à atmosfera ideológica dos anos 1920, discutida, 372; da consciência como essencialmente histórica, analisada, 379; a natureza problemática da, da realidade, analisada, 395; da realidade, da linguagem e da existência do homem, na *noesis* de Platão, analisada, 403-409; na experiência-simbolização noética e pneumática do platonismo e do cristianismo, comparada e analisada, 438-45

Via negativa, via remotiva, 77-78

Vico, Giambattista, como homem representativo moderno, 147

Villa Franz von Stuck, 204

Virtudes existenciais da *phronesis*, *philia*, e *athanatizein* em Aristóteles, discutidas, 122

Visão e *noesis*, teoria da, apresentada e analisada, 409-23

Visão: na filosofia de Platão e em sua simbolização, analisada, 416-22; o significado de Platão da, e sua deformação, analisada, 419-24; revela o centro de formação existencial no movimento divino-humano e contramovimento no processo de realidade que se torna luminosa por sua verdade, analisada, 420; complexo meditativo da, como unidade integral, analisado, 420-21; complexo meditativo e o complexo de deformação, comparado, contrastado, analisado, 423-24; e o uso de Platão do *mythos* e *logos* nas *Leis*, analisado, 430-38; e o problema da inefabilidade em Platão, em Pseudo-Dionísio, e em Tomás de Aquino, analisado, 433-38; facetas em Platão (como *opsis*, hora), listado e analisado, 435-38; Símbolos platônicos e cristãos de, analisados comparativamente, 435-45; aspectos da cultura judaico-cristã da experiência-simbolização e, analisado, 440-45; comparação de *pneuma* e *nous* na noética, analisado 442-45

Voegelin, Eric: *A Era Ecumênica*, 10, 11, introdução a, 13, citado e discutido, 355-67; *A Era Ecumênica*, citado, 363; *A Nova Ciência da Política*, 10, 16, como divisor de águas do trabalho, 13 e filosofia clássica e Judaico-Cristã das relações humanas, 17; biográfico, 13; com o objetivo maior na exploração das experiências aperceptivas da participação, 20; como uma *fides quaerens intellectum* anselmiana, 13; *Conversations with Eric Voegelin* (Conversas com Eric Voegelin), 11; Cristandade como descrita no trabalho de, discutida, 356-58; crítica a Hegel discutida à luz do criticismo de Altizer, 359-67; a "história" do relacionamento de, com o estudo de Hegel ao longo dos anos, contado e discutido, 360-62; curso em preleções sobre "*Hitler e os Alemães*", 23; desenvolvimento da teoria da consciência, começando de Husserl e Schütz em 1943, discutido, 376-77; *Do Iluminismo à Revolução*, discutido, 359; e a teoria da representação, 21; e crítica ao positivismo e à nova ciência, 19; e filosofia da consciência, 18; *Reflexões Autobiográficas*, 13; *Em Busca da Ordem*, 11; em relação a Aristóteles, 17; Experiências Anammésicas" e "De uma Teoria da Consciência", publicadas como capítulos em *Anamnese*, discutido, 380-81; escritos de: *Anamnese*, 9; *História da Ideias Políticas*, 11; influências da, sobre o horizonte intelectual pessoal, discutida, 371-72; motivações do próprio filosofar, discutidas, 366; o desvendar do "cerne" das dificuldades de Hegel em uma série de deturpações, começando pela relação entre Ser e Pensamento, analisado, 364; filosofia de, 12-13; *Ordem e História*, v. 4, 10, 11, 13; v. 1-3, 10; v. 5, 11; *Quod Deus Dicitur*, sua última, 451; *The Voegelin-Strauss Correspondence* (A Correspondência Voegelin-Strauss), 15; vocabulário de, 357-58; *Wissenschaft, Politik und Gnosis*, 9

Voegelin, Lissy, 451n

W

Wagner, Richard, *Das Rheingold*, citado, 33, 34

Waterloo, 290

Weber, Alfred, 293

Weber, Max, 11; ciência livre de valores, 369

Weizsacker, Viktor von, *Pathosophia*, citado, 212

Whitehead, Alfred North: e a falácia da concretude mal colocada, 96; *Science and the Modern World* (A Ciência e o Mundo Moderno), citado e discutido, 312, 351; mencionado, 159, 359

Willey, Basil, 314

Wilson, Edmund, 173

Wissenschaftslehre e a terminologia relacionada dos sistematizadores modernos, discutida, 267

Wittgenstein, Ludwing, 369

Wolf, Friedrich August, 313

X

Xenófanes e fé, 16

Xynon: o comum de Heráclito, 30; como comunidade no espírito, 60

Yates, Frances, *Giordano Bruno*, citado, 361

Z

Zauberkraft (força mágica), no uso hegeliano do termo, analisado, 302-03; comparado com *Zauberworte*, 349, 350, 361

Zauberworte (palavras mágicas), como o símbolo usado por Hegel, discutido, 272, 277, 293; comparado com *Zauberkraft*, 347-49, 361

Zetein (buscador), 316

Zoon noun echon (o ser vivo que possui *Nous*) como a caracterização aristotélica do homem, 328

Zoroastrianismo, 135

Do mesmo autor, leia também:

A obra reúne a série de conferências sobre Hitler e o nazismo proferidas por Voegelin na Universidade de Munique em 1964. Trata-se de uma das análises mais lúcidas e profundas do fenômeno totalitário. Ao negar o lugar-comum da "culpa coletiva", Voegelin apresenta o que chama de instrumentos de diagnóstico, analisa a relação entre a igreja, a academia e o direito com o nazismo e, por fim, aponta a direção de uma possível restauração da ordem.

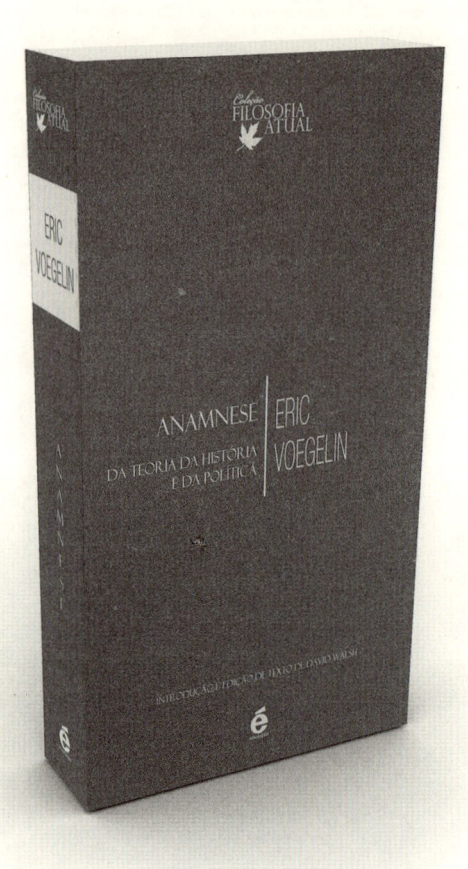

Anamnese marca a mudança, no pensamento de Voegelin, da filosofia da história para a preocupação com a filosofia da consciência. É tanto uma recordação do seu próprio desenvolvimento, remontando até suas memórias de infância, quanto uma demonstração do método anamnésico aplicado a uma ampla variedade de materiais relembrados. A inseparabilidade das dimensões existencial e histórica é o cerne da filosofia da consciência de Voegelin.

facebook.com/erealizacoeseditora twitter.com/erealizacoes instagram.com/erealizacoes

youtube.com/editorae issuu.com/editora_e erealizacoes.com.br

atendimento@erealizacoes.com.br